RENÉ GIRARD

Realizações
Editora

Impresso no Brasil,
agosto de 2011

Título original: *René Girard: Un Retrato Intelectual*
Copyright © 2011 by Gabriel Andrade. Todos os direitos reservados.

Os direitos desta edição pertencem a É Realizações Editora, Livraria e Distribuidora Ltda.
Caixa Postal: 45321
cep: 04010 970 - São Paulo, SP, Brasil
Telefax: (5511) 5572 5363
e@erealizacoes.com.br
www.erealizacoes.com.br

Pré-impressão e impressão
Prol Editora Gráfica

Proibida toda e qualquer reprodução desta edição por qualquer meio ou forma, seja ela eletrônica ou mecânica, fotocópia, gravação ou qualquer outro meio de reprodução, sem permissão expressa do editor.

Editor
Edson Manoel de Oliveira Filho

Coordenador da Biblioteca René Girard
João Cezar de Castro Rocha

Assistentes editoriais
Gabriela Trevisan
Veridiana Schwenck

Revisão
Carla Montagner
Liliana Cruz

Design Gráfico
Alexandre Wollner
Alexandra Viude
Janeiro/Fevereiro 2011

Diagramação e finalização
Mauricio Nisi Gonçalves
André Cavalcante Gimenez
/Estúdio É

René Girard: um retrato intelectual

Gabriel Andrade

tradução Carlos Nougué

Realizações
Editora

Esta edição teve o apoio da Fundação Imitatio.

IMITATIO
INTEGRATING THE HUMAN SCIENCES

Imitatio foi concebida como uma força para levar adiante os resultados das interpretações mais pertinentes de René Girard sobre o comportamento humano e a cultura.

Eis nossos objetivos:

Promover a investigação e a fecundidade da Teoria Mimética nas ciências sociais e nas áreas críticas do comportamento humano.

Dar apoio técnico à educação e ao desenvolvimento das gerações futuras de estudiosos da Teoria Mimética.

Promover a divulgação, a tradução e a publicação de trabalhos fundamentais que dialoguem com a Teoria Mimética.

A Victoria Eugenia

sumário

11
teoria mimética e
secularismo: relações
perigosas
João Cezar de Castro
Rocha

21
prólogo

29
introdução

37
capítulo 1
surge um crítico
literário

109
capítulo 2
o último antropólogo de
gabinete

211
capítulo 3
uma voz cristã na
academia

307
capítulo 4
dos mitos à Bíblia

387
capítulo 5
de volta à crítica

439
capítulo 6
os perigos do
relativismo

499
conclusão

509
referências
bibliográficas

517
breve explicação

519
cronologia de
René Girard

523
bibliografia de
René Girard

526
bibliografia selecionada
sobre René Girard

532
índice analítico

539
índice onomástico

teoria mimética e secularismo: relações perigosas
João Cezar de Castro Rocha[1]

O que deseja uma biblioteca

Este livro pode ser considerado o mais completo estudo monográfico dedicado ao criador da teoria mimética. Gabriel Andrade esclareceu com nitidez o alcance de seu projeto: "Algumas biografias intelectuais apresentam as ideias dos biografados em função dos temas abordados pelo autor. Preferimos evitar esse método, a fim de acompanhar a evolução ao longo dos anos de um pensamento tão vasto como o de René Girard".[2]

De fato, esse objetivo norteia o ensaio de Gabriel Andrade e define o ritmo de sua escrita, que avança passo a passo, acompanhando os desdobramentos da teoria proposta por René Girard através do comentário crítico de seus livros. Desse modo, o leitor pode compreender a formulação do pensamento girardiano, inicialmente esboçado a partir da intuição do caráter mimético do desejo, e depois cristalizado no desenvolvimento de uma imaginação apocalíptica. Em outras palavras, Gabriel Andrade discute com cuidado a produção girardiana num arco temporal de 46 anos, apresentando suas principais linhas desde *Mensonge Romantique et Vérité Romanesque*

---

[1] Professor de Literatura Comparada da Universidade do Estado do Rio de Janeiro (UERJ).
[2] Ver introdução, adiante, p. 32.

[*Mentira Romântica e Verdade Romanesca*] (1961) até *Achever Clausewitz* [*Rematar Clausewitz: Além* Da Guerra] (2007). Além disso, o autor relaciona as diversas fases da reflexão girardiana numa estrutura textual que pode ser lida como um mosaico de questões em busca da questão primordial: o mimetismo e seus avatares. Trata-se, assim, de uma introdução que, além de exaustiva, possui o mérito da abordagem crítica, em lugar da anódina celebração repetitiva – método, aliás, que Gabriel Andrade já havia seguido em ensaio acerca da crítica literária girardiana.[3]

Portanto, *René Girard: Um Retrato Intelectual* possui uma importância estratégica para o projeto da Biblioteca René Girard.

Ora, este é, por assim dizer, o primeiro livro produzido pela Biblioteca René Girard. Ou, melhor dizendo, um livro publicado em português antes mesmo de seu aparecimento em espanhol. Desse modo, cumpre-se um dos propósitos mais importantes da Biblioteca: estimular os leitores a desenvolver suas próprias reflexões.

Em segundo lugar, como disse acima, a perspectiva apresentada por Gabriel Andrade esclarece outro objetivo da Biblioteca: não se pretende somente divulgar o pensamento girardiano, tampouco apenas pensar mimeticamente a circunstância latino-americana, como se uma teoria pudesse ser reduzida ao papel monótono de uma caixa de ferramentas conceitual, "útil" porque "aplicável" em contextos diversos. Trata-se, pelo contrário, de dar os primeiros passos para o futuro desenvolvimento de uma contribuição latino-americana radicalmente mimética ao pensamento de René Girard.

Por fim, a abordagem crítica de Gabriel Andrade é importante porque permite que se enfrentem as ressalvas usuais acerca do pensamento girardiano, pois, sem dúvida, o percurso intelectual do

---

[3] Gabriel Andrade, *La Crítica Literaria de René Girard*. Maracaibo, La Universidad del Zulia, 2007.

autor francês desafia dois dogmas aparentemente incontestáveis das ciências humanas hoje em dia.

Secularismo e teoria mimética

De um lado, a teoria mimética oferece uma "grande narrativa" acerca da origem da cultura humana e, ainda por cima, busca identificar os elementos definidores da "condição humana", compreendida num vínculo de longa duração com a própria origem. E aqui não se trata de simples redundância, mas de uma estrutura espiralada, típica da complexidade crescente da teoria girardiana. Em síntese, o autor de *La Violence et le Sacré* [*A Violência e o Sagrado*] (1972) parece caminhar deliberadamente no avesso de certa atmosfera intelectual contemporânea, dominada pela fragmentação da escrita e pelo relativismo dos valores. No fundo, Girard segue comprometido com a pesquisa de princípios de validade universal e, para fazê-lo, investiu toda sua vida intelectual na produção de um "longo argumento do princípio ao fim", tal como expresso na célebre frase de Charles Darwin.[4]

De outro lado, o pensador francês experimentou uma (re)conversão ao cristianismo motivada sobretudo por seu trabalho de crítico literário. Isto é, a hipótese do desejo mimético, derivada do estudo do romance europeu moderno, levou o pensador francês a identificar a presença do motivo religioso da conversão em autores tão distintos entre si como Cervantes e Proust, passando por Stendhal, Flaubert e Dostoiévski.[5] Em consequência, tanto a

---

[4] Assim o cientista definiu seu esforço: "*A Origem das Espécies* consiste num longo argumento do princípio ao fim". Charles Darwin, *The Autobiography of Charles Darwin. 1809-1882* (1958). Nova York & Londres, W. W. Norton, 1993, p. 140. Edição organizada por Nora Barlow.

[5] Como Girard reconheceu: "O que chamei de 'conversão romanesca' está no cerne do meu percurso intelectual e espiritual. (...) Mas foi a literatura que me conduziu ao cristianismo". René Girard, *A Conversão da Arte*. Trad. Lília Ledon da Silva. São Paulo, Editora É, 2011, p.185.

reflexão acerca desse motivo quanto experiências pessoais vividas na mesma época conduziram René Girard a um percurso semelhante ao dos personagens dos romances estudados em *Mentira Romântica e Verdade Romanesca*: o processo de escrita de seu primeiro livro coincidiu, portanto, com o movimento de conversão do próprio autor.[6]

Por isso mesmo, a orientação não religiosa de Gabriel Andrade exige que se enfrente um problema delicado, porém incontornável.

Enfrentemos, pois, o problema. E de maneira direta, sem subterfúgios: dimensioná-lo adequadamente é condição *sine qua non* para a discussão do pensamento girardiano nos dias de hoje – propósito maior da Biblioteca René Girard.

Eis, então, a dificuldade: num mundo crescentemente secularizado, sobretudo no universo acadêmico, muitas vezes a recepção da obra girardiana foi (e continua sendo) prejudicada pela associação de sua teoria com a mensagem cristã – associação, aliás, reconhecida e mesmo defendida pelo pensador francês. Por exemplo, recordem-se suas palavras: "A teoria mimética é essencialmente uma teoria cristã. Eu até ousaria dizer que ela tenta levar o cristianismo a seu sentido último, de certo modo rematá-lo, porque leva a sério a violência".[7]

Em alguma medida, é como se o livro de Gabriel Andrade fosse escrito contra tal tipo de afirmação, pois o autor busca apropriar-se da teoria mimética a partir de um ponto de vista explicitamente secular. Como ele reconhece com franqueza: "O tom com que apresentamos o 'sistema Girard' é fundamentalmente de simpatia, embora de antemão tenhamos de advertir

---

[6] Questão discutida por Michael Kirwan em *Descobrindo Girard*. Trad. Ana Lúcia Costa. São Paulo, Editora É, 2011.
[7] René Girard, *Rematar Clausewitz: Além Da Guerra*. Trad. Pedro Sette-Câmara. São Paulo, Editora É, 2011, p. 188.

que escrevemos de uma perspectiva secularista, que não aceita algumas das premissas de Girard".[8]

Tal perspectiva é dominante hoje em dia e, por isso mesmo, o ensaio de Gabriel Andrade torna-se particularmente importante, pois obriga o leitor a reconsiderar a pretensa incompatibilidade entre teoria mimética e secularismo. Uma forma de apresentar economicamente o problema consiste em discutir o emprego girardiano de três conceitos-chave: *conversão, apocalipse* e *Satanás*. Como se percebe com facilidade, esses são termos que não podem senão, para dizê-lo sutilmente, indispor o pensamento girardiano com o universo acadêmico contemporâneo.

Termos-chave e seus descontentes

Uma análise dos termos, contudo, permite tornar o problema ainda mais complexo, ou seja, mais interessante.

Em *Mentira Romântica e Verdade Romanesca*, conversão representa acima de tudo um processo ético de reconhecimento da inevitável dimensão mimética do desejo. Ao mesmo tempo, porém, Girard destacou a associação feita pelos próprios romancistas, especialmente Proust, entre conversão ética e universo religioso – cristão, em geral, católico, em particular.

Ou seja, as duas dimensões já se encontravam alinhadas no primeiro livro de René Girard: a ética e a católica. A etimologia de *conversio*, nesse contexto, é esclarecedora – "movimento circular, giro" – e aparenta-se com a de *revolutio* – "ato de revolver". Portanto, num primeiro momento, conversão e revolução queriam dizer simplesmente realizar um percurso, longo ou curto, cujo término coincidia

---

[8] Ver introdução, adiante, p. 33.

com o retorno ao ponto de partida. O sentido de revolução como transformação radical de estruturas prévias, embora presente no século XVII, apenas se tornou dominante após a Revolução Francesa. Ora, para Girard, tudo se passa como se a *conversio* cristã também devesse ser uma forma de *revolutio* pessoal – no sentido moderno do termo. Escutemos o pensador francês: "a conversão cristã é radicalmente diversa. Não é circular: não nos retorna ao ponto de partida".[9] Tal conversão tanto implica uma fé determinada quanto obriga a uma forma específica de relacionar-se com os demais.

De igual modo, apocalipse traz ao leitor médio um eco religioso incontestável, por vezes confundido, de maneira simplista, com uma ressonância escatológica. O apocalipse, então, seria equivalente ao final dos tempos. Contudo, Girard adota o termo em seu sentido original. Consulte-se o dicionário: *apocalipse*, do latim tardio *apocalypsis*, é derivado do grego *apokalúpsis* e descreve o "ato de descobrir, descoberta; revelação".

Na teoria mimética, portanto, apocalipse refere-se à "revelação" das "coisas ocultas desde a fundação do mundo", vale dizer, segundo a reconstrução da história proposta por René Girard no livro homônimo,[10] a própria fundação da cultura ocorrida através da descoberta e da posterior sistematização do mecanismo do bode expiatório. Em palavras direitas, o apocalipse *revela*, *traz à luz do dia*, o caráter constitutivo da violência nos primórdios do propriamente humano.

Tal "revelação" implica uma consequência ética: adotar o lado da vítima, evitando unir-se à unanimidade dos que *acusam* futuros bodes expiatórios. Aliás, esse aspecto ético permite ampliar o entendimento do termo Satanás, empregado por Girard sem nenhum constrangimento e com a frequência e a naturalidade que remetem

---

[9] René Girard, *A Conversão da Arte*. Trad. Lília Ledon da Silva. São Paulo, Editora É, 2011, p. 189.
[10] René Girard, *Des Choses Cachées depuis la Fondation du Monde*. Pesquisas com Jean-Michel Oughourlian e Guy Lefort. Paris, Grasset, 1978.

ao universo ficcional de Georges Bernanos. (Aliás, no fundo, tal uso não deveria surpreender tanto assim aos leitores brasileiros de Guimarães Rosa...)

Girard, no fundo, recorre à etimologia. Abra-se o dicionário mais uma vez: *Satanás* remonta à voz hebraica que se refere ao "acusador, adversário, oponente", ou àquele "que arma ciladas". Compreende-se com facilidade que o conceito de Satanás, menos do que uma entidade sobrenatural, é a autêntica metonímia do mecanismo mimético em plena ação, no instante em que a escalada da violência é resolvida através do sacrifício do bode expiatório. O mecanismo somente é acionado quando determinado membro da comunidade é *acusado* de ser o responsável pela eclosão da violência. Deve, então, ser sacrificado para que se controle a violência, engendrando assim o sagrado. Não é verdade que *sacrifício*, do latim *sacrificium*, composto de *sacer* e *ficium*, quer dizer *o ato de fazer, manifestar o sagrado*? Portanto, Satanás é aquele que *acusou* o futuro bode expiatório e, ao fazê-lo, "armou uma cilada", pois atribuiu a uma vítima inocente a culpa que pertencia a toda a comunidade.

Esclarecida essa constelação de termos-chave, mesmo com lentes seculares (ou especialmente com elas) é finalmente possível ler com olhos livres passagens que de outra forma pareceriam dogmáticas. Penso, por exemplo, no seguinte trecho: "Este, portanto, é um livro apocalíptico. (...) O homem é produto do sacrifício. É, portanto, filho da religião. (...). Assim, milhões de vítimas inocentes foram imoladas desde a aurora da humanidade para permitir que outros seres humanos vivessem em comunidade (...)".[11]

Ora, o livro é apocalíptico porque situa a violência no centro da condição humana, *revelando* assim a tendência de *acusar* o outro de haver provocado o caos: o culpado, por assim dizer, é sempre

---

[11] René Girard, *Rematar Clausewitz: Além* Da Guerra. Trad. Pedro Sette-Câmara. São Paulo, Editora É, 2011, p. 21.

o *outro*. O livro, portanto, *revela* a tendência de buscar bodes expiatórios para a resolução de conflitos. Compreender tal tendência pode produzir uma *conversão ética*, ou seja, trata-se de assumir a defesa de quem é *acusado*, em lugar de unir-se à unanimidade violenta. Tal atitude muitas vezes se confunde com uma *conversão religiosa* ou nela se realiza plenamente, embora esse não seja um caminho necessário.

Em outras palavras, as duas dimensões estão presentes no pensamento girardiano: o ético e o católico, o religioso e o laico se cruzam, embora não se harmonizem obrigatoriamente. Aliás, estruturas paradoxais de reflexão constituem o motor próprio da teoria mimética.

O livro de Gabriel Andrade permite a ler a obra de René Girard como um método de pensar através dos paradoxos que estruturam a teoria mimética. Não se trata, portanto, de optar por um dos polos opostos, porém de evitar sistematicamente a facilidade que tal opção comporta. Na apreciação exata de Gabriel Andrade: "Girard colocou a si mesmo numa encruzilhada: aos muito religiosos lhes parece um ímpio, pois, tentando aproximar ciência e religião, despoja a fé de seu império; enquanto aos racionalistas nunca lhes compraz um homem que fale em termos teológicos".[12]

Excessivamente religioso para o mundo acadêmico contemporâneo e, ao mesmo tempo, excessivamente acadêmico para o universo religioso tradicional, René Girard permanece isolado no radicalismo de sua reflexão acerca da cultura humana.

Contudo, não se trata de construir uma falsa imagem de isolamento e ostracismo, pois, é forçoso reconhecê-lo, René Girard nunca deixou de relacionar sua reflexão à religião cristã, mesmo à Igreja Católica. Vale dizer, não seria intelectualmente honesto subtrair a

---

[12] Ver conclusão, adiante, p. 504.

dimensão religiosa da teoria mimética – fazê-lo seria falsear a obra girardiana. O próprio pensador sempre o soube e nem por isso alterou o rumo de sua investigação filosófica: "suspeitarão provavelmente de que estou, por minha vez, sacrificando minha objetividade como pesquisador em proveito de meus preconceitos religiosos".[13]

Contudo, para Gabriel Andrade, pelo menos em alguma medida, a teoria mimética possui um potencial analítico que pode (e deve) ser dissociado da dimensão religiosa.

Em suma, a perspectiva crítica do ensaísta venezuelano pretende ampliar o universo de leitores da teoria mimética. Eis, então, o paradoxo produtivo gerado pela leitura desta biografia intelectual de René Girard: criticá-lo a partir de uma posição laica não necessariamente afasta o leitor ateu do pensador cristão, mas, pelo contrário, pode abrir uma via inesperada para esclarecer a força da teoria mimética no século XXI. Tudo se passa como se um flagrante da inteligência-relâmpago de Oswald de Andrade finalmente adquirisse plena visibilidade: "É preciso partir de um profundo ateísmo para se chegar à ideia de Deus".[14]

---

[13] René Girard, *A Conversão da Arte*. Trad. Lília Ledon da Silva. São Paulo, Editora É, 2011, p. 136.
[14] Oswald de Andrade, *Manifesto Antropófago*. In: *A Utopia Antropofágica*. 2. ed. São Paulo, Globo, 1995, p. 50.

prólogo

Este livro é uma biografia intelectual de René Girard. Ao longo de seus capítulos, discuto os aspectos centrais de sua obra. Para tanto, recordo o percurso cronológico de sua carreira, no qual apresento as ideias de quase todos os seus livros. Terminei de escrever esta biografia intelectual em 2007. Nesse mesmo ano, Girard publicou um livro cuja discussão não pude incluir, *Rematar Clausewitz: Além Da Guerra*. Aproveitarei este prólogo para tratar desse livro, pois ele oferece uma importante recapitulação dos aspectos centrais da obra de Girard.

Rematar Clausewitz: Além Da Guerra é uma entrevista entre Girard e um de seus colaboradores, Benoît Chantre. Ao longo de suas conversas, os dois discutem um tema que havia sido tratado sumariamente nos livros de Girard, mas ao qual raras vezes dedicou uma análise formal: a visão apocalíptica do mundo.

Girard considera que vivemos numa era apocalíptica. Por todas as partes há indícios de que enfrentamos seriamente a possibilidade do fim de nossa espécie. Nos meios de comunicação circulam, naturalmente, tolices gigantescas sobre o fim iminente do mundo. Por uma interpretação muito questionável do calendário maia, alguns grupos (enaltecidos por vários canais de televisão) anunciaram que o mundo chegará ao fim em 21 de dezembro de 2012 – como se os maias tivessem sido brilhantes cientistas! A isso se somam os disparates de Nostradamus e demais anúncios do fim do mundo. Mas Girard considera que nem todos os anúncios apocalípticos são ingênuos. Ao longo da entrevista com Chantre, Girard analisa a obra do gênio militar do século XIX, Carl von Clausewitz, e conclui que a mensagem apocalíptica é pertinente e urgente.

Girard estaria de acordo em que a maior parte (mas não a totalidade) dos anúncios apocalípticos é tolice. Em suas próprias palavras: "Os únicos cristãos que hoje ainda falam do apocalipse são os fundamentalistas, mas a ideia que eles têm é completamente mitológica. Eles acham que a violência do fim dos tempos virá do próprio Deus (...). Eles não veem (...) que a violência que já estamos acumulando sobre nossas próprias cabeças tem todas as qualidades necessárias para precipitar o pior. Eles não têm nenhum senso de humor".[1]

Girard admite que o Novo Testamento é repleto de mensagens apocalípticas. Mais ainda: os dizeres de Jesus (especialmente o discurso no Monte das Oliveiras, em Mateus 24, Marcos 13 e Lucas 21) anunciam terríveis acontecimentos vindouros. As cartas de São Paulo também contêm uma mensagem apocalíptica ardorosa, e a peça mais controvertida de toda a literatura bíblica, o livro da Revelação, é o paroxismo da visão apocalíptica.

De fato, tal como Girard afirma na passagem que citei, a maioria dos cristãos contemporâneos interpreta essas passagens bíblicas em termos de ira divina iminente, ou seja, uma batalha cósmica entre Deus e o punhado de eleitos, de um lado, e Satanás, o Anticristo e as forças do mal, do outro lado. Segundo Girard, esses cristãos se equivocam seriamente na interpretação das Escrituras. A palavra grega *apokálypsis* significa "revelação". E, como tal, os textos apocalípticos pretendem revelar uma mensagem. Assim, a visão apocalíptica do mundo não necessariamente proclama um Deus violento.

---

[1] René Girard, *Rematar Clausewitz: Além Da Guerra*. Trad. Pedro Sette-Câmara. São Paulo, Editora É, 2011, p. 31.

Pelo contrário, apenas proclama uma revelação. Para Girard, a mensagem revelada na visão apocalíptica da Bíblia não é a ira divina, mas uma advertência sobre as terríveis consequências da violência humana descontrolada. O discurso no Monte das Oliveiras e o livro da Revelação não são advertências sobre a iminente intervenção violenta de Deus para esmagar os pecadores; são antes advertências sobre o que ocorrerá à humanidade se continuarmos em nossa senda de destruição.

Girard considera que o cristianismo impossibilitou a resolução de nossos conflitos mediante o mecanismo do bode expiatório. Antes da expansão do cristianismo, as culturas podiam resolver suas violências internas através desse mecanismo: os conflitos se resolveriam na medida em que a violência coletiva fosse transferida para um bode expiatório acusado de transgredir alguma proibição. Mas, na medida em que o cristianismo defende as vítimas, os cristãos começam a dar-se conta da verdadeira natureza dos bodes expiatórios (quer dizer, de sua inocência), e o mecanismo em questão deixa de funcionar.

Para Girard, em consequência da influência mundial do cristianismo, as comunidades já não podem empregar o mecanismo do bode expiatório do mesmo modo como faziam outrora, e já não há uma maneira fácil de por fim à violência. A mensagem apocalíptica é uma advertência com respeito à ineficiência do mecanismo do bode expiatório. Dado que esse mecanismo já não funciona, a violência entre os seres humanos se converteu numa grande ameaça. A única maneira de evitar o apocalipse é depormos as armas e pararmos de ficar obcecados com nossos inimigos. Do contrário, o apocalipse será inevitável.

Girard vê em Clausewitz uma espécie de gênio apocalíptico. O grande general prussiano compreendeu que, a partir de sua própria época, a guerra já não seria uma questão de honra entre cavalheiros, mas uma atividade crua e brutal. Clausewitz escreveu no contexto das guerras napoleônicas, e estas foram as primeiras "guerras totais", ou seja, guerras levadas a cabo sem importarem suas consequências extremas. Desde então, houve várias "guerras totais", e erroneamente algumas pessoas culpam Clausewitz pela brutalidade da Segunda Guerra Mundial. É questão controversa saber se Clausewitz realmente desejou que houvesse "guerras totais", mas, segundo a interpretação favorecida por Girard, Clausewitz foi mais um mensageiro apocalíptico que um promotor do apocalipse.

Clausewtiz também se deu conta de que os confrontos militares surgem da reciprocidade e da escalada da violência. Por isso Girard vê em Clausewitz um pioneiro da teoria do desejo mimético. Girard interpreta a famosa frase de Clausewitz segundo a qual *a guerra é uma continuação da política* como uma advertência de que, num mundo influenciado pelo cristianismo, nem sequer a política é um meio eficiente para conter a violência. Girard abstrai a conclusão a que Clausewitz não chegou: a única maneira de conter a violência é evitar o desejo mimético destrutivo.

Sem dúvida, Clausewitz foi mal entendido. E parece-me que a análise de Girard é muito esclarecedora. Girard, como todos os pensadores, tende a projetar sobre outros autores seus próprios pontos de vista, mas creio que, no caso de Clausewitz, isso se justifica plenamente. Não obstante, parece-me que a interpretação de Girard com respeito ao apocalipse cristão é questionável. Girard se recusa a ver o que parece ser um fato histórico: o que dizem os fundamentalistas apocalípticos cristãos contemporâneos se parece muito com as visões de Jesus e do cristianismo primitivo.

Em linhas gerais, creio que o retrato de Jesus feito por Girard é parcial. O retrato mais plausível do Jesus histórico é que, na verdade, se tratava de um pregador apocalíptico que acreditava, sim, que a ira de Deus era iminente. Jesus não pareceu perceber que a violência humana traria o apocalipse; quando disse algo como "o Filho do Homem enviará seus anjos e eles apanharão do seu Reino todos os escândalos e os que praticam a iniquidade e os lançarão na fornalha ardente. Ali haverá choro e ranger de dentes" (Mateus 13,41-42), teve uma intenção bastante literal: a violência de Deus se abaterá sobre os pecadores. Necessitaríamos de uma interpretação muito forçada para não ver a expectativa de Jesus com respeito à violência divina.

Em passagens semelhantes, Jesus parece postular que a violência apocalíptica virá dos homens, e não de Deus. A maioria dos historiadores seculares aceitará uma variante do retrato de Jesus feito por Albert Schweitzer: um profeta apocalíptico que estava à espera de uma violenta intervenção divina. Alegar que Jesus não esperava a ira divina iminente parece contradizer o que se conhece do contexto histórico. Um século e meio antes de Jesus, a revolta macabeia motivara expectativas apocalípticas. A expectativa com respeito à intervenção de um Deus iracundo alentou a resistência à ocupação selêucida. Na época de Jesus, a ocupação romana uma vez mais motivou uma expectativa apocalíptica que alentava a paciência e a resistência diante do sofrimento. A maioria dos historiadores estaria de acordo em que Jesus havia sido um discípulo de João Batista, um ardoroso pregador apocalíptico – e, acrescente-se, João pregava a chegada iminente da ira divina, não um apocalipse ocasionado pela violência das rivalidades miméticas. E não há muitas razões para supor que Jesus não seguiria os ensinamentos apocalípticos de seu mestre.

O livro da Revelação tampouco é muito diferente. Os temas, o simbolismo e a estrutura do livro quase não oferecem indícios para pensar que seu autor estivesse fazendo uma advertência com respeito à violência humana descontrolada. Julgo muito mais plausível pensar que a Revelação é um livro escrito em face do trauma da perseguição romana, e que invoca um Deus violento. Seu propósito era exortar os primeiros cristãos a resistir um pouco mais, porque Deus logo interviria para pôr fim a todo sofrimento, e os malvados seriam finalmente castigados. A prostituta da Babilônia, as sete colinas, o número da besta, etc., são claras referências a Roma. O propósito desse simbolismo é bastante evidente:

haverá uma batalha cósmica, e Deus vencerá o poder imperial com uma violência tremenda.

Parece-me que o cristianismo primitivo estaria mais próximo de um romance fundamentalista como *Left Behind*. Nesse sentido, creio que, contrariamente ao que opina Girard, as inclinações apocalípticas das Testemunhas de Jeová se parecem muito mais com as inclinações de Jesus e dos primeiros cristãos. Talvez Girard tivesse dificuldade de aceitar um Jesus que pregasse a iminente ira divina. Sem dúvida, Girard é um grande filósofo, mas talvez não seja exatamente um grande historiador do cristianismo primitivo. Ele empreende um grande trabalho ao destacar que as rivalidades miméticas podem conduzir-nos a um apocalipse de violência humana, mas creio que se equivoca ao atribuir essa postura aos autores do Novo Testamento.

Para além dessas sumárias críticas a seu último livro, Girard merece um lugar de honra na academia. Suas aproximações à crítica literária, à antropologia e à filosofia merecem ser discutidas em muitos palcos acadêmicos. A língua original de Girard é o francês, mas ele também escreveu livros em inglês. Girard também teve muito interesse pelas obras escritas em espanhol. Afinal de contas, em seus primeiros anos de crítico literário, dedicou muita atenção a *Dom Quixote*, a obra máxima do idioma.

Por sua vez, Girard não se envolveu muito com a língua portuguesa. Mas parece-me que os lusófonos poderiam perfeitamente desenvolver um interesse pela obra de Girard. O recentemente falecido José Saramago plasmou, ao longo de sua obra, muitos temas que confinam com os interesses de Girard. Embora Girard seja um zeloso defensor do texto bíblico (a ponto de defender sua inspiração divina) e Saramago seja um severo crítico da religião e da Bíblia, há pontos de contato entre esses dois grandes autores. Em especial no último romance de Saramago, *Caim*, explora-se o papel da inveja, do assassinato e da violência de Deus, temas que foram tratados por Girard em muitas ocasiões.

Quero agradecer especialmente a João Cezar de Castro Rocha o empenho pela publicação deste livro. Conheci João Cezar em Bogotá, no ano de 2010, numa conferência sobre o pensamento de Girard, organizada, entre outros, por Mario Roberto Solarte e James Alison. Também a eles dirijo o meu agradecimento.

Maracaibo, maio de 2011

introdução

Este livro é dirigido especialmente a estudantes e professores de literatura, mas também pode ser proveitoso para todos os interessados em crítica literária, antropologia, filosofia e sociologia. René Girard tornou-se um dos críticos literários mais importantes do século XX, e com justa razão muitos programas curriculares dos departamentos de Letras e Literatura de universidades latino-americanas, entre os quais se encontra a Escola de Letras da Universidade de Zulia, onde trabalho, incluem estudos da obra crítica de Girard como marco para a leitura da tragédia grega e do romance europeu. Não obstante, com o passar do tempo tornou-se evidente que boa parte dos estudantes apresenta certa dificuldade com a leitura da obra de Girard, pois é preciso reconhecer que se trata de um autor denso e muitas vezes difícil de compreender. Nesse sentido, o objetivo deste livro é oferecer um retrato intelectual da vida de Girard que seja acessível ao leitor em geral.

Numa breve resenha biográfica de René Girard, Guy Sorman escreve: "Girard é tão francês, que imediatamente pensei nele ao me perguntar que francês seria o mais adequado para figurar entre os verdadeiros pensadores de nosso tempo".[1] Girard representa tudo o que França foi, e que, no tempo pós-colonial, não parece continuar

---

[1] *Los Verdaderos Pensadores de Nuestro Tiempo*. Barcelona, Seix Berral, 1991, p. 229.

a ser; em boa parte, a obra de Girard recolheu a herança da literatura e do pensamento francês.

René Girard nasceu em 25 de dezembro de 1923 em Avignon. Foi obra do acaso que um homem nascido no Natal se transformasse num dos grandes defensores do cristianismo no século XX. Talvez não tenha sido obra do acaso que este defensor do cristianismo nascesse em Avignon. Pois essa cidade, sede de pontífices durante algumas décadas, foi um dos grandes centros da cristandade ocidental, e é de crer que tal ambiente cristão tenha exercido influência sobre o jovem Girard.

Sua mãe se chamava Thérèse, e seu pai, Joseph, trabalhava como arquivista. Embora nunca tenha sido um homem religioso, resta pouca dúvida quanto à influência que Joseph exerceu sobre o filho. Pois, além de ser arquivista como o pai, René cultivou um espírito erudito que sempre foi característico de Joseph. O pai de Girard era republicano e anticlerical, e sua mãe uma devota católica, mas os dois souberam manter a moderação, de forma que as divergências políticas e religiosas nunca afetaram a família.

Desde então, Girard foi um entusiasta da leitura, e pode-se pensar que boa parte de sua obra não é mais que um conjunto de comentários a outros textos. Visitando as bibliotecas e os arquivos de Avignon, muitos dos quais estavam a cargo de seu pai, René não tardou a familiarizar-se e sentir grande curiosidade pela história de seu país natal, e pelo legado da civilização cristã em geral.

Estudou no *Lycée* de Avignon até 1940, e posteriormente se formou na *École des Chartes* de Paris, de 1943 a 1947. Ali, graduou-se como arquivologista, e especializou-se em estudos medievais. Segundo sua própria confissão, Girard não ficou muito contente com seus estudos como arquivologista, pois seu espírito ambicioso aspirava a uma maior atividade intelectual. Naqueles mesmos anos, o jovem Girard começou a conviver com algumas figuras intelectuais e artísticas do momento, e chegou a conhecer Picasso.

Embora nunca tenha sido um ativista político, e as etiquetas partidárias lhe sejam dificilmente aplicáveis, em seus anos de juventude Girard simpatizou com grupos de esquerda, mas essa tendência não foi duradoura.

Em 1947, teve oportunidade de emigrar para os Estados Unidos, onde completou um doutorado na Universidade de Indiana. O tema de sua tese de doutorado, "a opinião americana com respeito à França", não foi relevante para o posterior desenvolvimento de sua carreira. O próprio Girard confessa que sua formação doutoral não teve nada de muito relevante, e que foi graças à sua atividade autodidata que desenvolveu sua vida intelectual. Naqueles anos, começou a se interessar pela obra de Jean-Paul Sartre; embora este interesse se tenha mantido ao longo de sua vida intelectual, não teve muitas implicações. A partir de então, desenvolveria uma carreira como acadêmico, aprofundando-se fundamentalmente no campo da crítica literária, da antropologia e da filosofia.

Com o passar dos anos, a obra de Girard adquiriu uma sistematicidade que, de início, não era sua intenção. Seus colegas e estudiosos por vezes denominaram sua obra "o sistema Girard" (apesar de ao próprio Girard não agradar a ideia de sua obra ser um "sistema"), pois numa só linha argumentativa apresentava um sistema tripartite de grande envergadura. São três os princípios do "sistema Girard": 1) os seres humanos desejam mimeticamente, o que gera rivalidades e conflitos entre os homens; 2) a violência gerada pelos conflitos é paradoxalmente resolvida com a mesma violência, transformando-se assim na origem e no fundamento da Cultura; 3) a Bíblia, especialmente os Evangelhos, é o antídoto contra a violência cultural. De forma que, em linhas gerais, a mímesis, a violência e o cristianismo são os três grandes temas de que Girard se ocupou ao longo de sua obra. Esse "sistema" emergiu apenas de forma gradual, ao longo de mais de quarenta anos de atividade intelectual.

O que a seguir apresentamos é um estudo dos três grandes temas de sua obra. Para isso, consideramos mais conveniente recorrer ao formato da biografia intelectual. Na medida do possível, tentamos seguir o modelo e a organização interna de uma das mais brilhantes biografias intelectuais já escritas: a de Max Weber por Reinhard Bendix.[2] Fora da academia, Girard não teve uma vida excepcionalmente excitante. É um homem de família, nunca ocupou posições políticas, não influenciou outras personalidades, nunca participou de greves ou movimentos radicais, nunca lutou em guerras nem foi perseguido, e nunca conviveu com sociedades não ocidentais. Mas a evolução de seu pensamento é particularmente interessante, especialmente a forma como sua vida religiosa se integrou à sua produção intelectual.

Algumas biografias intelectuais apresentam as idéias dos biografados em função dos temas abordados pelo autor. Preferimos evitar esse método, a fim de acompanhar a evolução ao longo dos anos de um pensamento tão vasto como o de Girard. Assim, fazemos um percurso por sua produção intelectual, seguindo em ordem cronológica suas obras mais importantes. Nosso percurso é quase exaustivo, ao menos no que se refere à autoria de livros. Decidimos omitir a referência direta a alguns artigos, contribuições a livros editados e entrevistas, para evitar redundâncias. Com frequência se acusou Girard de dizer as mesmas coisas repetidas vezes. Embora estas acusações sejam injustas, muitos dos temas (bem como exemplos e referências) abordados por Girard são repetidos em vários de seus livros. Tentamos evitar a repetição de temas, mas pedimos antecipadas desculpas ao leitor, pois não nos foi inteiramente possível. Mais ainda, o próprio Girard reconheceu a espiralidade como um caráter muito importante de sua obra.[3] Nunca fala definitivamente do mesmo tema; em suas publicações, sempre volta diversas vezes a temas já tratados, como, por exemplo, o mito de Édipo. O retrato dessa espiralidade e do amadurecimento de seu pensamento tem um preço: a repetição temática.

---

[2] Reinhard Bendix, *Max Weber: an Intellectual Portrait*. Berkley, University of California Press, 1960.
[3] René Girard, *Aquele por Quem o Escândalo Vem*. São Paulo, Editora É, 2011.

Igualmente, destacamos paralelismos, diferenças e possíveis diálogos que se podem estabelecer entre a obra de Girard e outros autores, especialmente seus contemporâneos. Por tratar-se de uma biografia intelectual, referimo-nos à maioria desses comentários em notas de rodapé, de forma que não percamos de vista nosso biografado.

O tom com que apresentamos o "sistema Girard" é fundamentalmente de simpatia, embora de antemão tenhamos de advertir que escrevemos de uma perspectiva secularista, que não aceita algumas das premissas de Girard, como, por exemplo, que os Evangelhos são textos divinamente inspirados. Não deixamos de manifestar certas reservas e críticas a alguns de seus argumentos, ainda que de forma geral defendamos suas posições. Girard é um cristão e, além disso, um crítico. Tanto os cristãos quanto os críticos combatem a idolatria (no sentido religioso e no sentido baconiano, respectivamente), de forma que o próprio Girard seria o primeiro a promover uma apresentação crítica de sua obra. De fato, a visão do *Colloquium on Violence and Religion* (COV&R), a organização dedicada ao estudo de Girard, reza assim: "explorar e *criticar* a teoria mimética de René Girard",[4] apesar de, às vezes, Girard ter contado com seguidores cegos. Um autor que não sente demasiadas restrições para elaborar comentários ousados e para prescindir de ortodoxias é um campo aberto para elogios, mas também para críticas. Várias das breves críticas e objeções que, ao longo dos seguintes capítulos, apresentamos à obra de Girard poderiam perfeitamente ser desenvolvidas com maior rigor. Nosso trabalho visa muito mais a ser uma biografia intelectual do que uma refutação de seus pontos de vista.

Girard goza de popularidade e reconhecimento nos círculos de críticos literários, mas é especialmente desconhecido no restante da academia. Antropólogos, filósofos, teólogos e historiadores não costumam levar sua obra a sério, pois não o consideram um especialista em seus respectivos campos. Não obstante, cada vez mais

---

[4] Grifo nosso.

adquirem pertinência suas reflexões, e os anos demonstraram que ele se transformou num dos principais pensadores a abordar o humano em todas as suas dimensões.

Na sua França natal, Girard é um autor bastante popular. Vários de seus livros se tornaram *best-sellers*, tanto no seio da academia como entre o público em geral. Nos Estados Unidos e na Inglaterra ele também é lido, conquanto sua audiência seja menor. Quase todas as suas obras foram traduzidas ao castelhano, e, apesar de contar com um público hispanofalante bastante amplo, existem poucas referências em castelhano à sua obra, ainda que vários teólogos da libertação na América Latina se tenham interessado por sua interpretação do cristianismo.

Foram poucas as biografias intelectuais de Girard. Até onde temos conhecimento, não existe nenhuma em castelhano, nem traduzida, nem escrita originalmente em nosso idioma. Esperamos que esta contribuição desperte nos leitores e pesquisadores hispanofalantes um interesse pela obra deste francês que começou sua produção intelectual estudando *Dom Quixote*, obra máxima da língua castelhana.

A Venezuela, nossa nação de origem, foi o primeiro país a traduzir uma obra de Girard ao castelhano, *Mensonge Romantique et Vérité Romanesque*, em 1963. O professor Guillermo Sucre, da Universidade Central da Venezuela, levou a efeito tal trabalho.[5] Com bom humor, Girard confessou que sempre agradeceria isso aos venezuelanos, apesar de, segundo seu testemunho, nunca lhe terem pagado os direitos de autor, e de só ter sabido da existência dessa tradução muito tempo depois de sua publicação!

Os escritos sempre revelam boa parte da personalidade do autor, de forma que esperamos que o leitor fique com uma clara impressão do caráter de René Girard; não obstante, permitimo-nos

---

[5] René Girard, *Mentira Romántica y Verdad Novelesca*. Trad. Guillermo Sucre. Caracas, Universidad Central de Venezuela, 1963.

resenhar brevemente suas qualidades humanas. Conhecemos Girard em junho de 2002 numa das reuniões anuais que seus seguidores organizam para discutir sua obra. Talvez pelo fato de o termos conhecido já em sua velhice, Girard sobressaía por ser um homem distraído. E mostrou-se uma pessoa muito humilde, muito carismática e muito bondosa. Estava sempre acompanhado de sua mulher, Martha, e, apesar das intensas horas de trabalho que certamente dedicou à evolução de seu pensamento, dispôs de tempo suficiente para compartilhar com os amigos, e especialmente com a família. O apreço que seus estudantes demonstraram por ele o comprova. Fiel a seu espírito cristão, com os anos se acostumou à vida austera: é um homem sem ostentações, prefere andar de bicicleta a andar de automóvel, e raras vezes sai dos limites do *campus* da Universidade Stanford. Assiste todos os domingos à missa em latim, e dedica pelo menos três ou quatro horas diárias à leitura. A alguns Girard parece um osso duro de roer, porque sempre responde seus críticos com muita firmeza. Mas o tom sarcástico e demolidor que às vezes seus escritos demonstram não tem correspondência em seus afáveis encontros pessoais.

capítulo 1
surge um crítico literário

> *Se dois homens desejam a mesma coisa, e de modo algum os dois podem desfrutá-la, tornam-se inimigos, e no caminho que conduz ao fim (que é principalmente sua própria conservação, e seu deleite tão somente) tentam aniquilar-se ou subjugar um ao outro.*
> Thomas Hobbes, *Leviatã*

A emigração de Girard da França, da qual nunca se separou, para os Estados Unidos marcou uma nova etapa em sua carreira acadêmica. Logo Girard começou a participar desse pragmatismo tão característico da vida cultural americana, e se viu obrigado a modificar seus interesses em prol das necessidades do momento. Assim, teve de abandonar momentaneamente suas pesquisas historiográficas e, para conseguir maiores oportunidades acadêmicas, optou por um lugar como instrutor da língua e da literatura francesas na Universidade de Indiana. Por falta de artigos, Girard perdeu seu emprego, razão por que teve de optar por um lugar na Universidade Duke e posteriormente na prestigiosa Johns Hopkins University.

Coube a Girard o ensino do cânone da literatura francesa e europeia em geral, conformado em sua maior parte por obras que nem ele mesmo tinha lido. Quando criança, tinha lido versões resumidas de *Dom Quixote*, e em seus anos de estudante na França tinha lido Proust. Uma das razões por que Girard não escreveu artigos em número suficiente na Universidade de Indiana foi o ter passado a maior parte do tempo digerindo as enormes bibliotecas das universidades norte-americanas, cultivando o amor pela poesia. Mas, para além dessas leituras, Girard era alheio ao campo literário. Com seu característico ímpeto, Girard não perdeu tempo e, para bem exercer a função de instrutor de literatura, começou a ler as obras dos grandes romancistas europeus.

É de suspeitar que Girard tenha lido detidamente estas obras, e dedicado muito pouca atenção à crítica convencional do momento. De fato, provavelmente foi essa ignorância dos princípios da crítica contemporânea que lhe permitiu encontrar novos elementos entre os autores lidos. Em quase todas as universidades do mundo, existe o mau hábito de propiciar aos estudantes certos guias críticos sobre cada uma das obras lidas, de forma que o estudante já tenha uma ideia do material que tem de ler. Girard, ao contrário, parecia ler como uma criança; não desejava que ninguém lhe explicasse o sentido das obras. Se existe um sentido em cada uma delas, ele mesmo se encarregaria de encontrá-lo.

Girard participava como um estudante entre outros nas discussões com os alunos. Como ele mesmo confessa, só havia lido mais algumas centenas de páginas que seus próprios estudantes. Qualquer descoberta crítica seria autônoma, dado que, ocupado na leitura das obras originais, raras vezes dispunha de tempo para a leitura de comentários críticos que condicionassem seu entendimento.

Com o tempo, Girard acabou por completar a leitura dos grandes romancistas europeus. Ao que parece, tinha armazenado volumosos comentários sobre as obras lidas, o suficiente para escrever um livro de crítica literária. Deste esforço surgiu sua primeira obra, *Mentira Romântica e Verdade Romanesca*.[1]

O título da obra coloca em evidência certos traços da personalidade de Girard: seu caráter drástico e a tendência a fazer julgamentos terríveis sem medo dos adversários que possam surgir num

---

[1] Trad. Lília Ledon da Silva. São Paulo, Editora É, 2009.

debate. De forma um tanto maniqueísta, desde o próprio título da obra, Girard adverte que ao longo do livro serão expostos dois mundos: um falso e ilusório, o romântico; e o outro verdadeiro e genial, o romanesco.

Como vimos, nos primeiros anos de sua vida acadêmica, Girard voltou-se para as implicações do pensamento sartriano e do existencialismo de forma geral. A crítica literária do momento não podia escapar a esse existencialismo, que, conquanto já em decadência, continuava a exercer influência sobre os intelectuais, especialmente os franceses.

É muito difícil chegar propriamente a uma definição da crítica existencialista, mas nos limitamos a perceber que o tema da individualidade, da confrontação kierkegaardiana e heideggeriana do Eu com a massa, era um ponto de interesse tanto para a literatura quanto para a crítica. Cada autor era um mundo, cada criação literária era a inspiração de um indivíduo existente que, embora refletisse o meio social em que se encontrava imerso, estava em confronto com ele. Assim, cada vez mais era difícil falar de "movimentos" literários. Incluir um autor num movimento específico era suprimir-lhe a criatividade e, até certo ponto, a liberdade. Cada autor era criador de um gênero. Destacavam-se as *diferenças*, muito mais que as semelhanças, entre eles.

Foi contra essa ideia que Girard concebeu *Mentira Romântica e Verdade Romanesca*. Por mais dispersos que uns autores se encontrem dos outros, por mais diferentes que sejam seus estilos, suas tramas e suas intenções, existe, entre alguns poucos deles, uma genialidade comum que permite ao crítico literário agrupá-los sob uma só categoria. Girard considerava que, por enquanto, só cinco deles eram realmente gênios, e podiam ser considerados "romancistas".

Cervantes, Flaubert, Stendhal, Proust e Dostoiévski conformavam o verdadeiro cânone dos gênios ocidentais da literatura. Para além da autonomia de cada um deles, manifestavam-se em suas obras certos padrões (em uns mais que nos outros) que os separava dos demais autores europeus. Como se pode deduzir do título da obra, estes romancistas desvelavam uma "verdade", enquanto os demais autores permaneciam cegos a ela, e participavam de uma "mentira". Girard mesmo confessava, posteriormente, que

> consagrava a estes autores um amor tão equivalente e tão imparcialmente dividido que, em minha feliz ignorância da moda literária, que exige sempre do crítico o entregar-se ao que seus escritores prediletos têm de "singular", de "único", de "incomparável" (ficando cada um deles, por conseguinte, isolado dos demais), eu apostava na ideia de que meus cinco romancistas tinham algo de essencial em comum.[2]

A primeira dificuldade da obra era que Girard não esclarecia em que consistiam esses termos, que, certamente, se prestavam a confusão. Por acaso o romantismo é uma mentira? Como é que só cinco autores são romanescos? Onde, então, devemos situar tantos outros autores que escreveram romances?

O problema pode ser razoavelmente solucionado se, como veremos a seguir, se levar em consideração que a divisão que Girard faz entre "românticos" e "romancistas" não é a que tradicionalmente a crítica seguiu, mas uma maneira de categorizar atitudes e disposições em face de situações concretas de que participam os personagens retratados.

O objetivo geral da obra era assinalar certos padrões comuns entre aqueles cinco romancistas, padrões esses que, em sua maior parte, se encontram ausentes no restante do cânone ocidental. Outra grande dificuldade está em que a obra de cada um de tais autores

---

[2] René Girard, *Shakesperare: Los Fuegos de la Envidia*. Barcelona, Anagrama, 1995, p. 7.

é verdadeiramente monumental, mas Girard passa ao largo desse fato, e inicia sua análise dando por pressuposto que o leitor conhece os detalhes de cada uma das tramas por ele analisadas. O simples fato de ler inteiramente *Em Busca do Tempo Perdido*, de Proust, já é uma façanha que muito poucos podem gabar-se de ter conseguido.

*

Muito mais que um livro de crítica literária, *Mentira Romântica e Verdade Romanesca* tem a aparência de um texto de psicologia social, o qual estuda complexas situações entre indivíduos, e se nutre de exemplos tomados das obras destes cinco romancistas.

Os ecos do romantismo se tinham estendido à teoria psicanalítica; teoria contemporânea tanto do existencialismo quanto do estruturalismo. Por isso, na compreensão do humano, ressaltava-se a proeminência da experiência intrínseca do indivíduo. O Eu se refletia como uma complexa rede de acidentes e contradições que buscavam resolução, tudo isso *dentro* do mesmo indivíduo, dando lugar a uma série de desajustes com que a psicanálise tanto se deleitava.

Mas tudo isso parecia odioso para Girard. Ele não negava que o ser humano seja povoado de acidentes e contradições, mas era preciso situar sua origem na *relação com seus semelhantes,* muito mais que nas forças intrínsecas de sua personalidade (*id, ego, superego*). Assim, a *relação* veio a ser o primeiro tema que Girard se propôs a situar na obra dos romancistas que queria estudar.

Dom Quixote, Emma Bovary, Julien, Marcel e todos os personagens dostoievskianos se encontram em profundas encruzilhadas com as pessoas a seu redor. Nenhum deles vive por si mesmo; todos estão sempre em busca do encontro com alguém. Dom Quixote mantém uma complexa relação com Sancho, Emma faz o mesmo com seu marido e seus amantes, Julien com Matilde, e Marcel com a grande quantidade de personagens curiosos retratados por Proust.

A crítica existencialista tendia a valorizar os personagens pouco interessados nas profundas relações com os demais. O intimismo e o monólogo interior eram enaltecidos como recursos literários de grande alcance, refletindo as forças internas definidoras da trágica contradição humana. Assim, o Meursault de Camus reflete uma crise, mas esta crise se origina nele mesmo, através de suas conversas interiores. De acordo com Girard, alguns dos romancistas por ele estudados também elaboram um retrato intimista e, como no caso de Proust, realizam extensos e profundos monólogos interiores. Mas Girard insiste em que a crítica romântica, antecessora do existencialismo, se empenha em ver somente este aspecto, tornando opaca a dimensão *relacional* dos personagens.

É através do desejo, considera Girard, que os personagens romanescos primeiro conformam relações com as demais figuras que aparecem nas tramas. Boa parte dos personagens retratados pelos romancistas está em busca de algo, e é através dessa busca que têm um encontro com os demais. Dom Quixote busca eternamente Dulcineia, e, de forma mais geral, pretende ser o mais nobre dos cavaleiros andantes. É este o fundo das aventuras em que ele enfrenta curas, barbeiros e moinhos. Emma busca romances com duques, e nesse processo conhece seu marido, se endivida e, finalmente, se suicida. Em *O Vermelho e o Negro,* Julien vai à "conquista de Paris", procura ser o burguês que sempre sonhou ser, e Marcel, além do tempo perdido, busca um senso de segurança cuja ausência sempre o atormenta. No processo, topa com atores, esnobes e homossexuais.

Pois bem, Girard argumentava que, se o encontro com os outros personagens tem como fundo uma busca, um desejo, então esse desejo também tem de ter relação com os demais. De fato, nos personagens romanescos, o desejo *tem origem nos demais.* Por meio do desejo, os personagens romanescos articulam uma dinâmica psicossocial com os demais personagens. O cânone da literatura ocidental sempre retratou como uns desejam os outros, dando origem, assim, a histórias de romances e paixões. Mas são muito poucas as obras que retratam como alguns personagens se *apropriam* do desejo dos outros. Só os romancistas conseguiram retratar e revelar este estranho fenômeno.

Todos os heróis estão em busca de algo. Mas só o herói romanesco busca algo que *outros já buscaram*. Disso se depreende que, para o romancista, o desejo nunca é espontâneo, sempre surge como imitação do que outros desejaram. Dessa forma, o retrato de um herói romanesco nunca é intimista, simplesmente porque não é possível apresentá-lo dessa forma. A natureza humana é *relacional*, e, para falar de algum personagem em particular, é necessário situá-lo em referência aos demais. O romancista reflete esta tendência especificamente através do desejo. É-lhe impossível retratar o herói individualmente: tem de fazê-lo em suas relações com os demais, relações essas que, como veremos, são terrivelmente ambíguas. Até a mesma dimensão mais íntima da psicologia dos personagens, a saber, o desejo, é retratada e revelada como uma extensão da relação com os demais, uma interação entre o Eu e o *Outro*.

Esta é uma constante nos heróis romanescos. Nenhum deseja por conta própria: a maior parte de sua personalidade é construída com base nos demais. O desejo mais íntimo e profundo de Dom Quixote é ser um cavaleiro andante. As aventuras e Dulcineia são apenas desejos-satélites que orbitam em torno da centralidade da cavalaria. Mas essa intimidade de Dom Quixote é um empréstimo de uma figura alheia ao fidalgo, a saber, Amadis de Gaula. Todas as aventuras de Dom Quixote são empreendidas como um esforço por reproduzir as aventuras do legendário herói de cavalaria. Os desejos mais profundos de Dom Quixote não são íntimos em nenhum sentido: todos têm origem em Amadis. O romance com Dulcineia geralmente parece forçado, precisamente porque não é próprio de Dom Quixote; é simplesmente mais um requisito para aproximar-se de ser como Amadis.

O mesmo se pode dizer de Emma Bovary. Ali onde Rousseau ou Schlegel retratam desejos adúlteros profundamente íntimos, Flaubert insiste que Emma sai em busca de amantes porque sonha em protagonizar os casos amorosos dos romances que tanto a fascinam.

Sua busca e seus desejos são apenas uma reprodução dos romances lidos. Tal como em Cervantes, a intimidade imita a arte.

O norte de Julien é Napoleão: ambicioso como ele, pretende ascender do nível social mais baixo à mais alta aristocracia, de forma muito análoga à vida do imperador já deposto. E, como a do próprio Napoleão, sua vida terminará em fracasso. Da mesma forma, o frágil Marcel não pode pensar no teatro e na arte senão através dos olhos de seu admirado escritor Bergotte.

Assim, para cada personagem romanesco existe outro personagem ou série de personagens que, de diversas formas, orientam sua vida. Essa orientação pode chegar a ser análoga à orientação espiritual do mestre religioso, mas o mais das vezes se trata de uma orientação do desejo: os personagens alternativos oferecem as pautas de desejo, de forma que os heróis romanescos as sigam: Amadis para Dom Quixote, Bergotte para Marcel, etc.

Tal personagem paralelo exerce uma influência peculiar sobre o herói. Girard denomina "mediação" este tipo de influência. O personagem paralelo "medeia" os desejos do herói romanesco, para o qual se transforma num "mediador". A habilidade romanesca consiste em descobrir a complexa rede de relações que se desenvolve entre o herói e as figuras a quem emula, entre o sujeito e o mediador.

A intimidade dos personagens romanescos começa a decompor-se. No mais íntimo de seu ser, sempre existe uma figura que provém do exterior, que aparece como alheia, mas ao mesmo tempo é própria, na medida em que cumpre um papel fundamental na psicologia dos sujeitos.

Apreendendo o *Outro*, incorporando-o ao seu ser próprio, o sujeito deseja através do mediador. Seu desejo já não é uma relação intrínseca entre sujeito e objeto. O desejo romanesco é *triangular*: entre o sujeito e o objeto do desejo interpõe-se o mediador. Conforma-se um triângulo, de forma que os personagens desejam não de forma autônoma e espontânea, mas de forma *triangular*, ou seja, através da mediação de um terceiro. Entre Dom Quixote e a cavalaria andante interpõe-se a mediação de Amadis de Gaula; entre Emma e seus amantes interpõem-se os romances lidos.

Os personagens perdem essa originalidade que tanto foi valorizada pela crítica ocidental. Girard considera que o gênio romanesco consiste em revelar o desejo em sua condição triangular, o que, segundo ele, permaneceu oculto por séculos de tradição literária.

Só nos romancistas aparece claramente delimitada e revelada a figura do "mediador". O restante vem a ser uma "mentira romântica". Assim, Girard oferece uma primeira definição destes termos: "Reservaremos o termo *romântico* para as obras que refletem a presença do mediador sem jamais revelá-la e o termo *romanesco* para as obras que revelam essa mesma presença".[3]

Depreende-se disso que, para Girard, "romântico" e "romanesco" não se referem a movimentos estéticos, nem a períodos da história da arte e da literatura, nem propriamente a estilos narrativos. Referem-se, antes, a uma atitude, ou melhor, a uma *(in)capacidade*.

A atitude romântica é a que crê no desejo espontâneo e se recusa a aceitar sua dimensão triangular. Empenha-se na intimidade dos personagens e faz do individualismo um de seus temas centrais, dado não conseguir conceber o fato de que mesmo o mais íntimo do ser dos personagens se configura em relação aos demais, incluindo, naturalmente, a dimensão desejante dos sujeitos. O romântico é o autor incapaz de descobrir a mediação do desejo, apesar de poder chegar a ter certa noção dela. Mas revelá-la atenta contra as suas próprias convicções, demasiado centradas na autonomia do sujeito e de seus desejos.

---

[3] René Girard, *Mentira Romântica e Verdade Romanesca*. Trad. Lilia Ledon da Silva. São Paulo, Editora É, 2009, p. 40.

Por seu lado, a atitude romanesca é a que se deu conta de que entre um sujeito desejante e um objeto desejado se encontra a mediação de um terceiro. Os retratos intimistas já não têm a proeminência que encontramos entre os românticos. A partir de então, os romancistas retratarão a *relação* entre personagens, a qual será mediada, em grande medida, pelo desejo.

Isso não quer dizer que o retrato intimista desapareça entre os romancistas. Proust, em particular, é um autor profundamente intimista. Sua obra é considerada um monumento da psicologia dos personagens, e um ligeiro descuido de sua sociologia. Os encontros e desencontros proustianos com o tempo permanecem à sombra da intimidade. Mas, mesmo na intimidade, Girard considera que "o desejo proustiano é *sempre* um desejo emprestado. Não há nada, em *Em Busca do Tempo Perdido,* que corresponda à teoria simbolista [do desejo] (...). Dirão que essa teoria é a do próprio Marcel Proust. É possível, mas Marcel Proust pode se enganar também. A teoria é falsa e nós a rejeitamos".[4]

Contudo, no romancista verificam-se inconsistências entre as relações que narra e seus próprios pensamentos. Ele ainda pode pensar explicitamente que o desejo é autônomo, na medida em que não chegou a formalizar uma teoria do desejo triangular, mas através de sua narração adquire consciência da verdadeira natureza do desejo. A teoria do desejo triangular se reflete muito mais nos personagens do que na filosofia do romancista. Assim o deixa entrever Girard: "Com frequência... Proust adota, ou parece adotar, uma teoria solipsista do desejo que trai completamente a experiência de suas personagens".[5]

Dessa forma, transformar-se em romancista é um processo de descoberta. O romantismo oculta a verdade do desejo, enquanto os

---

[4] Idem, p. 57.
[5] Idem, p. 103.

romancistas a desvelam, mas rara vez de maneira formal. É através de seus personagens que se dá esta descoberta.

A descoberta e a revelação do desejo triangular, portanto, não são uma exclusividade de um movimento literário do século XIX, que remontaria a Cervantes. Para Girard, "romanesco" é qualquer forma literária que põe em dúvida a autonomia do desejo, e que retrata situações em que os personagens não desejam por conta própria, mas imitam o desejo dos demais.

Estes termos se esclarecem se se leva em conta um artigo posterior a *Mentira Romântica e Verdade Romanesca*, no qual Girard estudava como Dante refletia certas tendências romanescas. Este juízo deixa de ser um anacronismo se mantivermos o significado que Girard concede a "romanesco". Em *A Divina Comédia*, Paolo e Francesca se amam, mas, de acordo com a interpretação de Girard, esse amor tenta ser uma reprodução da história de Lancelot, história que os amantes tomaram como modelo.[6]

Igualmente, houve grandes "românticos" no século XX, sem necessidade de pertencer estritamente ao movimento estético em questão. Girard considera Heidegger o maior de todos. Empenhado na "existência autêntica", Heidegger afirmava que a forma mais autêntica de viver é manter-se afastado da influência dos demais.[7] Isso, aos olhos de Girard, não constitui senão uma ilusão romântica que, como veremos mais adiante, aprofunda a alienação.

Só um punhado de romancistas refletiu a triangularidade do desejo, e ainda assim existem desníveis entre eles: uns a compreendem, refletem e revelam melhor que outros. A história do gênio romanesco é uma marcha para a compreensão do desejo triangular em sua totalidade, marcha que sofreu frequentes reveses e retrocessos. Assim,

---

[6] René Girard, *Literatura, Mimesis y Antropología*. Barcelona, Gedisa, 1997, p. 19-25.
[7] René Girard, *Celui par Qui le Scandale Arrive*, p. 21.

para Girard, não há concordância entre a cronologia e o nível de gênio romanesco. Para o nosso autor, a história literária da descoberta do desejo triangular vai de Cervantes, Flaubert e Stendhal a Proust e Dostoiévski. Como é sabido, esta ordem não é cronológica; reflete antes o nível de agudeza na descoberta.

Girard considera que:

> As obras romanescas se agrupam, pois, em duas categorias fundamentais (...). Falaremos de *mediação externa* quando a distância é suficiente para que as duas esferas de *possíveis*, cujos centro está ocupado cada qual pelo mediador e pelo sujeito, não estejam em contato. Falaremos de *mediação interna* quando essa mesma distância está suficientemente reduzida para que as duas esferas penetrem com maior ou menor profundidade uma na outra.[8]

O romântico nem sequer está a par da influência que exerce o mediador sobre os desejos do sujeito. O romancista, sim, está, mas alguns autores refletem mediadores ausentes do mundo do sujeito, ao passo que os verdadeiramente geniais retratam mediadores *presentes* no mundo do sujeito, tornando mais complexas, assim, as relações entre mediador e mediado.

A mediação externa é a estrutura do desejo triangular na qual os personagens desejam através de outros, mas os mediadores ou se encontram ausentes, ou fazem parte de um mundo que está totalmente afastado do sujeito. A relação entre Amadis de Gaula e Dom Quixote é, segundo Girard, o exemplo paradigmático. Dom Quixote decide deixar o lar e sair em busca de aventuras porque leu as histórias do legendário cavaleiro andante. A crítica romântica sempre

---

[8] René Girard, *Mentira Romântica e Verdade Romanesca*, op. cit., p. 33.

viu em Dom Quixote um personagem *idealista*, nutrido de originalidade em face de um mundo hostil e repetitivo. Para Girard, Dom Quixote é exatamente o contrário: o engenhoso fidalgo carece de originalidade na medida em que sua vida e aventuras pretendem ser uma emulação das façanhas de Amadis.

O significativo dessa relação é que Dom Quixote tomou para mediador um personagem que jamais conheceu; mais ainda, nem sequer estamos certos de sua existência histórica. Amadis medeia os desejos de Dom Quixote, mas o faz *de fora*. Amadis nunca está presente para indicar com precisão em que consistem seus desejos, de forma que possam ser imitados por Dom Quixote. É dessa ambiguidade que surge a distorção característica da loucura de Dom Quixote. O fidalgo está em busca de algo, e pretende emular seu herói, mas nunca tem certeza quanto a esses desejos destinados a ser reproduzidos: em que consistem? É assim que pode chegar a confundir moinhos com gigantes.

A relação entre Sancho e Dom Quixote é uma reprodução da relação entre o fidalgo e Amadis. Sancho deseja através de seu senhor: se o escudeiro tem a aspiração de transformar-se em governador de uma ínsula, é porque esse desejo foi sugerido pelo próprio Dom Quixote. E, tal como na outra relação, Dom Quixote exerce uma mediação *externa* sobre Sancho. Apesar de Dom Quixote ser para Sancho um mediador *presente*, na medida em que convive com ele, a mediação continua a ser externa porque Dom Quixote pertence a um mundo muito diferente do de Sancho. A distância que separa os dois é abismal, de forma que, na mediação dos desejos, Dom Quixote é um agente externo que nunca se interpõe no caminho de seu escudeiro. Para Girard,

> obviamente, não é o espaço físico que mede a distância entre o mediador e o sujeito desejante. Conquanto o afastamento geográfico possa constituir-se num de seus fatores, a *distância* entre o mediador e o sujeito é primeiramente

espiritual. Dom Quixote e Sancho estão sempre fisicamente próximos um do outro, mas a distância social e intelectual que os separa permanece intransponível.[9]

Girard insiste em que, ao menos no concernente à mediação dos desejos, é fácil reconhecer um paralelismo entre *Dom Quixote* e *Madame Bovary*, de Flaubert. Tal como no manchego, em Emma surgem desejos, mas estes nunca surgem espontaneamente; são produto da leitura de outros relatos. As figuras que originam estes desejos estão ausentes do mundo de Emma, razão por que seus mediadores são igualmente externos.

A crítica tradicional não viu tais paralelismos na obra de Stendhal e de Proust, e, no entanto, Girard adverte que tanto *O Vermelho e o Negro* como *Em Busca do Tempo Perdido* retratam situações de mediação externa. Mesmo sem aparecer propriamente no romance, Napoleão é um personagem fundamental de *O Vermelho e o Negro*. A figura do imperador inspirará muitas das aventuras e desventuras do ambicioso Julien. Tal como Amadis e os personagens dos romances lidos por Emma, Napoleão, enquanto mediador externo, nunca chega a ter uma relação "face a face" com seu mediado. O mesmo sucede com Matilde, a amante de Julien. A jovem se interessa pelo protagonista, mas nunca de forma espontânea. Através de seu romance com Julien, busca imitar as paixões entre seu antepassado Boniface de la Mole e a rainha Margarida de Navarra.

Marcel, narrador de *Em Busca do Tempo Perdido*, vive sua vida através de personagens que, para dizer a verdade, nunca viu de perto. O escritor Bergotte se transforma no mediador externo de Marcel, apesar de este nem sequer o conhecer pessoalmente. O narrador proustiano inicialmente desconfia do valor estético da atriz Berma e de sua apresentação, mas lhe basta ler uma resenha

---

[9] Idem, p. 33.

favorável escrita por seu admirado Bergotte para mudar de opinião, e até desejar a atriz. A mediação de Bergotte o conduz à modificação de seus desejos.

Todas essas situações têm em comum a estrutura triangular do desejo. Deseja-se algo como uma forma de empréstimo do desejo dos demais. O retrato da mediação externa, segundo Girard, constituiu um avanço para a revelação da verdade romanesca. Ali onde os heróis românticos sobressaíam por sua originalidade e nobreza, os heróis romanescos sobressaem por seu plágio. O romancista desequilibra as convicções a que o Ocidente se aferrou. Começa a revelar que mesmo a dimensão que sempre se julgou mais intimista e autônoma, a saber, o desejo, tem uma grande dívida com o *Outro*.

Mas Girard adverte que a descoberta e o retrato da mediação externa são apenas um passo de um caminho de maior alcance, o qual tem seus germes em Stendhal e Proust e alcança sua máxima expressão em Dostoiévski. Trata-se da descoberta e do retrato da *mediação interna*.

Se nos exemplos dados antes os mediadores permaneciam *fora* do mundo do sujeito, na mediação interna o mediador está presente no mundo do sujeito desejante, e muito perto dele. O sujeito deseja através de personagens com que interage.

A estrutura triangular do desejo se intensifica ainda mais. Da mediação interna, os três vértices do triângulo conviverão uns com os outros. Os triângulos amorosos sempre fascinaram a crítica romântica, mas esta nunca chegou a compreender como surgem tais triângulos. O romântico considera que os dois vértices chegaram ao terceiro vértice de forma autônoma; ou seja, os rivais no amor não se influíram mutuamente na formulação de seus desejos. O romântico enlaça o vértice do objeto do desejo com os dois vértices dos rivais, mas nunca enlaça os rivais em si. O romancista, por seu lado, retrata os triângulos de desejo de forma tal que *todos* os vértices estão conectados. Se dois homens vêm a desejar a mesma mulher, é porque, efetivamente, os dois se imitam na formulação do desejo.

Assim, à mediação interna se acrescenta uma problemática que ainda permanecia ausente na mediação externa. Se, de início, o sujeito deseja através de um mediador, é de supor que, quando os desejos dos dois personagens coincidirem num mesmo objeto, surgirá uma rivalidade entre eles.

A mediação interna adquire uma dimensão trágica que não se desenvolve na mediação externa. Já na mediação externa se refletem os perigos do desejo através do *Outro*. Dom Quixote enlouquece, Emma se suicida, Julien cai estrepitosamente e Marcel se torna presa de crises e inseguranças. Mas pelo menos estes personagens mantêm certa segurança: seus mediadores nunca se converterão em rivais. Não podem fazê-lo simplesmente porque não estão presentes, e se estão, como no caso de Dom Quixote e Sancho, a distância entre eles é tão grande que "nenhuma rivalidade com o mediador é viável. A harmonia nunca fica seriamente afetada entre os dois companheiros".[10]

Na mediação interna, tal segurança se desvanece. Os romancistas começam a retratar situações em que, além de se desejar através do *Outro*, se *luta* com o mediador, precisamente devido à sua proximidade com o sujeito. Inevitavelmente, aquele que de início era objeto de admiração se transforma num rival.

"O Curioso Impertinente", de Cervantes, é uma das primeiras obras romanescas em que a mediação interna ocupa um lugar central na trama. Anselmo se casa com Camila, mas, para pôr à prova seu amor, pede ao querido amigo Lotário que corteje sua mulher. Lotário rejeita o pedido, mas Anselmo insiste e insiste, de forma que faz todo o possível para concretizar um encontro entre Lotário e Camila. Quando o encontro amoroso finalmente se dá, Anselmo se suicida.

---

[10] Idem, p. 33.

Girard considera que "entre o Cervantes de Dom Quixote e o Cervantes de Anselmo a distância não é pequena".[11] Em *Dom Quixote*, Cervantes punha em evidência o caráter triangular do desejo, através da mediação externa. "O Curioso Impertinente" é uma obra muito mais complexa e mais representativa do gênio romanesco, porque não se conforma com a mera exploração das implicações da mediação externa; ao contrário, dá mais um passo e se adentra na complexidade da mediação interna.

Anselmo deseja Camila como sua esposa, mas, com o tempo, torna-se manifesta uma necessidade de contar com o aval de um modelo que medeie seus desejos. Anselmo só pode desejar através de Lotário. Ao convidá-lo a cotejar Camila, Anselmo realmente lhe propõe que seja seu mediador.

Dessa forma, Cervantes configura uma vez mais a triangularidade do desejo. Mas "O Curioso Impertinente" apresenta uma variante com relação a *Dom Quixote*. O mediador já não está ausente do mundo do sujeito desejante; muito pelo contrário, está presente nele e, mais ainda, interfere na obtenção mesma do objeto do desejo. A curiosidade de Anselmo torna-se impertinente porque não leva em consideração o fato de que, diferentemente de Dom Quixote, o personagem que ele escolheu como mediador corre o risco de transformar-se em seu rival.

De acordo com Girard, "O Curioso Impertinente" apresenta a mesma estrutura que *O Eterno Marido*, de Dostoiévski. Neste romance, o sedutor Veltchaninov se encontra com um certo Pavlovich, viúvo de uma das amantes do primeiro. O marido enganado procura os amantes de sua falecida esposa, e forja uma estranha amizade com Veltchaninov. Para casar-se de novo, Pavlovitch busca a aprovação de Veltchaninov, que, de acordo com Girard, se transformou em seu mediador.

---

[11] Idem, p. 75.

Ainda que no passado tenha sido seu rival, Pavlovitch sente tal admiração por Veltchaninov, que seus desejos surgem através dele. Volta as mais cordiais atenções para o homem que era amante de sua esposa, e até tenta aproximar eroticamente Veltchaninov e sua nova pretendida.

> O comportamento de Pavel Pavlovitch nos parece estranho; mas ele está em plena conformidade com a lógica do desejo triangular. Pavel Pavlovitch não pode desejar senão por intermédio de Veltchaninov, *em* Veltchaninov, como diriam os místicos. Assim, ele arrasta Veltchaninov até a casa da mulher que escolheu para que Veltchaninov a deseje e abone seu valor erótico.[12]

O objeto só é desejado com maior empenho se for desejado por um terceiro. O desejo mais intenso deve contar com o aval do mediador. Tal como Anselmo, Pavlovitch oferece sua mulher a outro homem para que este a deseje. Completar-se-á, assim, o empréstimo que sustenta o desejo. A mediação passa a ser interna. O mediador convive com o sujeito, e, de fato, está muito próximo dele.

Em ambos os romances, começa a se manifestar a rivalidade entre sujeito e mediador, mas só de forma exploratória. A rivalidade da mediação interna nunca é levada a consequências realmente devastadoras, apesar do suicídio de Anselmo. Requer-se uma maior genialidade romanesca para chegar a compreender e retratar os excessos da mediação interna.

Em *O Vermelho e o Negro*, de Stendhal, também se desenvolve a mediação interna. Mas Stendhal dá um passo além do que Cervantes e Dostoiévski fazem nas obras anteriormente mencionadas, e retrata a latente rivalidade entre sujeito e mediador. Apesar de

---

[12] Idem, p. 69.

Anselmo não poder suportar o fato de sua amada Camila cair nos braços de seu amigo Lotário, realmente nunca se reflete uma rivalidade latente entre eles. Pode-se dizer o mesmo da relação entre Pavlovitch e Veltchaninov. Stendhal, ao contrário, retrata a rivalidade que, levada a seu extremo lógico, se desenvolve entre personagens que se tornam presas da mediação interna.

Os nobres Valenod e Rênal disputam os serviços tutoriais do jovem Julien. Stendhal deixa claro que, aos olhos dos nobres, a figura de Julien é supervalorizada. Os nobres desejam profundamente os serviços do jovem. Não obstante, Girard adverte que o desejo que os nobres têm dos serviços de Julien obedece à mediação interna entre os dois. Rênal não contrata Julien por suas qualidades acadêmicas, mas simplesmente porque crê que Valenod também deseja o mesmo. Valenod se transforma assim no mediador dos desejos de Rênal. Mas, longe de ser uma figura adolhar e enaltecida, como o é Amadis por Dom Quixote ou Napoleão por Julien, Valenod se transformou num modelo e rival ao mesmo tempo. Rênal imita o desejo de Valenod, mas ao mesmo tempo este intervém na consecução do próprio desejo.

A mediação interna conduz assim a uma rivalidade que se intensifica. Rênal consegue contratar Julien, mas tempos depois Valenod tenta apoderar-se dos serviços de Julien. Uma vez mais, os nobres não consideram propriamente as qualidades de Julien. A mediação interna aumenta a rivalidade entre mediador e sujeito, razão por que a importância do objeto físico vai diminuindo. À medida que se intensifica a mediação interna, o importante é prevenir que o rival possua o objeto do desejo disputado.

O romancista começa a retratar essas complexas situações em que, longe de sentir admiração pelo modelo, o sujeito começa a crescer em ciúme, inveja e ódio. O trágico triângulo do desejo adquire uma estrutura definida na mediação interna. Tanto o sujeito quanto o modelo se lançam à obtenção do objeto do desejo. Mas, no processo, têm de eliminar esse rival que, paradoxalmente, é a fonte de seu próprio desejo.

Disso se depreende o fato de que as mais amargas rivalidades são suscitadas entre personagens que estão muito perto um do outro. Se os personagens estão afastados entre si, o perigo é menor. Já referimos que isso é o que ocorre na mediação externa. Dom Quixote mantém certo caráter de felicidade porque nunca topa com mediadores-rivais. Seu mediador, Amadis, é um personagem legendário que nunca se transforma em obstáculo para a consecução do desejo. Na mediação interna, no entanto, o cenário é diferente: quanto mais próximos estiverem os personagens, com mais frequência seus desejos coincidirão. Quanto mais próximos estiverem, mais oportunidade eles têm de imitar o desejo do *Outro*. E, paradoxalmente, mais se interpõem como obstáculos na consecução do desejo.

Como vimos, a partir de Stendhal os romancistas descobrem uma rivalidade entre personagens que logicamente se depreende da imitação dos desejos. Mas, de acordo com Girard, é Dostoiévski quem chega a compreender plenamente que, quanto mais próximos estiverem os personagens, maior será a rivalidade entre eles:

> Em Stendhal, é a vida pública e política que está minada pelo desejo de empréstimo. Em Proust, o mal se estende à vida privada, salvo, em regra geral, o círculo familial. Em Dostoiévski, esse círculo está ele próprio contaminado. Em meio à própria mediação interna, pode-se então contrapor a mediação *exogâmica* de Stendhal e de Proust à mediação *endogâmica* de Dostoiévski.[13]

Dostoiévski atenta inclusive contra uma das mais firmes convicções românticas: a harmonia familiar. Ali onde um romântico como Schiller retrata a amorosa colaboração de William Tell e seu filho, o romancista Dostoiévski retrata a rivalidade no seio familiar.

---

[13] Idem, p. 65.

O Adolescente narra a história do desejo de Dalgouruki por Ajmakova, mulher também desejada por Versilov, pai de Dalgouruki, surgindo assim uma amarga rivalidade entre eles. A rivalidade se torna endogâmica, na medida em que são membros de um mesmo seio familiar.

É curioso o fato de que, nessa primeira obra, Girard se recusasse a interpretar tais triângulos amorosos e rivalidades entre pais e filhos em termos edipianos. Como veremos mais adiante, em sua obra posterior Girard defronta Freud, e oferece uma interpretação própria do complexo de Édipo. Torna-se evidente que o objetivo de *Mentira Romântica e Verdade Romanesca* é permitir aos romancistas falar através de seus personagens. São um estorvo as teorizações dos psicólogos, que, segundo Girard, são superados pelos romancistas na compreensão do desejo e da personalidade humana.

Ao atentar contra a convicção romântica do desejo autônomo, os romancistas atentam contra a magnificência do espírito humano, um dos temas favoritos dos românticos. Entre os heróis romanescos, uns são mais originais que outros, mas todos compartilham a tendência a tomar emprestados os desejos dos demais. Esta falta de originalidade, esta busca obsessiva do *Outro* resulta numa eventual deterioração da personalidade do herói romanesco. O sujeito não sabe o que desejar. Sua insegurança é tal, que para os desejos mais elementares tem de recorrer à imitação dos demais. Já vimos como Pavlovitch necessita do aval de Veltchnaninov para desejar uma mulher. É incapaz de tomar uma decisão por conta própria porque sente que todos os seus desejos devem ter origem em algum outro personagem.

Trata-se do tipo de insegurança que Proust retratou ao longo de sua obra por meio de Marcel. Quando criança, Marcel não pode dormir com as luzes apagadas. Sua infância é frágil, e ele vive em contínua dependência dos demais. Girard se pergunta "acerca da idade do narrador, pois a infância, em Proust não existe. A infância autônoma, indiferente ao mundo dos adultos, é um mito para as pessoas maduras".[14] A visão romântica da infância, essa concepção rousseauniana que insiste na bondade e sobretudo na originalidade das crianças, é uma falsa ilusão que o romancista destrói. Em Proust não existe infância à maneira romântica, precisamente porque as crianças desejam como os adultos. Mais ainda, seu mundo está cheio de angústias e inseguranças.

Os personagens vão em busca de algo, mas nunca o têm definido. Não podem desejar por conta própria, estão inconformes consigo mesmos. Temem que qualquer decisão que se atrevam a tomar autonomamente os conduza ao fracasso. Não podem pensar o mundo sem os demais, e por isso têm de recorrer a eles para tomar emprestados seus desejos, ou ao menos para contar com sua aprovação.

A insegurança é tal, que o desejo realmente não está orientado para um objeto em particular. A dependência do herói romanesco é tão abismal, que ele busca os demais para aliviar esse sentimento de inconformidade que sente consigo mesmo. "O objeto constitui-se apenas num meio de alcançar o mediador. É o *ser* desse mediador que o desejo almeja."[15] Desenvolve-se nos personagens o que Girard denomina um "mal ontológico". O herói romanesco sente uma carência de ser, e crê que o mediador possui tal sentido ontológico. Imitando seu mediador e seus desejos, tentará apropriar-se do ser do *Outro*, e pretenderá aliviar assim o vazio que sente em seu interior. O herói romanesco, enojado de si mesmo, pretende abandonar seu corpo e, à maneira do místico, *ser* o Outro. O mal é terrível, e busca ser saciado a qualquer custo. "Proust compara à sede esse desejo atroz de ser o *Outro*."[16] Trata-se de uma busca perene que nunca poderá ser satisfeita. Não poderá ser satisfeita pelo simples fato de que o *Mesmo* há de permanecer o *Mesmo* e o *Outro* o *Outro*. À maneira aristotélica, o que é, é. Impossível apropriar-se do *ser* dos demais.

---

[14] Idem, p. 57.
[15] Idem, p. 77.
[16] Idem, p. 77.

O desejo triangular se transforma, então, num desejo *metafísico*. "O desejo segundo o *Outro* é sempre o desejo de ser um *Outro*."[17] Deseja-se algo que transcende a física; o objeto do desejo se torna totalmente abstrato. O objeto do desejo físico é um meio para alcançar o "ser" do mediador. Mas, à medida que a fascinação com o mediador aumenta, a física é deslocada pela metafísica. De nada adianta possuir o objeto desejado pelo mediador. O desejo mais profundo concerne ao *ser* do mediador.

O herói romanesco busca algo que está fora dele. Esforça-se desesperadamente por encontrá-lo, desejando ser tudo o que nunca foi na vida. Dá importância excessiva a fatos e detalhes sem importância, precisamente porque acaba por crer que, conseguindo-os, conseguirá saciar sua sede ontológica.

Assim, o "bovarismo", o termo reservado pelos críticos para descrever a atitude retratada por Flaubert em sua heroína Emma, é uma primeira manifestação de tal busca vã. Emma sonha com salões, com a música, com os condes e com os duques, deixando de lado as dificuldades financeiras que podem levá-la à ruína. Emma dedica maior atenção às ilusões aristocratas porque estas vêm a ser o espaço que lhe permite escapar dessa desesperante realidade que é a inconformidade. Renuncia à sua vida e busca o *ser* dos personagens dos romances lidos por ela.

Stendhal aprofunda-se ainda mais em seu retrato da busca dos personagens. Passa a exibir a *vaidade* dos personagens, que tanto Stendhal quanto seus críticos destacam ao longo de sua obra. Julien é o retrato máximo dessa vaidade. Um camponês que, a qualquer preço, busca uma falsa superação. Sua ambição é ser o burguês de que, para dizer a verdade, ele sempre se ressentiu. Acrescente-se que, curiosamente, Stendhal se adiantou em um século ao teórico social Thorstein Veblen: este pensador opinava, contrariamente ao

---

[17] Idem, p. 109.

que pensava Marx, que o proletário/camponês não busca derrubar o burguês, mas tenta *ser* o burguês.[18]

À medida que Julien cresce, também a ambição vaidosa aumenta. Ele não se satisfaz com alcançar vários êxitos: sempre quer mais. Suas buscas são vãs, porque ele vai atrás de algo que dificilmente poderá ser conseguido, a saber, o sentido ontológico de que se sente carente. Os desejos de Julien se tornam vaidosos precisamente porque são triangulares. Ele deseja através dos burgueses, deseja o mesmo que os burgueses, porque ele mesmo quer ser um deles. Não há nada de romântico em sua relação com Matilde. Ele a deseja para entrar nesse mundo burguês que tanto o fascina. Matilde lhe interessa porque é desejada pelos burgueses de seu ambiente.

O enigma da ambiguidade de Julien se resolve parcialmente se levarmos em consideração a busca vaidosa a que se refere Girard. Julien é brilhante e muito talentoso, mas todo esse brilhantismo se põe a serviço da vaidade, da inconformidade com o *Mesmo* e da obsessão pelo *Outro*.

Girard insiste em que há apenas um passo do vaidoso stendhaliano ao esnobe proustiano. Tal como Julien, os personagens de Proust padecem uma profunda inconformidade consigo mesmos e, para aliviá-la, dedicam todas as suas energias ao encontro com o *Outro*, à tentativa de tomar emprestado o *ser* dos demais, de ser tudo o que nunca foram.

Marcel é o exemplo que o mostra com maior clareza. Como bom esnobe, é incapaz de formar um juízo próprio, ou de desejar autonomamente. Já mencionamos a influência que Bergotte exerce sobre ele. Sua personalidade é terrivelmente inconsistente. Faz-nos recordar um pouco Zelig, esse estranho personagem camaleônico de Woody Allen que muda de opinião quando sua alteridade também o faz. Tal como Zelig, Marcel e quase todos os personagens

---

[18] Thorstein Veblen, *The Theory of the Leisure Class*. Nova York, Modern Library, 1934.

proustianos se detestam tanto, que qualquer juízo e qualquer desejo estão sujeitos a transformação em função do mediador.

Girard insiste: "todos os heróis de romance se detestam a si mesmos em um nível mais essencial que o das 'qualidades'. É precisamente o que nos diz o narrador de No *Caminho de Swann:* 'Naquele tempo, tudo que não fosse eu próprio, a terra e os seres, me parecia mais precioso, mais importante, dotado de uma existência mais real'".[19]

Estão tão inconformes, que se odeiam a si mesmos através dos outros. Odeiam os personagens que, evidentemente, se parecem com eles.

> Quando o mediador está muito próximo, os observadores percebem o círculo psicológico do herói e falam em *obsessão*. O obsessivo se parece com uma fortificação cercada pelo inimigo. Ele está reduzido a seus recursos próprios. Legrandin estigmatiza eloquentemente o esnobismo, Bloch injuria o arrivismo e Charlus a homossexualidade. Cada um nada mais faz do que falar tão somente de seu próprio vício.[20]

Os mediadores logo esfastiam. Por mais que alguém os imite, nunca chega ao fim esperado. Um após outro, os mediadores podem desfilar diante do sujeito desejante. O caso de Marcel é particularmente ilustrativo. O herói proustiano passa ao longo do romance de uns mediadores a outros. Sua personalidade termina por sofrer uma erosão, e ele se transforma num indivíduo muito frágil. Como bom esnobe, depende demasiado do que os demais opinem dele. *Qualquer pessoa* se transforma no mediador de Marcel. Ele já não tem de ser uma grande figura, como Amadis ou Napoleão; Marcel se dobra

---

[19] René Girard, *Mentira Romântica e Verdade Romanesca*, op. cit., p. 79.
[20] Idem, p. 99.

mesmo diante da mais baixa figura, porque crê que até esta tem um dom ontológico que pode nutrir a sua personalidade.

O herói romanesco é uma espécie de personagem maldito, e o gênio do romancista consiste em reconhecer tal tragédia e renunciar à ilusão romântica da magnificência do espírito humano. "O herói de romance é sempre o menino esquecido pelas fadas boas no momento de seu batismo."[21] Flaubert nos fala da "mediocridade" de um Charles Bovary, contrária à valentia de um romântico Ivanhoé ou William Tell. Segundo Girard, todavia, o que Flaubert descreve não é propriamente a mediocridade dos personagens, mas a encruzilhada em que se encontram em consequência do desejo triangular.

O herói romanesco se sente tão desgraçado, que logo desconfia que os demais personagens conspiram contra ele. Por crer que todos têm algo do que ele mesmo carece, sente que o mundo o rejeitará.

A paranoia é um tema comum em *Dom Quixote*. Na mente do fidalgo, o malévolo Merlin, os gigantes e muitos outros personagens estão sempre conspirando contra ele, elaborando algum feitiço para fazê-lo fracassar em suas aventuras. Em Proust, o tema paranoico também aparece. Os Guermantes convidam o narrador proustiano à sua casa, mas este desconfia que algo está sendo tramado contra ele. O herói romanesco se despreza tanto, que crê que todos os demais rirão e zombarão dele.

Memórias do Subsolo, de Dostoiévski, é segundo Girard a obra decisiva deste romancista e a que reflete como nenhuma outra o tema da decomposição da personalidade e a paranoia de que se torna presa o herói romanesco. O homem do subsolo fica obcecado com personagens que se mostram indiferentes a ele. Seu ressentimento é tal, que o mínimo gesto por parte dos demais é interpretado por

---

[21] Idem, p. 57.

ele como uma ofensa. Chega a crer que todos conspiram contra ele, razão por que se mostra profundamente hostil ao mundo.

Em personalidades tão erodidas, o prazer desaparece quase completamente. Não existe a capacidade de desfrutar. Desfruta-se de algo quando um desejo se sente satisfeito. Mas o desejo do herói romanesco não pode ser satisfeito. É uma espécie de vampiro que, sem importar quanto sangue sugue, sempre quererá mais. Já fizemos alusão à metáfora proustiana da sede. Esta insatisfação se manifesta especialmente nos encontros sexuais dos personagens romanescos. Nas palavras de Girard,

> o sujeito desejante abraça tão somente o vazio quando se apodera do objeto. (...) Ele possui o objeto, mas esse objeto perde todo o valor pelo próprio fato de se deixar possuir. Mathilde conquistada logo deixa de interessar a Julien. O narrador proustiano quer se desfazer de Albertine assim que a imagina fiel. Lizaveta Nikolaevna só precisa se entregar a Stavroguine para que este lhe dê as costas.[22]

Emma Bovary é o primeiro personagem a se destacar nesta decepção do desejo. Sonha em ter amantes. Leon e Rodolfo não são tão "medíocres" (para usar o termo flaubertiano que Girard não emprega) quanto seu marido, Charles. Ainda assim, as experiências adúlteras se mostram profundamente decepcionantes. Emma busca amores românticos que não encontra. Mas o amor é apenas uma manifestação de um desejo mais profundo. Emma busca ser outra pessoa, e nunca o conseguirá. Sua busca está, assim, condenada ao fracasso. Seus encontros sexuais serão insatisfatórios porque, mesmo tendo mil amantes, mesmo frequentando todos os salões de baile, mesmo reproduzindo em cada detalhe as cenas dos romances

[22] Idem, p. 193.

que tanto a fascinam, nunca poderá renunciar à sua própria identidade, nunca poderá deixar de ser Emma.

A situação entre Julien e Matilde se intensifica e se torna ainda mais complexa. Após tê-la conquistado, Julien deixa de interessar-se por Matilde. Já assegurou seu romance e fidelidade: ela se entregou a ele. Precisamente devido a isso, Matilde já não é desejada pelos jovens burgueses de que Julien se ressentia e que admirava ao mesmo tempo. Matilde perde valor porque já não é objeto de desejo do *Outro*. A Julien interessa *ser o Outro*, ser burguês, e Matilde era a via para alcançar esse desejo metafísico. Dado que já ninguém deseja Matilde, Julien já não imita ninguém, já não pode apoderar-se do ser de ninguém. Depois de tanto esforço para conquistá-la, perde o interesse por ela.

Mas a complexidade do desejo metafísico não termina aí. Matilde também participa dessa estranha complexidade. Para recuperar interesse, Matilde imita o desejo de seu amante, e *deseja a si mesma*, mostrando-se indiferente a Julien. Ao ver-se rejeitado, o amante a voltará a desejar, e imitará o desejo de sua mulher. Girard denomina "coqueteria" esse processo de autodesejo. Uma vez mais, apesar dos óbvios paralelismos com o "narcisismo" freudiano, Girard se recusa a dialogar com os psicanalistas, ao menos nesta primeira obra. Seu foco de interesse continua a ser o romance: através de seus personagens, o romancista se antecipa em séculos a toda a especulação psicanalítica.

Dessa forma, os desejos de Julien e Matilde nunca coincidem para que ambos se vejam satisfeitos e sua relação se fortaleça. Quando Julien deseja Matilde, esta se mostra indiferente; quando Matilde deseja Julien, este também mostra seu desprezo. De acordo com Girard,

> o "desespero" do amante e a coqueteria da amada crescem conjuntamente, pois os dois sentimentos são copiados um do outro. É

> um mesmo desejo, sempre mais intenso, que circula entre os dois parceiros. Se os amantes nunca estão de acordo não é por serem demais "diferentes", como afirmam o senso comum e os romances sentimentais, é por serem por demais semelhantes um ao outro, é por serem todos cópias um dos outros. Mas quanto maior a semelhança, mais eles sonham em serem diferentes. Esse *Mesmo* que os obceca é concebido como o *Outro* absoluto.[23]

Para que o sujeito se interesse pelo amante, este tem de saber dissimular seu desejo. Ao mostrar-se indiferente, será desejado. Toda coquete sabe disso. O sujeito busca ser rejeitado. Trata-se de uma espécie de masoquismo a que volveremos mais adiante. Não é senão na medida em que é rejeitado que o sujeito sente progredir sua busca metafísica. Se consegue possuir o objeto do desejo, sua busca chega ao fim e não consegue satisfazer seu desejo metafísico.

Dessa forma, Girard insiste em que o herói romanesco se transforma num asceta que renuncia ao desejo, apesar de este continuar a vibrar nele. Mas esta ascese não é genuína. O herói muito mais *dissimula* seu desejo do que renuncia a ele. Transforma-se num "hipócrita", o caráter que Stendhal se esforçou por retratar em Julien.

O protagonista de *O Vermelho e o Negro* é um calculista, um jovem esperto que não expressa o que pensa e sabe disfarçar bem seus sentimentos. "Ao fingir indiferença, Julien dá corda, em Mathilde, a uma mola semelhante a de seu próprio mecanismo, cuja chave está em poder da moça. (...) A vitória pertence àquele dos dois amantes que melhor sustentar sua mentira."[24]

---

[23] Idem, p. 133.
[24] Idem, p. 136.

O Vermelho e o Negro é um mundo de mentiras. Os personagens são incapazes de ser sinceros, porque isso constituiria uma ameaça à dinâmica sob a qual seus desejos operam. Mais ainda, o sujeito imita o desejo do mediador, mas, uma vez imitado tal desejo, o sujeito se transforma em mediador de outros sujeitos que também desejam o que este deseja. Dessa forma, "todo desejo que se exibe pode suscitar ou redobrar o desejo de um rival. Faz-se pois necessário dissimular o desejo para apoderar-se do objeto. É essa dissimulação que Stendhal denomina *hipocrisia*".[25]

Todo comprador sabe disso. Os romancistas parecem compreender muito bem as leis da economia. Ao mostrar-se o comprador demasiado desejoso de um produto, seu preço aumentará inevitavelmente. Sucederá assim por duas razões básicas: por um lado, o vendedor se aproveitará do desespero do comprador, e, por outro, os demais compradores também se interessarão pelo produto, gerando um aumento da demanda que redundará na alta do preço. Basta ir a um leilão para verificá-lo.

Como em todo asceta, a renúncia ou dissimulação requer um esforço por parte do herói romanesco. No momento em que o herói mostrar a menor expressão de seu desejo, ver-se-á prejudicado. Deixará de ser desejado, e seu desejo será imitado por seus futuros rivais. Para recompor-se, necessita tornar-se ainda mais hipócrita: "toda infração do código de hipocrisia se salda por um redobramento de dissimulação ascética".[26]

O asceta cala seu desejo como uma estratégia para vencer o rival. Mas o encontro com este rival é tremendamente ambíguo. Ele cala para que seus desejos não coincidam com os do *Outro*, mas ao mesmo tempo deseja através do *Outro*. Odeia-o tanto quanto o admira. Para o sujeito, o mediador se transforma numa espécie de

---

[25] Idem, p. 181.
[26] Idem, p. 183.

divindade que detém um poder, a saber, o sentido ontológico que o herói romanesco crê ausente em si mesmo.

Quanto mais o mediador interno se aproxima do sujeito, maior se torna a ambiguidade em torno de sua figura. Por um lado, é o maior objeto de admiração. O sujeito deseja tudo o que o modelo deseja. Ambiciona possuir o que o sujeito possui porque, no fundo, deseja apropriar-se do *ser* do modelo. Mas o principal obstáculo para ser o modelo é o modelo mesmo. O modelo interfere na consecução de desejos que, paradoxalmente, são sua própria origem. Ódio e admiração se concentram, assim, no mediador.

Girard cita Max Scheler[27] para descrever as emoções que se desenvolvem no herói romanesco. O ressentimento, tal como entendido pelo filósofo alemão, é a principal emoção a surgir no sujeito. Ele se ressente do modelo porque este é tudo o que ele não pôde ser mas deseja ser. É tal a admiração entre os personagens romanescos, que a relação entre eles se aproxima do religioso.

"Os homens serão deuses uns para os outros", é o título do segundo capítulo de *Mentira Romântica e Verdade Romanesca*. À medida que progride o desejo da mediação externa para a interna, a natureza do objeto se torna mais metafísica. Quanto mais próximo está o mediador, mais o sujeito deseja seu *ser*. Quanto mais próximo, mais divino. O romance adquire assim uma dimensão religiosa a que até o autor ateu é incapaz de escapar. O desejo se mistifica, se torna metafísico, e os mediadores são idolatrados pelos sujeitos que se prestaram a imitá-los.

Mesmo sem citá-los, é evidente a influência que alguns fenomenologistas da religião de uma geração anterior a Girard, bem como alguns contemporâneos, exerceram sobre esta obra. Girard se apressa a advertir que a relação entre o deus e o fiel que lhe

---

[27] Idem, p. 36.

presta culto é marcada pela ambivalência. O mediador é tanto odiado quanto admirado.

Proust desdobra essa atitude religiosa ao longo de sua obra. Ir à casa dos Swann é, para Marcel, uma experiência religiosa. Marcel visita personagens que se lhe convertem em deuses, apesar do ressentimento que Marcel nutre por eles. Tais personagens possuem uma aura metafísica de que, tal como um místico, ele pretende apropriar-se.

> O narrador não se aproxima do deus senão com medo e tremor. Os gestos mais insignificantes adquirem, graças às imagens, um valor de ritual. Acompanhado por Françoise, a empregada, Marcel faz uma "peregrinação" na residência dos Swann. Esse apartamento burguês é sucessivamente comparado a um templo, um santuário, uma igreja, uma catedral, um oratório.[28]

Essas emoções alcançaram a vida privada de Proust, de forma que ele chegou a sentir certas inquietudes transcendentais. Após consultar André Gide, Proust desistiu da ideia de assumir uma vida religiosa.[29] Mas, mesmo em seu secularismo, Proust não deixa de mostrar preocupação com a emoção religiosa ambivalente que se desenvolve entre seus personagens. Como Girard indica, "o vocabulário da transcendência é espantosamente rico nesse romancista que não fala nunca, ou quase nunca, de metafísica e de religião".[30]

A ambivalência romanesca é retratada com mestria por Dostoiévski. Girard assinala que Dostoiévski sempre pareceu "demasiado russo" aos ocidentais. Seus personagens são demasiado irracionais,

---

[28] Idem, p. 103.
[29] René Girard, *The Scapegoat: Interviews with David Cayley*. Toronto, CBC Radio Series, 1995, p. 38.
[30] René Girard, *Mentira Romântica e Verdade Romanesca*, p. 103-04.

demasiado ambivalentes. Mas a inconsistência dostoievskiana é tão somente um reflexo da ambivalência do desejo metafísico. Os personagens dostoievskianos e, em menor medida, os proustianos e stendhalianos insultam outros personagens e, poucos instantes depois, se ajoelham diante deles.

O homem do subsolo é a representação do sujeito que, no encontro com seus mediadores, desenvolve tais crises religiosas. Seu ser está tão vazio, sua personalidade tão erodida, que acaba por escolher ao seu redor um mediador. Mas só ganha a indiferença e o desprezo dos demais. Ou ao menos assim o sente o homem do subsolo. Ao pretender apropriar-se do ser do *Outro*, e descobrir sua incapacidade para consegui-lo, atribui o fracasso ao *Outro*, volta-se contra o mundo que o cerca. O homem do subsolo adora tanto quanto despreza os personagens com quem se encontra. Todos o fascinam, mas basta que, como sucede no caso da cena do militar no café, o mediador não mostre interesse pelo homem do subsolo para este se sentir profundamente ofendido. Em um instante, passará da fascinação ao ódio. Ao ver-se ignorado, o homem do subsolo escreve uma carta exigindo desculpas, pedido que é ignorado, o que gera ainda mais ressentimento no herói dostoievskiano.

Girard insiste em que, quanto mais insatisfatória se mostra a obtenção dos objetos do desejo, maior se torna a busca de mediadores. Repitamo-lo: à medida que se aproxima o mediador interno e se torna mais metafísico o desejo, o mediador passa a poder ser *qualquer* pessoa. Ao mesmo tempo, o mediador assume o papel do sujeito desejante, e, dado que seus desejos são imitados, se presta a desejar os desejos dos demais. Nas etapas mais avançadas do desejo metafísico, apagam-se as diferenças entre mediadores e mediados. Todos experimentam a uma mútua imitação do desejo. Essa reciprocidade é denominada por Girard "mediação dupla". Nas palavras de Girard,

> temos agora um sujeito-mediador e um mediador-sujeito, um modelo-discípulo e um discípulo-modelo. Cada qual imita o outro mas afirma,

> ao mesmo tempo, a prioridade e a anterioridade de seu próprio desejo. Cada qual vê no outro um perseguidor atrozmente cruel. Todos os relacionamentos são simétricos; os dois parceiros acreditam-se separados por um abismo insondável, mas não se pode dizer de um que não seja igualmente válido para o outro. É a oposição estéril dos contrários, cada vez mais atroz e cada vez mais vã à medida que os dois sujeitos se aproximam um do outro e que seu desejo se intensifica.[31]

Pode ser que o modelo nunca se interesse pelo objeto do desejo em disputa com aquele que o imitou. Mas basta que veja que esse objeto também é desejado pelo *Outro* para nascer nele o interesse. Ninguém está isento do mal ontológico. Todos desejam algum sentido de "ser"; qualquer oportunidade será aproveitada para desejar o mesmo que os demais e assim aspirar a preencher esse vazio ontológico que tanto os açoita.

De forma curiosa, a mediação interna apreende uma dimensão democrática que não estava presente na mediação externa, nem, muito menos, na concepção romântica do desejo. Da dupla mediação, *suprimem-se* as diferenças entre os homens, já não haverá senhores e escravos, mestres e discípulos. Todos se imitarão mutuamente e todos terão os mesmos objetos do desejo.

Igualdade, mas nada de fraternidade, nem, muito menos, de liberdade. Girard considera que, dado o seu espírito democrático, a mediação interna é resultado da progressão do século XVIII para o surgimento da burguesia e a morte do *Ancien Régime*. Na antiga ordem, o monarca constituía a fonte do desejo das massas. "O Rei Sol é o mediador de todos os seres que o rodeiam. E esse mediador

---

[31] Idem, p. 127.

fica separado de seus fiéis por uma distância espiritual prodigiosa. (...) A teoria do 'direito divino' define perfeitamente o tipo particular de *mediação externa* que floresce em Versalhes e em toda a França durante os dois últimos séculos da monarquia."[32] O rei é para os súditos o que Amadis é para Dom Quixote, a saber, um mediador demasiado distante para irromper na consecução dos desejos.

O rei e a aristocracia se contraem, e a burguesia se dilata. Aproximam-se mediadores e mediados. O tema da vida aristocrata foi uma preocupação central na obra de Flaubert, Stendhal e Proust. O segundo foi quem mais atenção lhe deu, levando-se em consideração que Flaubert e Proust retratavam muito mais um mundo burguês do que um mundo aristocrata. Stendhal nos fala da "vaidade" aristocrata, essa atitude que leva os personagens a renunciar à sua vida mundana em benefício de personagens que realmente lhes são alheios.

Era de esperar que, ao cair a monarquia, se desvaneceria com ela a vaidade. Já não haveria monarca que concentrasse as vaidades. Acabando-se com o mediador, esperava-se acabar com a mediação. Mas, de acordo com Girard, o resultado foi muito diferente. A partir da Revolução Francesa,

> a mediação externa do cortesão foi substituída por um sistema de mediação interna no qual o próprio pseudomonarca toma parte. Os revolucionários acreditavam destruir toda a vaidade ao destruir o privilégio nobre. Mas com a vaidade acontece o mesmo que com esses tumores que não são possíveis de operar e se por todo o organismo sob uma forma mais grave quando se acredita que estejam extirpados. Quem afinal imitar quando não se imita mais o "tirano"?

[32] Idem, p. 146.

> Passam-se a partir daí a imitar-se uns aos outros. A idolatria de um só é substituída pelo ódio de 100 mil rivais.[33]

Esse é o drama sociológico de *O Vermelho e o Negro*. Retrata-se, nesse romance, o auge da mediação interna que se seguiu à queda do absolutismo francês. Um personagem como Julien seria anacrônico se Stendhal tivesse escolhido o *Ancien Régime* como cenário de seu romance. Para que um personagem como este seja crível, a distância entre o monarca e as massas tem de haver diminuído. Só assim um filho de carpinteiro terá a possibilidade de aspirar a ser um burguês e, até certo ponto, alcançar seu objetivo.

Mas, assim como se intensificam as aspirações burguesas, também se incentiva a rivalidade entre as massas. O desejo metafísico é eminentemente contagioso: com o auge da burguesia, uma maior quantidade de indivíduos se converte em modelos-rivais cujos desejos coincidem nos mesmos objetos e têm mais ou menos as mesmas possibilidades de alcançá-los. "*Os homens serão deuses uns para os outros*", assinala Girard. "Jovens nobres e burgueses vêm fazer fortuna em Paris como antigamente os cortesãos em Versalhes. Amontoam-se nas águas-furtadas do Quartier Latin como nos sótãos do castelo. A democracia é uma vasta corte burguesa cujos cortesãos estão por toda parte e o monarca em lugar nenhum."[34]

Como Julien, há milhares, milhões de jovens que, como ele, se tornaram presas da vaidade e da ambição. Sua disputa, sua rivalidade com seus pares é tal, que são levados à própria queda. É precisamente essa igualdade democrática nunca antes vivida o que dá ensejo a que os desejos sejam imitados em escala massiva. Porém, como sugere a lógica que até agora apresentamos, é também essa igualdade o que leva os homens a ser deuses uns para os outros, o

---

[33] Idem, p. 147.
[34] Idem, p. 148.

que leva a reciprocidade do ambivalente binômio admiração/ódio a se espalhar como nunca antes. Outrora, só um homem detinha o objeto de desejo, e era imitado pelas massas sem perigo de gerar um clima de rivalidades. Após a revolução, *muitos* homens detêm o objeto do desejo, que, obviamente, não pode ser compartilhado por tantos. Os verdadeiros princípios revolucionários vêm a ser, então: igualdade, rivalidade e mais rivalidade.

A vaidade não morre: multiplica-se. Antes sucedia entre uns poucos: os nobres. Agora, essa vaidade se estendeu também ao burguês. De forma lógica mas surpreendente, Girard insiste em que, ao contrário do que tradicionalmente acreditaram todos os críticos, *O Vermelho e o Negro* é uma crítica à revolução, muito mais que à restauração.

Em seu julgamento, o próprio Julien denuncia a ordem conservadora da restauração. Mas, de acordo com Girard, Stendhal deixa claro que foi a revolução, e não a restauração, que acarretou a desgraça de Julien. A revolução é a origem da mediação interna, que destruiu Julien. Graças à gesta revolucionária, um carpinteiro como Julien aspirou a ser um burguês. Mas, precisamente devido ao espírito democrático do momento, Julien topa com muitos outros rivais, com quem compartilha tais aspirações.

A vaidade não só permanece na nova ordem, mas se torna ainda mais destrutiva. Para Girard, a vaidade do século XVIII é "alegre", enquanto a do século XIX e do tempo que se lhe segue é "triste". A primeira é alegre porque não há espaço para os conflitos. A segunda é triste porque dá ensejo a tragédias como a de Julien.[35]

---

[35] Honoré de Balzac é considerado o pai do realismo, e é este o gênero literário que Girard considera superior a todos. Girard confessa que, em seus anos de magistério de literatura francesa na Universidade de Indiana, leu muito Balzac, e é de supor que o romancista francês exerceu significativa influência sobre Girard. Mas Girard não dedicou nenhum comentário ou crítica importante à obra de Balzac. E isso é ainda mais surpreendente se se leva em conta que, muito mais que Stendhal ou que qualquer outro romancista, Balzac foi o gênio que melhor retratou o que Girard chama de "vaidade

Já fizemos referência ao fato de que, embora Girard não o mencione, Stendhal se antecipa aos grandes teóricos que abordam o problema da inveja e da rivalidade entre proletários e burgueses de uma perspectiva sociológica, sendo Veblen o mais notável deles. Mas Girard se apoia, sim, na obra de um genial teórico da democracia que respalda esta interpretação de Stendhal. Trata-se de Alexis de Tocqueville.

O grande teórico social francês também advertia sobre os perigos das democracias. O auge do individualismo abria o espectro de possibilidades aos emergentes burgueses, possibilidades essas que nem sempre eram de todo realizáveis e que levavam a uma profunda frustração e, por extensão, do conflito entre os atores sociais. Girard assinala:

> A igualdade crescente – a aproximação do mediador, diríamos nós – não engendra harmonia e sim uma concorrência sempre mais aguda. Fonte de benefícios materiais consideráveis, essa concorrência é uma fonte de sofrimen-

triste". Costuma-se considerar que o tema central da imensa obra de Balzac é a mobilidade social, tal como ele mesmo assinala em seu prólogo à *Comédia Humana* (México, Colección Málaga, 1950, vol. I): "o quitandeiro chega certamente a par da França, e o nobre desce às vezes ao último degrau da escala social" (p. 59). Retratando a sociedade francesa imediatamente pós-revolucionária, Balzac apresenta a maneira como todos os personagens, tanto camponeses como burgueses, aristocratas e mendigos, se convertem em rivais uns dos outros, pois a revolução encurtou suas distâncias. A partir de então, só vivem por e para o dinheiro (dado que agora têm oportunidades iguais para alcançá-lo), corrompendo as virtudes do gênero humano. Balzac era abertamente monarquista, e sua obra pode ser pensada como um retrato da depravação do mundo que a revolução burguesa trouxe consigo, mas do qual é impossível escapar. Como em nenhum outro romancista, a vaidade é a característica fundamental de seus personagens, e o próprio autor demonstra ter sido escandalosamente vaidoso em muitos aspectos. A vaidade retratada por Balzac é muito mais monstruosa que a de Stendhal, mas, ainda que de forma mais desconsoladora, se nutre de um aspecto "feliz": enquanto Stendhal, ao final, mantém um tom moralista, ao retratar a queda catastrófica do vaidoso, como no caso de Julien, Balzac retrata seu êxito material. Os personagens balzaquianos são inescrupulosos, mas, de forma perturbadora, ao final conseguem o que desejam e triunfam, como é o caso do emblemático Rastignac.

> tos espirituais ainda mais consideráveis, pois nada pode aplainá-la. A igualdade que alivia a miséria é boa em si, mas não pode satisfazer aqueles mesmos que a exigem mais duramente; ela só consegue exasperar o desejo deles. Ao ressaltar o círculo vicioso onde se encerra essa paixão pela igualdade, Tocqueville desvela um aspecto essencial do desejo triangular. (...) A paixão pela igualdade é uma loucura que nada conseguiria ultrapassar a não ser a paixão contrária e simétrica pela desigualdade, sendo esta mais arbitrária ainda do que aquela e mais imediatamente dependente deste infortúnio que a liberdade suscita em todos os seres incapazes de assumi-la virilmente.[36]

A simetria é tal que a distinção entre personagens se torna confusa. Uns se tornam mediadores-rivais dos outros. Ninguém escapa do desejo metafísico. Girard considera que é Dostoiévski que leva à máxima expressão essa reciprocidade destrutiva que se torna apocalíptica.

Nos romances de Dostoiévski, progride-se para uma etapa em que há total perda de liberdade por parte dos personagens. A fascinação pelo *Outro* é tal, que o herói romanesco se torna escravo do desejo metafísico. O homem do subsolo é um ser profundamente alienado que, em sua luta contra o mundo, renunciou a si mesmo e se entregou ao *Outro*, a tudo o que lhe é alheio. Chegou-lhe seu apocalipse, o final de sua liberdade. Esta alienação facilmente contagia os demais personagens das narrativas dostoievskianas. O romancista russo é um prato demasiado forte para os ocidentais por causa do mundo tão destrutivo que apresenta. Trata-se de um mundo que se aproxima do fim, um espaço caótico onde a violência e a rivalidade recíproca já não têm freios.

---

[36] René Girard, *Mentira Romântica e Verdade Romanesca*, p. 164-65.

Dostoiévski é o romancista que mais encurta a distância entre mediadores e mediados, exaltando assim a rivalidade, o ódio e a violência. Girard considera que, "quanto mais o mediador se aproxima, mais os fenômenos associados ao desejo metafísico tendem a assumir um caráter coletivo".[37] A difusão da violência e a destruição são tais, que já quase resulta impossível falar sobre isto em termos estritamente psicológicos. "Ao lado do suicídio individual, teremos, então, em Dostoiévski, um suicídio ou um quase suicídio da coletividade."[38] É curioso que Girard, um acadêmico francês, não se dê ao trabalho de citar Durkheim, o grande sociólogo francês do suicídio. Uma vez mais, tudo indica que, nesta primeira obra, parecia impertinente a Girard a ideia de incluir autores alheios ao gênero romanesco. Queria deixar falar os romancistas por si sós. Os teóricos estorvam, apesar de que, como vimos, ele se apoiou em Scheler e Tocqueville.

Neste apocalipse dostoievskiano, ninguém está a salvo. O tema do *qualquer* ocupa um lugar central em *Memórias do Subsolo*. O personagem vai em busca de mediadores, mas não encontra em nenhum deles o que está buscando. Chega um momento em que *o mundo inteiro*, a coletividade total se transforma num mediador interno para o homem do subsolo, e ainda assim ele não consegue completar sua busca. "O sujeito se envergonha de sua vida e de seu espírito. Desesperado por não ser deus, ele procura o sagrado em tudo o que ameaça essa vida, em tudo o que contraria esse espírito. Está, assim, sempre voltado para o que pode alvitar e por fim destruir a parte mais alta e mais nobre de seu ser."[39] Ante a falta de mediadores que satisfaçam sua sede ontológica, o sujeito os multiplica, convidando todos ao seu redor a participar desse perigoso jogo que num piscar de olhos pode dar lugar à mediação interna, à dupla mediação em que todos são modelos e rivais de todos.

---

[37] Idem, p. 311.
[38] Ibidem.
[39] Idem, p. 313.

O sujeito termina presa da profunda solidão tão exaltada pelos românticos. Sente-se tão miserável, que se considera inferior a qualquer outro personagem. Neste aspecto, Proust é especialmente claro por meio dos retratos de seus esnobes. Ainda que estes sejam superiores, reduzem-se diante de seus mediadores.

Cada vez mais, o sujeito se isola num mundo onde crê que todos são superiores a ele, e que todos estão contra ele. A frase dostoievskiana do homem do subsolo resume esta atitude: "*Eu, eu sou um, e eles, eles são todos*". A erosão da personalidade é tal, que o sujeito perde sua liberdade. Aliena-se completamente a um mundo que ele crê hostil. Sabe que tem uma imensa dívida com o *Outro*, que seus desejos têm origem nos demais, mas renega este fato, recusa-se a aceitá-lo.

A mediação interna se torna, assim, tormentosa. Quanto mais intenso se torna o desejo metafísico, maior é o sofrimento dos heróis romanescos. Mas para estes isso não parece importar. Muito pelo contrário, *desfrutam desse sofrimento.*

O herói romanesco se transforma assim no masoquista por excelência. O sujeito chega a compreender que sua sede ontológica nunca poderá ser saciada, que sua busca está destinada ao fracasso. Mas, longe de se render, persevera obstinadamente em seu infortúnio. Para que um objeto do desejo tenha o valor metafísico buscado pelo sujeito, deve ser desejado também pelo mediador. Se possui algo que não é desejado por ninguém, sentir-se-á insatisfeito. O verdadeiro gozo está na dor, na rivalidade, no ódio. De acordo com Girard,

> mil experiências sucessivas ensinaram ao amo que os objetos não têm valor para ele se eles se deixam possuir. Logo, o amo não vai mais se interessar senão pelos objetos cujo mediador implacável lhe proibirá a posse. O amo procura o obstáculo insuperável, e é muito raro que ele não consiga encontrá-lo. (...) O *masoquista* (...)

> não passa num primeiro momento de um amo
> *blasé*. É um homem cujo sucesso perpétuo, em
> outras palavras, uma perpétua decepção, leva
> a desejar o próprio fracasso; e somente esse
> fracasso pode lhe revelar uma divindade autêntica, um mediador invulnerável a seus próprios
> empreendimentos.[40]

Como Lotário, o sujeito tem de oferecer seu objeto do desejo a seu mediador, de forma que este o deseje. Só assim poderá o objeto nutrir-se do valor metafísico esperado. Mas o mediador tem de superar o sujeito, tem de vencê-lo. Do contrário, o sujeito sentirá que não está lutando pelo *ser* de um mediador suficientemente divino.

O masoquista só sente que sua busca metafísica está bem encaminhada se esta estiver acompanhada da dor. Se não sofre, se não tem encontros dolorosos com seus mediadores, sua meta é demasiado fácil e, portanto, estéril. Inconforme com o objeto físico, o sujeito deseja a metafísica que está além da física do objeto. Para assegurar a si mesmo que ainda está empreendendo a busca do desejo metafísico, o sujeito se assegura de que sofre.

Sem criticar explicitamente nenhum psicólogo, Girard se apressa a advertir que o gozo masoquista não está na dor mesma:

> O masoquismo revela plenamente a contradição
> que funda o desejo metafísico. O apaixonado
> procura o divino através do obstáculo instransponível; através daquilo que, por definição, não
> se deixa atravessar. É esse sentido metafísico que
> escapa à maioria dos psicólogos e psiquiatras.
> Suas análises se situam, portanto, num nível de
> intuição muito baixo. Afirma-se, por exemplo,

---

[40] Idem, p. 205-06.

> que o sujeito simplesmente deseja a vergonha, a humilhação e o sofrimento. Ninguém jamais desejou tais coisas. Todas as vítimas do desejo metafísico, inclusive os masoquistas, cobiçam a divindade do mediador e é por essa divindade que elas aceitarão, se necessário for – e é sempre necessário – ou até procurarão, a vergonha, a humilhação e o sofrimento.[41]

A dor é apenas uma garantia de que a busca metafísica está encaminhada. O masoquista incorpora a dor à sua sexualidade como uma forma de manter presente em todos os níveis essa estéril busca metafísica que, de forma paradoxal, ele sabe que nunca poderá resolver, mas se empenha em prosseguir. Nas palavras de Girard, o masoquista "quer representar, junto de seu parceiro sexual, o papel que ele representa – ou acredita representar – junto de seu mediador na vida cotidiana. As brutalidades que o masoquista reivindica estão sempre associadas, em sua mente, àquelas a que um mediador verdadeiramente divino provavelmente o submeteria".[42]

O homem do subsolo dostoievskiano é o protótipo do herói romanesco que encontra gozo na dor; de fato, sua vida inteira é uma busca de sofrimento. Ao longo do romance, o herói dostoievskiano topa com personagens que não fazem senão mostrar seu desprezo e indiferença para com ele. Mas, para o homem do subsolo, quanto mais é desprezado, maior é fascinação pelos personagens que o desprezam. Não reclama, torna sempre a se exibir para ser maltratado e humilhado. Num tom mais cômico, Dom Quixote faz o mesmo: recebe seguidas surras, mas jamais se cansa.

O herói romanesco está tão inconforme consigo mesmo, seu autodesprezo é tal, que busca ajuda em seus adversários para completar

---

[41] Idem, p. 210-11.
[42] Idem, p. 213.

seu autocastigo. Entrega o corpo para que a divindade o castigue. O mediador se tornará mais divino à medida que avance em seu desprezo pelo sujeito. Se, ao contrário, o mediador se mostrar compassivo, perderá essa aura sagrada que, aos olhos do sujeito, rodeia sua figura. Os objetos do desejo que são facilmente alcançados não têm nenhum valor aos olhos do sujeito. Este aspira à obtenção de objetos disputados, difíceis ou impossíveis de conseguir, porque só assim se apropriará do *ser* de um digno mediador. Se consegue apoderar-se facilmente de um objeto, então seu rival não é digno, e não vale a pena apropriar-se de seu *ser*. Como garantia de que deseja objetos de valor metafísico considerável, o sujeito se assegura de desejar objetos cuja obtenção esteja travada por obstáculos que o façam sofrer. Assim, para Girard, "o obstáculo mais grave só tem esse valor porque ele denota a presença do mediador mais divino possível".[43]

Não obstante, para o masoquista a dor tem, sim, limites. Mais cedo ou mais tarde, o cansaço domina o herói romanesco. Dom Quixote perde suas forças e renuncia às aventuras: já não quer sofrer mais. Mas, segundo Girard, uma vez mais é Dostoiévski quem tem um melhor entendimento da dinâmica masoquista. O masoquista dostoievskiano não deixa de sofrer porque renuncia à dor, mas porque *a transfere para outros*. Deixa de ser um masoquista para transformar-se num sádico.

De acordo com Girard, "o sadismo é a reviravolta 'dialética' do masoquismo. Cansado de representar o papel de mártir, o sujeito

---

[43] Idem, p. 208. Algumas décadas antes da publicação de *Mentira Romântica e Verdade Romanesca*, Denis de Rougemont, outro crítico literário francês, publicou *História do Amor no Ocidente*, obra considerada hoje em dia um clássico da bibliografia sobre o assunto. Rougemont estuda o amor cortês medieval e sua influência sobre nossas concepções contemporâneas do amor. De um detalhado estudo do mito de Tristão e Isolda, Rougemont chega à conclusão de que o amor cortês é necessariamente marcado por um masoquismo (apesar de Rougemont empregar poucas vezes o termo). O amor cortês exalta o que Rougemont denomina "amor ao amor mesmo". Com isto, Rougemont quer dizer que os partícipes do amor cortês buscam a paixão em si, independentemente do amante. Nisto deveríamos ver um análogo do que Girard denomina "mal ontológico", a saber, a busca de um desejo não mediada pelo objeto em si, mas propriamente pelo mesmo desejo.

desejante escolhe assumir-se enquanto algoz. (...) O masoquista desempenhava seu próprio papel e simulava seu próprio desejo; já o sádico assume o papel do mediador".[44] O masoquista chega a ter certa noção de que sua busca é definitivamente estéril. O sofrimento não lhe permite apreender o *ser* do mediador divino. A partir de então, elabora uma nova estratégia para equiparar-se à divindade: imitar a violência do mediador, descarregá-la sobre os demais. "O sádico se esforça em imitar o deus em sua função básica que é, doravante, a de perseguidor."[45]

Dessa forma, não há senão um pequeníssimo passo do masoquismo ao sadismo. Dostoiévski o retrata em *Memórias do Subsolo*.

> Depois do banquete em que ele aviltou-se, humilhou-se, acreditou-se torturado por verdugos medíocres, o homem do subsolo tortura de modo plenamente real a pobre prostituta que lhe cai nas mãos. Ele imita a conduta que pensa ter tido com ele o bando de Zverkov; ele aspira à divindade com a qual sua angústia revestiu esses medíocres comparsas no decorrer das cenas anteriores.[46]

O sádico fará os demais sofrer o que ele mesmo sofreu como masoquista. A triste diferença reside em que o sofrimento masoquista é de corte fenomenológico: o sujeito *crê* sofrer, sente-se humilhado por mediadores que apenas o desprezam ou se mostram indiferentes. A personalidade do sujeito é tão frágil, seu mundo está tão erodido, que qualquer gesto proveniente do *Outro* será interpretado como uma ofensa, como uma humilhação. Por sua vez, uma vez transformado em sádico, a violência que descarrega sobre os demais é *real*, implica um profundo sofrimento físico.

---

[44] Idem, p. 213-14.
[45] Idem, p. 214.
[46] Idem, p. 214-15.

A crítica literária julga Cervantes demasiado cruel com seu herói manchego. Até certo ponto, acusa Cervantes de ser um sádico ao expor a Dom Quixote a incontáveis sofrimentos. Mas, para dizer a verdade, o retrato de Cervantes e de todos os romancistas é muito mais masoquista que sádico. *Eles sofreram tanto quanto os personagens de sua criação.* Refletem em seus personagens a dor que eles mesmos padeceram. Girard insiste muito em que o gênio romanesco só pode ser alcançado se se incorporarem aos personagens experiências autobiográficas. Todos os heróis romanescos levam consigo alguma característica de seus criadores.

O retrato do desejo triangular, do desejo metafísico e da mediação externa e interna é uma descoberta. Girard adverte que só um punhado de autores, a saber, seus romancistas, retrataram a verdadeira natureza do desejo. Os românticos viveram de perto o desejo, mas não chegaram a compreendê-lo. Para eles o desejo continua a ser autônomo, ao passo que para os romancistas o desejo tem origem no *Outro*.

Para descobrir o desejo metafísico, é preciso ter sido vítima e sobrevivente dele. Os romancistas retratam a complexidade do desejo simplesmente porque eles mesmos a viveram.

O romântico também o viveu de perto, também foi vítima do desejo metafísico, mas ainda não sobreviveu a ele. O romântico ainda é vítima da mediação interna porque, tal como os heróis romanescos, se recusa a reconhecer a imensa dívida que o *Mesmo* tem com o *Outro*. Precisamente porque ainda é vítima do desejo metafísico, insiste na autonomia do desejo: renega seus mediadores e se ressente deles negando-lhes qualquer atribuição na origem de seus desejos. Devido a essa renegação, o romântico continua a retratar e valorizar personagens que desejam autonomamente.

O romancista, por seu lado, viveu uma conversão. Viveu de perto o desejo metafísico, mas, contrariamente ao romântico, conseguiu superá-lo. É por isso que não tem nenhum problema em reconhecer a dívida do *Mesmo* com o *Outro*. Precisamente porque superou o ressentimento, o ódio e a inveja, é capaz de retratar estas emoções em seus personagens. O romancista recupera sua liberdade ao reconhecer que, antes, estava privado dela. Tal como o alcoólatra ou o viciado em drogas que nega sua condição, o romântico se aliena ainda mais ao negar sua falta de liberdade.

Trata-se de uma evolução psicológica que se deu de forma desigual entre os romancistas. Aquele que tem maior compreensão do desejo metafísico é o que mais se libertou dele. Assim, para Girard, a evolução de um Dostoiévski é muito mais complexa que a de um Cervantes.

O romance conseguiu impor conclusões narrativas que o caracterizam como gênero literário. Depois de muitos tropeços, traições e frustrações, o herói romanesco vive uma conversão. Nas últimas cenas, coloca em retrospectiva sua vida inteira e pensa sobre ela. Nestas cenas, o pensamento do herói romanesco se divorcia completamente do pensamento que o caracterizou ao longo da narrativa.

Proust instituiu esta complexa técnica com o maravilhoso final de *Em Busca do Tempo Perdido*. Após aventuras e desventuras, o narrador pensa em sua vida e decide escrever o romance. Decididamente, seu pensamento passou por uma profunda transformação. Ao final do romance, o herói-romancista pensa de forma muito diferente de como pensava no momento em que se desenvolvia a ação. Se, por exemplo, a narrativa tivesse sido escrita em forma de diário, o resultado teria sido muito diferente. Para poder retratar a descoberta do desejo metafísico, é preciso passar por um lapso de conversão entre o tempo dos acontecimentos e o tempo em que se narra.

Esta conversão também está presente em Cervantes, Stendhal e Dostoiévski. Depois de muitas aventuras, Dom Quixote renuncia a elas. Após ser preso, Julien abandona e condena sua ambição. O Raskolnikov de *Crime e Castigo* protagoniza uma das mais célebres redenções da literatura ocidental. A conversão do herói romanesco esclarece que, após um caminho tortuoso, ele finalmente sobreviveu ao desejo metafísico. O mesmo se pode dizer do Verkhovenski de *Os Possessos*, o qual em seu leito de morte vive uma conversão religiosa. No momento de sua morte, os personagens abandonam a vaidade, o esnobismo, o ódio e o ressentimento. Os heróis romanescos sobrevivem ao desejo metafísico porque finalmente renunciam a ele e, mais ainda, chegam a compreendê-lo. Nas palavras de Girard,

> é a renúncia ao desejo metafísico que faz a unidade das conclusões romanescas. O herói agonizante renega seu mediador: "Já sou inimigo de Amadis de Gaula e de toda a caterva de sua linhagem. (...) Já por misericórdia de Deus, e bem escarneado, as [i.e. as histórias da cavalaria andante] abomino". Renegar o mediador é renunciar à divindade é, pois, renunciar ao orgulho. (...)
>
> Ao renunciar à divindade, o herói renuncia à escravidão. Todos os planos de vida se invertem, todos os efeitos do desejo metafísico são substituídos por efeitos contrários A mentira dá lugar à verdade; a angústia à lembrança; a agitação ao repouso; o ódio ao amor; a humilhação à humildade; o desejo segundo o *Outro* ao desejo segundo *Si próprio*; e a transcendência desviada à transcendência vertical.[47]

Acrescente-se que os mesmos temas de conversão e redenção são caracteristicamente românticos: ali onde os personagens balzaquianos, impiedosamente realistas (Vautrin, Bette), vivem em sua perversão e raras vezes se redimem, românticos como Victor Hugo fizeram da redenção um de seus temas favoritos – por exemplo, o caso de Jean Valjean. Girard prefere ignorar essas similitudes entre seus romancistas e os românticos.

---

[47] Idem, p. 327-28.

Em todo o caso, para Girard a conversão do herói romanesco é a conversão do próprio romancista. Este teve de descer aos infernos e retornar para marcar a passagem para sua liberdade. Só sua conversão lhe permite compreender e retratar o desejo metafísico. Ao final, tal como o herói de sua criação, o romancista renuncia ao desejo segundo o *Outro* e deseja segundo o *Mesmo*. Mas, para conseguir isso, teve de extirpar de si todo o ressentimento que acumulara, bem como reconhecer a dívida que manteve com o *Outro* na formulação de seus desejos. O romântico, por seu lado, nega o desejo segundo o *Outro* porque continua a desejar através do *Outro*.

Esse processo autobiográfico se torna bastante explícito no célebre grito de Flaubert, "Madame Bovary sou eu!". O romancista se reconhece em seus personagens. Flaubert considera que ele mesmo foi vítima do bovarismo. Mais ainda, é sobejamente conhecido o profundo caráter autobiográfico de *Em Busca do Tempo Perdido*, de Proust.

Já fizemos suficiente referência à transição da mediação externa à interna em Cervantes. Sem muitos dramatismos, através de "O Curioso Impertinente" o romancista espanhol demonstra ter vivido um processo de conversão em que compreende e retrata a mediação interna, ainda ausente em *Dom Quixote*. Este processo de conversão é mais dramático em Proust e em Dostoiévski.

Girard insiste em que, para apreciar o processo de conversão em Proust, os críticos têm de dirigir a atenção para *Jean Santeuil*, obra de juventude, praticamente ignorada, deslocada pelo monumental *Em Busca do Tempo Perdido*. A diferença entre os dois romances ilustra a passagem de uma concepção romântica do desejo, em que o autor ainda se aferra à autonomia e fortaleza do *Mesmo*, ao gênio romanesco, em que se proclama a erosão do *Mesmo* e sua dívida com o *Outro*. Para Girard, "o herói desse primeiro romance [*Jean Santeuil*] nos aparece sempre sob um aspecto romântico e avantajado. *Jean Santeuil* é uma obra desprovida de genialidade. *Jean Santeuil* precede a experiência de *O*

Tempo Redescoberto,[48] e é de *O Tempo Redescoberto* que eclode o gênio romanesco".[49]

Em seu primeiro romance, Proust, sempre com seu acentuado tom autobiográfico, retrata um protagonista seguro de si mesmo, proclamando sua autonomia e negando a possibilidade de que seus desejos surjam através do *Outro*. Vimos que *Em Busca do Tempo Perdido* apresenta um cenário totalmente diferente. Apesar disso, porém, Girard insiste em que em ambos os romances se apresenta uma cena com evidentes paralelismos. Em *Jean Santeuil*, há a célebre cena em que o narrador se encontra no palco, rodeado de glória e muito seguro de si mesmo diante da audiência. *Em Busca do Tempo Perdido* nos apresenta uma cena similar, mas o narrador já não é o ator triunfante, e sim um simples espectador que certamente deseja ocupar o centro do palco, mas não o consegue.

Entre o herói romântico e o herói romanesco existe um grande abismo: o primeiro se deleita consigo mesmo, enquanto o segundo se despreza e é dominado pela insegurança. Do mesmo modo, entre o romântico e o romancista também existe uma grande diferença. O primeiro ainda retrata a autonomia do desejo, precisamente porque não conseguiu escapar do desejo metafísico. O segundo retrata o desejo metafísico, precisamente porque finalmente conseguiu desejar autonomamente. As cenas de *Jean Santeuil* e de *Em Busca do Tempo Perdido* refletem uma *diferença*, muito mais que um paralelismo; uma ruptura, muito mais que uma continuidade. É através dessa ruptura que se forja a *humildade*, traço fundamental do gênio romanesco.

Através de seus heróis, o romancista retrata seu próprio fracasso, sua própria fraqueza e insegurança. Longe de exaltar suas proezas, reflete os excessos a que o desejo metafísico o conduziu. De acordo com Girard, "o gênio romanesco se faz presente quando a verdade

---

[48] Essa obra é o volume final do conjunto que constitui *Em Busca do Tempo Perdido*.
[49] René Girard, *Mentira Romântica e Verdade Romanesca*, p. 60-61.

dos *Outros* se torna a verdade do herói, isto é, a verdade do próprio romancista. (...) Quando Dostoiévski celebra a *força terrível da humildade*, é da criação romanesca que ele está nos falando".[50]

Tal como Proust, o romancista russo atravessa um profundo processo de transformação que o encaminha para o gênio romanesco. Em suas obras de juventude, Dostoiévski ainda reflete o romantismo que proclama a autonomia do desejo. Pouco a pouco esse romantismo vai sendo abandonado até que se chega a *Memórias do Subsolo*, obra que, como mencionamos, constitui para Girard o ápice do gênio romanesco, por levar à máxima expressão os excessos do desejo metafísico.

Em *Noites Brancas*, Dostoiévski ainda mantém o tom romântico que depois abandonará. O protagonista deste romance conhece Nastenka e se apaixona por ela. Nastenka é uma mulher comprometida com outro homem, que, no momento, está ausente. Ao longo do romance torna-se evidente que o protagonista deseja Nastenka precisamente porque é desejada por um terceiro, mas, longe de desenvolver o ressentimento característico das presas do desejo triangular, o protagonista colabora para que Nastenka se reúna com seu prometido.

Girard insiste em que os leitores românticos se deleitam com este romance, devido à sublimidade de sua forma e conteúdo. A nobreza de caráter reluz quando, ainda apaixonado, o protagonista colabora par que ela se una a seu amante. Ao longo de seu amadurecimento romanesco, Dostoiévski "escapa à indignação e à justificação egoístas; renuncia (...) ao 'belo e sublime' de *Noites Brancas* (...) e descreve todas as mentiras das quais ele está se desprendendo".[51] Em *Noites Brancas*, Dostoiévski dissimula o orgulho e o ressentimento que podem surgir no herói romanesco e, por extensão, no romancista. Ainda lhe falta o senso de humildade que conforma o gênio romanesco.

---

[50] Idem, p. 61.
[51] Idem, p. 299.

Em *O Eterno Marido*, a situação muda ligeiramente. Os rivais começam a ficar fascinados um pelo outro, apesar de nunca se desenvolver uma manifesta rivalidade entre eles. Como em *Noites Brancas,* os rivais continuam a colaborar entre si, mas começam a exibir inconformidades e ressentimentos. Embora a humildade dostoievskiana não apareça completamente, já se manifestam alguns de seus germes: os personagens retratados perdem a nobreza e a sublimidade dos personagens de *Noites Brancas.*

Em *Memórias do Subsolo* esse senso de humildade é finalmente desenvolvido. Fica claro que no homem do subsolo se manifestam muitas das experiências e emoções que o próprio Dostoiévski desenvolveu. Seu senso de humildade é tal, que em face da crise do homem do subsolo Dostoiévski dá a razão ao *Outro*, reconhecendo assim a dívida pendente e rejeitando qualquer aspiração de autonomia para o *Mesmo*.

Girard sugere que este é um ponto que marca uma precisa distinção entre Dostoiévski e Camus. Tanto o homem do subsolo como Mersault, o protagonista de *O Estrangeiro*, são personagens imersos num profundo confronto contra tudo o que não seja eles mesmos, contra o mundo que os rodeia. Mas, longe de renunciar ao orgulho e comprometer-se com a humildade, Camus representa um Meursault que tem razão em face do mundo. Meursault mantém a autonomia, porque é o mundo, e não ele, que acabou por corromper-se. A autonomia de Meursault reflete o ressentimento de Camus, enquanto o ressentimento do homem do subsolo reflete a autonomia de Dostoiévski. Tal como o herói romanesco, Camus lança um grito contra o *Outro*, e é por isso que se mostra incapaz de retratar a culpa de Meursault. Girard insiste:

> Meursault é o único inocente num mar de culpados; morre vitimado pelos *Outros* (...). É o juiz de seus juízes, como todos os românticos que o precederam. O herói continua escapando da maldição que seu criador lança contra o

> restante dos homens. Há sempre alguém que desfaz, bem a tempo, a aposta no jogo romântico, e esse alguém é obrigatoriamente o EU, o autor, antes de ser EU, o leitor.[52]

Camus não consegue desenvolver a humildade necessária para o gênio romanesco, porque através de Meursault continua a enaltecer, ou ao menos a desculpar, a si mesmo. Dostoiévski, por seu lado, assume toda a culpa. É através deste ato de reconhecimento que o romancista finalmente se redime.

Essa redenção logo adquire matizes religiosos, porque a conversão do crente é análoga à conversão do romancista. Como para o cristão converso, a ressurreição se transforma num tema central das conclusões romanescas. Após ter padecido os infernos do desejo metafísico, tanto o romancista quanto os heróis de sua criação literária emergem renovados e livres.

Em todos os finais romanescos está presente um acentuado simbolismo cristão. Girard insiste em que, para além de apologias e decoros religiosos, o final romanesco representa essa experiência de conversão que os romancistas viveram, independentemente de suas convicções religiosas. "O desfecho romanesco é uma reconciliação entre o indivíduo e o mundo, entre o homem e o sagrado";[53] "o simbolismo cristão é universal, pois é o único capaz de informar sobre a experiência romanesca".[54]

Durante os anos que dedicou à redação de *Mentira Romântica e Verdade Romanesca*, Girard confessa ter passado por um processo de conversão muito similar ao que ele via entre os romancistas. Mais ainda, enquanto em romancistas como Proust esse processo de conversão religiosa nunca alcançou a formalidade de um

---

[52] Idem, p. 302.
[53] Idem, p. 341.
[54] Idem, p. 344.

compromisso com a fé cristã, Girard assumiu tal compromisso, e até o dia de hoje é um católico rigorosamente praticante.

Segundo a confissão do próprio Girard,

> quando escrevi o último capítulo de meu primeiro livro, eu havia tido uma ideia muito vaga do que faria, mas, à medida que o capítulo tomava forma, me dei conta de que eu estava passando por minha própria experiência do que estava descrevendo. Atraíam-me particularmente os elementos cristãos, como, por exemplo, a viagem final de Verkhovenski e sua aproximação aos Evangelhos antes da morte. De modo que comecei a ler os Evangelhos e o restante da Bíblia (...) e me converti em cristão.[55]

Diante da possibilidade de um câncer, Girard reconsiderou sua vida à luz do processo de conversão que ele mesmo descrevia entre os romancistas. Tal como Proust, retomou o tempo perdido: como se estivesse vivendo o final de um romance, pensou em sua vida em retrospectiva, e se voltou para uma profunda vida religiosa.

Girard começou a esboçar a ideia de que a salvação do desejo metafísico só pode vir por meio de uma vida religiosa. Já mencionamos que o desejo metafísico logo adquire um matiz religioso, na medida em que os mediadores se convertem em deuses para os sujeitos desejantes. Forja-se assim uma transcendência do desejo. Mas, para Girard, esta transcendência é "desviada". Trata-se de uma experiência religiosa em que *os homens serão deuses uns para os outros*. Recordemos como Stendhal retratava essa trágica situação em que os mediadores se multiplicam e se confundem com os mediados.

---

[55] René Girard, *The Girard Reader.* Ed. James G. Williams. Nova York, Crossroads, 1996, p. 285.

Ao menos em *Mentira Romântica e Verdade Romanesca,* Girard nunca elabora comentários apologéticos da fé cristã, o que mudaria notavelmente em seus livros posteriores. Mas desde esse primeiro livro, Girard exibe uma apologia do monoteísmo. Um só Deus pode evitar que mediadores e mediados entrem em conflito. Deus pode servir de mediador eterno, nunca se converterá em obstáculo, em modelo-rival. À transcendência desviada do desejo metafísico, Girard opõe uma transcendência "verticasl", onde o sujeito, à maneira do místico, busca impregnar-se do *ser* da divindade; mas, diferentemente do que se dá na mediação interna, sempre se manterá a harmonia.

> Do mesmo modo que a perspectiva com três dimensões orienta todas as linhas de um quadro em direção a um ponto determinado, situado seja "para trás", seja "para diante" da tela, o cristianismo orienta a existência em direção a um ponto de fuga, seja rumo a Deus, seja rumo ao *Outro*. Escolher nunca passará de escolher um modelo para si e a liberdade verdadeira está localizada na alternativa fundamental entre modelo humano e modelo divino.[56]

A transcendência se torna vertical porque o fiel sempre buscará um mediador "para cima", um ser divino que nunca interferirá em seu curso, que se situa num nível superior. Trata-se do tipo de transcendência que permite a libertação do ressentimento, do ódio e da inveja, o tipo de transcendência que se segue à conversão vivida pelos romancistas e, segundo nos confessou, pelo próprio Girard.

*

---

[56] René Girard, *Mentira Romântica e Verdade Romanesca*, p. 83.

Após terminar *Mentira Romântica e Verdade Romanesca*, Girard começava a ser reconhecido como uma autoridade entre os estudiosos de Proust. Assim, em 1962 lhe foi encomendada a edição de uma série de ensaios em língua inglesa sobre o romancista francês, e ele publica *Proust: a Collection of Critical Essays*.[57] Sua contribuição era um resumo do que já tinha dito sobre Proust no primeiro livro.

Como suplemento de *Mentira Romântica e Verdade Romanesca*, Girard escreveu, em 1963, um pequeno livro, *Dostoïevski: du Double à l'Unité*.[58] Pretendia desenvolver ainda mais a aplicação de seus conceitos críticos à obra de Dostoiévski. Recorde-se que, dos cinco romancistas estudados em *Mentira Romântica e Verdade Romanesca*, Girard considerava Dostoiévski o mais genial de todos, e isso por duas razões fundamentais: em primeiro lugar, porque como nenhum outro, retratava com cru realismo os excessos do desejo triangular e metafísico; e, em segundo lugar, porque a vida pessoal de Dostoiévski é particularmente ilustrativa da maneira como se forma o gênio romanesco. Em *Mentira Romântica e Verdade Romanesca*, Girard estudara suficientemente a obra de Dostoiévski. Mas sentia que, para entendê-la e valorizá-la ainda mais, ela devia ser colocada em retrospectiva com sua vida. É esta a intenção de *Dostoïevski: du Double à l'Unité*: um estudo biográfico-literário do romancista russo.

A vida de Dostoiévski é particularmente interessante para Girard, pois o romancista russo atravessa várias fases que o fazem passar de romântico (no sentido que Girard dá ao termo) a um dos maiores autores de Ocidente. É também uma viagem de redenção: "Para Dostoiévski, a busca do absoluto não é vã; começa com ansiedade, dúvida e engano, e termina com certeza e felicidade".[59]

---

[57] Nova York, Prentice-Hall, 1962.
[58] Paris, Plon, 1963. Esta mesma obra, junto com outros artigos, foi depois republicada com o título de *Critiques dans un Souterrain* (Paris, Grasset, 1976). Citaremos a versão inglesa, *Resurrection from the Underground: Feodor Dostoevski*. Nova York, Crossroads, 1997. Esse livro será publicado na Biblioteca René Girard.
[59] Idem, p. 32.

Nos primeiros romances de Dostoiévski já dominava o tema da triangularidade entre os personagens. Em geral, suas primeiras histórias retratam um homem que se apaixona por uma mulher; mas esta, por sua vez, se apaixona por outro. Longe de ser consumido pelos ciúmes, o homem não correspondido aceita sua rejeição com nobreza, e até colabora para que a amada esteja nos braços de seu potencial rival. Assim acontece em *Gente Pobre*, publicado em 1846: Makar ama Varenka. Mas Varenka decide casar-se com um homem rico. Makar aceita a rejeição e colabora nos preparativos do casamento. *Gente Pobre* foi recebido com entusiasmo pelos leitores russos, em boa parte graças à mediação da figura mais importante da crítica russa daquela época: Belinski.

Naquele mesmo ano, Dostoiévski publicou *O Duplo*. Neste romance, começa a surgir em Dostoiévski o tema que depois dominará suas obras-primas: a obsessão do personagem por outro personagem, muito parecido com ele, e que ele sente como uma ameaça. Tanto o Makar de *Gente Pobre* como o Golyadkin de *O Duplo* estão numa encruzilhada contra o mundo, e a manifestam em sua obsessão com personagens com o potencial de transformar-se em seus rivais.

Para Girard, *O Duplo* é um romance mais perturbador que *Gente Pobre*, porque Golyadkin é muito mais paranoico e perturbador que Makar. A nobreza e a harmonia de *Gente Pobre* se perdem em *O Duplo*. Isso incomodou Belinski, o crítico que tinha catapultado Dostoiévski para a fama, e, de novo por mediação de sua crítica, desta vez os leitores russos perderam o interesse por sua obra.

Desejando triunfar como autor, Dostoiévski retornou assim às estruturas triangulares de *Gente Pobre*, retratando, uma vez mais, situações em que os homens rejeitados colaboram com muita nobreza e idealismo para que suas amadas se encontrem com os rivais potenciais. Em *Coração Fraco*, publicado em 1848, o protagonista apresenta sua prometida a um amigo, e eles se apaixonam. Longe de opor-se ao amigo, mantém a fidelidade à amizade e permite que se consuma a união entre sua prometida e seu companheiro, sempre com a esperança de que, algum dia, os três possam viver juntos felizmente.

Em *Noites Brancas*, publicado no mesmo período, quando o protagonista caminha habitualmente de noite pelas ruas de São Petersburgo, conhece Nastenka, uma jovem que espera a volta de seu prometido. Mas a jovem duvida do amor que sente pelo prometido. O protagonista lhe declara seu amor, mas parece comprazer-se muito mais em que a amada volte com seu prometido. Quando, efetivamente assim acontece, o protagonista desfruta como *voyeur*, mas sofre como masoquista diante da derrota para o rival. Como em *Coração Fraco*, o protagonista fica com a promessa de que um dia os três poderão viver felizmente.

A nobreza e o idealismo que Dostoiévski reserva para seus personagens, ele os atribui também a si mesmo. Tal como os protagonistas dos romances mencionados, Dostoiévski também se apaixonou por Maria Dmitrievna, uma mulher, que, por sua condição de casada, não podia corresponder a ele. Dostoiévski se encontra assim com um rival, o marido de sua amada.

Mediante o estudo das cartas que Dostoiévski escreveu durante esse período, Girard conclui que a humildade, traço comum entre os gênios romanescos, estava mal desenvolvida no romancista russo. Nas palavras de Girard, "[Dostoiévski] admira sua própria grandeza da alma, e fala de si mesmo como se falasse de um herói de Schiller ou de Jean-Jacques Rousseau".[60] Dostoiévski se encontrou com um rival, a saber, o marido de Maria. Mas apresenta a si mesmo como um exemplo de nobreza e virtude, pois, compreendendo que Maria é mulher de outro homem, crê renunciar a seu desejo. "Felicita a si mesmo por sua heroica vitória sobre o 'egoísmo das paixões'".[61] Tal como os protagonistas de seus romances,

---

[60] Idem, p. 40.
[61] Ibidem.

faz amizade com seu potencial rival, ao mesmo tempo que nega sentir qualquer ressentimento por ele.

Quando Maria enviuvou, Dostoiévski pôde casar-se com ela. Mas, uma vez consumada a união, a indiferença pela esposa se apoderou do romancista russo. Como acontece com as vítimas do desejo metafísico, uma vez alcançado seu objeto do desejo, e se este não é desejado por um rival, o sujeito perde o interesse por aquilo por que lutara. Esse desinteresse, somado a problemas financeiros e aos primeiros padecimentos da epilepsia que o acometeu, destruiu o matrimônio. Durante essa época escreveu suas obras mais medíocres.

Também publicou então *Recordações da Casa dos Mortos*, um retrato baseado em suas experiências como preso político na Sibéria. Esta obra marcou a volta de Dostoiévski ao sucesso e à fama. Em 1860 tinha publicado *Humilhados e Ofendidos*. Para Girard, esta obra constitui um avanço na formação do gênio romanesco. Vanya, o protagonista, é um escritor que, após um breve período de sucesso, fracassa. Vanya se apaixona por Natasha, que o tem em alta estima, mas não o ama. Em contrapartida, Natasha ama Alyosha, mas não o tem em alta estima. Como nos romances anteriores, e com base nas experiências de Dostoiévski com sua mulher e seu falecido marido, o protagonista do romance se encontra com um rival, a quem, em certo sentido, apoia para que se consuma a união com sua amada. Mas *Humilhados e Ofendidos* apresenta uma variante que torna a trama mais complexa: Aylosha não se interessa por Natasha, mas por Katia, outra mulher. Vai-se formando uma cadeia em que, à medida que os personagens se encontram com rivais, ao mesmo tempo colaboram com eles. Natasha e Katia são rivais, mas a primeira colabora para que Alyosha se junte a Katia. Mas Katia não aceita Alyosha, e o devolve a Natasha. Assim, Dostoiévski vai retratando personagens que, ao se encontrarem com rivais, se humilham a si mesmos para facilitar o encontro entre seus amados e seus rivais. Mas, em todas estas obras, Dostoiévski mantém um idealismo e atribui grande nobreza a seus personagens: embora se encontrem com rivais, conseguem conter suas emoções destrutivas.

Girard percebe que a progressão do gênio romanesco de Dostoiévski não é uniforme. Há altos e baixos em sua carreira; avanços e retrocessos. *Humilhados e Ofendidos* é, para Girard, uma melhoria do ponto de vista da técnica, mas ainda está muito distante da manifestação do gênio romanesco, no sentido de Girard. O ponto decisivo na carreira de Dostoiévski, como sempre afirmou Girard, é *Memórias do Subsolo*, publicado em 1864. Esta obra marca uma mudança fugaz do Dostoiévski idealista e romântico para o gênio romanesco. Mas de maneira alguma é definitiva. Pois, em romances posteriores a *Memórias do Subsolo*, Dostoiévski mostra uma volta às tendências românticas.

O Eterno Marido, por exemplo, é posterior (1870). Embora seja tecnicamente superior a *Memórias do Subsolo*, argumenta Girard, é inferior no que respeita à descoberta e retrato do desejo metafísico. Como mencionamos, *O Eterno Marido* narra a história de um certo Pavel Pavlovich, viúvo de uma mulher infiel, que vai em busca dos amantes da falecida esposa. Encontra-se com um deles, Veltchaninov: conquanto o tenha como um rival e um traidor, necessita de sua mediação para cortejar mulheres. Em todos os romances anteriormente mencionados, o tema masoquista já aparecia. Mas Girard destaca que em *O Eterno Marido* o masoquismo se torna ainda mais amargo: Pavel se deleita com as delicias do mesmo dândi com que sua esposa o traiu. Diferentemente dos romances anteriores, a ambivalência adquire mais força neste romance: embora Pavel sinta simpatia e admiração por Vetlchaninov, às vezes deseja assassiná-lo.

Dostoiévski apresenta os personagens de todos esses romances como heróis cuja nobreza lhes permite renunciar a seus desejos, razão por que colaboram com seus potenciais rivais na concretização da união com suas amadas. Girard destaca que, longe de serem nobres heróis, são masoquistas que se comprazem em ver outros obter o que eles desejam. Diferentemente dos primeiros romances românticos, *O Eterno Marido* apresenta um protagonista menos nobre e mais masoquista.

Essa transformação se dá em *Memórias do Subsolo*. Como já referimos, esse romance apresenta um homem alienado da sociedade e em confronto com ela que interpreta como ofensas os gestos mais insignificantes, e cujo ressentimento o domina. Até esse momento, todos os personagens dostoievskianos se sentiram sexualmente inferiores: renunciam em favor de um rival pelo qual sentem fascínio. O homem do subsolo, destaca Girard, sente-se um inferior não só sexualmente, mas em todos os aspectos. Seus rivais já não estão exclusivamente no plano do amor: em tudo compete, e em tudo se sente inferior.

O ressentimento do homem do subsolo tem correspondência com fantasias de grandeza, nas quais se deleita vingando-se dos que ele crê o ofenderam. Mas o gênio de Dostoiévski consiste em retratar a distância entre essas fantasias e a realidade: embora sonhe com grandeza, a vida real do homem do subsolo é um inferno de fracassos.

Girard incorpora um aspecto sócio-histórico à sua crítica de Dostoiévski: a burocratização da sociedade russa czarista em que Dostoiévski escrevia multiplica os homens do subsolo. O objetivo da burocracia é precisamente despersonalizar as relações sociais (o que, ao menos em princípio, segundo teóricos como Max Weber,[62] evita o nepotismo e a corrupção, e fomenta a eficiência administrativa). Mas essa despersonalização aliena os indivíduos e os faz voltar-se contra o mundo, gerando homens como o herói dostoievskiano. Em função deste, Girard vê em Dostoiévski um dos grandes críticos do utilitarismo moderno: a que preço se dá a eficiência administrativa?

A partir de *Memórias do Subsolo*, argumenta Girard, os personagens dostoievskianos estarão "divididos": a ambivalência com respeito aos demais se apoderará deles. Verão em seus companheiros modelos e rivais ao mesmo tempo, sentirão tanto ódio quanto fascinação. O gênio romanesco de Dostoiévski avança para uma compreensão

---

[62] *Economía y Sociedad*. México, Fondo de Cultura Económica, 1987.

dessa divisão, da influência que o Outro exerce sobre suas vidas. Nos personagens mais geniais de Dostoiévski, aparece esta divisão: o homem que, embora lute contra tudo o que lhe é alheio, não pode deixar de incorporá-lo a seu mundo. Nos romances mais próximos do "romantismo", não aparece essa divisão nos personagens: eles creem-se autônomos e, portanto, alheios à divisão que propicia a intromissão do Outro. Os personagens românticos estão tomados de certo orgulho que os impede de reconhecer sua dívida com o Outro.

A transformação que constitui *Memórias do Subsolo* não pode ter surgido sem certa correspondência com a vida de Dostoiévski. Em seus anos de juventude, ele frequentou uma escola de engenharia, onde passou um mau momento. Foi vítima de humilhações por parte dos colegas, e esteve sujeito a uma brutal disciplina por parte dos professores. Igualmente, a morte de seu pai pelas mãos de seus próprios servos produziu no jovem Dostoiévski uma grande ansiedade. Vimos que, por um breve período, após a publicação de *Gente Pobre*, Dostoiévski desfrutou de fama e sucesso literário. Girard documenta que então o orgulho do romancista cresceu espantosamente, e que se vangloriava de seus triunfos. Mas, após a publicação de *O Duplo*, a crítica de Belinsky lhe foi devastadora, confinando-o de novo no fracasso.

Girard sugere que esse golpe no orgulho de Dostoiévski foi o ponto culminante em sua vida, pois o fez amadurecer como romancista. Recorde-se que, para Girard, a humildade é uma das principais características do gênio romanesco. A partir de então, Dostoiévski amadureceria gradualmente em seus romances, deixando de retratar heróis magnânimos, e apresentando personagens na encruzilhada do ressentimento e da alienação.

Crime e Castigo, terminado em 1866, o romance mais célebre de Dostoiévski, é uma continuação dos temas de *Memórias do Subsolo*: Raskolnikov é, como o homem do subsolo, um alienado da sociedade. Sua mescla de orgulho e ressentimento é tal que ele crê estar acima de qualquer moralidade. Por isso, não sente freios para matar.

Seu crime é uma vã tentativa de enfrentar-se com o mundo que ele sente hostil. Como tantos outros personagens dostoievskianos, Raskolnikov não demora a encontrar indivíduos pelos quais sente fascinação, confirmando sua inferioridade renegada: desta vez, o homicida fica fascinado com seus juízes.

O Jogador, publicado um ano depois, apresenta temas análogos. O protagonista é um tutor que se apaixona por uma jovem, Paulina. Esta o trata com grande desprezo, mas, novamente, o protagonista se torna presa do masoquismo, razão por que se recusa a abandonar seu desejo. Inclusive, quanto pior ela o trata, mais ele fica fascinado por ela. Quando, de repente, Paulina está disposta a entregar-se ao tutor, este a rejeita. Como vimos, todas as presas do desejo metafísico desejam o inalcançável: uma vez que o alcançam, desinteressam-se. Acrescentemos que a renúncia ao desejo do objeto após ser alcançado se transformou num tema recorrente não só na literatura, mas também no cinema. Talvez a cena mais emblemática seja a de *Belle de Jour*, de Luis Buñuel, na qual um dos personagens se esforça por lançar a protagonista à prostituição com a esperança de ser cliente dela, e, quando finalmente o consegue, renuncia a ela.

A incorporação do jogo à narrativa é muito significativa segundo Girard, pois articula uma correspondência com as dinâmicas do desejo metafísico. As possibilidades de ganhar num jogo de azar são pequeníssimas, de forma que todo jogador é masoquista: encontra prazer na perda de dinheiro. Este masoquismo, naturalmente, corresponde ao masoquismo sentimental do protagonista do *O Jogador* e da maior parte dos personagens dostoievskianos. Mais ainda, à medida que crescem em orgulho, as presas do desejo metafísico creem poder desafiar até as leis do acaso: seu anseio de grandeza é tal, que até se propõe a vencer as probabilidades descomunais de perder.

O dinheiro começa a ocupar um papel importante nos romances de Dostoiévski. Segundo Girard, os personagens dostoievskianos que ficam obcecados pelo dinheiro o fazem não por um culto ao dinheiro mesmo, mas porque veem nele um meio para realizar todas as suas fantasias de ressentimento contra aqueles de quem se ressentem. Assim como Raskolnikov emprega o assassinato para voltar-se contra o mundo, assim também se anseia o dinheiro: a finalidade é a mesma.

Tudo isso, de novo, compreende-se melhor levando em consideração a vida de Dostoiévski. Foi um jogador, e por causa de seu vício se viu frequentemente imerso em dificuldades financeiras. A tese de Girard é que, à medida que Dostoiévski despoja de magnanimidade seus personagens e retrata neles os vícios do desejo metafísico, ele mesmo se vai libertando desses vícios. Depois de ter compreendido a dinâmica da psicologia do jogador, ele mesmo abandona o jogo. 1871 é o último ano que vai a um cassino.

O Idiota (1868) e *Os Possessos* (1871) constituem, para Girard, obras-primas, apesar de a crítica tradicional ter visto certos problemas de técnica neles. *O Idiota* apresenta Myshkin, um homem de aparentes virtudes. À medida que avança o romance, o virtuoso Myshkin se vai convertendo num idiota que termina por fazer muito mal aos que se encontram ao seu redor. O gênio de *O Idiota*, sugere Girard, é pôr a descoberto a ilusão romântica de um personagem nobre e virtuoso: Dostoiévski revela que a perfeição humana não existe. Até o bondoso Myshkin, ilusão da perfeição humana, termina por tornar-se presa do masoquismo e do ressentimento.

Nessa etapa de sua carreira, Dostoiévski já tinha consolidado o sucesso. Começava a dar-se conta da influência que exerce sobre os demais escritores. Isso, segundo Girard, constitui uma mudança importante em sua criação literária. Até esse momento, Dostoiévski tinha apresentado personagens alienados, ressentidos e masoquistas, nos quais as influências forâneas têm efeitos devastadores. Agora, tendo já renome, Dostoiévski se preocuparia em retratar não personagens que ficam fascinados com a influência dos demais, mas o inverso: personagens que, influenciando os demais, criam fascinação em torno de si.

De acordo com Girard, este é o tema central de *Os Possessos*. Inspirado em seus anos de revolucionário, Dostoiévski retrata Stavrogin, líder de um movimento revolucionário. Stavrogin consegue "possuir" (no sentido demoníaco) seus seguidores, de forma que se transforma em ídolo para eles. Esses revolucionários, que dizem ser ateus, participam de um novo culto; mas, diferentemente do cristão, sua religiosidade não é transcendente: é dirigida a Stavrogin, o ídolo. É sobejamente conhecida a profunda religiosidade cristã de Dostoiévski, e Girard (inicialmente um agnóstico que, como vimos, se tornou cristão, e que depois se tornaria um grande defensor do cristianismo) vê em *Os Possessos* uma das maiores críticas ao ateísmo moderno: "quem se rebela contra Deus para adorar-se a si mesmo, termina adorando o *Outro*, Stavrogin".[63]

O romance final de Dostoiévski, *Os Irmãos Karamazov*, constitui para Girard o ápice de um processo de autodescoberta do romancista russo. O tema parricida que dá forma a este romance sempre esteve presente na vida do autor. Embora seu pai tenha morrido pelas mãos de seus servos, Dostoiévski se viu invadido por um sentimento de culpa, pois sua participação no movimento revolucionário durante sua juventude causara grande desgosto a seu pai. Mais adiante, Dostoiévski esteve sob a tutela do grande crítico da época, Belinsky, mas, como vimos, esta relação também se tornou turbulenta, até que finalmente eles romperam seus laços.

Girard argumenta que a vida de Dostoiévski foi um contínuo conflito com suas figuras paternas. A relação com seus "pais" foi marcada por uma profunda ambivalência, uma combinação de amor e ódio, fascinação e ressentimento, que tanto caracteriza as presas do desejo metafísico. Os "pais" na obra de Dostoiévski se vão convertendo nos modelos-rivais por excelência, um tema que interessaria particularmente a Girard mais adiante, e pelo qual se confrontaria com a psicanálise. Anteriormente destacamos que, em *O Adolescente*,

---

[63] *Resurrection from the Underground*, p. 90.

esta rivalidade entre pais e filhos se tinge de tons muito amargos. O paroxismo de todos esses temas chega com *Os Irmãos Karamazov*.

Contudo, novamente, o ponto central da tese de Girard é que, à medida que Dostoiévski vai descobrindo e retratando esses desencontros, ele mesmo se liberta do ressentimento e da perturbação pela culpa parricida. O tema da busca espiritual é especialmente importante em *Os Irmãos Karamazov*, pois representa uma viagem de redenção não só entre os personagens, mas no mesmo Dostoiévski. Só ao final da vida, argumenta Girard, Dostoiévski "ressuscita" após ter descido aos infernos do desejo metafísico. O ressentimento dominou a maior parte de seus anos: contra o atraso russo, contra o Ocidente, contra o socialismo, contra seu pai, contra seus colegas intelectuais, enfim, tal como no homem do subsolo: contra todo o mundo. Ao final, de forma análoga aos personagens de *Os Irmãos Karamazov*, Dostoiévski encontra sua redenção na figura de Cristo, o modelo transcendente que expurga todo ressentimento.

*

Mentira Romântica e Verdade Romanesca teve um impacto quase imediato nos círculos acadêmicos. Girard fazia seu nome como um crítico de erudição abismal, com um agudo senso de observação e descrição. Graças à leitura minuciosa dos textos, conseguia encontrar paralelismos entre autores que a crítica tinha considerado muito diferentes entre si, e, mais ainda, abertamente se opunha aos pontos de vista da crítica tradicional, especialmente no tocante aos romances de Stendhal e Proust.

Os primeiros a ler o livro de Girard foram, como se há de supor, os críticos literários. Mas é surpreendente que um livro dirigido a uma seleta audiência de críticos, escrito de forma que dava por suposto o conhecimento detalhado de obras monumentais do cânone da literatura ocidental, logo se divulgasse até entre leitores não especializados no tema.

Mais surpreendente ainda foi seu sucesso interdisciplinar. Os leitores se interessavam pelas complexas situações que Girard descrevia entre os personagens romanescos, e aplicavam essas considerações a cada uma das disciplinas em que se especializavam.

Afirmava-se que Girard era muito mais um psicólogo social que um crítico literário. Através da crítica dos romancistas e seus personagens, Girard se constituía como um teórico do comportamento social dos indivíduos. À medida que se divulgavam as obras, os leitores provenientes de outras disciplinas exploravam a forma como o comportamento de Dom Quixote, de Julien e dos demais heróis romanescos também ocorria em outras esferas da vida social.

Assim, considerava-se que o tema central de *Mentira Romântica e Verdade Romanesca* não era o romance como gênero literário, mas o desejo e suas implicações na vida social dos humanos. Naturalmente, com o passar do tempo, Girard acabou por se vincular mais aos teóricos do desejo que aos críticos literários. Ao longo de sua carreira, seus encontros com e seus escritos sobre Deleuze, Guattari, Freud e Lacan são muito mais numerosos que os dedicados a Barthes, Frye ou Kenneth Burke.

Precisamente por tratar-se de modo explícito de um texto de crítica literária, Girard nunca fez explícita menção a uma teoria do desejo em *Mentira Romântica e Verdade Romanesca*. Se algo assim havia surgido em sua primeira obra, carecia de formalidade e se delineava através das análises romanescas.

Mas não é demasiado difícil formalizar esta teoria. Girard dava a entender que não só para os heróis romanescos, mas para *todos os seres humanos*, a verdade do desejo reside na imitação. Desejamos o que outros desejam; são muito poucos os desejos que surgem autonomamente no sujeito. O desejo persegue muito mais uma metafísica que uma física, a saber, o sujeito deseja o que o *Outro* deseja porque, no fundo, deseja apropriar-se do *ser* do *Outro*. Desejar o mesmo que os demais é uma forma de buscar *ser* os demais. À medida que o desejo se torna mais metafísico, o sujeito vai crescendo em ressentimento contra o *Outro* e contra si mesmo, por ver que seu desejo nunca se satisfaz e perceber que seu modelo de imitação se transforma em seu próprio rival. Esta teoria coincidia, ao mesmo tempo que se defrontava com, a de outros teóricos que, sim, falavam formalmente do desejo, apesar de, como vimos, nenhum de esses teóricos ser referido pelas razões já expostas.

No momento em que Girard escrevia seu primeiro livro, Freud era a maior autoridade no tema do desejo. Suas observações eram aceitas quase incondicionalmente, e a psicanálise gozava de grande difusão. Ainda quando a obra de Freud sofreu um declínio, Lacan se encarregou de fazê-la reviver mais ou menos na época em que Girard emergia como crítico literário.

Por seu lado, *Mentira Romântica e Verdade Romanesca* é um texto que se opõe profundamente à psicanálise freudiana. Freud concebia o desejo como uma espécie de força instintiva que surge das profundezas irracionais do inconsciente, o *id*, que é enfrentado e reprimido pelas forças racionais da estrutura mental humana, o *ego* e o *superego*. Girard estaria de acordo com que o desejo tem um caráter irracional. Nos romances, o caso mais representativo dessa irracionalidade é Dom Quixote e os personagens dostoievskianos, mas todos os outros heróis romanescos também demonstram certo grau de irracionalidade que os leva à própria destruição.

Pois bem, na teoria freudiana o desejo tem origem endêmica. O *id* é uma estrutura inconsciente, mas *endêmica* ao sujeito. Freud nunca considera o papel que o *Outro* desempenha na formulação dos desejos. Segundo Girard, não deve haver grande diferença entre Freud e os românticos.

De forma que Girard não incomodava tanto a crítica literária com sua heterodoxia, mas um oponente muito mais colossal: a psicanálise. É muito provável que Girard nunca se tenha proposto a um confronto com Freud e seus seguidores. Uma atenta leitura de *Mentira Romântica e Verdade Romanesca* revela que Girard só tinha em mente seus cinco romancistas; o que outros autores tinham dito sobre o desejo lhe interessava pouco. Mas, à medida que passava o tempo, Girard compreendia que de seu livro necessariamente se depreendia um ataque a Freud. De forma que, em sua obra posterior, Girard dedicou seus esforços a formalizar e aprofundar a crítica a Freud. Abordaremos esta crítica nos dois capítulos seguintes.

Em comparação com obras posteriores, *Mentira Romântica e Verdade Romanesca* não recebeu demasiadas críticas. Antes, a teoria triangular do desejo era considerada para abordar temas publicitários (como o capitalismo continuamente sugere desejos aos demais, como as escolhas dos consumidores quase nunca são autônomas), temas econômicos (como surge a especulação em função da coincidência dos desejos em produtos particulares), temas psiquiátricos (como muitos distúrbios mentais são produto da distorção do desejo e da erosão da personalidade) e temas sociológicos (como se conformam as massas na medida em que todos os indivíduos se imitam mutuamente, como surgem os conflitos). Mais importante ainda, a crítica literária buscava o desejo triangular e metafísico em romances e autores não mencionados por Girard.

Não obstante, um aspecto difícil desse primeiro livro é que Girard considera que seus romancistas ocidentais revelam uma verdade. Esta verdade é a do desejo: ali onde os românticos permanecem na ingenuidade, os romancistas experimentaram uma grande descoberta. O valor estético do romance está na conversão do romancista, no abandono das ilusões e no enfrentamento com a realidade.

Trata-se de uma crítica que só valoriza o realismo. Girard trata seus romancistas como se fossem psicólogos, ou melhor, detetives que perseguem a verdade. Em sua crítica, a literatura tem valor exclusivamente cognitivo. Só aqueles que desmistificam o desejo e revelam sua verdadeira natureza são os verdadeiros gênios da literatura.

Sua preocupação trata exclusivamente da *realidade*. Não é de estranhar que nenhum de seus romancistas incorpore elementos sobrenaturais a suas narrativas. Os críticos literários estarão de acordo que, talvez à exceção de Cervantes, os romancistas estudados por Girard têm acentuados traços provenientes do realismo. Girard supervaloriza tanto o valor cognitivo e realista do romance, que suprime as outras valorações estéticas desse gênero literário. Na maneira como o entende Girard, dificilmente serão romancistas um García Márquez ou um Salman Rushdie. Para Girard, o verdadeiro gênio é o que desmistifica, não o que mistifica. No processo, Girard sacrifica parcialmente a criatividade e a imaginação do romancista. Em sua crítica, não há espaço para articular sentidos e construir mundos novos; para Girard, o romancista não cria novos mundos, simplesmente *retrata* os já existentes.

Mais ainda, seria pertinente indagar até que ponto o narrado pelos romancistas é em verdade uma descoberta, um retrato da realidade. Por acaso o romancista não podia ter criado um mundo diferente do que experimentava? Não será possível que a verdade do desejo seja a autonomia, e que, dando asas à criatividade, o romancista narre um mundo que só existe em sua imaginação? Ou, mais ainda, não é possível que o desejo metafísico seja uma constante em apenas um punhado de romancistas que, efetivamente, assim o retratam em suas obras, mas que o restante dos mortais deseje autonomamente?

A crítica literária de Girard corre o risco de transformar-se em apressadamente indutiva. Da experiência de uns poucos personagens que nem sequer são reais, Girard pretende chegar a conclusões demasiado generalizadas: em função de cinco romancistas, aspira a construir toda uma teoria sobre a personalidade humana e o desejo.

À medida que avançam suas páginas, *Mentira Romântica e Verdade Romanesca* se vai convertendo num penetrante texto de psicologia social. Mas seus "casos" são muito reduzidos, e nem sequer observados diretamente. Girard não tem nenhum paciente para interrogar, nenhum sonho para analisar. É legítimo que Girard elabore suas teorias sobre os "heróis romanescos", mas essa legitimidade se perde parcialmente quando ele aspira a teorizar sobre "sujeitos".

O próprio Girard confessa que ele mesmo passou pela conversão que descrevia entre os romancistas. Mas talvez reste um aspecto que Girard não esteja tão disposto a aceitar: até que ponto ele projetou sobre os romancistas sua própria conversão? Certamente Girard foi presa do desejo metafísico. Contudo, teria ele projetado sua experiência individual para toda a espécie humana? Frequentemente acusamos Freud de projetar seus próprios traumas e fantasias sexuais em seus pacientes e sujeitos. Talvez se possa dizer o mesmo de Girard e de seus romancistas em relação ao desejo metafísico e sua libertação.

capítulo 2
o último antropólogo de gabinete

> *O homem lavará com água as entranhas e as patas, e o sacerdote queimará tudo sobre o altar. Este holocausto será uma oferenda queimada de agradável odor a Iahweh.*
> Levítico 1,9

No final da década de 1960, Girard já se tinha estabelecido como crítico literário de renome acadêmico. Após lecionar na Universidade de Duke e em Bryn Mawr, passou para a prestigiosa Johns Hopkins, onde conseguiu a direção do Departamento de Línguas Românicas em 1965, cargo que ocupou até 1968.

Sua carreira na Universidade de Johns Hopkins foi muito frutífera. Foi ali que deu os últimos retoques em *Mentira Romântica e Verdade Romanesca*. Como discutimos no capítulo anterior, a redação do capítulo final dessa obra, onde descreve o processo de conversão dos romancistas, levou Girard à sua própria conversão e a uma intensa leitura dos Evangelhos.

O formato de *Mentira Romântica e Verdade Romanesca* deixava entrever algumas pautas hermenêuticas. Tal como o próprio Girard o fez na leitura dos romances, o leitor deve envolver-se com o texto lido. *Verdade e Método*, de Gadamer, foi publicado um ano antes de *Mentira Romântica e Verdade Romanesca*, e, conquanto não fosse citado explicitamente por Girard, é de supor que alguma influência Gadamer exerceu sobre ele, se não neste primeiro livro por razões cronológicas, ao menos posteriormente. Nos romancistas, Girard buscava muito mais que estilos. Aspirava a encontrar neles uma espécie de aptidão cognitiva, um *conhecimento* da natureza humana, mas não pelo simples fato de conhecê-la, senão para ajudar a *transformar* o leitor. Girard descrevia como os romancistas tinham dominado o desejo metafísico de forma tal que o leitor também o fizesse.

Ao que parece, este procedimento hermenêutico foi o que Girard empregou ao decidir-se por uma vida cristã. Apesar de demonstrar maravilhosas aptidões críticas, Girard começou por ler a Bíblia muito mais como um crente que como um crítico. Girard participava como um leitor que se confrontava com o texto e se envolvia com ele.

De forma que, por ora, seu interesse pela Bíblia não alcançou sua carreira de crítica literária. Lia a Bíblia, certamente, mas nos anos imediatamente posteriores a *Mentira Romântica e Verdade Romanesca* se absteve de escrever extensos comentários críticos sobre a Bíblia.

Seu interesse crítico se dirigia agora para a tragédia grega. Prestou especial atenção a Sófocles e Eurípides, e, no final dos anos 1960, uma resenha curricular indicava: "escreveu amplamente sobre tópicos da literatura francesa e se preocupa correntemente com as implicações psicológicas e filosóficas do mito de Édipo".[1] Até o lançamento de *La Violence et le Sacré* em 1972,[2] Girard não publicou nada significativo sobre o mito de Édipo. Poucos conheciam que implicações seriam as encontradas por Girard neste mito, mas era de desconfiar que o mito de Édipo serviria de motivo para construir explicitamente a crítica a Freud, a qual ainda permanecia pendente após a publicação de *Mentira Romântica e Verdade Romanesca*.

---

[1] Richard Macksey; Eugenio Donato, *Los Lenguajes Críticos y las Ciencias del Hombre*. Barcelona, Barral, 1972, p. 346.
[2] Paris, Grasset, 1972. Para as citações, empregaremos a tradução ao castelhano, *La Violencia y lo Sagrado*. Barcelona, Anagrama, 1985.

Também nessa época, Girard leu com grande ímpeto a literatura etnológica, tentando encontrar entre os povos não ocidentais as tendências do desejo que havia esboçado em seus primeiros livros.

Girard se encontrava afastado de seu país natal durante o maio de 1968. Havia já anos que fizera uma vida acadêmica nos EUA. Essa distância geográfica serve de metáfora para expressar a distância espiritual e intelectual que Girard deve ter sentido em razão daqueles acontecimentos. Praticamente não fez nenhum comentário público sobre a revolta estudantil, e em suas obras não demonstra nenhuma preocupação explícita com esses acontecimentos.

Nesse silêncio delineava-se certo conservadorismo que já se demonstrava em *Mentira Romântica e Verdade Romanesca*. Cabe recordar que nessa obra, por meio da análise de *O Vermelho e o Negro*, de Stendhal, Girard se pronunciava sobre as profundas implicações sociológicas que se depreendiam dos movimentos revolucionários. A igualdade revolucionária liquidava a mediação externa da monarquia absoluta, mas dava lugar à mediação interna dos burgueses, a qual multiplicava as rivalidades e os conflitos. As revoluções desestabilizam a ordem social e só trazem consigo o caos, o ressentimento e a inveja.

Em *Mentira Romântica e Verdade Romanesca*, Girard explicitamente se dissociava de qualquer ativismo político. Como Stendhal, apresentava a si mesmo como um "ateu político", um crítico da mediação interna, que nada tinha que ver com posturas políticas específicas. Mas ficava claro que Girard emergia como um pensador conservador que via com preocupação os movimentos revolucionários que desenhavam o mundo moderno.

Mais ainda, sua consideração do cristianismo e seu papel no processo de conversão experimentado pelos romancistas não pode ser dissociada de sua crítica aos movimentos revolucionários. Um mundo revolucionário que desloca a religião e que se finca na igualdade secular deve ter sido um tanto odioso para um pensador que valorizava o cristianismo precisamente como a antítese da revolução. Através da conversão religiosa e da "transcendência vertical", o sujeito pode libertar-se da alienação e da mediação interna que surge em grande parte em consequência das revoluções.

Mais de um crítico assinalou a continuidade que existe entre um reacionário como Joseph de Maistre e Girard.[3] Tal como o pensador do século XIX, Girard via com preocupação o curso do mundo moderno e enfatizava a responsabilidade revolucionária nos males sociais, e o papel salvador do cristianismo como alternativa a essa degeneração.

Em Johns Hopkins, Girard teve oportunidade de trocar ideias com alguns dos intelectuais que depois simpatizariam com os movimentos estudantis revolucionários. Em 1966 organizou com Richard Macksey e Eugenio Donato um simpósio que marcou a história intelectual do século XX. O título do simpósio foi "As Linguagens Críticas e as Ciências do Homem", e incluía prestigiosas personalidades como Todorov, Barthes, Lacan, Derrida e Vernant, entre outros. Então, o estruturalismo estava em pleno apogeu, e o simpósio estava destinado a tratar muitas das problemáticas teóricas que o estruturalismo tinha apresentado.

Girard sempre se manteve a par das discussões estruturalistas e chegou a conhecê-las de perto. Até certo ponto, participou delas, bem como das discussões pós-estruturalistas e pós-modernistas. O mesmo tinha feito com a psicanálise, com relação à qual, como havemos de recordar, ainda tinha pendente a redação de uma crítica formal a Freud e sua teoria do desejo. Em suas obras posteriores, o encontro de Girard com estruturalistas como Lévi-Strauss se tornaria ainda mais frutífero.

---

[3] Hayden White, "Ethnological 'Lie' and Mythical 'Truth'". Apud Richard Golsan, *René Girard and Myth: An Introduction*. Nova York, Routledge, 2002, p. 112-13.

Mas, de todos os presentes ao simpósio, Girard pareceu interessar-se especialmente por Jacques Derrida. Este tinha pela frente uma frutífera carreira acadêmica que sustentava o que mais adiante se conheceria como "desconstrução". Girard via com certa desconfiança as propostas "desconstrutivistas" de Derrida. Acreditava que a obra de Derrida corria o risco de levar a um niilismo que certamente era incompatível com a convicção cristã de Girard, a qual, como a de Maistre, era especialmente esperançosa quanto ao papel que a religião cristã podia desempenhar na conversão necessária para escapar à alienação do desejo metafísico. Inclusive, diante do fato de a moda intelectual da "desconstrução" ter-se apoderado dos círculos acadêmicos da Johns Hopkins, Girard optou por deixar a Johns Hopkins em 1968 e ir para a Universidade de Buffalo.

Apesar disso, Girard continuava a ter em alta estima a obra de Derrida. Posteriormente, interessaram-lhe profundamente as implicações do famoso ensaio de Derrida, "A Farmácia de Platão".[4] Nesse texto, Derrida punha a descoberto a forma como a metafísica ocidental instrumentalizou a violência na oposição dos pares binários, e a preferência por um deles. Igualmente, Derrida explicava que para Platão a escrita era um *pharmakós*, um veneno/remédio que se convertia num "indecidível" ao transpor as fronteiras do pensamento binário, e o qual era preciso suprimir. De particular interesse para Girard era a natureza ambivalente dos indecidíveis, dado que, como vimos no capítulo anterior, segundo Girard, a ambivalência era uma das emoções centrais que o sujeito desenvolvia em torno do mediador. Mais ainda, porém, a Girard interessava o papel que, como figura ambivalente, o *pharmakós* desempenhava na violência. Girard aspirava a dar um sentido etnológico à obra de Derrida, e em sua obra posterior se propôs a explorar as implicações muito mais da violência *real* que da textual, bem como estudar a outra dimensão do vocábulo grego *pharmakós*: além de ser um veneno/remédio,

---

[4] *Dissemination*. Londres, Anthlone Press, 1981.

era um *bode expiatório*. Este viria a ser um dos temas mais recorrentes nos livros subsequentes de Girard.

Como organizador do simpósio, coube a Girard abrir a discussão com a leitura de seu artigo "Tirésias e a Crítica". Mencionamos que, já desde a publicação de *Mentira Romântica e Verdade Romanesca*, se exortava o leitor a envolver-se com o texto que lia. Muito mais que narrar histórias, o romancista oferecia ao leitor um conhecimento para que o leitor mesmo se libertasse do desejo metafísico. Tal como a tradição de Gadamer, de nada servia enfrentar um texto sem penetrar nele.

Este é o espírito pelo qual Girard advogava na abertura do simpósio. Exortava os críticos que tinha convocado a desenvolver um espírito humanista que não se limitasse a olhar de outro mundo o escrito pelo autor, mas se *envolvesse* nele.

A partir desse momento Girard já estava trabalhando com o que sua resenha curricular chamava de "implicações filosóficas do mito de Édipo". Considerava que Tirésias era a representação do humanismo pelo qual advogava. No início do *Édipo Rei* de Sófocles, o velho profeta/adivinho aconselhava Édipo a envolver-se mais com o que investigava, a saber, o crime de Laio. Para Édipo, a peste era uma desgraça, mas nunca chegou a pensar que lhe concernia com demasiada proximidade. Foi precisamente essa negativa de envolver-se o que levou Édipo a condenar-se a si mesmo. A recomendação feita por Tirésias é a mesma que o humanista faz para escapar do niilismo. Nas palavras de Girard:

> Assim, sentindo-se livre das doenças padecidas por sua cidade, Édipo quer comprometer-se livremente, e oferece ajuda aos companheiros que o rodeiam, afligidos pela praga; mas Édipo logo será desenganado. A única forma, talvez, de parar o progresso do niilismo é reconhecer sua presença e sua significação em nós... Não sei se o humanismo é representado no mito,

não sei se o Humanismo é representado em Sófocles, mas tenho a desconfiança, aqui, de algo verdadeiramente essencial para a existência e a manutenção da civilização ocidental.[5]

De forma que Girard abria o simpósio com uma recomendação humanista que, segundo ele, vinha de Sófocles e *Édipo Rei*. É muito interessante que entre este simpósio e a publicação de *A Violência e o Sagrado* tenham transcorrido seis anos. Embora mantivesse o compromisso humanista que exigia o envolvimento com os textos, em *A Violência e o Sagrado* modificava dramaticamente algumas considerações sobre o mito de Édipo. Em 1966, Girard lia autores como Joseph Campbell e C. G. Jung, que valorizavam os mitos como a uma rica fonte de "sabedoria universal". Em 1972, Girard deu as costas aos simpatizantes dos mitos e expunha que estes, longe de serem fontes de sabedoria universal, constituíam histórias sacrificiais distorcidas que, conquanto revelassem algo da natureza humana, não o faziam completamente. A história de Édipo era um desses mitos. *A Violência e o Sagrado* é consagrado ao estudo desses mitos, bem como dos ritos que representam os mesmos temas.

*

Em 1972, data em que se publicou *A Violência e o Sagrado*, o cenário político internacional era bastante delicado. Pairava sobre o mundo uma poderosa ameaça de destruição total em razão do desenvolvimento das tecnologias nucleares. Na década anterior, os EUA tinham vivido uma dramática crise quando se descobriu que a União Soviética tinha instalado mísseis nucleares em Cuba.

Ao que parece, nunca antes a humanidade tinha vivido tão de perto o perigo da autodestruição. A grande preocupação de acadêmicos

---

[5] René Girard, "Tiresias y la Crítica". In: *Los Lenguajes Críticos y las Ciencias del Hombre*. Ed. Richard Macksey; Eugenio Donato. Barcelona, Barral, 1972, p. 33.

no Leste e no Oeste, no Primeiro e no Terceiro Mundo, era como manter a harmonia entre duas superpotências, uma com potencial de destruir a outra e, no processo, o mundo inteiro?

Foi com essa ideia de pano de fundo que Girard escreveu *A Violência e o Sagrado*. Contrário ao que muitos de seus colegas discutiam nos debates sobre a ameaça de destruição nuclear, Girard considerava que a preocupação com a violência não é um desenvolvimento do século XX, mas aparece no mesmo momento em que a humanidade surgiu como tal. A crise dos mísseis apenas é uma expressão dessa preocupação em escala planetária.

Prosseguindo com os métodos que já havia instrumentalizado em *Mentira Romântica e Verdade Romanesca*, ele se propôs a demonstrar que, através de evidência etnológica e literária, este é o problema que engloba toda a humanidade. Uma vez mais, crescia seu espírito de crítico comparativo, e, entre fontes folclóricas muito diversas, buscava temas universais em cada uma dessas manifestações culturais.

Mais ainda, seguia a recomendação que ele mesmo tinha feito através de Tirésias: o crítico deve envolver-se com a realidade que estuda. Seu ímpeto intelectual não era uma simples curiosidade teórica; muito pelo contrário, ele abordava um problema cuja complexidade apenas começava a tornar-se evidente. Demonstrando a forma como a humanidade enfrenta o problema da violência, talvez se depreendesse alguma contribuição para a construção de um espaço de paz que prevenisse a destruição total.

Girard não é o primeiro a insistir em que a violência é um traço distintivo da humanidade. Basta assinalar autores como Hobbes, Lorenz e Freud, entre outros, como forjadores dessa ideia já comum entre nós.

Mas a violência tem muitas formas e é empregada de diversas maneiras segundo cada contexto cultural. Algumas sociedades são guerreiras, outras são pacíficas. Entre as sociedades guerreiras, algumas consideram a honra como o mais alto valor, outras valorizam a eficácia militar acima da honra.

Apesar dessas diferenças entre violências, a etnologia chegou ao consenso de que existe uma violência quase universalmente compartilhada: a violência do sacrifício. Mesmo os povos mais aparentemente pacíficos praticam alguma forma de rito sacrificial ou equivalente. As práticas sacrificiais se encontram difundidas em regiões muito afastadas entre si, de forma que é praticamente impossível recorrer a um argumento difusionista para explicar sua existência.

Não em vão as obras dos grandes etnólogos, desde Tylor, Frazer e Smith até Radcliffe-Brown e Evans-Pritchard, trataram de perto o tema do sacrifício. *A Violência e o Sagrado* abre com uma recapitulação do tema em questão.

Para Girard, o traço elementar de todo rito sacrificial é a substituição. Esta é uma ideia muito antiga, que até se encontra explicitamente em vários textos sagrados que dão indicações sobre a correta execução do rito sacrificial, como, por exemplo, os *Vedas* e o *Levítico*. Mas Girard pretendia procurar para além das indicações explícitas nos textos religiosos, e aspirava a encontrar outras formas em que a substituição opera dentro do marco da instituição sacrificial.

Girard considera que quase em toda forma de violência instituída, sacrificial ou não, subjaz a ideia da substituição. Os agentes que empregam a violência a *canalizam* para outros agentes, de forma que não cheguem a ferir os entes mais próximos. Girard cita o etólogo Konrad Lorenz para demonstrar como acontece este fenômeno no mundo animal: "Lorenz, em *A Agressão*, fala de determinado tipo de peixe que não pode ser privado de seus adversários habituais, seus congêneres machos, com os quais disputa o controle de certo território, sem que dirija suas tendências agressivas contra sua própria família e acabe por destruí-la".[6] Sem os adversários, o peixe macho dirigiria a agressão para seus próprios familiares e os eliminaria. De forma que os adversários servem de agentes *substitutos* que recebem a violência do peixe, a qual, se não fosse dirigida para eles, acabaria por destruir sua própria família.

A substituição oferece à violência uma vítima, de forma que outras sejam salvas. Graças aos adversários, a família do peixe pode salvar-se. Os adversários *substituíram* os familiares, que, por se encontrarem mais perto do espécime agressivo, têm maior possibilidade de receber sua violência.

Essa lógica da substituição no mundo animal foi estendida à instituição sacrificial. Para que se salvem uns, outros devem morrer. Por meio da substituição sacrificial, os participantes do rito sacrificial protegem a si mesmos, de forma que se asseguram de que aqueles que recebem a violência sejam as vítimas substitutas, e não eles mesmos.

Dessa forma, a substituição é uma forma de "enganar" a violência. A substituição executa a violência, mas a "engana" na medida em que não executa as vítimas reais porque emprega vítimas substitutas. A violência pede sangue, e o sacrificador lho concede. Mas, para salvar-se e proteger a si mesmo e ao restante de sua comunidade, oferece o sangue de uma vítima substituta, de forma que a violência fique satisfeita sem que nenhum ente querido tenha sido executado.

Assim, as vítimas substitutas vêm a ser agentes que, para dizer a verdade, aos sacrificantes não importa perder, desde que contenham a violência e salvem a si mesmos. Tal como nos peixes de Lorenz, é preferível matar um rival a matar a própria família. Diferentemente de seu irmão Abel, Caim é um agricultor que, dada sua atividade,

---

[6] René Girard, *La Violencia y lo Sagrado*. Barcelona, Anagrama, 1985, p. 10.

carece de vítimas sacrificiais animais. Precisamente por ser agricultor, Caim não tem maneira de canalizar sua violência através de vítimas animais substitutas. Ao final, na ausência de vítimas substitutas, termina por matar o irmão. A inépcia de Caim consiste em não ter conseguido "enganar" a violência: termina vivendo a violência de forma muito real, executando um de seus entes mais próximos.

De acordo com Girard, este "engano" da substituição sacrificial é manifesto em várias tradições antigas. Na Bíblia, encontra-se na cena em que Isaac está prestes a morrer. Antes de fazê-lo, quer bendizer o filho mais velho, Esaú, e pede que lhe traga um prato saboroso. Jacó, o mais novo dos irmãos, busca com a ajuda de Raquel, sua mãe, dois cabritos e com eles prepara o prato que oferece ao pai, fazendo-se passar por Esaú. Ainda assim, Isaac quer tocar o peludo Esaú, mas Jacó não tem pelos. Raquel sugere a Jacó que use a pele dos cabritos para "enganar" o velho Isaac.

Girard insiste em que "dois tipos de substituição se entrechocam nesta ocasião: a de um irmão pelo outro e a do homem pelo animal".[7] É por meio do cabrito sacrificado que Jacó substituiu Esaú. A vítima sacrificial cumpre assim sua missão de substituição. Mas, ao mesmo tempo, é por meio do cabrito sacrificado que se canaliza a violência de Isaac. Graças à pele da vítima, Isaac sente o velo que impede a violência em que explodiria se descobrisse o engano a que é submetido. Afinal, os cabritos servem de vítima substituta que canalizam a violência que se pode desenvolver entre personagens próximos.

Nas palavras de Girard,

> para ser bendito e não maldito, o filho deve fazer-se preceder diante do pai pelo animal que acaba de imolar e que lhe oferece em

[7] Idem, p. 13.

alimento. E o filho se disfarça, literalmente, atrás da pele do animal sacrificado. O animal sempre aparece interposto entre o pai e o filho. Impede os contatos diretos que poderiam precipitar a violência.[8]

Ulisses, mestre da astúcia, desempenha de forma análoga o "engano" da substituição sacrificial. Capturados pelo Ciclope, Ulisses e seus companheiros combinam cegar o verdugo e escapar da caverna em que estão prisioneiros. O Ciclope, por seu lado, obstrui o caminho de saída da gruta. Só deixa passagem para seu rebanho, para que paste lá fora. Tal como Isaac, o Ciclope toca o rebanho para assegurar-se, através de seus velos, de que ele é o único a sair. Ulisses planejou uma nova estratégia, e se esconde debaixo da ovelha agarrando-se a seu ventre, de forma que passa despercebido pelo Ciclope e alcança a liberdade.

O paralelismo entre essas duas histórias é evidente. Em ambas, o animal serve de agente *substituto* que engana uma representação da violência, a saber, Isaac e o Ciclope, e permite ao herói proteger-se empregando o animal como agente canalizador da violência. Graças aos animais substitutos, a violência foi suspensa, canalizada e "enganada".

Pois bem, o "engano" da violência sacrificial substituta não pode ser tão evidente. Para que a substituição seja efetiva, a violência deve ter certa impressão de que a vítima executada guarda certa similitude com os personagens entre os quais, de início, se desenvolve a violência.

Na história bíblica, o cabrito serviu para enganar Isaac. Mas Isaac cai no engano na medida em que crê que aquele cabrito é seu próprio filho. Assim, o cabrito adquire traços humanos, precisamente para enganar a violência. A violência não se conforma com ser canalizada

---

[8] Ibidem.

para uma vítima substituta. Para que esse engano seja realmente eficiente, a vítima substituta tem de fazer a violência crer que na verdade não é a substituta, mas a *original*.

A vítima animal serve como agente substituto para canalizar a violência que surge entre os seres humanos. Em vez de dirigir a violência contra uma vítima humana (como fez Caim), é preferível dirigi-la contra uma vítima animal. Mas, para substituir alguém, o substituto deve ter certa semelhança com o original. A substituição dos peixes rivais é eficaz porque os agentes da substituição têm certa semelhança com a família do peixe macho; ou seja, todos são peixes. Da mesma forma, se a vítima animal for substituta de uma vítima humana, a primeira deve ter certa semelhança com a segunda, deve adquirir certo perfil "antropomórfico".

Girard explica assim as curiosas observações etnográficas de dois grandes antropólogos da época, Godfrey Liendhardt e E. E. Evans-Pritchard, que relatavam que entre dois povos africanos, os dincas e os nueres, o gado é assimilado à vida humana: enquanto vítimas sacrificiais, projetam-se sobre o gado instituições sociais, e existe uma sociedade bovina paralela à humana. O animal é assimilado ao humano, de forma que, quando o primeiro seja entregue como vítima sacrificial, substitua o segundo e consiga "enganar" a violência.

A vítima sacrificial acumula e carrega todas as iras de seus sacrificadores. Acontece uma "autêntica operação de *transfert* coletivo que se efetua à custa da vítima e que atua sobre as tensões internas, os rancores, as rivalidades e todas as violências de ação recíproca e agressões no seio da comunidade".[9]

De acordo com Girard, essa vítima é substituta na medida em que substitui à *comunidade inteira*. À medida que crescem os ódios, os rancores e as rivalidades entre os membros de uma comunidade,

[9] Idem, p. 15.

esta corre o risco de autodestruir-se. Assim, a comunidade se vê na necessidade de encontrar uma vítima que receba a violência e *substitua e ao mesmo tempo salve* a comunidade, de forma que esta siga existindo. Nas palavras de Girard: "A vítima não substitui tal ou qual indivíduo especialmente ameaçado, não é oferecida a tal ou qual indivíduo especialmente sanguinário, mas substitui e se oferece ao mesmo tempo a todos os membros da sociedade por todos os membros da sociedade".[10]

Sempre que se fala de "substituição" no sacrifício, tanto os textos religiosos como os etnólogos consideram que a vítima substituta é um animal que substitui uma vítima humana. Certamente isso é o que se delineia num dos textos de substituição sacrificial mais explícitos, a história do sacrifício de Isaac, na qual um cordeiro é enviado como substituto do menino. Mas Girard se apressa a advertir que a substituição, tal como se veio esboçando, não é necessariamente animal. Dado que o que substitui a vítima é para a sociedade inteira, realmente importa pouco se se trata de um humano ou de um animal. Mais ainda, recordemos que a vítima substituta deve manter certa relação com a vítima original. Esta vítima original é a sociedade humana mesma, razão por que é muito plausível que, em muitas instâncias, sua substituta seja uma vítima humana.

Vai-se delineando assim a ideia de que a vítima substituta serve como um terceiro que recebe a violência entre dois partidos em disputa. A vítima substituta canaliza as agressões, de forma que, ao morrer, leva consigo a violência que foi executada sobre ela e livra o executor dessa violência que pode pôr em perigo seus mais próximos, bem como a si mesmo.

Até certo ponto, o sacrifício é uma extensão ritual do mecanismo psicossocial através do qual as frustrações se concentram e são liberadas em determinado momento à custa de uma vítima de agressão.

---

[10] Ibidem.

A expressão dos americanos *kicking the dog* se refere a este princípio. Segundo esta expressão, quando alguém se sente frustrado e quer assestar um golpe em seu adversário, mas não se atreve a fazê-lo, "chuta" seu cão e se livra assim de parte da ira que se acumulou nele.

Uma vez mais, Girard encontra esta ideia nitidamente expressa no mundo grego. "Furioso contra os comandantes do exército grego que se negam a entregar-lhe as armas de Aquiles, Ájax dá morte aos rebanhos destinados à subsistência do exército."[11] Obviamente, a ira de Ájax não é contra os animais, mas contra os comandantes. Os rebanhos, porém, substituíram os comandantes na recepção da violência. Graças a essa substituição sacrificial, a ira de Ájax foi liberada e evitou-se uma possível guerra entre os comandantes e ele.

A ação de Ájax não acontece num marco ritualizado, não há deuses nem sacerdotes, e ainda assim obedece à lógica sacrificial que se vem delineando, através da qual a vítima é substituta na medida em que canaliza a violência dos outros. O rito sacrificial vem a ser, então, a formalização religiosa desse princípio.

Nesse sentido, Girard se faz crítico dos etnólogos que, como Mauss e Hubert, veem no sacrifício um modo de oferenda e dádiva aos deuses. Para Girard, o objetivo fundamental do sacrifício é a integração comunitária. A vítima substitui a comunidade inteira, e graças a esta substituição, na medida em que recebe a violência, libera a comunidade de todos os rancores e iras que se acumulam entre seus membros.

Essa é a matriz do sagrado, argumenta Girard. Sem vida social, sem comunidade, não é possível a ideia de humanidade, nem, muito menos, do religioso. O sagrado persegue um só fim, e esse fim é a coesão comunitária, a libertação das rivalidades entre os homens. O sacrifício desempenha o papel decisivo na consecução deste fim.

[11] Idem, p. 16.

A religião mantém assim, para Girard, uma atualidade indiscutível. Enquanto houver rivalidades entre os homens, enquanto existir o perigo de uma comunidade, sem importar sua dimensão (de uma pequena tribo até a ordem internacional bipolar de 1972), se auto-destruir, a religião aparecerá para cumprir o ofício de construir um espaço de paz à custa da substituição sacrificial.

Atrás dos milagres, das superstições e das vaidades, a religião obedece ao chamado da preservação comunitária. De acordo com Girard,

> para confirmar a vanidade do religioso, sempre se utilizam os mais excêntricos, os sacrifícios para pedir chuva e bom tempo, por exemplo. Sem dúvida, isso existe. Não há objeto ou empreendimento em cujo nome não se possa oferecer um sacrifício, a partir do momento, sobretudo, em que o caráter social da instituição começa a desvanecer-se. Existe, no entanto, um denominador comum da eficácia sacrificial, tanto mais visível e preponderante quanto mais viva permanece a instituição. Este denominador é a violência intestina; são as dissensões, as rivalidades, os ciúmes, as brigas entre próximos o que o sacrifício pretende antes de tudo eliminar, pois restaura a harmonia da comunidade e reforça a unidade social. Tudo o mais se depreende daí.[12]

A prosperidade material e espiritual são apenas as representações de uma realidade muito mais profunda do religioso, a saber, a unidade social. Uma sociedade unida e livre de conflito é capaz de conseguir muitas coisas: produzir imensamente, acabar com secas e fomes,

---

[12] Ibidem.

curar doenças, ter maior segurança quanto ao destino, etc., sendo todas elas as clássicas preocupações do religioso.

O sagrado é chamado a aparecer quando a violência entre os homens se propaga num nível transbordante. A violência é um perigoso jogo recíproco em que, inevitavelmente, um golpe é seguido de outro, construindo-se assim uma cadeia que, se não for limitada, conduzirá à autodestruição da comunidade. Este jogo contínuo e recíproco da violência é claramente esboçado no que os etnólogos denominam a instituição do *blood feud*, a *vendetta* ou vingança do sangue.

Enquanto não aparecer uma vítima sacrificial que canalize a violência entre os membros de uma comunidade, esta se encaminha cada vez mais para sua própria destruição. Nas palavras de Girard, "o desejo de violência se dirige aos próximos, mas não pode satisfazer-se neles sem provocar todos os tipos de conflitos; convém, pois, desviá-lo para a vítima sacrificial".[13]

De forma que o *blood feud* pode ser resolvido por meio da instituição sacrificial, tal como foi apresentada até agora. A vítima assume a violência conjunta dos partidos em disputa e substitui a ambos na recepção da violência, dando fim, assim, ao ciclo violento. Destaque-se que, conquanto Girard não o cite especificamente, o sacrifício como ponto final do *blood feud* foi amplamente documentado entre os nueres por E. E. Evans-Pritchard, uma das autoridades máximas no estudo das vinganças.[14]

Mas, precisamente por se tratar de uma solução violenta para um problema violento, o sacrifício se torna uma perigosa arma de dois gumes para a resolução dos *blood feuds*. Na vingança, a violência responde à violência. Não pode ter assim um fim próximo, porque

---

[13] Idem, p. 21.
[14] E. E. Evans-Pritchard, *Los Nuer*. Barcelona, Anagrama, 1992.

cada partido se julgará no legítimo direito de vingar a morte de um de seus membros, prolongando desse modo o conflito.

Girard escreve:

> por que a vingança do sangue constitui uma ameaça insuportável em todas as partes onde aparece? Diante do sangue derramado, a única vingança satisfatória consiste em derramar por sua vez o sangue do criminoso. Não há uma clara diferença entre o ato castigado pela vingança e a própria vingança. A vingança se apresenta como represália, e toda represália provoca novas represálias.[15]

A solução sacrificial corre o risco de prolongar o conflito ainda mais. Por tratar-se de uma ação violenta, o sacrifício bem poderia ser interpretado como um gesto de retribuição que, longe de tentar pôr fim à vingança, a faz prosseguir ainda mais. Os membros do grupo ao qual pertence a vítima sacrificial clamarão por vingança pela morte de seu companheiro, e o sacrifício estenderá ainda mais o ciclo de vinganças.

Por isso, a vítima sacrificial deve manter um estatuto *marginal*, de forma que, ao ser executada, ninguém se preocupe em vingá-la e assim se ponha fim, de uma vez por todas, ao ciclo da vingança. Uma vítima suficientemente marginal permitirá a participação unânime no sacrifício. Consolidar-se-á assim a coesão social da comunidade, que, como mencionamos, é o objetivo primordial do sacrifício.

Como conseguir a marginalidade das vítimas? Girard insiste em que a maneira mais comum de encontrar tal marginalidade se dá com

---

[15] *La Violencia y lo Sagrado*, p. 22.

o emprego de vítimas sacrificiais animais. Apesar de, como entre os dincas e os nueres, dar-se ao gado um estatuto quase humano, os primitivos nunca chegam a uma total assimilação entre o gado e os humanos. Conhecem bem a diferença entre eles. É evidente que, mesmo sem citá-lo explicitamente neste aspecto, Girard faz eco das críticas que Lévi-Strauss formulou a Levy-Brühl quando este insistia em que, entre os primitivos, existe, sim, uma assimilação, um sentido de *participation mystique* entre o homem e os animais.

Precisamente porque se conhece bem a diferença entre o homem e o gado, as comunidades podem executar as vítimas sacrificiais animais sem correr o risco de estas serem vingadas. Nenhuma vaca é suficientemente próxima do homem para que alguém vingue sua morte.

Uma vez mais, porém, Girard se apressa a advertir que a substituição animal é apenas uma das muitas formas com que se pode conseguir a marginalidade da vítima. Para alcançar seu objetivo, o sacrifício também pode empregar vítimas humanas marginais. Deve-se executar uma vítima cuja morte, mesmo sendo de um ser humano, não seja vingada por ninguém. Os *diferentes e os marginais* são, assim, os melhores candidatos. Os muito velhos ou os muito jovens, os muito ricos ou os muito pobres, os criminosos, os escravos, os estrangeiros, etc.

Só assim se completará a missão sacrificial. A vítima verdadeiramente marginal poderá ir para a morte sem que ninguém exija uma retribuição por ela. Nas palavras de Girard:

> Todos os seres sacrificáveis, trate-se das categorias humanas (...) ou, com muito maior motivo, das animais, se diferenciam dos não sacrificáveis por uma qualidade essencial, e isso é assim em todas as sociedades sacrificiais sem nenhuma exceção. Entre a comunidade e as vítimas rituais não aparece um tipo de relação

social, a que motiva a que não se possa recorrer à violência contra um indivíduo sem se expor às represálias de outros indivíduos, seus próximos, que sentem o dever de vingar o parente.[16]

A violência da vingança é reprovável, razão por que exige retribuição. Acontece exatamente o contrário com a violência sacrificial: através da marginalidade de suas vítimas, a violência do sacrifício conta com o aval da comunidade inteira, salvo, é claro, da vítima mesma; ademais, às vezes a própria vítima autoriza sua execução. Ali onde a violência da vingança é legítima para apenas um pequeno segmento da comunidade, a violência sacrificial é legítima para a *totalidade* da comunidade. Na primeira, um grupo executa violência contra outro grupo do mesmo tamanho, relativamente. Na segunda, uma virtual unanimidade de indivíduos, de forma esmagadora, executa violência contra um muito reduzido grupo de vítimas. Precisamente porque ninguém vai em socorro da vítima, a violência sacrificial adquire uma legitimidade unânime inexistente na violência da vingança.

Tal legitimidade se consolida ainda mais se a violência de todos contra um se situa no marco do sagrado. Na medida em que a execução da vítima se estipule como um mandato divino, já não haverá dúvida sobre sua legitimidade, e contará com o aval da comunidade inteira, forjando assim a unidade social. "Os homens conseguem afastar com muita maior facilidade sua violência quando o processo de afastamento não se lhes apresenta como próprio, mas como um imperativo absoluto, como a ordem de um Deus cujas exigências são tão terríveis quanto minuciosas."[17]

Até agora, a tese de Girard funciona para o mundo arcaico ou primitivo. Mas dificilmente se poderia aplicar ao mundo moderno. Por

---

[16] Idem, p. 20.
[17] Idem, p. 21.

acaso a ameaça nuclear teria cessado se os mandatários americanos e soviéticos se reunissem num altar e derramassem o sangue de uma vítima sacrificial?

Girard insiste em que o mundo moderno crê ter deixado para trás o sacrifício, quando na verdade ele está bem diante de seu nariz. Esse espírito, acrescenta Girard, foi estendido à etnologia, especialmente no estruturalismo lévi-straussiano, o qual não vê no sacrifício nenhuma transcendência simbólica, funcional ou estrutural.

Se no mundo arcaico as disputas se resolvem através do sacrifício, no mundo moderno se resolvem através do *sistema judicial.* O sacrifício e o sistema judicial aparecem como duas instituições frequentemente excludentes. Se no mundo moderno praticamente deixou de existir a instituição do sacrifício, Girard cita os trabalhos de Malinowski onde este assinala que, por seu lado, nas sociedades primitivas não existe o sistema judicial tal como nós, os modernos, o conhecemos.

As duas instituições são excludentes e, ao mesmo tempo, muito próximas uma da outra. Ambas obedecem ao mesmo princípio de responder e afastar a violência com mais violência. O sistema judicial estende e ao mesmo tempo culmina o ciclo de vinganças no qual pode estar imersa uma comunidade. A voz da Justiça retribui a violência com mais violência, da mesma forma como o faz o partícipe de uma vingança. O criminoso que incorreu numa falta é castigado com uma falta análoga à que ele cometeu.

Na medida em que é uma retribuição violenta a uma ação violenta, o sistema judicial estende o ciclo de vingança, mas ao mesmo tempo a dá por concluída, na medida em que se assume uma vingança *pública* e não privada. Tal como no sacrifício, é a comunidade inteira que participa desta vingança pública: o povo *versus* o criminoso, tal como explicitamente se menciona nos tribunais penais contemporâneos. É esta unanimidade comunitária o que permite, assim, pôr fim ao ciclo de vinganças. Girard escreve:

> O sistema judicial afasta a ameaça da vingança. Não a suprime: limita-a efetivamente a uma represália única, cujo exercício é confiado a uma autoridade soberana e especializada nesta matéria. As decisões da autoridade judicial sempre se afirmam como a *última palavra* da vingança. (...) Nas sociedades primitivas, por definição, só existe a vingança privada. Não é nelas, por conseguinte, em que se há de buscar a vingança pública, mas nas sociedades civilizadas, e só o sistema judicial pode oferecer a garantia exigida... Não há nenhuma diferença de princípio entre vingança privada e vingança pública, mas existe uma diferença enorme no plano social: a vingança já não é vingada; o processo terminou, desaparece o perigo da escalada.[18]

O espírito humanista de E. E. Evans-Pritchard na etnologia se estendia até Girard. O professor britânico se esforçava incansavelmente por encontrar nas sociedades primitivas os equivalentes estruturais das sociedades modernas. Girard agora fazia o mesmo com uma das mais fortes convicções de Ocidente, o sistema judicial. Assimilando-o ao sacrifício, Girard punha a descoberto a lógica violenta que se encontra atrás do sentido moderno de justiça.

Durante a época em que se escreveu *A Violência e o Sagrado*, Michel Foucault já se erigia como um dos grandes nomes na academia. Seu *Vigiar e Punir*[19] foi publicado originalmente em 1975, mas, já fazia anos, Foucault vinha tornando públicas suas análises e críticas ao moderno sistema judicial. É provável que Girard estivesse a par dos escritos de Foucault, e certamente concordava com muitas de suas ideias. Mas Girard acrescentava

---

[18] Idem, p. 23.
[19] *Vigiar y Punir*. Madri, Siglo XXI, 2002.

o componente etnológico que ainda faltava nas considerações de Foucault e de seus seguidores.

Apesar das semelhanças estruturais entre as duas instituições, Girard assinala algumas diferenças entre o sacrifício e o sistema judicial. Ali onde o primeiro exerce uma função *preventiva*, o segundo exerce uma função *curativa*.

O sacrifício ritual tem uma função purificadora, a saber, livra a comunidade de todos os rancores que se acumulam entre seus membros. É assim que previne se desenvolvam conflitos e rivalidades. A violência do *blood feud* é tão intensa nas sociedades primitivas, que, uma vez iniciada a cadeia de vinganças, dificilmente poderá chegar a um final sem antes ter clamado por um significativo número de vítimas. Como Girard menciona, "nessas sociedades os males que a violência pode desencadear são tão grandes e são tão aleatórios os remédios, que o acento recai sobre a prevenção".[20]

Por seu lado, o sistema judicial restaura o dano feito pela violência, dado que intervém como uma forma de vingança que, por ser pública, põe fim ao ciclo de vinganças privadas. Tal como o sacrifício, o sistema judicial se apropria de um poder que se aproxima do sagrado. O caráter *público* do sistema legitima a violência que é empregada. O sistema judicial não clama por vingança em nome dos partidos prejudicados pelo criminoso, mas em nome da comunidade inteira. Sua ação se torna assim inquestionável: *vox populi, vox Dei*.

Esse caráter público permite ao sistema judicial monopolizar o emprego da legítima violência na sociedade. Na medida em que aplica a violência como uma medida curativa, ninguém mais pode fazê-lo. A manipulação da violência se transforma assim em algo muito delicado, reservado apenas aos especialistas. Quanto mais violência monopoliza, mais a despoja do restante dos membros da

[20] René Girard, *La Violencia y lo Sagrado*, p. 26.

comunidade. Nas palavras de Girard: "o sistema judicial é o único que jamais vacila em aplicar a violência em seu centro vital, porque possui um monopólio absoluto da vingança".[21] Fazem-se presentes ecos de Max Weber (e, de forma mais tênue, de Hegel), que foi um dos primeiros sociólogos a assinalar que o Estado tem o monopólio da violência nas sociedades modernas.

De forma que, conquanto o sacrifício busque *prevenir* a violência e o sistema judicial busque *curar* ou pôr fim à violência, as duas instituições compartilham uma função, a saber, a suspensão da violência e a construção de um espaço de paz e unidade social. Girard considera que essa dicotomia bem poderia servir de critério antropológico para distinguir as civilizações das sociedades "primitivas": "No caso do sistema judicial e dos ritos sacrificiais... defrontamo-nos com in (...) tuições cuja presença e cuja ausência poderiam diferenciar muito bem as sociedades primitivas de certo tipo de 'civilização'".[22] Assim, não é de estranhar que na Grécia e em Roma, duas das primeiras civilizações a formalizar o sistema judicial, a instituição do sacrifício começasse a perder proeminência em comparação com outras sociedades contemporâneas.

As sociedades primitivas nunca perdem de vista o fato de a violência tender à escalada sem controle. As experiências dos *blood feuds* são tão profundas, que permanecem na memória coletiva das comunidades. Por isso, o pensamento religioso assimila a violência à epidemia e à impureza. Tal como a violência, as pestes e as impurezas se propagam com grande facilidade, e causam terror entre as comunidades, por ameaçarem destruí-las.

É assim que, em muitas instâncias rituais, a vítima sacrificial concentra todas as impurezas que o rito pretende expulsar. Como a

---

[21] Idem, p. 30.
[22] Idem, p. 27.

violência, a impureza é terrivelmente contagiosa. Tudo o que o ser impuro tocar, e até tudo o que estiver ao seu redor, corre o risco de se tornar impuro também. Aquele que manipule a vítima, a saber, o sacerdote sacrificial, tem de estar sujeito às mais estritas regras de pureza, a fim de prevenir e evitar qualquer contágio impuro.

O mesmo se pode dizer do guerreiro, argumenta Girard. O tema do guerreiro que volta após suas campanhas, muito comum entre os gregos, é sempre acompanhado da ameaça a que expõe seus familiares e entes próximos. O guerreiro leva consigo uma violência de que não conseguiu libertar-se completamente. Nas palavras de Girard, "o guerreiro que volta para casa ameaça trazer para o interior da comunidade a violência de que está impregnado".[23] Horácio, por exemplo, mata a irmã antes de ser purificado ritualmente. Não obstante, Girard não considera o fato de que o mais célebre de todos os guerreiros greco-romanos que voltam para casa, Ulisses, emprega a violência de que está impregnado *a seu favor*: com ela, consegue eliminar todos os adversários que pretenderam cortejar sua esposa. Esta violência, longe de ser um perigo, se transforma numa vantagem para o astucioso herói.

A preocupação primitiva com a "doença" se refere a um conceito não só epidêmico, mas também social. Livrar de impurezas uma comunidade é livrá-la da escalada da violência que ameaça destruir o corpo social, assim como a epidemia ameaça destruir o organismo. Desse modo, para Girard, a preocupação central do tabu é impedir que a violência se propague. Mantendo dentro de certos limites a impureza, o tabu mantém limitada a violência. Tal como o sacrifício, o tabu é uma medida preventiva contra a violência. O sacrifício expulsa à violência antes que esta se desenvolve, enquanto o tabu evita toda e qualquer forma de impureza, que, no pensamento religioso, está associada à violência.

[23] Idem, p. 48.

De forma que o pensamento religioso guarda algumas analogias com o pensamento médico. O cirurgião trata de esterilizar até o menor e mais banal instrumento cirúrgico, dado que mesmo este corre o risco de gerar uma infecção. O mesmo faz a religião. O temor à violência é tal, que impõe restrições aos mais aparentemente insignificantes objetos e situações, de forma que se evite a menor oportunidade para a violência se propagar. Nesse sentido, os tabus aparecem em sociedades muito preocupadas com o controle da violência.

Para demonstrar a relação que existe entre a impureza e a violência, Girard dirige a atenção para uma das proibições religiosas mais difundidas: o tabu da menstruação. Em bom número de sociedades, a menstruação é objeto de severas restrições; as mulheres menstruadas são isoladas, não podem tocar objetos de uso comum, etc.

Atrás do horror à menstruação encontra-se uma preocupação com a violência. A menstruação recorda o derramamento de sangue, e essa associação é suficiente para proibi-la, na medida em que é assimilada ao horror da violência. Apesar de que, provavelmente, Girard se mostrasse renitente a aceitá-lo, seu pensamento demonstra aqui certa continuidade com o pensamento antropológico de Frazer. Para este, uma das características essenciais do pensamento mágico e religioso é o princípio da "simpatia", ou seja, a crença de que as coisas que se parecem são a mesma coisa. Ainda que Girard não mencione explicitamente esse princípio, ele desempenha um papel importante em sua concepção do tabu: o sangue menstrual se parece com o sangue derramado pela violência, e, para o pensamento primitivo, os dois terminam sendo a mesma coisa; surge daí sua proibição.

Alguns pesquisadores, entre os quais se destacam Freud e, sobretudo, seus seguidores, pretendem explicar o tabu menstrual, e as proibições em geral, recorrendo ao óbvio fundo sexual. Girard desconsidera essa opção, argumentando que atrás da sexualidade se encontra a violência. Dado que o tabu tem um caráter coletivo, ou seja, é uma *instituição*, ele se orienta para uma preocupação coletiva, a saber, a violência: "A multidão pode praticar perfeitamente uma e única violência, desmedidamente incrementada pelo fato mesmo de que todas as violências individuais podem somar-se a ela; não existe, ao contrário, uma sexualidade realmente coletiva".

Mas Girard assinala que alguma razão têm aqueles pesquisadores. Em todas as religiões existe uma associação entre sexualidade e violência. A sexualidade termina por transformar-se numa das principais matrizes da violência.

> Com muita frequência a sexualidade tem que ver com a violência, tanto em suas manifestações imediatas – rapto, violação, defloração, sadismo, etc. – como em suas consequências mais distantes. (...) A sexualidade provoca inumeráveis querelas, ciúmes, rancores e batalhas; é uma permanente ocasião de desordem, até nas comunidades mais harmoniosas.[24]

Por isso, o tabu que restringe a sexualidade na verdade pretende restringir a violência.[25]

Pois bem, no pensamento religioso aparece um paradoxo difícil de resolver. Os mesmos elementos que são objeto de tabu podem chegar a ser importantes instrumentos rituais. Assim como o sangue é impuro, na medida em que recorda a violência, assim também pode ser purificante, *sempre e quando seja sangue sacrificial*. O sangue

---

[24] Idem, p. 42.
[25] É notório o fato de que, ao mesmo tempo que os etnólogos estruturalistas franceses pretendiam construir una relação entre sexualidade e alimento, Girard se atrevia, por si só, a construir uma relação entre sexualidade e violência. Igualmente, destaque-se que, no mesmo ano em que se publicou *A Violência e o Sagrado*, Walter Burkert publicou *Homo Necans* (Berkley, 1983 [1972]), um estudo antropológico dos ritos e dos mitos sacrificiais na Grécia antiga, no qual também explorava a relação entre violência e sexualidade no âmbito religioso.

limpa, assim, o sangue. Girard estuda como na tragédia grega este princípio aparece explicitamente. Em *Íon*, de Eurípides, a rainha Creúsea pensa em matar o herói mediante um talismã extraordinário: duas gotas de um mesmo sangue, sendo uma gota remédio e a outra veneno (aparecem aqui alguns ecos do *pharmakós* platônico estudado por Derrida, ao qual voltaremos mais adiante). Da mesma substância se desprendem duas gotas muito diferentes entre si, uma para matar, a outra para curar.

Essa ambivalência se esclarece se levarmos em conta que a violência se controla por meio da própria violência. O perigo da escalada da violência é prevenido e solucionado com o sacrifício, que livra a comunidade dos rancores que desembocam em violência; mas o sacrifício é igualmente violento. Assim, a violência, representada no pensamento religioso por meio do sangue, adquire uma dupla face. Existe, por um lado, a violência do *blood feud*, aquela que ameaça destruir a comunidade, e que é assimilada ao impuro; e existe, por outro lado, a violência do sacrifício, aquela que canaliza para uma vítima toda a violência coletiva e livra assim a comunidade de seus males, a que é assimilada ao sagrado.

As instituições sacrificiais, bem como o sistema judicial, perseguem continuamente a distinção entre os dois tipos de sangue, entre os dois tipos de violência. O sacerdote tem de se assegurar que o dano que inflige a uma vítima é uma ação muito diferente da violência recíproca do *blood feud*. O juiz que condena à morte um criminoso deve assegurar-se de que sua ação jurídica não possa ser equiparada aos crimes que o próprio acusado cometeu, apesar de, muitas vezes, terminarem sendo o mesmo.

Para se pôr fim à violência através da própria violência, deve haver uma distinção entre as duas violências. Do contrário, o gesto sacrificial se verá como uma continuação do *blood feud*, um vulgar gesto de vingança que, longe de deter o ciclo violento, o prolonga ainda mais. Assim, ainda que sem fazê-lo de modo de todo explícito, Girard se coloca numa crescente corrente de antropólogos da religião que, desde Durkheim, veem no religioso uma contínua tentativa de separar e diferenciar esferas: o sagrado do profano.

Dessa forma, a ordem social e o sistema sacrificial que o sustenta dependem das *diferenças* para sua manutenção. No capítulo anterior já mencionamos que Girard demonstrava certa inclinação para o conservadorismo político, quando insistia em que o espírito igualitário das revoluções, ao pretender suprimir as diferenças entre as massas, propiciava as rivalidades que levavam ao caos e à destruição.[26] Girard estendia este ponto de vista a seu entendimento da religião e a sociedade.

O espírito revolucionário foi estendido à etnologia. Vários autores, entre os quais se destaca Victor Turner, tentam ver na diferenciação uma fonte de desordem e de instabilidade. Para eles, os espaços de paz e harmonia são conformados pela *communitas*, o momento em que se suprimem as diferenças.

Girard protesta, e sugere que, muito pelo contrário, a diferença é a fonte de toda ordem. Só na medida em que umas coisas se diferenciam das outras é que a sociedade pode manter a ordem necessária para sua estabilidade. Parafraseando o Shakespeare de *Troilo e Créssida*, Girard comenta: "*Degree, gradus* [grau, diferença] é o princípio de toda e qualquer ordem natural e cultural. É o que permite situar uns seres em relação com os outros, o que ocasiona que as coisas tenham um sentido no seio de um todo organizado e

---

[26] Girard é muito mais um crítico literário que um teórico social, mas já vimos que, recorrendo às observações de Tocqueville, ele considera que a igualdade põe em perigo a ordem social. Alguns anos depois da publicação de *Mentira Romântica e Verdade Romanesca*, mas antes do lançamento de *A Violência e o Sagrado*, o etnólogo francês Louis Dumont publicou um livro muito importante para as ciências sociais, *Homo Hierarchicus* (Paris, Gallimard, 1966). Nessa obra, Dumont também citava extensamente Tocqueville para mostrar as diferenças entre as democracias ocidentais e o sistema de castas da Índia. Não se pode dizer que Girard e Dumont sejam partidários de um sistema hierárquico, mas ambos se afastam do espírito modernista que condena as diferenças entre os seres humanos e exalta o individualismo, e simpatizam com a visão de que a hierarquia e a diferenciação como princípios cumprem uma função específica: preservar a ordem social.

hierarquizado".[27] Para que o sacrifício funcione, deve haver *diferença*. Uma diferença entre aqueles que sacrificam e a vítima que é sacrificada. Se não houvesse diferença entre os dois partidos, o sacrifício se converteria num vulgar *blood feud*, no qual prevalece a simetria. O conflito só chega ao fim quando se diferenciam um ganhador e um perdedor, a saber, a comunidade sacrificante e a vítima sacrificada, respectivamente.

Ao mesmo tempo, deve haver diferença entre a violência que se executa e a violência que se pretende erradicar. Se esta diferença se dissipasse, o gesto sacrificial seria considerado mais um ato de vingança, e o sacrifício não cumpriria sua função.

Nas sociedades em que desaparecem as diferenças como tais, reflete-se uma decomposição da ordem social, acompanhada de uma ineficácia do sacrifício para superar os rancores e pôr fim aos ciclos violentos. Aparece assim o caos. Girard emprega o termo "crise sacrificial" para referir-se às situações em que, na ausência de diferenças, a instituição sacrificial não funciona e a ordem social se decompõe.

As crises sacrificiais evocam crises de diferenças. Em tais cenários, perde-se de vista o que separa uma coisa da outra. Os fenômenos de indiferenciação causam grande escândalo ao pensamento religioso. Antes de Girard, Mary Douglas já havia feito um brilhante estudo sobre a forma como a indiferenciação horroriza muitas sociedades primitivas, assimilando assim o indiferenciado ao impuro. Mas os etnólogos ainda não conseguiram estabelecer a relação existente entre o indiferenciado, o impuro e o violento. Como modernos herdeiros do espírito revolucionário de igualdade, os etnólogos não conseguem conceber que o indiferenciado é, afinal de contas, o violento. Por isso, assimilam o indiferenciado somente ao impuro.

---

[27] Op. cit., p. 58.

De acordo com Girard, qualquer fenômeno de indiferenciação (seja natural ou cultural) escandaliza o pensamento primitivo porque recorda a indiferenciação cultural que conduz ao caos e à desordem, e à crise sacrificial, onde já não existe uma clara separação entre vingança e sacrifício, crime e pena.

Os primitivos não consideram as semelhanças, que lhes causam horror. Girard, citando Malinowski, mostra que, entre os trobriandeses, parecer-se com alguém era uma vergonha. Em *Mentira Romântica e Verdade Romanesca*, Girard também explorava essa ideia no herói romanesco: a vítima da mediação interna se ressente de qualquer semelhança com outros personagens, porquanto isso constitui uma ameaça à sua autonomia do desejo e como sujeito, apesar de, no fundo, não desejar outra coisa senão parecer-se com e ser o *Outro*.

A relação entre violência e indiferenciação é claramente expressa no temor que os gêmeos geram entre muitas sociedades primitivas.[28] Os gêmeos constituem a expressão *natural* da indiferenciação: duas pessoas que vêm de um mesmo parto, de um mesmo sangue, com traços físicos quase idênticos, etc. Em tais sociedades, eles são impuros, e são submetidos ou ao sacrifício de um ou de ambos, ou a estritos rituais de purificação. Como se faz com muitas vítimas sacrificiais, eles são abandonados a perigos de forma que, ao morrerem, ninguém seja contagiado por tê-los manipulado.

O temor aos gêmeos é uma representação do temor à indiferenciação e, por extensão, à violência.

> Ali onde falta a diferença, a violência ameaça. Estabelece-se uma confusão entre os gêmeos biológicos e os gêmeos sociológicos que começam

---

[28] Girard não especifica quais são essas sociedades, fato que, como veremos mais adiante, é parte do estilo de retórica antropológica que o caracteriza. Destaque-se que, em seu estudo sobre os ndembus, Victor Turner (*El Proceso Ritual*. Madri, Taurus, 1988) foi o antropólogo que melhor refletiu sobre a preocupação religiosa dos primitivos com nascimento de gêmeos.

> a pulular assim que a diferença entra em crise.
> Não nos devemos espantar de que os gêmeos
> deem medo: eles evocam e parecem anunciar
> o perigo maior de toda e qualquer sociedade
> primitiva, a violência indiferenciada.[29]

Tal como o sangue menstrual, os gêmeos recordam a violência temida. A relação entre os gêmeos e a violência já não é, diferentemente do que se dá com a menstruação, intrínseca. À maneira estruturalista, aparece antes uma forma de representação arbitrária: o gêmeo representa a violência através da indiferenciação. Dado que se parecem tanto, são recordatórios do desvanecimento das diferenças que conduz ao caos e à decomposição da ordem social. A indiferenciação natural é assimilada à indiferenciação cultural. Uma vez mais, de forma implícita, Girard recorre ao princípio frazeriano de "simpatia" para explicar como, no pensamento primitivo, todas as formas de indiferenciação, naturais e/ou culturais, vêm a ser o mesmo.

Mais ainda, em muitas tradições literárias aparece explicitamente a relação entre gêmeos e violência. Desenvolve-se assim o tema dos irmãos e gêmeos *inimigos*: Caim e Abel, Jacó e Esaú, Etéocles e Polinices, Rômulo e Remo. A ausência de diferenças entre eles os conduz à violência recíproca e destrutiva. Girard, no entanto, deixa de lado o tema dos irmãos inseparáveis que nunca serão inimigos, de que Castor e Pólux são o exemplo mais notório.

Os estruturalistas viram na preocupação com os gêmeos um problema de classificação. Certamente esta é a perspectiva de um Lévi-Strauss ou de um Victor Turner. Mas Girard insiste em que, uma vez mais, o fato de os gêmeos serem impuros indica que não é propriamente a classificação o que concerne a tais sociedades, mas uma realidade mais profunda, a saber, a violência.

---

[29] Op. cit., p. 64.

Não são os gêmeos o único caso de temor à indiferenciação como representação da violência. A forma mais universal de impureza, o incesto, também obedece a este processo. Desde Malinowski, os antropólogos costumam concordar em que um dos principais motivos que jazem atrás do tabu do incesto é o fato de ele permitir resguardar as diferenças de papéis entre os membros de um núcleo familiar. A violação destas diferenças desestrutura a ordem familiar e corre o risco de desembocar em rivalidades e violência. Para a família funcionar, os filhos devem ocupar seu lugar e os pais o seu. Se pais e filhos se indiferenciassem na consecução da companheira sexual, terminar-se-iam matando uns aos outros pelas mesmas mulheres. Mais ainda, o incesto é uma comunhão de sangues que, culturalmente, foram devidamente separados.[30]

São os poetas trágicos, considera Girard, os gênios que expõem clara e detalhadamente como a indiferenciação conduz ao caos, à violência e à destruição. Os trágicos não fazem mais que retratar a perda das diferenças entre os personagens, seguida da "crise sacrificial" em que a solução violenta do problema da violência não funciona acordemente.

O tema que aparece ao longo da tragédia grega é o da *crise* e da decomposição da ordem social. Frequentemente se derruba algo, como o palácio real em *A Loucura de Héracles*, *Ifigênia em Táuride* e *As Bacantes*, de Eurípides. O palácio como eixo da cidade é sinal de que o que está em jogo é a ordem social mesma. O mesmo se pode dizer do tema da *peste*, que serve de pano de fundo para a crise que

---

[30] Destaque-se que, mesmo sem ler Girard, esta é a mesma conclusão a que chega García Márquez no final de *Cem Anos de Solidão*. Após cometer incesto, a família Buendía e o povoado de Macondo desaparecem como resultado da violência representada pela ventania. Mais ainda, o menino resultante da união incestuosa nasce com rabo de porco. Em *Pureza y Peligro* (Madri, Siglo XXI, 1973), magistral estudo da impureza, Mary Douglas dedica um célebre capítulo à forma como o porco é impuro precisamente por sua indiferenciação. De modo que, sem se propor a isto (ou talvez, sim, quem sabe?, García Márquez é sempre um enigma), o romancista colombiano integra as contribuições de Douglas e Girard num só conjunto simbólico.

se representa em *Édipo Rei*, de Sófocles. A peste é particularmente representativa da crise, na medida em que assimila adequadamente a epidemia à violência. Tal como a violência impura, a peste se propaga e se contagia a uma velocidade alarmante, ameaçando destruir, assim, a comunidade inteira.[31]

Na tragédia, a ordem social é ameaçada porque seu sustentáculo tradicional, a saber, o sacrifício, começa a perder efetividade. Na tragédia, as diferenças entre uma coisa e outra começam a desvanecer-se. Em *A Loucura de Héracles*, por exemplo, o herói volta para casa e encontra sua mulher e filhos nas mãos de Licos, que está pretende sacrificá-los. Para impedi-lo, Héracles mata Lico, mas agora o herói necessita purificar-se para livrar-se da violência que ainda reside nele. Para isso, oferece um sacrifício, mas julga ver em sua mulher e filhos seus antigos inimigos, e termina sacrificando a todos.

Girard considera que, nessa tragédia, a intenção do herói consiste em marcar uma *diferença* entre a violência do *blood feud* contra Lico e a violência sacrificial destinada à purificação. Mas o herói fracassa, e o sacrifício acaba mal: termina sendo tão vulgar quanto a violência exercida contra Lico. Torna-se trágico na medida em que a violência não conseguiu ser contida numa só vítima (a saber, a sacrificial), mas se propagou muito além do esperado. É impossível distinguir entre uma violência e outra, donde a ineficácia sacrificial. Assim, na tragédia se vai delineando a ideia de que "o sacrifício já não é apto para desempenhar sua tarefa, e acaba por

---

[31] Vai-se conformando aqui um conjunto de relações simbólicas em que a peste é associada a qualquer forma de indiferenciação e violência. Vimos que tanto os gêmeos quanto o incesto inspiram terror em muitas sociedades precisamente devido à indiferenciação que propiciam. Girard assinala que, em muitas das sociedades que temem os gêmeos, se suspeita que sejam produto de uma relação incestuosa. Acrescente-se que E. E. Evans-Pritchard documentava que, para os nueres, o incesto causa lepra (uma doença contagiosa que pode perfeitamente ser considerada uma "peste"). Assim, Evans-Pritchard confirma a relação que Girard estabelece entre o incesto, os gêmeos ou qualquer outra forma de indiferenciação e a peste.

engrossar a torrente de violência impura que já não ele consegue canalizar. O mecanismo das substituições se decompõe, e as criaturas que o sacrifício devia proteger se convertem em suas vítimas".[32]

A crise das diferenças se estende aos personagens trágicos. Girard é apenas um entre muitos críticos que reconhecem na tragédia temas de conflituosidade. Uma vez mais, Girard considera que este conflito é mediado pela *indiferenciação* entre aqueles que estão envolvidos nele. O conflito se prolonga e se torna trágico porque a simetria entre os rivais é tal que é difícil esboçar um final próximo para ele. Nas palavras de Girard: "se eu tivesse de definir a arte trágica com uma só frase, bastar-me-ia mencionar um só dado: a oposição de elementos simétricos".[33] A tragédia emprega máscaras porque retrata adequadamente a perda das diferenças entre seus personagens. Tal como em muitos rituais que se encontram em regiões muito distantes entre si, o uso das máscaras busca suprimir as diferenças entre seus participantes, muitas vezes simulando combates entre eles.

De acordo com Girard, a arte trágica emprega uma técnica literária que adequadamente reflete a forma como se compõe a simetria que conduz à tragédia: a *esticomita*, a resposta em verso entre os protagonistas em disputa. A contínua troca de palavras vem a ser reflexo do *blood feud*, em que um golpe se segue a outro sem se poder encontrar um fim.

O tema dos irmãos inimigos é um dos prediletos na tragédia grega, na medida em que reflete como as diferenças se apagaram entre os antagonistas. Em *As Fenícias*, por exemplo, a violência que Etéocles e Polinice dirigem um ao outro alcança uma simetria de perfeição quase geométrica. Mesmo em sua morte, torna-se difícil distinguir o um do outro: ambos jazem no mesmo lugar. Girard escreve:

---

[32] Op. cit., p. 47.
[33] Idem, p. 51.

> a tragédia é o equilíbrio de uma balança que não é a da justiça, mas a da violência. Jamais se encontra algo num prato que não apareça imediatamente no outro; trocam-se os mesmos insultos; as mesmas acusações voam entre os adversários como a bola entre dois jogadores de tênis. Se o conflito se eterniza, tal se deve a não haver nenhuma diferença entre os adversários.[34]

Tal indiferenciação entre os personagens obedece em grande medida ao fato de o poeta trágico não querer tomar partido entre as duas partes em disputa. Mostra-se imparcial porque a violência entre seus personagens é simétrica. Começa a romper-se, assim, a *diferença* que separa um tipo de violência do outro. O poeta apresenta a violência *tal qual ela é*, desmistifica-a. Já não é possível pensar numa violência "boa" e numa violência "má". "Os trágicos nos mostram personagens defrontados com uma mecânica da violência cujo funcionamento é demasiado implacável para dar ensejo ao menor juízo de valor, para permitir qualquer distinção, simplista ou sutil, entre os 'bons' e os 'maus'."[35]

Como a peste, a violência se contagia alarmantemente, torna-se *mimética*. Enquanto em *Mentira Romântica e Verdade Romanesca* Girard explorava a forma como os personagens romanescos *imitavam* o desejo dos demais, agora explorava a maneira como os heróis trágicos imitavam *a violência dos demais*. Ao final, todos terminam mutuamente imitando a violência, razão por que as diferenças entre eles se desvanecem e o conflito, assim, se prolonga.

Chega um momento em que a indiferenciação se apodera da totalidade dos personagens na trama. Trata-se da versão trágica do "apocalipse dostoievskiano" que Girard identificou em *Mentira*

---

[34] Idem, p. 53.
[35] Idem, p. 54.

Romântica e Verdade Romanesca. Aparece assim uma continuidade entre a primeira obra de Girard e *A Violência e o Sagrado*. Em seu primeiro livro, Girard explorava como o herói romanesco está em busca do *ser* do mediador. Essa busca metafísica se empreende através da imitação do desejo do *Outro*. Paradoxalmente, o sujeito, quanto mais se parece com o mediador, mais luta contra ele, na medida em que seus desejos coincidem com maior frequência. Em *Mentira Romântica e Verdade Romanesca*, Girard não empregava a palavra *mímesis*. Em *A Violência e o Sagrado*, incorporava esta palavra grega para expressar que, tal como com o "desejo triangular" em seu primeiro livro, os personagens trágicos, quanto mais se parecem, mais conflituosos se tornam entre si.

De forma que, para Girard, o gênio dos trágicos consiste, como o dos romancistas, na *desmistificação*. O poeta desmistifica a violência na medida em que apresenta a simetria de seus personagens e se recusa a tomar partido nas disputas. O poeta transforma o mito que sustenta a sua criação artística, de forma que assegura a desmistificação dos textos. Na tragédia a indiferenciação e a violência são bastante explícitas, enquanto nos mitos as marcas da crise sacrificial são mais dificilmente decifráveis que na tragédia. No mito aparecem monstros e muitos outros elementos fantasiosos, por lhe ser odiosa a ideia de apresentar explicitamente uma violência crua. Prefere dissimular as crises com outras referências. Por isso, o mito é rico em simbolismo, enquanto a tragédia tenta afastar-se disso. "Embora a tragédia tenha uma afinidade especial com o mito, isso não quer dizer, por conseguinte, que marche num mesmo sentido. A respeito da arte trágica, não se deveria falar de simbolismo, mas de dessimbolização."[36] A crise e a violência são representadas tal como são, enquanto o mito prefere dissimulá-las com raios, pestes, uniões incestuosas, etc.

Para o pensamento mítico, tal como para o pensamento ritual sacrificial, é odiosa a ideia de um conflito indiferenciado que se

---

[36] Idem, p. 73.

prolonga sem fim. É por isso que, como bem assinalou Lévi-Strauss, ele busca a *resolução*, o ressurgimento das diferenças como solução para a crise. A indiferenciação não pode ser eterna; do contrário, acabaria com a comunidade mesma. Assim, "em dado momento, deve-se inverter o processo de indiferenciação violenta para dar lugar ao processo inverso, o da elaboração mítica".[37]

A elaboração mítica vem a ser o processo através do qual, como mediante o sacrifício, se põe fim à crise. Ao final, o poeta não pode resistir a essa exigência mítica, e incorpora à sua criação tal resolução à luz da crise que ele mesmo retratou. A tragédia é crise, enquanto o mito é resolução.

Édipo Rei, de Sófocles, é uma das tragédias que melhor representa todos esses temas. Recapitulemos brevemente seu argumento: uma peste açoita a cidade de Tebas. O oráculo assinala que, para que cesse a peste, o assassino do antigo rei, Laio, deve ser expulso. Édipo é tanto o atual rei como o atual marido de Jocasta, a antiga esposa de Laio. Édipo procura o assassino de Laio e impõe a ele uma condenação. Mas descobre que ele mesmo foi o assassino de Laio, que por sua vez era seu pai, e que ademais se casou com sua própria mãe. Édipo é, assim, expulso da cidade.

De acordo com Girard, esta tragédia começa com um jogo recíproco de violência em que as diferenças se desvanecem entre os personagens. Todos lançam violência, censuras e acusações contra todos. "Todos os protagonistas se reduzem à identidade de uma mesma e só violência, e o torvelinho que os leva transforma a todos exatamente numa mesma coisa."[38]

O adivinho Tirésias adverte Édipo de que tenha cuidado com suas palavras, porque terminará por condenar-se a si mesmo.

---

[37] Idem, p. 74.
[38] Idem, p. 78.

Édipo recebe a acusação de Tirésias, mas, como num jogo de tênis, devolve a bola imediatamente, e acusa Tirésias de ser o assassino de Laio. A relação entre Creonte e Édipo é igualmente simétrica. Tal como com Tirésias, os diálogos entre os dois personagens são repletos de mútuas acusações em que, afinal, é difícil distinguir um do outro.[39]

A peste constitui a representação desse jogo recíproco de violência: ela aparece por todas as partes de forma indiferenciada. Tal como a peste, a violência pode passar facilmente de um para outro personagem, de Édipo para Tirésias e para Creonte, e vice-versa.

Na maior parte da tragédia, Sófocles demonstra que, no fundo, não existe maior diferença entre uma forma e outra de violência. O jogo é perfeitamente simétrico e equilibradamente violento. Édipo é tão violento e "mau" ou "bom" quanto Tirésias. Mais ainda, o crime parricida de Édipo é apenas a outra face da mesma moeda, ou seja, do crime filicida que Laio tinha planejado. Assim como Édipo matou Laio, este tentou matar Édipo quando seu filho era apenas um recém-nascido. Nas palavras de Girard, "Laio não deixa de exercer uma violência contra Édipo antes que este lha devolva".[40]

---

[39] Girard faz pouquíssima menção a *Antígona*, outra das grandes obras de Sófocles. Em seu célebre estudo sobre esta tragédia, Judith Butler (*Antigone's Claim*. Nova York, Columbia University Press, 2000) oferece algumas interpretações que concordam com a visão geral de Girard sobre a tragédia como gênero literário sustentado na simetria. Butler argumenta que, a partir de Hegel, se pensou em Antígona como representação do parentesco, e em Creonte como representação do Estado. Mas Butler considera que, no confronto entre Antígona e Creonte, seus papéis terminam por indiferenciar-se. Antígona desafia o rei, e o rei se deixa desafiar. Antígona assume um papel masculino, e Creonte um papel feminino, de forma que as diferenças de gênero se vão apagando. Mais ainda, Antígona recorre à linguagem do Estado para defender sua causa, e Creonte recorre à linguagem do parentesco para defender a sua. Terminam sendo duplos um do outro. Nas palavras de Butler: "*ambos* [Antígona e Creonte] *agem como espelhos um do outro*, de forma que, se uma representa o parentesco e o outro o Estado, só podem realizar essa representação implicando-se no idioma do outro. Falando com ele, ela se torna masculina; recebendo as palavras, ele se torna feminino" (p. 10).
[40] Op. cit., p. 83.

Édipo mesmo é a personificação da crise das diferenças. Seus crimes foram o parricídio e o incesto, formas de indiferenciação que levaram à crise e à destruição da ordem. Enquanto incestuoso e indiferenciador, Édipo é *impuro*. Porta assim o perigo de *contágio* que, como vimos, se apodera de todos os agentes da violência indiferenciada. O herói é tão impuro, que contagia com essa violência seus filhos, Polinice e Etéocles, que terminam matando-se um ao outro.

Pois bem, a crise das diferenças chega à sua resolução através da indiferenciação mesma. Édipo começa a adquirir um caráter monstruoso, dada a indiferenciação que sua ação incestuosa propiciou. Mas, precisamente devido a esta indiferenciação, Édipo emerge como um ser *diferente*: de toda Tebas, ele é o único parricida e incestuoso, o único responsável pela peste.

Pela primeira vez, a comunidade consegue marcar uma diferença: ela se separa de Édipo porque este é um ser monstruoso. "Os crimes de Édipo significam o final de toda diferença, mas vêm a ser, precisamente pelo fato de serem atribuídos a um indivíduo concreto, um nova diferença, a monstruosidade exclusiva de Édipo."[41] O poeta abandona seu gênio trágico que consiste em retratar a crise, a imparcialidade e a indiferenciação, e permanece fiel ao mito que insiste na resolução e no restabelecimento das diferenças.

Tal como a vítima do sacrifício, Édipo concentra toda a impureza, toda a indiferenciação. A crise só é resolvida na medida em que, tal como a vítima sacrificial, a personificação da crise seja executada, ou ao menos expulsa. A peste só cessará e a ordem só será restaurada após a expulsão de Édipo de Tebas.

Enquanto incestuoso, Édipo é diferente e, portanto, marginal. Transforma-se assim no que Girard denomina *vítima propiciatória*; tal como a vítima substituta do ritual sacrificial, Édipo reúne todos

---

[41] Idem, p. 84.

os males e todas as impurezas da cidade. Sua expulsão *propiciará* a ordem social. Édipo reúne todas as características para cumprir seu papel de vítima: atribui-se-lhe o ter cometido uma falta de indiferenciação, de forma que é suficientemente impuro para receber o castigo coletivo. Sua natureza é tão monstruosa, que a comunidade inteira se diferencia dele: ao receber o castigo, ninguém se apresentará para defendê-lo ou vingá-lo.

Se, de início, Sófocles era imparcial e não fazia senão retratar a simetria da violência, no final de sua tragédia o poeta demonstra parcialidade em favor da cidade e legitima a expulsão do herói. Agora, o poeta retrata uma violência *assimétrica*, a saber, a comunidade inteira contra uma vítima indefesa. Se antes não havia "bons" nem "maus" nas discussões entre Édipo, Tirésias e Creonte, agora estão claramente diferenciados: a comunidade é "boa", e Édipo, enquanto incestuoso, parricida e, sobretudo, *soberbo*, passa a ser "mau".

Sófocles põe na boca do próprio Édipo essa resolução das diferenças. O herói trágico aceita sua própria culpa e termina por diferenciar-se dos demais personagens. Legitima assim sua própria expulsão. De acordo com Girard, "na conclusão, Sófocles faz Édipo pronunciar as palavras mais adequadas para tranquilizar os tebanos, ou seja, para convencê-los de que nada aconteceu em sua cidade pelo qual a vítima propiciatória não seja a única responsável, e da qual não deva ser a única a pagar as consequências".[42]

Ao final, Sófocles demonstra ser mais um dos cidadãos de Tebas. Ele sabe bem que a ordem social se sustenta na *diferença*, e que todos os males podem ser expulsos se se concentram numa só vítima propiciatória que há de ser expulsa da comunidade. Como trágico, Sófocles representa a simetria, a violência de todos contra todos. Mas esta perda das diferenças lhe é demasiado perigosa. Mais cedo ou mais tarde, terá de voltar à exigência mítica e resolver a crise

---

[42] Idem, p. 86.

restaurando as diferenças; só assim poderá salvar a ordem social. Retrata agora a violência de todos contra um.

A mímesis propagava a simetria da violência, contribuindo para a destruição da ordem social. Em seus reproches, Édipo e Tirésias não fazem mais que imitar-se mutuamente. Mas, paradoxalmente, a mímesis restaura a ordem social. Assim como ela apaga as diferenças, assim também as pode restaurar. Ao surgir uma vítima propiciatória que leve consigo todos os males da cidade, a comunidade inteira se imita mutuamente em suas violências. Mas esta violência já não é de todos contra todos; agora, é de todos contra um. Um por um, os membros da comunidade imitam o gesto violento pelo objetivo comum: a vítima propiciatória, ou seja, Édipo.

Nas palavras de Girard: "Ali onde uns instantes antes havia mil conflitos particulares... existe de novo uma comunidade, inteiramente unânime no ódio que um só de seus membros lhe inspira. Todos os rancores dispersos em mil indivíduos diferentes, todos os ódios divergentes, convergirão agora num indivíduo único, a *vítima propiciatória*".[43]

Tal como no sacrifício, trata-se de um processo de transferência. Os tebanos participam da mímesis que os conduz a transferir todos os seus males para um só indivíduo. Atribuem-lhe todos os males, de forma que, quando a vítima desaparece, creem ter-se livrado deles, e efetivamente sucede assim. Na medida em que a violência de todos contra todos é canalizada numa só vítima, as violências desaparecem da comunidade.

Um ponto central do argumento de Girard é que este processo, no entanto, depende da ignorância de seus próprios participantes. A comunidade tem de crer na impureza e culpa da vítima propiciatória, o suficiente para libertar-se de seus próprios males. Ao atribuir

---

[43] Idem, p. 88.

toda a violência e toda a indiferenciação a um só agente (a saber, Édipo), a comunidade se autodesculpa. Dado que Édipo, e só Édipo, é o responsável pela peste, a comunidade de tebanos sente que não permanece nela nenhum vestígio de impureza ou de violência.

Se, como o primeiro Sófocles, os tebanos veem em Édipo apenas mais um partícipe da crise, tão inocente ou culpado como Tirésias ou Creonte, a transferência do mecanismo da vítima propiciatória não funcionará. Os tebanos têm de estar convencidos da culpa, da monstruosidade e, sobretudo, da *diferença* de Édipo, ainda que esta seja suspeita, de forma que sua transferência violenta seja legitimada. "Se a eficácia da transferência coletiva é literalmente formidável, tal se deve precisamente a que priva os homens de um saber: no caso, o de sua própria violência, com o qual nunca conseguiram coexistir."[44] O mecanismo vitimário engana seus participantes: ele os fez crer que um só homem é responsável por uma crise comunitária, lhes cria a ilusão de que a comunidade inteira está livre de culpa na origem da crise. É a representação mítica que se encarrega de completar este engano: atribuindo uma culpa ao herói, fazendo dele um monstro, restaura as diferenças entre a comunidade e a vítima.

Para Girard, Sófocles esteve perto de superar tal engano. Retratando a simetria da violência, revelou parcialmente que *todos*, e não um só homem, eram responsáveis pela crise em Tebas. Mas, ao final, Sófocles permanece cego no interior do mecanismo de que ele mesmo participa. Permanecendo fiel ao mito e à sua função social, Sófocles termina por ignorar a culpa *coletiva* na crise, e se compraz em retratar a culpa de um só homem, restabelecendo assim as diferenças: desta vez, entre a comunidade e a vítima propiciatória.

A crítica não consegue pôr-se de acordo para explicar a aparente inconsistência entre o Sófocles de *Édipo rei* e o Sófocles de *Édipo em Colona*. Na primeira tragédia, Édipo é a fonte de toda impureza,

---

[44] Idem, p. 90.

sua expulsão se realiza com a aprovação da comunidade inteira, e nenhum tebano deseja sua permanência na cidade. Na segunda tragédia, Édipo mantém sua impureza. Ao chegar a Colona, causa espanto aos habitantes a presença do monstro parricida. Mas o corpo de Édipo passa a ser disputado pelas cidades de Tebas e de Colona.

Como pode um monstro parricida que concentra toda a impureza transformar-se de repente numa espécie de talismã disputado por duas cidades? Girard tenta resolver esta aparente inconsistência assinalando que tal alteração se depreende da própria lógica do mecanismo da vítima propiciatória.

A vítima é impura, reúne nela toda e qualquer forma de indiferenciação possível. Por isso é executada ou expulsa. Mas, paradoxalmente, é a mesma vítima que livrou a comunidade de seus rancores e de sua violência. Sem a vítima, não haveria diferença, nem paz, nem ordem social, nem comunidade. Como menciona Girard, "depois de ter levado a discórdia para a cidade, a vítima propiciatória, com seu afastamento, restaurou a ordem e a paz. Enquanto todas as violências anteriores jamais conseguiram outra coisa além de redobrar a violência, a violência contra esta vítima, de maneira milagrosa, tornou a cessar toda e qualquer violência".[45]

De forma que as vítimas propiciatórias são tão puras quanto impuras. Em vida, certamente, concentram todo o desprezo comunitário. Mas, uma vez mortas, adquirem uma proeminência que facilmente pode desembocar no sagrado, podendo assim transformar-se em deuses. Após sua morte, a vítima reúne a violência comunitária, propiciando assim a vida social. Talvez Girard pudesse ter citado explicitamente a frase de Durkheim: "O sagrado é o social".

Assim, todo agente de indiferenciação aparece com dupla face. Por um lado, é muito mau, mas, por outro, pode ser muito bom. Os

---

[45] Idem, p. 93.

gêmeos, por exemplo, alternam-se neste processo. Só para algumas sociedades os gêmeos constituem uma ameaça. Para outras, em contrapartida, representam uma bênção e são tidos em altíssima estima.[46] Essa dupla natureza se torna explicável na medida em que compreendamos a natureza ambivalente do sagrado que surge do mecanismo vitimário. Tal como o sangue, ela pode ser boa e má ao mesmo tempo.

Nesse sentido, o incesto e o parricídio são tão monstruosos como benéficos. "Se Édipo é salvador, é-o na qualidade de filho parricida e incestuoso."[47] O incesto pode salvar, precisamente, porque é capaz de restaurar as diferenças em meio a uma crise: separa o monstro incestuoso da comunidade que castiga o incestuoso. A comunidade se livra, assim, de suas impurezas.

Para demonstrar de forma explícita o uso salvador que uma comunidade pode fazer do incesto, Girard analisa os ritos de algumas monarquias sagradas africanas. Do Egito faraônico à Suazilândia, nas cerimônias de entronização se costuma exigir que o rei cometa incesto. Ele deve manter relações com todas as mulheres que o sistema de parentesco e de matrimônio proíbe.

Com o incesto, exige-se do rei que transgrida as proibições mais estritas da sociedade em questão. Que função ou simbolismo se pode depreender dessas transgressões? Girard responde: "O incesto e as demais transgressões convertem, de saída, o rei numa encarnação da mais extrema *impureza*. E é por causa dessa impureza que, por ocasião da coroação e das cerimônias de rejuvenescimento, este rei deve sofrer por parte do povo insultos e maus tratos, de caráter ritual, naturalmente".[48]

---

[46] De fato, Evans-Pritchard confirmou isto entre os nueres. Para este povo, os gêmeos são "como pássaros", estão acima dos demais mortais. O Ocidente contemporâneo também parece demonstrar uma alta estima pelos gêmeos.
[47] Op. cit., p. 94.
[48] Idem, p. 113.

Como Édipo, o rei desempenha assim o papel de vítima propiciatória. Através do incesto, a comunidade se esforça por tornar impuro o monarca para justificar a violência que proximamente receberá. O rei, enquanto incestuoso, recebe um castigo pelas mãos de seu próprio povo. Muitas vezes são castigos simulados ritualmente, outras vezes um rei bufão *substitui* o rei em seu castigo e/ou morte, e em ocasiões especiais o próprio rei pode ser sacrificado.

Esse foi o tema central do monumental *O Ramo de Ouro*[49] de Frazer. Mas tanto Frazer como seus seguidores viam no regicídio uma forma de revitalizar o corpo do rei e regenerar o espírito que, como rei divino, abrigava. Este espírito é assimilado à regeneração da vegetação: tal como a vegetação, o rei deve morrer para regenerar seu espírito. Girard protesta, assinalando que em muitas regiões onde não existem os ciclos de vegetação podem encontrar-se regicídios. Antes, Girard advoga por uma interpretação muito mais sociológica: o rei morre porque repete o mecanismo vitimário através do qual a comunidade se regenera e afasta o perigo da violência.

Cometendo incesto, o rei se impregna de impureza. Legitima-se assim a violência coletiva que se exerce sobre ele. Mais ainda, executando sua morte, ou ao menos a simulando, a comunidade vivencia a repetição do mecanismo que sustenta a manutenção da ordem social e das diferenças. De forma que se delineia um paralelismo entre o mito de Édipo e os ritos de incesto real nas monarquias africanas. O rei desempenha para seus súditos o mesmo papel que Édipo desempenhou para os tebanos. Em ambos os cenários, os súditos obedecem a um indivíduo que será executado ou expulso por eles mesmos.

Neste sentido, Girard sugere que "o rei só reina em virtude de sua morte futura; não é mais que uma vítima em instância de sacrifício,

---

[49] México, Fondo de Cultura Económica, 1992.

um condenado à morte que espera a execução".[50] Uma vez morta, a vítima fará um benefício imenso à comunidade. Já mencionamos que, em função deste benefício, ela pode adquirir tal proeminência, que após sua execução pode transformar-se num deus. Mas a vítima também pode adquirir essa proeminência ainda em vida. Assim, ela tem a possibilidade de se tornar rei. Seu mandato estará condicionado, é claro, a que mais cedo ou mais tarde sirva de vítima propiciatória.

Assim, o incesto real "serve à mesa" do sacrifício. Do até agora exposto, podemos inferir que tanto os ritos como os mitos seguem uma sequência detalhada. Primeiro, representa-se um cenário de indiferenciação violenta como antessala do sacrifício. Depois, o sacrifício propriamente; e, finalmente, a restauração das diferenças e o restabelecimento da ordem social. O incesto serve adequadamente para o cumprimento da primeira etapa.

Essa sequência aparece claramente em outros rituais do mecanismo vitimário trazidos à luz por Girard. Os ritos da *Incwala*, na Suazilândia, consistem numa representação em que o rei é encerrado em seu recinto sagrado, ingere drogas e comete incesto. Essas ações aumentam o *silwane* do rei, uma força bestial que reside nos guerreiros. Depois os súditos entoam cantos de desprezo pelo rei, e o monarca desafia a comunidade, aparecendo diante dela muitas vezes nu, no que não faz senão obedecer à bestialidade que cresceu nele. Isso é seguido do simulacro de uma batalha entre o povo e o clã real. Durante a batalha, não há maior diferença entre o rei e seus adversários. Finalmente, executa-se uma vaca como representação do rei, conquanto em tempo de guerra possa ser um guerreiro quem substitua o rei em sua morte.

Tal como no mito edipiano e nos ritos de incesto real africanos, constrói-se uma sequência que vai da indiferenciação à diferenciação, com a violência propiciatória como intermediário. Tanto Édipo

---

[50] *La Violencia y lo Sagrado*, p. 115.

quanto o rei incestuoso são *animais* que perderam a face humana e sobre os quais recaiu a monstruosidade. Representam assim uma indiferenciação que já está presente ao seu redor e que desemboca numa crise violenta. Tebas sofre uma peste, e as sociedades africanas simulam um estado de guerra caótica em que já não se podem distinguir os súditos do monarca e seu clã real. Tudo chega à sua resolução quando a violência indiferenciada da crise se canaliza para um agente em particular. Édipo é expulso de Tebas, e o rei africano é simbolicamente executado. Cessa assim a peste, termina assim a guerra. Restauram-se as diferenças: cada um ocupa seu lugar novamente, e a paz e unidade social se regeneram.

Girard acrescenta que se pode ver a mesma coisa nos rituais sacrificiais dos dincas, um povo africano estudado por Godfrey Lienhardt. Antes do sacrifício, os assistentes da cerimônia se entregam ao simulacro de um combate; todos lutam contra todos. Algo similar acontecia nas *buphonia* gregas. À medida que avança a cerimônia, aumenta o ritmo da violência. Quando os combates já se tornam demasiado intensos e violentos, a comunidade inteira investe contra o animal sacrificial, e especialmente se procura mutilar os órgãos genitais. Após matar o animal, a comunidade sente um profundo respeito religioso pela vítima.

Tal como nos outros rituais, repete-se aqui a sequência: um clima de indiferenciação e violência recíproca que é representado através de simulacros de combate. Quando essa violência já é transbordante, *transforma-se* em violência sacrificial, deixa de ser de "todos contra todos" para ser de "todos contra um". De forma mimética, os membros da comunidade param de lutar entre si para investir coletivamente contra a vítima, que não tem nenhuma possibilidade de defender-se. Mutilam-se especialmente os órgãos genitais. De acordo com Girard, isto é sinal de que a comunidade de executores busca na vítima alguma falta sexual, análoga à de Édipo e do rei africano. Tal como os reis incestuosos, a vítima sacrificial é monstruosa na medida em que concentra toda a indiferenciação como resultado de algum crime sexual. A morte da vítima *propicia* a paz. A excitação e o ritmo violento da primeira fase da cerimônia chegam ao final com o sacrifício da vítima. Retornam a paz e a diferenciação. Assim como *Édipo em Colona* narra como o herói trágico recebe todos os respeitos após sua expulsão, e assim como o rei africano só governa após ter recebido a violência propiciatória simbólica, assim também os dincas honram sua vítima sacrificial e sentem um profundo respeito religioso após tê-la executado.

A repetição de todos esses temas míticos e rituais numa pluralidade de culturas levou Girard a propor uma teoria antropológica de maior envergadura. A sequência da indiferenciação à diferenciação com o sacrifício como intermediário aparece em culturas demasiado distanciadas entre si. Não é possível, então, recorrer a um argumento difusionista para explicar sua coincidência.

Girard prefere postular a hipótese de que, atrás dos temas sacrificiais, se encontra um *evento real* para toda a humanidade. O rito e o mito são apenas uma representação de um mecanismo que ocorreu e que segue ocorrendo com frequência. Trata-se do que até agora mostramos como o "mecanismo da vítima propiciatória". Cada vez que uma coletividade está imersa numa crise violenta, ela a resolve através da canalização da violência para uma vítima específica. As comunidades devem sua existência a uma *violência fundadora*. A vida social é propiciada pelo mecanismo no qual a violência recíproca se concentra numa só vítima.

Desse modo, Girard retorna aos antropólogos do século XIX, os quais viam nos ritos uma janela para o passado. Através dos ritos, é possível teorizar sobre as origens da Cultura entendida em sentido genérico, a saber, como o conjunto de símbolos e manifestações que caracteriza o ser humano.[51] Girard advoga por uma

---

[51] A definição de "Cultura" é um dos temas mais fecundos e mais inconclusos na etnologia. Girard contribui muito pouco para o esclarecimento deste conceito, mas através de seus escritos se deixa entrever que, para ele, Cultura é, em continuação com Tylor, tudo aquilo que o homem faz e que, sobretudo, o separa das criaturas animais. Para

busca das origens desta forma: "O fracasso relativo dos Frazers, dos Freuds, dos Robertsons Smiths não deve convencer-nos de que seu formidável apetite de compreensão pertença ao passado".[52]

O mecanismo da vítima propiciatória é muito mais que um tema mítico-ritual. Trata-se de um acontecimento histórico para toda a humanidade. Todas as instituições sociais que definam a vida humana têm origem neste acontecimento, argumenta Girard. A paz e a unidade sociais constituem a base sobre a qual o restante da Cultura humana pode ser construído. Devemos levar a sério os mitos cosmogônicos segundo os quais a origem do universo e de seus elementos (que, como muitos antropólogos assinalam, vêm a ser na verdade a Cultura e suas instituições) remonta a um gesto violento através do qual uma vítima morre.

A violência propiciatória é a origem de tudo. Para isso, Heráclito ofereceu algumas fórmulas filosóficas bastante explícitas. Toda a produtividade cultural humana é atribuída a um evento fundador no qual se constrói o espaço de paz social. Sem paz nem unidade, sem violência propiciatória, não pode haver Cultura. Girard escreve:

> Quando as relações se turbam, quando os homens deixam de se entender e de cooperar, não há atividade que não seja prejudicada. Até os resultados da colheita, da caça ou da pesca, até a qualidade ou a abundancia das colheitas se ressentem disso. Assim, os benefícios atribuídos à violência fundadora ultrapassarão de maneira prodigiosa o marco das relações humanas. O homicídio coletivo aparece como a fonte de toda fecundidade; atribui-se-lhe o princípio da procriação; as plantas úteis ao homem, todos

uma detalhada história das aproximações etnológicas a este conceito, ver: Adam Kuper, *Cultura*. Barcelona, Paidós, 2001.
[52] *La Violencia y lo Sagrado*, p. 99.

> os produtos comestíveis surgem do corpo da vítima primordial.[53]

Desde o início, a vida cultural repousou sobre um mecanismo fundador, cuja violência é *real*. "O rito é a representação de um primeiro linchamento espontâneo que devolveu a ordem à comunidade porque refez contra a vítima propiciatória, e ao redor dela, a unidade perdida na violência recíproca."[54] Já vimos como Ájax, cheio de ira, mata os rebanhos. Nessa cena, não há deuses nem altar. O guerreiro executa o mecanismo de forma espontânea. O rito é apenas a formalização desse mecanismo.

O mecanismo fundador é executado durante uma crise real. Necessita-se urgentemente de uma vítima que canalize a violência entre os membros da comunidade. O rito, repitamo-lo, exerce antes uma função *preventiva*: representando o momento fundador da Cultura, previne-se de futuras crises. O mecanismo vitimário *gera* a Cultura; o rito a *regenera*.

Nesse sentido, a crise que antecede ao mecanismo vitimário fundador é muito mais intensa que a crise representada pelo ritual. Podemos perfeitamente pensar que o mecanismo vitimário funciona como uma vacina: aplicando-se ao organismo um pouco da mesma doença, esta pode dissipar-se. A violência caótica se resolve com uma dose menor de violência – a saber, a propiciatória. Mas os médicos concordam em que, quanto mais intensa for a doença, maior será a dose que será preciso aplicar. Sucede o mesmo com as comunidades. Quanto mais intensa for a crise, maior será o grau de violência propiciatória que será preciso aplicar, mantendo-se, naturalmente, os limites; do contrário, sobrevirá uma "superdose" de violência que não faz senão desembocar na destruição total da comunidade.

---

[53] Idem, p. 102.
[54] Idem, p. 103.

Se o mecanismo fundador é uma resposta a uma crise muito mais intensa que a crise representada pelo ritual, então a violência propiciatória executada deve ser maior que a empregada no ritual. Por isso, Girard considera que é mais provável que no mecanismo fundador tenham sido executadas vítimas *humanas*.

Já mencionamos que o traço fundamental do mecanismo vitimário é a substituição. A vítima substitui a comunidade inteira, de forma que, ao assumir a violência, impede a comunidade de se autodestruir. A vítima propiciatória deve ser suficientemente diferente e marginal para que sua morte não seja vingada e para que se interrompa de uma vez por todas o ciclo violento. Mas, ao mesmo tempo, a vítima tem de guardar certa semelhança com aquilo que substitui, a saber, a comunidade mesma. Embora seja diferente dos demais membros da comunidade, não pode ser *demasiado diferente*. O que está em questão no mecanismo é uma transferência. À vítima atribuem-se todas as impurezas, e projeta-se sobre ela a culpa da crise, de forma que, ao ser eliminada a vítima, a comunidade efetivamente pode livrar-se de sua violência.

Mas, para que essa transferência funcione, a vítima tem de apresentar certa semelhança com os demais membros da comunidade. Não se pode culpar um animal de ser o responsável pela peste em Tebas. Tem de ser um de seus próprios cidadãos, suficientemente integrado à comunidade para poder assumir a culpa. Para que a violência efetivamente possa ser dissipada, tem-se de encontrar um destinatário. Uma pedra ou um animal não é suficiente para saciar a violência. Diante das crises com que se enfrentavam, as comunidades tiveram de transferir suas violências para vítimas humanas, de forma que, no mecanismo fundador, a violência efetivamente pudesse ser transferida. Só posteriormente é que acontece a substituição em seu segundo sentido: uma vez que já aconteceu o evento fundador, sua representação ritual pode perfeitamente empregar vítimas substitutas, a saber, animais ou objetos inanimados. Diferentemente do evento fundador, o ritual pode permitir-se empregar vítimas animais precisamente por causa de sua função preventiva: dado que a comunidade não se encontra diante de uma crise aguda, a violência pode ser canalizada para um agente que substitui a vítima original humana. Mas destaque-se o exemplo do ritual da *Incwala*, na Suazilândia, em que em tempo normal a vítima sacrificial é um animal, mas, em tempo de guerra, é um guerreiro.

Os sacrifícios humanos são uma realidade bem documentada por etnólogos e historiadores. A civilização asteca é uma lembrança enfática dessa ocorrência.[55] Girard assinala que entre os antigos gregos também encontramos manifestações rituais que repetem boa parte dos temas até agora esboçados, e que, além disso, eles costumavam empregar vítimas humanas.

Em caso de crise de qualquer tipo (uma peste, uma invasão, uma guerra), os atenienses tinham à sua disposição um *pharmakós*, um bode expiatório reservado para o sacrifício. Nestes casos, o *pharmakós* era passeado por toda a cidade antes de seu sacrifício, de forma que, tal como se dá com a exigência de incesto real, recolhesse todas as impurezas de que a cidade queria livrar-se. Tal como no sacrifício dinca, a vítima tinha os órgãos genitais mutilados e era atacada de forma coletiva por uma coletividade cujo ritmo violento aumentava à medida que avançava a cerimônia. O clímax chegava com o esfolamento da vítima pelas mãos dos participantes, sem necessidade de nenhum instrumento. Conformava-se assim o ritual do *diasparagmos*.

---

[55] Alguns anos depois da publicação de *A Violência e o Sagrado*, suscitou-se um debate entre vários círculos de etnólogos americanos sobre a natureza e função do sacrifício humano asteca. Formaram-se duas visões sobre o tema: por um lado, os materialistas, com Marvin Harris à testa, explicavam o sacrifício humano em termos econômicos, enquanto, por outro lado, os simbolistas, liderados por Marshall Sahlins, explicavam o sacrifício em função de uma fenomenologia religiosa. Girard se manteve à margem da discussão, mas podemos perfeitamente inferir que tenha sentido mais simpatia pelos pontos de vista de Sahlins. Pois bem, recentemente, um pequeno mas crescente grupo de antropólogos questionou a existência histórica do sacrifício humano, e responsabilizou o colonialismo por criar uma fábula sobre o tema em questão. Girard nunca respondeu a esses céticos da existência do sacrifício humano.

Como assinalamos no início do capítulo, a Girard interessava o estudo que Derrida fizera do *pharmakós* no pensamento platônico. Em sentido filosófico, *pharmakós* é remédio e veneno ao mesmo tempo. Em sentido folclórico, *pharmakós* é a vítima destinada ao sacrifício. Girard pretendia sintetizar os dois sentidos num só: toda vítima propiciatória é *veneno e remédio ao mesmo tempo*. É veneno na medida em que concentra toda a impureza da comunidade. Como Édipo, é um agente perigoso que convém manter afastado. Mas, ao mesmo tempo, é remédio na medida em que serve de canalizador da violência; livra a comunidade de todas as suas culpas, e graças a ela a comunidade se salva a si mesma. Como o Édipo de *Édipo em Colona*, é um agente com poderes maravilhosos.[56]

Boa parte das vezes, o ritual do *diasparagmos* empregava vítimas humanas, dependendo da crise. Em tempo de guerra e de peste, eram sacrificados prisioneiros de guerra e escravos com essa finalidade. Mais ainda, Girard insiste em que entre os trágicos há testemunhos que demonstram que o sacrifício humano era ainda uma preocupação de grande envergadura para os gregos. *As Bacantes*, de Eurípides, apresenta uma estrutura similar à de *Édipo Rei*, na qual uma comunidade dramaticamente enfrenta uma crise de indiferenciação e, para sua resolução, recorre a uma violência propiciatória que apresenta fortes paralelismos com a violência diasparagmática e repete a sequência que até agora assinalamos em outros ritos.

Como as outras tragédias que viemos mencionando, Girard considera que o tema central de *As Bacantes* é a crise sacrificial e a perda das diferenças. Eurípides reflete como uma comunidade está imersa numa crise de simetria violenta, em que dificilmente se pode distinguir um personagem de outro. Mais ainda, a comunidade pretende empregar uma resolução sacrificial que, na maior parte da tragédia,

---

[56] Em *A Violência e o Sagrado*, Girard acrescenta várias notas de rodapé de extensão considerável, para examinar como a ideia de Édipo como *pharmakós* já se encontra formulada no pensamento de Jean-Pierre Vernant, que, como Derrida, foi um dos presentes no simpósio organizado por Girard.

não gera os resultados esperados. Tanto assim, que em *As Bacantes* se retrata uma situação em que o sacrifício perde a condição de violência extraordinária e *termina mal*, da mesma forma que o sacrifício de Héracles foi além do esperado.

O protagonista de *As Bacantes* é Dioniso, Deus do vinho, o qual exige que se lhe renda culto por meio das festas. Continuando uma tradição etnológica que remonta a Robertson Smith, Girard considera que as festas devem ser entendidas no quadro sacrificial em que operam. A festa busca a suspensão das diferenças. Como muitos etnólogos assinalaram, os carnavais buscam a inversão de papéis: o rei obedece ao súdito, o homem se veste de mulher, e a mulher de homem, os cavalos deixam os estábulos e entram nas casas, etc. As fronteiras que separam uma coisa de outra são eliminadas. Evoca-se assim a perda das diferenças a que já fizemos suficiente menção.

Girard considera que

> é impossível pôr em dúvida que a festa constitua uma comemoração da crise sacrificial. Pode parecer estranho que os homens recordem na alegria uma experiência tão terrível, mas este mistério é fácil de interpretar. Os elementos propriamente festivos, os que mais nos surpreendem e que acabam, por outro lado, por dominar a festa, e ao final de sua evolução são os únicos a subsistir, não são sua razão de ser. A festa propriamente dita não é mais que uma preparação para o sacrifício. (...) Se a crise das diferenças e a violência recíproca podem constituir o objeto de uma comemoração jubilosa, é porque aparecem como o antecedente obrigatório da resolução catártica em que desembocam.[57]

---

[57] Op. cit., p. 127-28.

Tal como o incesto, a crise das diferenças pode aparecer como algo benéfico para a comunidade, razão por que pode converter-se em ocasião festiva. Mas, tal como o incesto, só é algo benéfico e festivo na medida em que serve de antessala do sacrifício.

Como o sacrifício inca, a festa é uma ocasião que vai crescendo à medida que avança sua duração. A crise das diferenças se intensifica, até chegar a um ponto em que se torna violenta e ameaça destruir a comunidade. É neste ponto que a festa deve chegar ao fim, seguida de uma antifesta. Esta se apresenta como a rígida imposição da ordem e das proibições. Uma vez terminada a festa com o sacrifício, restauram-se as diferenças de forma muito estrita. A festa e a antifesta são, assim, duas representações que parecem totalmente opostas, mas na verdade as duas surgem do mesmo mecanismo vitimário.

A genialidade de um trágico como Eurípides, argumenta Girard, reside na capacidade de, até certo ponto, explorar o tema da festa que *acaba mal*. Defina-se uma vez mais a diferença que Girard afirma entre o mito e a tragédia. O mito não concebe que uma crise de diferenças não venha a ser resolvida. Como os membros da comunidade, o mito sente horror à violência indiferenciada, e faz todo o possível para contribuir para sua resolução. Tão grande é o horror que sente pela violência, que chega a mistificá-la, e a dissimula por meio de um rico simbolismo. Sua preocupação com a resolução é mediada pela ênfase que continuamente dá às diferenças: entre os personagens da trama, entre a comunidade e a vítima, entre a violência recíproca e a violência propiciatória. No mito, a festa sempre chega a uma feliz resolução, a ordem sempre prevalece.[58] A

---

[58] O final ou a resolução "feliz" é um tema que Northrop Frye (*El Gran Código*. Barcelona, Gedisa, 2001) também atribui à comédia como gênero literário. Para este crítico, textos como a Bíblia são "cômicos", na medida em que representam uma estrutura em "U", onde a trama começa bem, desce às dificuldades, e estas são finalmente resolvidas. Note-se que, como para Girard, para Frye a tragédia não tem o mesmo grau de resolução em suas tramas. Não obstante, alguns anos depois da publicação de *A Violência e o Sagrado*, Girard escreveu um artigo sobre a comédia em que assinalava várias semelhanças entre o gênero cômico e a tragédia (*Literatura, Mimesis y Antropología*. Barcelona, Gedisa, 1997, p. 128-42). Tal como

tragédia, por seu lado, desmistifica estas diferenças: não existe clara diferença entre um personagem e outro, e, mais importante ainda, entre uma violência e outra. A festa, ou seja, a perda das diferenças, nem sempre chega a uma feliz resolução; pode *acabar mal*. Na tragédia, o sacrifício é muito menos efetivo que no mito. Em vez de dissipar a violência, pode prolongá-la ainda mais.

Uma vez mais, interessavam a Girard neste contexto as implicações da obra de Derrida. Ele procurava a forma como os trágicos "desconstruíam" as oposições estabelecidas pelo pensamento binário dos mitos. O trágico busca instâncias de violência em que já não se possa separar facilmente o sacrifício do homicídio vulgar. Mais ainda, Girard assinala que os trágicos não são os únicos a advertir sobre a ineficácia do sacrifício. Os Profetas do Antigo Testamento já praticavam uma desmistificação da violência sacrificial, denunciando nela uma continuidade da violência vulgar e profana do homicídio. Pode-se dizer o mesmo da crítica explícita que os pré-socráticos faziam às práticas sacrificiais.

Tal como *Édipo Rei*, *As Bacantes* começa com uma crise de indiferenciação que, nesta ocasião, é assimilada à festa. Mas, como

na tragédia, Girard sugere que a comédia experimenta uma *catarse*, um processo de purificação em que se deseja expulsar as más emoções. No plano fisiológico, as duas geram a mesma coisa: tanto o choro quanto o riso produzem lágrimas que são expulsas do corpo. A comédia impõe diferenças entre aquele que ri e aquele que é objeto de escárnio, repetindo assim o jogo de diferenças sobre o qual se sustenta a criação mítica e trágica. Ao final, a comédia vem a ser uma forma de violência propiciatória de que a assistência inteira participa com um gesto violento ao rir das calamidades que o comediante sofre, mas, diferentemente da tragédia, esta violência não é tão intensa, mas suficientemente leve para causar um efeito cômico. Anos depois de *A Violência e o Sagrado*, Girard reconheceria a forma como as pesquisas de Konrad Lorenz o ajudaram a considerar este aspecto: o eminente etólogo sempre defendeu a tese de que o riso é um complemento fisiológico da violência (mostrar os dentes é um sinal de agressão), no qual dois indivíduos de uma espécie, ao rirem, anunciam violência contra o individuo que é objeto de escárnio (René Girard, *Les Origins de la Culture*. Paris, Desclée de Brouwer, 2004, p. 151). Mais ainda, Girard afirma que este princípio é claramente esboçado na Bíblia: dois rivais, Herodes e Pilatos, se tornam amigos na medida em que ambos participam da execução de Cristo, *ao mesmo tempo que riem dele* (Lucas 23,11-12). Voltaremos nos capítulos seguintes à cumplicidade entre Herodes e Pilatos.

veremos a seguir, esta festa nunca é realmente ocasião de alegria, dado que a solução sacrificial já não é tão efetiva e é tão violenta quanto a crise que pretende solucionar.

Dioniso visita Tebas, sua cidade natal, após ter implantado seu culto na Ásia, e exige das mulheres tebanas que o acompanhem na celebração das *bacanais*, um tipo de cerimônia que guarda as características que já assinalamos para a festa. Agave e Ino, respectivamente tia e prima do deus, abandonam seus lares para retirar-se nas montanhas e celebrar a bacanal, uma dissipação de alegria e de excessos.

Assim, a ordem social de Tebas começa a se decompor com a visita de Dioniso. As mulheres abandonam seus lugares tradicionais para entregar-se aos excessos da festa. A separação entre uma coisa e outra é derrubada, o que contribui para a indiferenciação caótica. Longe de ser uma mera festa, um sentido normal de diversão, a bacanal evoca indiferenciação e destruição. Como Girard afirma, "a erupção dionisíaca é a ruína das instituições, é o desabamento da ordem cultural, claramente referido, no paroxismo da ação, pela destruição do palácio real".[59]

Ali onde o mito só retrataria o aspecto benéfico da festa, Eurípides retrata seu aspecto destrutivo, a forma como pode *acabar mal*. A festa, ao eliminar as diferenças entre seus participantes, destrói a ordem cultural. Nas palavras de Girard:

> A tragédia confirma a leitura da festa que acabamos de fazer, dado que refere a festa a suas origens violentas, à violência recíproca. Isso equivale a dizer que Eurípides faz o mito e o culto de Dioniso experimentar um tratamento análogo ao que Sófocles fazia com o mito de Édipo. Recupera a simetria conflitual por trás

[59] Op. cit., p. 135.

das significações míticas e também, desta vez, por trás do rito, que dissimulam tanto ou ainda mais do que designam.[60]

O trágico começa a retratar o lado obscuro da festa, o qual ainda permanece inexplorado no mito. O mito, obedecendo à exigência sacrificial da comunidade, só se concentra nos múltiplos benefícios que oferece a instituição sacrificial. Não consegue ver que a indiferenciação não é mera alegria, mas, muito pelo contrário, é conflituosidade, desordem e destruição.

Penteu, rei de Tebas, preocupa-se com a indiferenciação festiva alimentada pelo deus. Como representante da ordem cultural ameaçada, busca suprimir as bacanais e fazer que tudo volte ao lugar; pretende restabelecer as diferenças. Mas, como a impureza, a indiferenciação é terrivelmente contagiosa. Após oferecer resistência ao culto, Penteu termina por dar o braço a torcer e deseja participar das bacanais.

De início, das bacanais só podem participar as mulheres. Mas Penteu contribui ainda mais para a indiferenciação da festa e, vestindo-se de mulher, apaga a separação que existe entre os gêneros. Vestido dessa forma, poderá comparecer às bacanais sem que se perceba sua presença.

A indiferenciação cresce à medida que a festa avança. É acompanhada de êxtase, desenfreio e violência recíproca. Girard acrescenta que "também há, em *As Bacantes*, uma perda da diferença entre o homem e o animal, perda que está sempre unida à violência. As bacantes se precipitam sobre um rebanho de vacas que dilaceram com as próprias mãos, confundindo-as com uns homens que perturbaram seus jogos".[61]

---

[60] Ibidem.
[61] Idem, p. 136.

A indiferenciação chega à sua máxima expressão quando se apaga a diferença que sustenta todo e qualquer marco religioso, ou seja, entre deuses e mortais. Muitas vezes, Dioniso é um deus que se transforma em humano, e Penteu é um humano que deseja transformar-se em deus. À medida que avança a trama, torna-se cada vez mais difícil distinguir Dioniso de Penteu. Os dois se mostram ambíguos com respeito à preservação da ordem. Girard descreve assim esta indiferenciação de papéis:

> Por um lado, está o Dioniso definido pelas mênades, o guarda cioso da legalidade, o defensor das leis divinas e humanas. Por outro, está o Dioniso subversivo e dissolvente da ação trágica... Este mesmo desdobramento se encontra em Penteu. O rei de Tebas se apresenta diante de nós como um piedoso conservador, um protetor da ordem tradicional. Nas frases do coro, pelo contrário, Penteu aparece como um transgressor, audaz incrédulo cujos ímpios empreendimentos atraem para Tebas a cólera da onipotência. E Penteu contribui efetivamente para a desordem que pretende impedir. Ele mesmo se faz de bacante, se transforma num possuído de Dioniso, ou seja, de uma violência que assemelha todos os seres, incluídos os 'homens' e os 'deuses', no seio da mais feroz oposição e por meio dela.[62]

Vestindo-se de mulher, Penteu é o supremo indiferenciador. Como Édipo, transgrediu uma das mais elementares oposições. Ali onde Édipo indiferencia o papel entre pai, marido e filho, Penteu o faz entre homem e mulher. E, tal como no mito de Édipo, a crise das diferenças será resolvida na medida em que o transgressor sirva de

---

[62] Ibidem.

vítima propiciatória que concentre toda a impureza e que, com sua morte ou expulsão, devolva a estabilidade à cidade, restaurando assim as diferenças. Dioniso ajuda Penteu a vestir-se de mulher, e ao terminar de fazê-lo, toca o mortal na cabeça. Girard interpreta este gesto como uma forma de designá-lo como vítima propiciatória.

Penteu chega à bacanal, cujos desenfreio e excesso alcançaram um nível quase transbordante. Ali, por ordem de Dioniso, é atacado coletivamente pelas bacantes, que o matam com as próprias mãos, arrancando as partes de seu corpo, tal como no sacrifício dinca e no *diasparagmos*.

Girard sugere que "o homicídio de Penteu se apresenta ao mesmo tempo como o paroxismo e a liquidação total de uma crise provocada pelo próprio deus".[63] Dioniso propicia a festa em toda a sua sequência. Primeiro, convida as bacantes a adorá-lo, deixando seus lares e entregando-se ao excesso e à violência recíproca. Depois, consegue transformar a violência recíproca de todos contra todos em violência canalizada para uma vítima propiciatória, a saber, Penteu. O mesmo êxtase violento faz que a coletividade, de forma mimética, se lance contra uma vítima e que seja restaurada a ordem.

Eurípides revela que a festa acaba mal: terminou de forma muito violenta. O furor homicida das bacantes transbordou, e não se poderá dar-lhe fim senão com a morte de Penteu, que serve, assim, de vítima propiciatória.

Mais ainda, Girard não menciona um fato que vale a pena resgatar à luz da interpretação que ele mesmo faz. Nem sequer a resolução violenta sacrificial da festa é de todo satisfatória. Esperar-se-ia que o homicídio de Penteu pusesse fim à crise e restaurasse as diferenças, e até certo ponto o faz. Mas Penteu é assassinado por Agave,

---

[63] Idem, p. 138.

que, contagiada do frenesi violento da bacanal, não tem consciência do que está fazendo. A tragédia se intensifica quando, ao chegar ao palácio, ela descobre que tem em seu poder a cabeça de Penteu, reconhece o crime que cometeu, e lamenta-se profundamente disso.

Eurípides consegue seu efeito desmistificador na medida em que apresenta a resolução da crise de forma muito crua. Não dissimula a violência através de simbolismos. A forma como Penteu morre é bastante plástica.[64] A festa não é representada mediante meros simbolismos; tem um lado violento que o poeta trágico não hesita em representar.

Apesar disso, tal como Sófocles, Eurípides só consegue um distanciamento parcial do mito. Dioniso é a representação do mecanismo vitimário. Não por nada boa parte dos ritos sacrificiais gregos tinham Dioniso como figura central. Eurípides apresenta uma visão muito ambivalente de Dioniso. Inicialmente, é o deus do desregramento, do perigo, mas, ao final, Dioniso é considerado o guardião da ordem, o objeto das mais altas honras religiosas. Por meio da dupla face de Dioniso, Eurípides mantém a separação mitológica entre os dois tipos de violência.

Ao final de *As Bacantes*, o mito termina por prevalecer sobre a arte trágica. Restauram-se as diferenças, de forma que o frenesi violento chega finalmente à sua resolução e a ordem volta à cidade. Mais ainda, entre os gêneros impõe-se uma diferença verdadeiramente mítica, no sentido de ser inexistente no mundo real. São as mulheres, e não os homens, que participam da violência bacanal. Girard considera que "as diferenças perdidas na crise são objeto de uma redistribuição mítica. Os elementos míticos se reorganizam de forma não simétrica, e em especial na forma, recon-

---

[64] Não obstante, em comentários posteriores a *A Violência e o Sagrado*, Girard afirma que, conquanto a tragédia experimente um labor desmistificador da violência, continua a mostrar-se reticente a representá-la em sua totalidade. A cena do linchamento aparece sempre *fora* do palco, narrada pela boca de um mensageiro.

fortante para a dignidade e autoridade masculinas, de um quase monopólio feminino sobre a vertigem da violência".[65]

Girard se apressa a advertir que esse monopólio da violência que o mito reserva para as mulheres foi esmagadoramente refutado pela etnologia. Girard refere que Chagnon, por exemplo, documentou que, entre os ianomâmis, no momento de se dar uma batalha entre diferentes grupos, as mulheres correm para a saída das aldeias a fim de fugir da violência. Acrescente-se que, uma década depois da publicação de *A Violência e o Sagrado*, Maurice Godelier escreveu um detalhado estudo sobre a forma como, entre os baruyas, são os homens que detêm o monopólio da violência.[66]

Na medida em que se representa a crise das diferenças e, em última instância, sua resolução sacrificial, a tragédia revela a forma como a ordem social opera. Já mencionamos que, para Girard, as diferenças sustentam a ordem, na medida em que atribuem papéis específicos na estrutura social, bem como mantêm a separação entre violências de que o mecanismo vitimário necessita para seu funcionamento eficiente. Mas Girard também acrescenta que a crise das diferenças deve ser entendida em sua relação com o *desejo*. É assim que *A Violência e o Sagrado* estabelece uma continuidade com os temas explorados em *Mentira Romântica e Verdade Romanesca*.

Até agora, assinalamos que o sacrifício é um mecanismo através do qual a violência é substituída pela violência mesma, mas com resultados muito diferentes. A violência propiciatória não é mais que uma transformação da violência recíproca, o uso benéfico de um mal. A violência propiciatória se conforma mimeticamente, ou seja, os membros da comunidade se imitam entre si e coletivamente canalizam a violência para uma vítima propiciatória. De forma que

---

[65] Op. cit., p. 149.
[66] Maurice Godelier, *The Making of Great Men*. Cambridge, Cambridge University Press, 1986.

a origem da violência propiciatória é a violência recíproca. Mas qual é a origem da violência recíproca?

Tal como a violência propiciatória, considera Girard, a violência recíproca tem origem *mimética*. Em *Mentira Romântica e Verdade Romanesca*, Girard explorava o "desejo triangular" entre os personagens romanescos e a espécie humana em geral: um sujeito imita os desejos de outro sujeito, e frequentemente ambos terminam desejando a mesma coisa. Geram-se assim rivalidades entre eles.

Em *A Violência e o Sagrado*, Girard empregava o termo "desejo mimético" para referir-se ao conceito de "desejo triangular" que ele havia explorado em seu primeiro livro: mimético no sentido de que o mediador imita os desejos do mediado. E é por meio do "desejo mimético" que se deve entender a origem das violências recíprocas, não só na tragédia, mas em todas as crises de diferenças pelas quais pode passar uma comunidade.

Recordemos que, quando se torna realmente intenso, o desejo pode conduzir à "dupla mediação": já não existe uma clara distinção entre sujeito e modelo, senão que ambos são sujeitos e modelos ao mesmo tempo, cada um imitando o desejo do outro, odiando-se mutuamente. Em *Mentira Romântica e Verdade Romanesca*, Girard explorava a forma como Dostoiévski tinha levado à sua máxima expressão essa confusão de papéis entre mediadores e mediados, delineando a destruição a que isto leva por meio de seu retrato apocalíptico. O apocalipse dostoievskiano não é mais que uma vertente das crises das diferenças. Quando a distinção entre os personagens desaparece, todos terminam sendo modelos e rivais ao mesmo tempo. Todos terminam desejando as mesmas coisas, e todos aspiram a destruir o *Outro*.

O processo de mediação dupla conduz ao caos e à crise. Parte da origem deste caos é atribuível à profunda contradição interna que se encontra atrás do desejo mimético. Em *Mentira Romântica e Verdade Romanesca*, Girard analisava a "hipocrisia stendhaliana" e a "ascese do herói". O herói romanesco, especialmente Julien, prefere renunciar a seu objeto do desejo, mas esta renúncia é na verdade um gesto hipócrita que busca *dissimular* o desejo, de forma que não seja imitado por ninguém e ele não depare, assim, com rivais na hora de se apropriar do objeto. Mas também pode convidar os demais a desejar o mesmo que ele deseja: Julien se deseja a si mesmo para que Matilde, ao imitar seu desejo, termine desejando Julien.

Em *A Violência e o Sagrado*, Girard enfatizava ainda mais a forma como o modelo convida o sujeito a desejar as mesmas coisas. Mas seu convite é profundamente paradoxal: ele se oferece como modelo de imitação, mas lhe nega acesso aos objetos que são desejados mimeticamente. De forma que o modelo envia uma mensagem contraditória ao sujeito: "Imita-me, mas não me imites". Girard assimila esta contradição ao que os psicólogos da época chamavam de *double bind* (duplo vínculo), "o duplo imperativo contraditório, ou melhor, a rede de imperativos contraditórios em que os homens não cessam de encerrar-se mutuamente".[67]

Tal como a peste, o desejo mimético é contagioso. Facilmente uns imitam aos outros e terminam odiando-se mutuamente. De acordo com Girard, "este desejo mimético coincide com o contágio impuro; motor da crise sacrificial, destruiria toda a comunidade se não existisse a vítima propiciatória para detê-lo".[68] De forma que a origem da violência recíproca é o desejo mimético, e em parte a indiferenciação é escandalosa porque, ao eliminar as diferenças entre os homens, espalha o desejo mimético, fazendo que todos terminem desejando as mesmas coisas, alimentando a mútua rivalidade entre eles.

No capítulo anterior assinalamos que, para Girard, a vítima da mediação interna e o desejo metafísico se erguem sobre a autonomia

---

[67] René Girard, *La Violencia y lo Sagrado*, p. 154.
[68] Idem, p. 155.

de seu desejo e personalidade. É-lhe odioso que a distinção entre o *Mesmo* e o *Outro* se desvaneça. Este fato se torna mais odioso ainda quando se aproxima do perigo da indiferenciação violenta que atenta contra a ordem. Tanto o sujeito quanto a Cultura rejeitam o *duplo*, a reprodução mimética que rompe a distinção entre uma e outra coisa. Já mencionamos o terror que os gêmeos causam em algumas sociedades.

De forma que o monstruoso, argumenta Girard, é assimilado ao duplo, a saber, o indiferenciado e o mimético: "Tenta-se classificar os monstros; todos parecem diferentes, mas, afinal de contas, todos se parecem, não há diferenças entre eles".[69] O duplo é um ser perigoso que apaga as fronteiras entre o *Outro* e o *Mesmo*. Em *O Duplo*, Dostoiévski retratou explicitamente a repulsão que gera o mimético e o indiferenciado entre os homens.

Assim, os monstros são definidos por suas qualidades indiferenciadoras. Todos, de uma forma ou de outra, vivenciam o mesmo processo que os duplos: rompem as diferenças que sustentam a ordem social. Não é difícil ver a monstruosidade que tanto o mito de Édipo como sua versão trágica retratam no herói. Édipo se transforma num monstro ao transformar-se num *duplo* de seu pai: ocupa seu lugar como rei e se casa com a mesma mulher. Édipo indiferencia os papéis da família. Também no mito de Édipo aparece outro monstro célebre: a esfinge. Este monstro não é mais que a representação da indiferenciação violenta: uma só criatura reúne características de vários animais, desafiando assim a diferença entre as espécies. Mais ainda, a esfinge monstruosa é violenta: mata quem quer que passe e não possa resolver seu enigma. Como nos demais ritos e mitos que viemos assinalando, esta violência indiferenciada chega ao fim com a execução do monstro que a representa: Édipo destrói a esfinge, e, graças a esse gesto sacrificial, cessa a violência que ela trazia para a cidade.

[69] Idem, p. 166.

Girard sugere que os ritos de possessão são particularmente demonstrativos de como a perda das diferenças se manifesta através da violência. Estes ritos são particularmente violentos; o possuído faz mal a si mesmo e aos outros. A possessão se pauta pela perda de diferenças entre o *Mesmo* e o *Outro*. O possuído deixa entrar uma força externa a seu corpo, um *duplo* de si mesmo. O alheio e o próprio se indiferenciam na medida em que ambos residem num mesmo corpo. As duas forças lutam dentro do possuído, e seu corpo é uma representação da indiferenciação que desemboca em violência recíproca.

Tal como em outras representações rituais de indiferenciação violenta, a possessão é comumente levada a efeito como antessala da resolução sacrificial. Nas palavras de Girard:

> As práticas religiosas se sucedem em princípio na ordem dos acontecimentos que lhes correspondem no ciclo da violência que se tenta reproduzir. É o que se pode observar, especialmente, no caso dos sacrifícios em que podem dar-se alguns casos de possessão, entre os incas, por exemplo. Assim que alcança uma intensidade suficiente, a excitação engendrada pelos cantos, pelas danças, pelos simulacros de combate, pelas imprecações rituais se traduz em fenômenos de possessão. Os jovens, segundo Godfrey Lienhardt, são os primeiros a ser afetados, seguidos dos adultos, homens e mulheres que tropeçam no meio de seus companheiros, caem no chão, rolam às vezes no chão grunhindo e soltando gritos dilacerantes.[70]

"Desejo mimético" é um conceito bastante alheio aos pesquisadores que abordaram os mesmos temas e problemas que Girard.

---

[70] Idem, p. 173.

Desde Freud, argumenta Girard, a academia se satisfez em crer
que o desejo tem origem autônoma no sujeito. Recorde-se que de
Mentira Romântica e Verdade Romanesca se depreendia uma confrontação com Freud que Girard ainda não tinha formalizado. Em
A Violência e o Sagrado, o debate com Freud se formaliza.

De acordo com Girard, o pensamento de Freud passou por uma transformação que quase nenhum de seus críticos, e muito menos seus
seguidores, percebeu. Costuma-se atribuir a Freud a formulação de
uma teoria do inconsciente segundo a qual boa parte da personalidade
se conforma para além da consciência do sujeito. Cabe situar boa parte
do desejo dentro dessa esfera inconsciente da personalidade. O desejo
que Freud reservou para a totalidade da humanidade, a saber, o desejo
edipiano incestuoso e parricida, jaz nas profundezas da inconsciência.
Mas Girard sustenta que nem sempre Freud pensou dessa maneira.

Em *Psicologia das Massas e Análise do Eu*, Freud oferece uma
primeira descrição do complexo de Édipo, na qual a *identificação*
desempenha um papel central no desenvolvimento do drama edipiano. Nesta descrição, Freud insiste em que, muito antes de surgir o
desejo incestuoso, o menino se interessa pelo pai e se identifica com
ele. Só posteriormente deseja a mãe, e descobre que o pai se transformou num obstáculo para a consecução deste desejo.[71]

Essa descrição de Freud concorda com a teoria do desejo que Girard
esboçara em *Mentira Romântica e Verdade Romanesca* e que agora

---

[71] A passagem de *Psicologia das Massas e Análise do Eu* que Girard cita, situada no capítulo VIII, "A Identificação", é a seguinte: "O menino manifesta um grande interesse pelo pai; quereria converter-se no pai, sendo o que ele é, substituí-lo em todos os aspectos. Digamo-lo tranquilamente: faz do pai seu ideal. Esta atitude com respeito ao pai (ou qualquer outro homem em geral) não tem nada de passiva nem de feminina; é essencialmente masculina. Concorda perfeitamente com o complexo de Édipo, que ela contribui para preparar... O menino descobre que o pai lhe obstaculiza o caminho para a mãe; sua identificação com o pai adquire, graças a este fato, um matiz hostil e acaba por confundir-se com o desejo de substituir o pai, inclusive junto à mãe. A identificação é, por outro lado, ambivalente desde o começo" (*La Violencia y lo Sagrado*, p. 177-78).

formalizava através do conceito mimético. O menino deseja a mãe *através* do pai. Seu verdadeiro objeto do desejo não é a mãe, mas o *ser* do pai, a identificação com a figura paterna. À medida que se aproxima do pai, este se transforma num obstáculo cada vez maior, dado que interfere no caminho do desejo que ele mesmo lhe designou. Nas palavras de Girard: "o pai é quem assinala para o filho o desejável, desejando-o ele mesmo: assim, não pode deixar de assinalar, entre outras coisas... a mãe".[72]

Não obstante, Freud não tardou a modificar esta teoria e formular a que se impôs entre seus seguidores. Agora, a libido se impõe sobre a identificação. O menino deseja a mãe por meio de uma força sexual interna que nada tem que ver com a identificação com o pai. Ainda que o pai não estivesse presente, o menino continuaria desejando a mãe. Freud insiste em que o desejo incestuoso surge *autonomamente* no sujeito, e junto com o desejo parricida. Ele odeia o pai porque este se interpõe no caminho do desejo, mas este desejo já não é designado pelo próprio pai. Freud separa, assim, o desejo edipiano em duas esferas: incesto e parricídio, as quais ainda permaneciam ligadas em sua primeira concepção do complexo.

Girard sustenta que, nesta transformação, Freud reduz o papel que o inconsciente desempenha no drama edipiano. Ainda sem aparentemente estar consciente disso, o menino deseja a mãe por sua própria conta, de forma que este desejo lhe é mais próximo e, por conseguinte, menos inconsciente. Por seu lado, a concepção mimética do desejo confere muito mais importância ao papel do inconsciente, tanto na origem dos desejos como no desenvolvimento do complexo de Édipo. Girard escreve:

> O que reprovamos em Freud, em última instância, é ele permanecer indefectivelmente vinculado, apesar das aparências, a uma

[72] Idem, p. 179.

> filosofia da consciência. O elemento mítico do freudismo é a *consciência* do desejo parricida e incestuoso, consciência relâmpago provavelmente, entre a noite das primeiras identificações e a do inconsciente, mas consciência real apesar de tudo, consciência a que Freud não quer renunciar.[73]

Na teoria do desejo mimético, o menino ainda não sabe o que desejar, e seu desejo desemboca em sua mãe *sem ele se dar conta*. O menino não faz mais que imitar a figura paterna, a qual se apresenta a ele como um modelo. O pai convida o menino a ser como ele. Mas, como sugere Girard, "se o filho se dirige para os objetos de seu pai, em suma, é porque se guia em todas as coisas pelo modelo que se deu, e este modelo se dirige obrigatoriamente para *seus* objetos, tanto aqueles que já são seus como aqueles de que pensa em se apropriar".[74]

O menino deseja a mãe de forma totalmente inconsciente. Não tem a menor desconfiança de que, identificando-se com o pai, imitando-o em todos os aspectos, logicamente terminará desejando sua própria mãe. Quando os desejos do pai e do menino coincidem, surge então o ódio e o desejo parricida.

Mas esse desejo parricida não pode ser atribuível a uma "pulsão de morte", como usualmente o faziam Freud e seus seguidores. O desejo parricida mantém certa inocência, dado que é a resposta lógica à sequência mimética segundo a qual se define o complexo de Édipo. O desejo parricida surge como uma consequência do "duplo vínculo" a que nos referimos anteriormente. O pai convida o menino a ser como ele, oferece-se como modelo de identificação e imitação. Depois, o menino se aproxima tanto do

---

[73] Idem, p. 183.
[74] Idem, p. 180.

pai, que termina desejando a própria mãe. Então, o pai contradiz a mensagem que originalmente emitiu. Se antes dizia "imita-me", agora diz "não me imites", prevendo que assim, o menino já não desejará a própria mãe.

O menino só obedece às exigências miméticas que a Cultura impõe a ele. Continuamente se exige dele ser como seu pai. Mas, de repente, a Cultura agora lhe exige que não seja como o pai. Se existe um desejo incestuoso e parricida, não deve ser localizado no interior do sujeito. Muito pelo contrário, provém do exterior, dos desencontros que o menino tem com o *Outro* constituído pela figura paterna. Nas palavras de Girard: "o desejo do parricídio e do incesto não pode ser uma ideia do menino; é, evidentemente, a ideia do adulto, a ideia do modelo... O filho sempre é o último a saber que caminha para o parricídio e para o incesto, mas os adultos, esses bons apóstolos, estão aí para informá-lo".[75] O mito de Édipo reflete muito bem esta ideia: muito antes que Édipo cometa seus crimes, o oráculo já o predestinou a fazê-lo.

De forma que, ainda que participe do desejo parricida e incestuoso, não é possível responsabilizar o menino por isso. O menino é apenas uma vítima forçada pela Cultura a fazer algo que não compreende e que, em última instância, não quer. O parricídio surge da confusão e do "duplo vínculo" que o próprio pai e a Cultura alimentam no menino.

Girard considera que talvez Freud tivesse tido um melhor entendimento desta problemática se, em vez de concentrar-se em *Édipo Rei*, tivesse lido uma tragédia menos célebre do mesmo Sófocles: *As Traquínias*. No final da trama, Héracles sente muita dor sob sua túnica envenenada. Incapaz de suportar a dor, ordena ao filho Hilo que prepare uma fogueira e o lance vivo nela. Hilo se escandaliza diante de tão terrível ordem, mas Héracles finalmente o convence

---

[75] Idem, p. 182.

a fazê-lo. Pouco antes de morrer, Héracles também pede a Hilo que tome como esposa Iole, sua mulher. Uma vez mais Hilo se horroriza, mas termina por cumprir as ordens do pai.

É o pai quem incita o filho a cometer parricídio e casar-se com sua própria mulher, o que o aproxima significativamente do incesto. O filho se mostra reticente a fazê-lo, mas não tem alternativa, pois a ordem cultural em que vive exige dele que cumpra as ordens do pai.

Dado que o complexo de Édipo é uma recapitulação da relação entre o mediador e o mediado, a figura paterna se nutre da ambivalência que caracteriza os modelos da mediação interna. No capítulo anterior, vimos a ambivalência com que os Guermantes aparecem para Marcel, ou o mundo burguês para Julien. Para o menino, o pai aparece como um ser tão amado e admirado quanto odiado. Freud nunca conseguiu separar-se de sua intuição inicial de que o complexo de Édipo obedece a um mecanismo mimético, tal como foi definido por Girard. É por isso que a noção de ambivalência, consequência natural da relação mimética, sempre esteve presente em seus escritos. Para Girard, "em toda a obra de Freud, não há um só exemplo de *ambivalência* que não possa e, em última instância, não deva referir-se ao esquema do obstáculo-modelo".[76]

---

[76] Idem, p. 189. É significativo que no mesmo ano em que se publicou *A Violência e o Sagrado*, Deleuze e Guattari tenham publicado *O Anti-Édipo* (*L'Anti-Oedipe*. Paris, Minuit, 1972), e imediatamente tenham feito renome como grandes críticos de Freud. Em publicações posteriores, Girard sugeriu que Deleuze e Guatarri, longe de se oporem a Freud, estão próximos dele ("El Delirio como Sistema". In: *Literatura, Mimesis y Antropología*, p. 95-128). Segundo Girard, Deleuze e Guatarri se opõem a Freud na medida em que consideram que sua concepção do complexo de Édipo, partindo de uma estrutura triangular, limita a força do desejo. Pois o desejo é uma "máquina", e os conceitos psicanalíticos tentam reprimir essas máquinas confinando-as em categorias. Girard, por seu lado, critica Deleuze e Guatarri, sugerindo que o desejo necessariamente remonta a estruturas triangulares, não pelos conceitos edipianos freudianos, mas por sua natureza mimética: se se deseja em função dos demais, inevitavelmente surgem estruturas triangulares. Mais ainda, Girard considera que Deleuze e Guatarri estão mais próximos de Freud do que eles creem, pois, tal como o fundador da psicanálise, mantêm a autonomia do desejo ao assimilá-lo a uma "máquina" com força vital inerente, que pouco toma dos demais.

Assim, Girard denuncia um procedimento totalmente acrítico por parte dos seguidores de Freud. Eles veem em seu mestre apenas alguns aspectos de sua obra, e suprimem as inclinações que o Freud inicial dirigiu para a exploração do papel que o *Outro* desempenha nas contradicções que se desenvolvem no *Mesmo*. Mais ainda, os psicanalistas suprimiram o Freud etnólogo, o Freud de *Totem e Tabu*, o qual, de acordo com Girard, lança muito mais luz sobre a compreensão do humano.

Totem e Tabu é uma obra fora do comum tanto na etnologia como na psicanálise. Trata-se de uma investigação sobre as origens da civilização. Resumamos brevemente seu argumento: a forma primordial de organização da humanidade era a "horda", um agrupamento de indivíduos, possivelmente irmãos. As mulheres da unidade social estavam em posse de um só indivíduo, o "pai" dos membros da horda. Depois, os filhos desejaram possuir as mulheres (suas próprias mães, seguindo o argumento) que estavam à mercê do pai. Para isso, assassinaram coletivamente o pai, conformando assim o parricídio do drama edipiano que Freud havia esboçado. Uma vez terminado o assassinato, os filhos sentiram uma profunda culpa pelo crime recém-cometido, e impuseram proibições em relação às mulheres. Surgiu assim a civilização. Nas festas, anualmente se mata um animal totêmico que no restante do ano é protegido por proibições, comemorando assim o assassinato primordial da civilização.

Muitas foram as críticas que se fizeram a *Totem e Tabu*, especialmente por parte da etnologia. E. E. Evans-Pritchard chamou essa obra de "fábula",[77] na medida em que se delineia como uma monstruosa especulação sem nenhuma sustentação empírica. Malinowski[78] e Lévi-Strauss[79] assinalam as incongruências cronológicas do argumento freudiano: como pode ser a morte de um

---

[77] E. E. Evans-Pritchard, *Las Teorías de la Religión Primitiva*. Madri, Siglo XXI, 1992.
[78] Bronislaw Malinowski, *Sex and Repression in Savage Society*. Nova York, Routledge, 2001.
[79] *Les Structures Élémentaires de la Parenté*. Paris, PUF, 1967.

"pai" a origem da civilização, se a noção de "pai" pressupõe a existência de uma ordem civilizada? Os seguidores de Freud, por seu lado, não encontraram modo de resolver estes problemas, e sua solução foi simples: considerar *Totem e Tabu* pouco importante na teoria psicanalítica.

Contudo, Girard propõe que se releia o texto de Freud à luz das considerações teóricas que até agora apresentamos. Sem dúvida, há um claro paralelismo entre a hipótese de Freud e a hipótese de Girard sobre as origens da Cultura. Ambos a remontam a um homicídio coletivo. Tanto assim, que décadas depois, nos círculos etnológicos, Girard foi rotulado de "freudiano",[80] algo do qual se ressente, pois ele escreveu o suficiente para que se percebam as diferenças que o separam de Freud.

Freud, argumenta Girard, teve um agudo senso de observação. Viu nas festas um caráter sacrificial que muito poucos etnólogos consideraram. Para Freud, a festa é uma comemoração de um crime; tal como para Eurípides, para Freud a festa é *violenta*. Igualmente, Freud insistia em que o animal sacrificial é profundamente ambivalente, tal como a natureza dupla das vítimas propiciatórias, como Édipo ou o rei africano.

O animal sacrificial é permitido e proibido ao mesmo tempo. Durante todo o ano, velam por sua proteção, mas, uma vez por ano, durante o festim sacrificial, se permite que o matem. Girard sugere que esta alternância entre proteção e sacrifício não faz mais que refletir a lógica sob a qual opera a violência. As comunidades temem profundamente a violência, impõem proibições a ela. Mas, tal como o incesto real africano, uma vez por ano essas proibições devem ser transgredidas. A violência, se aplicada em doses controladas, pode ser benéfica.

---

[80] Este rótulo foi aplicado en 2000 por Maurice Bloch, eminente etnólogo francês. Ver René Girard, *Celui par Qui le Scandale Arrive*, p. 167.

Mais ainda, Freud insiste no caráter *coletivo* do crime. São todos os irmãos, e não um só, que assassinam o pai. Do até aqui exposto, depreende-se a ideia de que, para Girard, o mecanismo propiciatório deve contar com a unanimidade dos participantes, na medida em que persegue a unidade social, concordando assim com Freud.

Freud analisou uma pluralidade de instâncias sacrificiais e, em função da repetição dos mesmos temas, postulou a hipótese sobre as origens da civilização. Como vimos, algo similar pretende Girard. A coincidência de temas entre o mito de Édipo, *As Bacantes,* os ritos das monarquias africanas e o sacrifício grego e dinca, entre outros, é sinal de que, objetiva e historicamente, existe atrás deles um evento real que foi repetido ao longo da história da humanidade, o qual propicia a ordem cultural. Tal como Freud, Girard não tem nenhum problema em ver nas manifestações do presente uma janela para as origens: "Uma apreensão vigorosa das totalidades sincrônicas deve fazer surgir novas possibilidades, absolutamente incríveis, pelo lado da gênese".[81]

Freud, no entanto, fracassou em explorar as implicações da teoria que estava desenvolvendo. Obcecado com a ideia do complexo de Édipo, não conseguiu ver a profundidade sociológica de suas considerações. Girard considera que *Édipo Rei* se adapta muito mais ao Freud de *Totem e Tabu* que ao restante dos trabalhos do fundador da psicanálise. Na tragédia de Sófocles encontra-se o mesmo tema de *Totem e Tabu*: uma coletividade que, ao executar/expulsar uma vítima, funda uma nova ordem social.

Boa parte do fracasso de Freud, argumenta Girard, se deve a ele ter identificado a vítima com um "pai". Para além dos problemas cronológicos que a etnologia frequentemente assinala, a noção de "pai" desloca a arbitrariedade necessária para levar a efeito o mecanismo vitimário. O assassinado não morre enquanto "pai", mas enquanto

---

[81] Op. cit., p. 207.

vítima que propicia o social. Nas palavras de Girard: "o pai não explica nada: para conseguir explicar tudo, é preciso afastar essa ideia do pai, mostrar que a formidável impressão causada na comunidade pelo homicídio coletivo não depende da identidade da vítima, mas do fato de esta vítima ser unificadora, da unanimidade recuperada contra esta vítima e em torno dela".[82]

Freud via na proibição o fundamento da civilização, a imposição do *superego* sobre o *id*. Um sentimento de culpa após terem assassinado ao "pai" fez que os irmãos impusessem proibições em relação às mulheres. Dado que essas mulheres eram assimiladas a suas "mães", surgiu assim o tabu do incesto que se impunha ao desejo edipiano. Mas Freud também explorava a proibição como uma forma de evitar que os irmãos lutassem entre si pelo controle das mulheres.

Girard concorda com este segundo sentido da proibição. Já fizemos suficiente referência a que, ao imporem restrições a fenômenos de indiferenciação, as comunidades realmente buscam restringir a violência. Assim, o incesto, enquanto representação da indiferenciação, é objeto de tabu. Proibindo-se o incesto, proíbe-se a representação da violência. Mas, proibindo-se o incesto, também se proíbe a violência em si. Para evitar rivalidades, a solução mais efetiva consiste em proibir os objetos que possam propiciar tais rivalidades.[83] Nas palavras de Girard: "a proibição pesa sobre todas as mulheres que serviram de objeto de rivalidade, todas as mulheres próximas, por conseguinte, não porque sejam intrinsecamente mais desejáveis, mas porque são próximas, porque se prestam à rivalidade".[84]

---

[82] Idem, p. 220.
[83] Curiosamente, é isto o que se retrata no filme *Os Deuses Devem Estar Loucos*, de Jaime Uys. Uma garrafa de Coca-Cola cai sobre uma tribo africana, e oferece grandes benefícios. Mas logo suscita rivalidades entre os membros da comunidade. Esta rivalidade é solucionada com a proibição da garrafa e depois com o seu desaparecimento.
[84] Op. cit., p. 225.

As proibições em geral buscam o controle da violência. Mencionamos que Mary Douglas brilhantemente relacionou a impureza à indiferenciação e à proibição, mas Girard acrescenta mais um componente: a violência. "As proibições têm uma função primordial: reservam no coração das comunidades humanas uma zona protegida, um mínimo de não violência absolutamente indispensável para as funções essenciais, para a sobrevivência das crianças, para sua educação cultural, para tudo o que constitui a humanidade do homem."[85]

Girard se confronta com a antropologia de Lévi-Strauss, e percebe que as regras de matrimônio devem ser entendidas como uma extensão da função universal das proibições. Como o próprio Lévi-Strauss assinalou, as regras de matrimônio variam notavelmente entre uma sociedade e outra. Mas, para além da diversidade, existe uma regra de matrimônio universal: todas as sociedades proíbem o matrimônio entre pais e filhos e entre irmãos. Esta pauta universal, argumenta Girard, é sinal de que as regras de matrimônio, independentemente de suas particularidades, proíbem a união entre os parentes mais próximos, protegendo-se assim da violência.

Lévi-Strauss quis ver no parentesco e no matrimônio uma forma de linguagem, um sistema de troca entre um grupo e outro. Para Girard, isso não é possível. A sociedade moderna ocidental é uma clara evidência de que a instituição do parentesco passou por um processo de atomização pelo qual dificilmente uns grupos se relacionam com outros em termos do parentesco. Nas palavras de Girard:

> convém observar, por um lado, que a linguagem do parentesco é incompleta e, por outro, que algumas sociedades, e em primeiro lugar a nossa, não falam esta linguagem ou deixaram de falá-la. Um sistema que limita as proibições

[85] Idem, p. 227.

ao extremo, como faz o nosso, suprime na prática qualquer prescrição positiva; reduz a nada, em outras palavras, a linguagem da troca matrimonial.[86]

Lévi-Strauss insiste na primazia da regra positiva nos sistemas de matrimônio. Estes propriamente não proíbem, mas antes *prescrevem* com quem um indivíduo deve casar-se. Girard, ao contrário, insiste em que nos sistemas de parentesco predomina a proibição, e isto se faz como uma forma de prevenir a violência. A sociedade moderna não prescreve o matrimônio. Um indivíduo pode escolher bastante livremente seu cônjuge. Mas os sistemas modernos *proíbem* matrimônios entre os parentes mais próximos, os quais, como vimos, são os mais propensos a gerar rivalidades. Assim, Girard insiste na primazia da regra negativa (proibição) acima da positiva (prescrição).

Enquanto instituição cultural, o parentesco busca *diferenciar*, de forma que, como ocorre com a resolução sacrificial, a indiferenciação da violência recíproca se mantenha à distância. O parentesco diferencia pais e mães, irmãos e pai, irmãos e mãe, etc. Mais ainda, o parentesco estabelece diferenças *arbitrárias*, ou seja, diferenças que não têm base biológica, como, por exemplo, a distinção entre primos paralelos e primos cruzados.[87] A insistência do parentesco na manutenção das diferenças é sinal de que, como as outras instituições que abordamos, tem por fim a suspensão da violência.

O estruturalismo insistiu na contínua tendência da mente humana a dicotomizar o mundo em pares opostos. Essa oposição de pares, argumenta Girard, tem origem na violência propiciatória.[88]

---

[86] Idem, p. 237.
[87] A arbitrariedade cultural das categorias do parentesco e seu afastamento das bases biológicas foram bem analisados por Marshall Sahlins em *Usos y Abusos de la Biología* (Madri, Siglo XXI, 1990) e por David Schneider em *American Kinship* (Chicago, University of Chicago, 1980).
[88] Uma vez mais, vê-se a influência que Derrida pode ter exercido sobre Girard, e vice-versa. Para Derrida, o pensamento binário também é violento, na medida em que suprime

O princípio elementar do mecanismo vitimário é que dois partidos deixarão de lutar se unirem esforços contra um terceiro. Este princípio é empregado cada vez que uma sociedade se encontra em crise e se formam alianças contra um inimigo comum. De acordo com Girard, "nunca existem mais de dois antagonistas ou dois partidos antagonistas num conflito. Assim que aparece um terceiro, os outros dois se põem de acordo contra ele ou ele se põe de acordo com um dos outros dois".[89]

De forma que, se o mundo se dicotomiza, tal é consequência lógica do mecanismo vitimário. O sistema de *moitiés* (metades exogâmicas) na instituição do parentesco é mais uma manifestação deste princípio.[90] De acordo com Girard, algumas sociedades, como, por exemplo, a dos nigas, encenam batalhas entre as metades, reproduzindo assim a crise sacrificial. Essa violência chega ao fim com a morte de um guerreiro, a qual restaura a paz social entre as metades indiferenciadas.

Todas as instituições que discutimos até agora têm origem em um só princípio, a saber, o mecanismo da vítima propiciatória. Como mencionamos, Girard sustenta que, atrás de todas essas manifestações culturais, se encontra um evento *real* no qual uma comunidade se conformou como tal por meio do assassinato coletivo de uma vítima. Mas Girard quer levar ainda mais longe o argumento,

---

um dos pares e privilegia o outro. A desconstrução busca demonstrar a arbitrariedade das diferenças entre os pares e, portanto, da pretensa supremacia de um sobre o outro. Algo similar tenta Girard nos sistemas de diferenças que viemos abordando.
[89] Op. cit., p. 128.
[90] Girard não menciona um fato que vale a pena destacar para apoiar ainda mais suas teorias: E. E. Evans-Pritchard é célebre na etnologia por ter estudado de perto algumas instâncias de "linhagens segmentares" entre povos africanos. No caso dos nueres, observados por Evans-Pritchard, as linhagens vivenciam um mecanismo de "fusão" em que várias unidades sociais em conflito deixam de lutar entre si para unir-se e conformar um segmento de maiores proporções, desde que lutem contra uma unidade de idêntica dimensão. Em outras palavras, as linhagens deixam de lutar entre si e se fundem para lutar contra uma terceira, constituindo isso uma forma de violência que propicia a paz social entre linhagens em conflito.

sugerindo que *todas* as instituições que definem o humano derivam deste mecanismo, e que o sagrado, para proteger a violência propiciatória e distingui-la da violência recíproca, é a matriz das demais instituições.

O sagrado tem origem na violência, e praticamente todas as manifestações religiosas o demonstram. Tomemos, por exemplo, o profundo respeito aos mortos que os antropólogos da religião documentaram de forma quase universal. O morto, por ser morto, é representante da violência. Não há violência pior que a morte. Assim, o morto desempenha o mesmo papel que a vítima propiciatória. O morto é objeto de todas as características que tradicionalmente definem a emoção religiosa: aterrorizador e salvador ao mesmo tempo, monstruoso e poderoso, em uma palavra, *ambivalente*. Já fizemos suficiente referência à ambivalência das vítimas propiciatórias.

Em várias sociedades apresentam-se ocasiões religiosas em que os mortos visitam os vivos. Tal "visita" não é mais que a representação de uma crise sacrificial onde as diferenças entre os mortos e os vivos se desvanecem. Uma vez mais, tal crise sacrificial se resolve com a expulsão da vítima propiciatória, a saber, os mortos. Voltam assim para seu reino. "São reexpulsos... ou se deixam reexpulsar com o estímulo ritual da comunidade. Entre o reino dos mortos e dos vivos, abre-se de novo a diferença."[91]

O morto é tomado, assim, da ambivalência característica da religião. Tal como a vítima propiciatória, ele reúne características contraditórias: é monstruoso e salvador ao mesmo tempo. São múltiplas as tradições religiosas que veem nos cadáveres uma fonte de impurezas. Mas algumas dessas mesmas sociedades praticarão a exumação dos corpos. O cadáver deixa assim de ser impuro, e passa a possuir poderes religiosos significativos. A morte desfruta, desse modo, de um culto importante na história das manifestações religiosas. O

---

[91] Op. cit., p. 265.

"morrer e renascer" que muitos antropólogos, notavelmente Mircea Eliade,[92] identificaram nas manifestações religiosas não é mais que uma continuação deste princípio.

Os deuses, como os mortos, também devem seu *status* religioso ao mecanismo vitimário. Mencionamos que, em primeira instância, os deuses não são mais que vítimas propiciatórias que, dado seu poder salvador, são elevadas a estatuto divino. Pois bem, alguns deuses certamente aparecem como vítimas, mas não todos. Muito pelo contrário, um bom número deles aparece como sacrificadores – o Dioniso de *As Bacantes*, para continuar com nosso exemplo. Girard resolve esse problema insistindo em que, se a vítima propiciatória passa de maléfica a benéfica, de monstro indiferenciado e impuro a herói salvador e fundador, o deus, enquanto vítima, também experimenta este processo de transformação. É a ambivalência o que permite tal alternância de papéis, passando-se de vítima propiciatória a sacrificador. Mais ainda, à religião o que interessa é que se leve a efeito a violência propiciatória; realmente importa pouco como esta seja distribuída: "o pensamento religioso concebe todos os participantes no jogo da violência, tanto os ativos como os passivos, como *duplos* entre si".[93]

O sagrado aparece assim com dupla face: *sacer*, sagrado e maldito ao mesmo tempo. Esta dualidade é compreensível, argumenta Girard, se se tem presente a identidade entre a violência e o sagrado. A violência é má e boa ao mesmo tempo; pode ser recíproca ou propiciatória, destrutiva ou salvadora. Em muitas sociedades, o metal, representação da violência, é objeto sagrado. Tal como a violência, o metal possui um duplo gume que é preciso manter separado. Mais ainda, muitas linguagens reconhecem perfeitamente a identidade do sagrado e do violento, especialmente o grego. O vocábulo *hieros*, por exemplo, refere-se a uma única realidade: força vital, violência

---

[92] *La Búsqueda*. Barcelona, Kairós, 1998.
[93] René Girard, *La Violencia y lo Sagrado*, p. 261.

sagrada. *Krateros* pode qualificar tanto os deuses quanto as criaturas selvagens e violentas.

Os ritos de iniciação tampouco escapam à identidade de *A Violência e o Sagrado*. Em todo rito de iniciação, o neófito cumpre uma série de passos ou etapas que marcarão uma distinção em sua vida. O iniciado passa de uma etapa a outra, mas esse processo não é imediato. Deve permanecer num estado de transição, o que Victor Turner denominou *liminaridade*.[94] Esse estado, argumenta Girard, é representativo da indiferenciação: não se consegue distinguir a qual das duas etapas pertence o iniciado. De forma que, tal como a vítima propiciatória em estado de impureza, "o indivíduo em estado de passagem é assimilado à vítima de uma epidemia, ou ao criminoso que ameaça distribuir violência ao seu redor".[95] Procede-se assim a seu isolamento.

Tudo se resolve, mais uma vez, com violência. A passagem de uma a outra etapa é pautado por duras e desagradáveis provas que o neófito tem de suportar; muitas vezes elas são explicitamente violentas. A violência permite confirmar a passagem de uma a outra etapa, restabelecendo assim as diferenças. Tal como o deus que alterna entre o papel de vítima e do de sacrificador, uma vez iniciado, o neófito tem oportunidade de exercer a violência sobre novos candidatos à iniciação, repetindo e comemorando uma vez mais a crise sacrificial e sua resolução.

As práticas xamânicas também devem ser entendidas nesse contexto. O xamã costuma empregar técnicas violentas para a cura. O princípio religioso que se encontra atrás da prática xamânica é que o maléfico pode converter-se em benéfico, ou seja, a violência pode adquirir propriedades medicinais. Como a vítima propiciatória, o xamã perfaz uma série de passos para sua iniciação, passos esses que são constituídos pela violência. Girard escreve:

---

[94] *El Proceso Ritual*. Madri, Taurus, 1988.
[95] René Girard, *La Violencia y lo Sagrado*, p. 293.

> Em certas culturas por vezes muito afastadas entre si, na Austrália e na Ásia especialmente, a iniciação culmina num sonho de desmembramento ao fim do qual o candidato desperta, ou melhor, ressuscita em forma de xamã perfeito. Esta prova suprema se assemelha ao despedaçamento coletivo da vítima no *diasparagmos* dionisíaco e em grande número de rituais de procedências muito diferentes.[96]

O xamã atua como um agente que *expulsa* a doença. Esta é, então, assimilada à crise. O corpo do enfermo, assimilado ao corpo social, se cura na medida em que se expulsa o impuro, os demônios que propiciam a doença. Os gregos também conheciam este princípio religioso: através do ritual, extraíam o *katharma*, as impurezas que contaminavam o sagrado. Mas acrescente-se que tais "impurezas" não são simples micróbios. Como o *pharmakós*, o *katharma* também pode referir-se a uma vítima humana.

Katharsis é a palavra que os gregos empregavam para referir-se ao estado benéfico em que uma comunidade entrava após a expulsão dos *katharma*. O corpo social se encontrava purificado mais uma vez. Da mesma forma como fazem os xamãs, Freud assimilou o catártico ao medicinal, referindo-se ao estado de purificação mental que surge após a eliminação de sentimentos e emoções daninhos. A medicina contemporânea tampouco é alheia a este princípio: busca a eliminação do daninho, muitas vezes aplicando ao organismo uma dose menor da mesma substância daninha.

Mas a origem do catártico continua a ser social, ou seja, deriva do mecanismo vitimário. Há catarse quando a comunidade consegue libertar-se de seus rancores, concentrando-os numa vítima

---

[96] Idem, p. 298.

propiciatória e eliminando-a, de forma que, ao dissipar-se, a vítima carrega todas as impurezas da comunidade.

Se Aristóteles reservava para a tragédia uma função catártica, é porque a arte trágica é derivada do ritual. E ambos possuem uma estrutura sacrificial, na medida em que sua origem é o mecanismo da vítima propiciatória. Na tragédia, a comunidade se livra das impurezas e experimenta uma regeração de suas emoções. A audiência transfere suas impurezas (destacando, é claro, a violência recíproca) ao herói trágico, que deve morrer ou ser expulso. Os traços que Aristóteles reserva para o bom herói trágico são os traços que até agora atribuímos às vítimas propiciatórias: tanto o herói quanto a vítima devem ser próprios e estranhos ao mesmo tempo, e, mais ainda, de caráter ambivalente. São bons e nobres, mas cometem uma falta: o suficiente para legitimar sua execução.

O próprio canibalismo tem origens no mecanismo da vítima propiciatória. Boa parte das práticas canibais documentadas é acompanhada de um marco ritual. Girard estuda um rito canibal em particular para demonstrar que a antropofagia também deve ser entendida neste contexto. Entre os tupinambás do Brasil, documentou-se que, em tempo de guerra, os inimigos capturados são levados às aldeias para ser sacrificados e devorados. Mas antes os prisioneiros são assimilados à vida comunitária, em que passarão meses, convivendo com seus futuros devoradores. Às vezes o prisioneiro recebe um tratamento muito respeitoso; outras vezes é desprezado e insultado. Antes de ele morrer, estimula-se ritualmente a fuga do prisioneiro, que é novamente capturado. Depois, é privado de alimentos, razão por que tem de roubá-los. Finalmente, é sacrificado e devorado.[97]

---

[97] Esses costumes foram encontrados também em outras regiões das Américas. Sebastián Robiou Lamarche (*Taínos y Caribes: las Culturas Aborígenes Antillanas.* San Juan de Puerto Rico, Punto y Coma, 2003), citando viajantes franceses do século XVII, descreveu como os caribes antilhanos organizavam rituais antropofágicos, nos quais a vítima, antes de ser consumida, era integrada à vida comunitária: "se o cativo fosse muito jovem, era

Esse rito canibal evidencia muitos dos temas que assinalamos nas sequências rituais e mitológicas. O prisioneiro servirá de vítima propiciatória porque é estrangeiro, com o que não se corre o risco de sua morte ser vingada. Mas, ao mesmo tempo, deve ser integrado à vida comunitária; do contrário, como poderá levar consigo a transferência da violência?

Ele recebe um tratamento próprio dos prisioneiros, mas ao mesmo tempo é tratado como um hóspede. Como toda vítima propiciatória, é boa e má ao mesmo tempo. Podemos ver neste duplo tratamento as origens e a natureza das monarquias: o rei só exerce poder sobre seus súditos na medida em que serve de próxima vítima propiciatória. As execuções revolucionárias não são mais que uma extensão deste princípio.

Para legitimar sua execução, de forma que a transferência consiga seu efeito e a participação seja unânime, o prisioneiro é obrigado a fugir e a roubar alimentos. Tal como o rei africano, incentiva-se que transgrida as proibições para que sua execução seja totalmente legítima.

Quando finalmente é sacrificado, consome-se sua carne. Girard vê no canibalismo uma forma de apropriação dos poderes que a vítima concentra.[98] Se, antes de morrer, a vítima é objeto de impurezas e desprezos, após a morte dá paz e unidade à comunidade, e, por conseguinte, seu corpo é nutrido de vitalidade. Nas palavras de Girard: "a carne da vítima é necessariamente consumida depois da imolação, ou seja, uma vez que a violência maléfica se metamorfoseou completamente em substância bené-

---

integrado à vida cotidiana de aldeia até fazer entre 18 e 20 anos de idade. De qualquer modo, durante uns cinco ou seis meses antes do sacrifício, davam-lhe de comer e beber tudo o que quisesse, enquanto descansava numa rede" (p. 195).

[98] Essa interpretação do canibalismo foi fecunda e extensamente empregada na antropologia. Ver particularmente Peggy Reeves Sanday, *Divine Hunger: Cannibalism as a Cultural System*. Cambridge, Cambridge University Press, 1986.

fica, inteiramente convertida em fonte tanto de paz quanto de boa vitalidade e fecundidade".[99]

De forma que, para além da pluralidade de suas representações, as instituições religiosas, e especialmente os ritos, guardam uma unidade entre si. Todas e todos se referem a uma realidade única e dela resultam: o mecanismo da vítima propiciatória. A violência propiciatória dá origem ao sagrado, e depende dele para seu estabelecimento. Só o sagrado pode proteger o violento, só o sagrado pode transformar o maléfico em benéfico, ao mesmo tempo que os mantém separados. A existência da Cultura é condicionada pela segurança da vida comunitária, da paz e da unidade social. Parafraseando Durkheim, o sagrado deve ser assimilado ao social. O sagrado provê o espaço necessário para que surjam as demais instituições que sustentam a vida cultural. Assim, a violência propiciatória dá origem ao sagrado, e este sustenta o restante da cultura.

Nesse sentido, a religião não é o único conjunto de instituições que remontam ao mecanismo vitimário. Girard é radical em seu argumento, e sugere que *todas* as instituições culturais têm origem no mecanismo em questão. Já vimos os princípios subjacentes à monarquia e ao poder político. Também assinalamos o princípio sacrificial que subjaz ao sistema judicial. Girard acrescenta que, em alguns sistemas judiciais, a pena capital era inseparável do sacrifício e de seu marco religioso, especialmente na Grécia antiga.

Igualmente, abordamos os princípios que sustentam as regras da exogamia. Mais ainda, a exogamia serve como forma de aliança contra um inimigo. Incorporando um estranho à unidade familiar, mantém-se em reserva uma vítima propiciatória suficientemente própria e alheia para ser executada. Entre os tupinambás, *tobajara* se refere à vítima do festim canibal. Mas, ao mesmo tempo, significa *cunhado*. Inimigo e cunhado vêm a ser, então, o mesmo. Pode-se

---

[99] *La Violencia y lo Sagrado*, p. 289.

suspender a violência contra um irmão se se conforma uma união contra um terceiro: o cunhado. Nas palavras de Girard: "o movimento sacrificial substitui o irmão pelo cunhado como objeto de hostilidade".[100]

Esse é o mesmo princípio que fundamenta a guerra, uma instituição fundamental da Cultura: as guerras resolvem as querelas internas da comunidade, projetando a violência interna para o exterior, para o inimigo. Acrescentamos que, muitos séculos antes de Girard, o grande filósofo árabe Ibn Khaldun já havia percebido que o espírito guerreiro de uma tribo contribui para o fortalecimento de sua *asabiyah*, sua solidariedade.[101]

Girard elabora todo esse percurso por diversas manifestações rituais e instituições culturais para chegar a uma conclusão similar à de Freud: a Cultura tem origem num evento fundador violento e *real*. Não se trata de uma simples fábula. A coincidência de todos estes temas impossibilita descartar esta hipótese. O mecanismo da vítima propiciatória teve de ser empregado pelos primeiros hominídeos

---

[100] Idem, p. 291. Ainda que Girard não o tenha proposto, esta concepção da exogamia serve para abordar um dos problemas mais discutidos na etnologia: o matrimônio entre primos cruzados (primos cujos pais são irmãos de sexo diferente), o qual é praticado em grande número de sociedades. Até o começo do século XX, não havia consenso entre os antropólogos acerca da diferença entre "parentesco" e "filiação", e não concebiam que os indivíduos estranhos à linhagem de *ego* também fossem seus parentes – por exemplo, o irmão da mãe e seus filhos numa sociedade patrilinear, etc. Com base nos estudos de W. H. Rivers, os antropólogos conseguiram distinguir entre "parentesco" e "filiação", e concebem perfeitamente o fato de que alguns indivíduos, mesmo não fazendo parte da linhagem de *ego*, continuam a ser seus parentes. O matrimônio entre primos cruzados busca unir este tipo de parentes. Logicamente, o matrimônio entre primos cruzados é regido por leis exogâmicas (se uma sociedade fosse regida por leis endogâmicas, então recorreria ao matrimônio entre primos paralelos, ou seja, primos cujos pais são irmãos do mesmo sexo). Mas, mesmo obedecendo às regras exogâmicas, o matrimônio entre primos cruzados une indivíduos que são parentes, apesar de não fazerem parte da mesma linhagem. De forma que, por meio do matrimônio entre primos cruzados, as unidades sociais incorporam indivíduos que são estranhos e próximos ao mesmo tempo: parentes, mas não membros da linhagem. Essa dualidade alheio/próprio corresponde às características reservadas por Girard para as vítimas sacrificiais.
[101] Heinrich Simon, *Ibn Khaldun's Science of Human Culture*. New Anarkali, Sh. Muhammad Ashraf, 1978.

para construir o espaço de paz e unidade social necessário para a existência da Cultura. Cada cultura em particular comemora este acontecimento universal. Mas, contrariamente ao que sugeria Freud, não se limita a uma simples comemoração. Trata-se antes de uma contínua execução para resolver qualquer crise. O mecanismo propiciatório não ocorreu de uma vez por todas na origem da cultura. Muito pelo contrário, sucede em todos os aspectos de nossa vida e em diferentes níveis.

Os ritos servem de encenação e comemoração do mecanismo vitimário, a fim de *prevenir* futuras crises. Os mitos comemoram este evento, a fim de que fique impresso na memória coletiva. Mas nem o mito nem o rito compreendem plenamente o mecanismo que eles mesmos comemoram. Tanto o rito como o mito são uma *exculpação* da comunidade. A comunidade chega a crer que a vítima concentra todas as impurezas sem que estas tenham sido transferidas coletivamente. É por isso que procedem a uma *distorção* da vítima e dos acontecimentos, especialmente através do mito. Tanto o rito quanto o mito impõem diferenças que são totalmente arbitrárias (a vítima culpada *versus* a comunidade inocente; violência profana *versus* violência sagrada), e não conseguem desvelar essa arbitrariedade. Tanto os ritos quanto os mitos *mistificam* a realidade que representam, procedendo a uma distorção dos fatos. Veem no gesto violento um mandado dos deuses, quando na verdade não é mais que uma extensão da mesma violência que se pretende erradicar.

O gênio dos trágicos contribui para esse desvelamento, mas só parcialmente. Muito sumariamente, Girard menciona ao longo de *A Violência e o Sagrado* que entre os trágicos, os pré-socráticos e os Profetas bíblicos existem paralelismos no referente à desmistificação da violência e à desconstrução das diferenças impostas pelo sagrado. Ficaria para seu próximo livro uma análise completa da forma como não só os Profetas, mas a Bíblia em geral, procedem à desmistificação da violência e à desconstrução do mecanismo propiciatório.

*

A Violência e o Sagrado deslumbra pela enorme quantidade de temas que reúne, bem como por seu enfoque multidisciplinar. Mas, para dizer a verdade, esta é a única forma possível de propor uma hipótese de tal envergadura, a saber, que tudo o que caracteriza a vida cultural e, em suma, o humano tem origem num mecanismo violento fundador que é comemorado e empregado periodicamente.

Após a publicação de *Mentira Romântica e Verdade Romanesca*, Girard tornou-se renomado entre os críticos literários. Agora, pretendia abrir caminho no campo da etnologia. Certamente Girard não tinha a formação etnológica que muitos dos antropólogos receberam, mas surpreende o ímpeto com que ele, de forma autodidata, deve ter lido as grandes monografias etnográficas e tratados etnológicos para recolher a informação necessária que sustenta sua tese, bem como para compreender as implicações que os dados podiam revelar à luz das interpretações que a etnologia tradicionalmente formulou.

De modo que, em primeira instância, sem nada que temer, Girard escrevia *A Violência e o Sagrado* como um texto erudito que pretendia colocar-se ao lado de outras teorias etnológicas do sacrifício, e debater com elas.

Junto ao parentesco, o sacrifício foi um dos primeiros temas a ocupar a atenção dos etnólogos. Tylor viu no sacrifício uma forma de "presente" aos deuses, destacando assim sua proeminência como "oferenda".[102] Entrega-se uma vítima e espera-se que, em troca, os deuses respondam com benefícios para os mortais. Frazer, por seu lado, atribuía ao sacrifício a comemoração dos ciclos naturais da vegetação. A vítima sagrada, muitas vezes constituída pelo rei e pelo deus agonizante, devia morrer periodicamente para libertar e renovar o espírito religioso. Como no paradigmático culto a Diana, o qual serviu de tema central para a escrita de *O Ramo*

---

[102] E. B. Tylor, *Primitive Culture*. Nova York, Harper, 1958.

de Ouro, o sacrificador herdaria os poderes da vítima, e tempo depois, ele mesmo seria a vítima.

Robertson Smith apresentou uma interpretação muito diferente do sacrifício, e postulou que o ritual sacrificial era um festim gastronômico em que, uma vez por ano, se matava e ingeria o animal totêmico, do qual os sacrificadores julgavam descender. Compartilhando a carne, os sacrificadores uniam laços entre si, bem como vivenciavam uma comunhão com o animal totêmico ao ingerir sua carne.[103]

Durkheim foi notavelmente influenciado pela interpretação sociológica de Smith, e enfatizou o papel do social na religião. Igualmente, seu sobrinho e discípulo, Marcel Mauss, junto com Hubert, consideravam o sacrifício como uma ponte entre a coletividade e os deuses.[104] Por meio do sacrifício, comunicam-se as esferas do sagrado e o profano, aproximam-se os mortais dos deuses. Evans-Pritchard, sempre cético, rejeitou essa interpretação. Assinalava que, entre os nueres, o sacrifício busca a *separação* entre deuses e mortais, muito mais que sua união. Trata-se de manter afastado o Espírito, cuja presença causa angústia entre os fiéis, apesar de, em muitas ocasiões, o sacrifício servir como meio de integração comunitária, simbolizando o fim das vinganças entre diferentes segmentos sociais.[105]

A interpretação que Girard oferece tem a vantagem de prescindir de deuses e espíritos. Desde Tylor, fundador da teoria animista da religião, os etnólogos tiveram dificuldade em pensar o religioso e o sacrifício para além dos deuses. Girard tem o mérito de ultrapassar estas limitações, demonstrando que o sacrifício concerne a uma realidade muito mais simples e muito mais transcendente ao mesmo tempo: a integração e a paz social. De forma que a interpretação de

---

[103] Robertson Smith, *Lectures on the Religión of the Semites*. Edimburgo, Black, 1889.
[104] Henri Hubert; Marcel Mauss, *Sacrifice: Its Nature and Function*. Londres, Cohen and West, 1964.
[105] E. E. Evans-Pritchard, *La Religión Nuer*. Madri, Taurus, 1980.

Girard é em boa parte uma continuação da interpretação sociológica de Robertson Smith; mas mesmo este não conseguia conceber o sacrifício sem deuses e/ou animais totêmicos. Ampliando o sacrifício para esferas que transcendem a presença dos deuses, Girard esclarece muitas práticas ritualmente violentas que se executam sem altares, sacerdotes ou espíritos. A execução de um Luís XVI é tão sacrificial quanto a imolação da vítima sagrada no altar dos deuses.

Durkheim foi um dos primeiros a prescindir dos deuses no estudo da religião. A categoria do "sagrado" passou a ser central para compreender o religioso, deslocando assim suas personificações. É muito evidente a imensa dívida intelectual que Girard tem com o mestre francês, apesar de ele ser citado muito poucas vezes em *A Violência e o Sagrado*. Para Girard, o sacrifício concerne à construção de um espaço sagrado no qual a violência fique suspensa. Os deuses e os espíritos são muito posteriores e secundários. Mais ainda, tal como Durkheim, a interpretação de Girard é uma interpretação *sociológica* da religião. A violência propiciatória enseja o social, e ao final isto se transforma em matriz de todo o sagrado.

Na teoria de Girard, a violência constitui o fundamento da prática sacrificial. Realiza-se o sacrifício como uma forma de canalização da violência comunitária para uma só vítima. Mas a evidência etnológica revela que a violência não é necessariamente o traço elementar do sacrifício. Onde havemos de situar as oferendas vegetais, praticadas em muitas sociedades agrárias, especialmente na Ásia e nas Américas? Um pedaço de tomate não pode canalizar a violência comunitária, e, no entanto, a oferenda vegetal tem um marcado acento sacrificial, na medida em que propicia o sagrado. Tampouco considera Girard o valor econômico que o ritual sacrificial tem para as comunidades que o executam, variável que é impossível não levar em conta na hora de nos aproximarmos da instituição do sacrifício.

Do mesmo modo, para Girard o sacrifício é necessariamente coletivo. Só assim ele cumprirá sua missão substituta, ou seja, só assim a vítima substituirá a comunidade recebendo sua violência. Os rancores devem ser canalizados para uma vítima, de forma que, ao morrer, purifique a comunidade inteira. Deve haver unanimidade, dado que, se a vítima contasse com simpatizantes e defensores, sua morte seria vingada e o conflito, em vez de ser resolvido, se prolongaria ainda mais. Já mencionamos as raízes durkheimianas desta teoria.

Foram vários os etnólogos que reagiram a tais determinismos sociológicos no estudo antropológico do rito sacrificial e da religião em geral, e destacaram a proeminência de representações *individuais*. O mais eminente destes foi Evans-Pritchard, quem estudou a instituição sacrificial muito de perto. Evans-Pritchard indicava numa célebre frase de *A Religião Nuer*: "Foi Durkheim, e não o selvagem, quem fez da sociedade um deus".[106] Apesar de boa parte das instâncias sacrificiais documentadas por Evans-Pritchard entre os nueres serem de caráter coletivo e serem destinadas à resolução de conflitos e ao final das vinganças, o etnólogo inglês insistia em que, neste povo africano, o sacrifício era, antes de tudo, uma prática individual. Os nueres são muito preocupados com a noção do "pecado", e o sacrifício busca principalmente a *expiação*. O conceito nuer de divindade, o Espírito, é o de que ele é "como o vento". Sua presença pode chegar a ser muito angustiante, e o sacrifício busca *afastar* o Espírito. A identificação do nuer com seu gado é muito intensa, e o próprio Girard citou estas observações. Evans-Pritchard insiste em que, quando o nuer sacrifica a rês, realmente está sacrificando uma parte de si mesmo. Surge assim o caráter individualizado do sacrifício. O fiel entrega um pedaço de seu corpo ao Espírito para expiar as faltas que cometeu. Expiam-se assim os pecados, e a relação entre o Espírito e o sacrificante é restaurada. Uma vez restaurada a relação, o Espírito se afasta, pois o mortal já não está em dívida com ele, e o sacrifício cumpre assim sua missão, a qual consiste em separar Deus dos mortais. Uma descrição como a de Evans-Pritchard lança dúvidas sobre as teorias de Durkheim e seus herdeiros, incluindo Girard.

---

[106] *La Religión Nuer*, p. 370.

O que distingue um antropólogo como Evans-Pritchard de um autor como Girard é fundamentalmente a *autoridade* etnográfica de seus escritos. Depois de Malinowski, Evans-Pritchard é talvez o maior dos mestres no trabalho de campo. Viveu com os nativos, e incansavelmente buscou compreender seu mundo. As monografias etnográficas de Evans-Pritchard brilham por seu caráter essencialmente descritivo. Narra-se o mundo dos primitivos tal como foi observado pelo etnógrafo. Se existem considerações teóricas nos escritos de Evans-Pritchard, estas raras vezes se manifestam em termos abstratos; o etnógrafo deixa que os dados recolhidos falem por si sós. Esta primazia da observação e da coleta de dados *específicos* sempre levou Evans-Pritchard a advertir seus leitores de que suas dissertações atendiam a realidades *particulares*. Para Evans-Pritchard, era praticamente impossível formular teorias de grande envergadura e universalistas, dado que o teórico não conhece os detalhes de *todos* os povos do mundo. Evans-Pritchard fala do sacrifício como de expiação individual apenas no caso dos nueres, dado que sua experiência etnográfica lhe concedeu a autoridade para fazê-lo. Este espírito particularista foi defendido ainda mais pela figura de maior destaque da antropologia na atualidade, Clifford Geertz.

Girard nunca fez trabalho de campo. Contudo, impressiona como conhece detalhadamente muitas sociedades. Mas passar horas numa biblioteca não pode dar-lhe a autoridade etnográfica que o pesquisador de campo possui.[107] Girard opta por uma antropologia

---

[107] Girard tentou defender-se dessa crítica em várias ocasiões. Em *Literatura, Mímesis e Antropología*, escreve: "Muitas pessoas se sentem autorizadas a descartar até os maiores teóricos do nosso tempo simplesmente porque podem murmurar uma para a outra: 'Entendo que esse homem fez muito pouco trabalho de campo". Ninguém quer minimizar as realizações do trabalho de campo. E essas realizações são ainda mais valiosas porque já não podem ser levadas a efeito outra vez. Quase em nenhuma parte o culto primitivo sobrevive sem adulterações. Como essa situação piora, por quanto tempo será possível ainda considerar o trabalho de campo como o principal fator determinante de competência em todos os campos da antropologia, incluindo o da religião primitiva?" (p. 16-17). Em *Les Origines de la Culture* (Paris, Desclée de Brouwer, 2004), defende-se assim: "Como fazer trabalho de campo sobre fatos que remontam a dezenas, centenas de milhares de anos? (...) Se eu acredito na pesquisa científica, preciso acreditar no que

universalista que parte de um só princípio, a saber, o mecanismo vitimário. Sua teoria abandona assim a particularidade das instituições, buscando um princípio comum. No processo, corre o risco de passar da etnologia à metafísica, na medida em que atribui a todos os elementos estudados um mesmo princípio subjacente.

Convém resgatar aqui as recomendações de Clifford Geertz, e pensar sobre a forma como um antropólogo como Girard estrutura um texto. A retórica antropológica revela muito das intenções do autor, bem como seus conteúdos.[108] Girard não é o primeiro a elaborar teorias universalistas com base em dados particulares recolhidos por outros. De fato, foi este estilo o que marcou a pauta para as primeiras décadas da antropologia como disciplina. Autores como Tylor, Frazer, Mauss e Levy-Bruhl fossem conhecidos como *armchair anthropologists*, "antropólogos de gabinete" que recolhiam os dados dos etnógrafos e os interpretavam, construindo assim grandes teorias universalistas. Escreviam monumentais tratados sobre pessoas que nunca tinham visto. Quando perguntaram a Frazer se alguma vez conhecera algum nativo, ele respondeu: "Deus me livre!"

Tal como Frazer, a retórica antropológica de Girard pretende alcançar uma teoria universalista sem ele nunca ter visto um nativo, prescindindo assim das particularidades contextuais de cada uma das instituições que estuda. É significativo que Girard não especifique a origem étnica e geográfica de várias das instituições que cita. Por exemplo, quando Girard aborda por primeira vez o rito de incesto real, especifica que se desenvolve em algumas regiões da Suazilândia. Mas, a partir desse momento, cada vez que volta a mencioná-lo, cita-o como o incesto do "rei africano". Por acaso *todos* os reis da África participaram deste ritual? Girard despoja de especificidade as instituições, fala delas em termos gerais,

---

as descobertas e as interpretações de meus colegas arqueólogos ou paleontólogos me trazem" (p. 195).
[108] Clifford Geertz, *El Antropólogo como Autor*. Barcelona, Paidós, 1997.

suprimindo as diferenças que possam existir entre uma e outra. No final, para ele, todas terminam sendo a mesma coisa.[109]

Este estilo antropológico pretende impor sua autoridade não com base na experiência etnográfica e na proximidade com o objeto estudado, mas com base nas qualidades *racionalistas* do autor. O *armchair anthropologist* apresenta-se como um dotado intelectual capaz de integrar, num sistema teórico, dados muito diversos entre si. O etnógrafo fornece os dados, e o *armchair anthropologist* os interpreta, dados seus dotes intelectuais. Foi o que Tylor e Frazer fizeram com suas teorias evolucionistas, e Lévy-Brühl com sua teoria da mentalidade primitiva.

Depois de Malinowski, foi praticamente impossível voltar a esse estilo de antropologia. Talvez Girard seja o último dos *armchair anthropologists*. Como seus antecessores vitorianos, Girard analisa dados recolhidos por outros, de forma que lhe é impossível conhecer as particularidades e os detalhes das instituições que estuda. Tal como num Frazer, a pluralidade dos dados são sintetizados num só sistema teórico. Ele pretende construir sua autoridade com base em seus dotes racionalistas para integrar dados aparentemente diversos num só fio de pensamento.

Os *armchair anthropologists* tinham uma missão muito clara: descobrir as origens. Tylor formulou o conceito do *survival*, a relíquia, para referir-se a instituições que sobrevivem hoje em dia, mas que servem de janela para o passado. Seus sistemas teóricos estavam, assim, conformados como uma tentativa de esclarecer os modos de

---

[109] Conviria levar em conta as contribuições de um crítico pós-colonialista como Edward Said. Em sua obra *Orientalismo* (Madri, Debate, 1992), ele argumenta que uma das estratégias mais recorrentes entre os autores influenciados pelo colonialismo (de forma consciente ou não) é precisamente prescindir das diferenças entre um povo e outro. Assim, constrói-se um conceito genérico para manter uma distância entre um "nós" ocidental e colonizador e um "eles" exótico e colonizado. Certamente é isso o que, às vezes, tenta fazer Girard, resumindo todos os primitivos em uma só categoria para assim contrastá-los com os modernos.

vida dos primeiros homens. Disso derivava seu *evolucionismo*, ou seja, a teoria de que toda a humanidade passou pelos mesmos estágios de evolução. Os primitivos são uma "relíquia" desse passado.

O evolucionismo assimila o nativo contemporâneo ao homem do passado. Ele aparece assim num profundo tom etnocêntrico, que assimila o não ocidental a uma etapa inferior da evolução. Girard recorda este evolucionismo e postula que sua teoria sobre as origens tem o mesmo conteúdo empírico que a teoria darwinista da evolução: apesar de não se ter estado ali para conhecer os detalhes da evolução, é possível esboçá-los por meio dos fósseis. Em suas próprias palavras: "só se pode chegar à ideia da evolução ao fim de aproximações e de recortes entre dados, *os restos fósseis dos seres vivos, que correspondem aos textos religiosos e culturais na nossa própria hipótese*".[110] A assimilação do fóssil às instituições religiosas é totalmente explícita. Tal como para Tylor, para Girard as instituições religiosas são relíquias de um passado, e através dessas relíquias podemos conhecer os detalhes das origens. Girard, então, tem alguma ressonância com os antropólogos evolucionistas do século XIX, que assimilavam a evolução biológica à evolução social. Ao menos desde os trabalhos de Franz Boas e seus estudiosos, tornou-se cada vez mais difícil assimilar o nativo ao primigênio. Vale a pena citar esta passagem do eminente arqueólogo V. Gordon Childe, como advertência contra procedimentos como o de Girard:

> podemos ser incitados a ir mais adiante e ver nas instituições, ritos e crenças dos selvagens a imagem viva daqueles aspectos da vida e cultura pré-históricos a respeito dos quais a arqueologia guarda inevitável silêncio. A perspectiva é tentadora, mas o leitor não se deve deixar enganar por seus atrativos. Por acaso o fato de

---

[110] René Girard, *La Violencia y lo Sagrado*, p. 323. Grifo nosso.

> a vida econômica e a cultura material destas tribos se terem 'detido' numa etapa do desenvolvimento pelo qual passaram os europeus há 10 mil anos permite concluir que seu desenvolvimento mental se deteve completamente no mesmo ponto?[111]

É a falta de conhecimento dos detalhes das instituições o que leva Girard a integrar todos os dados em um só sistema teórico. Precisamente pelo fato de não conhecer os detalhes, porque, tal como Frazer, de fato nunca conheceu um nativo, Girard interpreta os dados de uma perspectiva inteiramente ocidental. Em seu sistema teórico, o nativo não sabe o que faz. O participante do rito não sabe que está projetando sobre a vítima uma culpa que na verdade é dele mesmo, não está a par da distorção que vivencia. Não compreende a arbitrariedade das diferenças entre uma violência e outra, entre a comunidade e a vítima. Através do rito sacrificial empregam-se uma série de símbolos e leva-se a efeito um mecanismo que o próprio participante não chega a compreender. É preciso que o ocidental os descubra e os esclareça ao próprio nativo.

O sistema teórico de Girard se sustenta totalmente sobre a perspectiva *etic*, ou seja, a linguagem e os pontos de vista do antropólogo. Nunca se aproxima da perspectiva *emic*, a linguagem e os pontos de vista do nativo. Como bom racionalista, Girard suprime a interpretação que os nativos fazem de suas próprias instituições, e prefere interpretá-los segundo seu próprio sistema. David Schneider[112] foi o antropólogo que mais advertiu sobre os perigos etnocentristas quando se desconsidera o ponto de vista do nativo.[113]

---

[111] V. Gordon Childe, *Los Orígenes de la Civilización*. México, Fondo de Cultura Económica, 2004, p. 70.
[112] *A Critique of the Study of Kinship*. Ann Arbor, The University of Michigan Press, 1984.
[113] É curioso que Schneider tenha sido convidado para o simpósio organizado por Girard na Universidade Johns Hopkins mas, por motivos de saúde, não tenha podido comparecer.

Se a antropologia de Girard é totalmente fundamentada sobre a perspectiva *etic*, é porque, tal como os *armchair anthropologists*, Girard nunca teve oportunidade de escutar os pontos de vista dos nativos. Nisto ele difere significativamente de autoridades etnográficas como Evans-Pritchard, por exemplo, que concluiu que o sacrifício nuer busca a expiação em boa medida por terem sido os próprios nativos que lhe tinham oferecido esta interpretação.

Girard interpreta dados que foram recolhidos e muitos deles previamente interpretados por ocidentais. De forma que suas conclusões já estão condicionadas a refletir o ponto de vista ocidental. Os preconceitos e as distorções podem aparecer neste processo. Por exemplo, vimos que Girard fundamenta parte de sua teoria com ritos canibais que foram observados por ocidentais. Recentemente, a antropologia levantou suspeitas sobre a existência de tais ritos e viu em muitas das crônicas uma distorção colonialista.[114] Nesse sentido, Girard pretende impor sua autoridade etnológica através de uns textos que, não só foram escritos por ocidentais, mas que também, possivelmente, levem consigo os preconceitos e as distorções dos próprios autores ocidentais.

Apesar de Girard pretender defender-se de seus críticos assimilando sua teoria sobre as origens à teoria darwinista da evolução, sua hipótese continua sem firmeza empírica. Repita-se que é muito difícil ver nas representações rituais e mitológicas contemporâneas relíquias do passado. Fazê-lo seria assimilar os nativos a estados inferiores da evolução social, da mesma forma como os fósseis que o paleontólogo encontra são assimilados a espécies inferiores ao *Homo sapiens*. Desde o desenvolvimento da filosofia do Círculo de Viena, há uma corrente que desconfia de teorias que não possam ser verificadas. Tal corrente estimula perguntas como: pode-se verificar se, há milhões de anos, uma coletividade de hominídeos assassinou

---

[114] Veja-se particularmente Alberto Cardin, *Dialéctica y Canibalismo*. Barcelona, Anagrama, 1994.

uma vítima? Talvez esse critério de verificação seja demasiado rígido. Contudo, ao menos serve para encorajar os seguidores da teoria mimética a buscar maior sustentação empírica.[115]

Também é questionável a ênfase que Girard dá ao papel da violência propiciatória na resolução de crise e conflitos. Certamente é difícil refutar a proeminência que o mecanismo vitimário desempenha na conformação de comunidades humanas. Em um ou em outro cenário, dois partidos deixarão de lutar entre si se se unirem contra um terceiro. Das comunidades agrícolas até o mundo corporativo industrial, muitas crises são resolvidas desta forma. Porém, atribuindo ao mecanismo vitimário *a única* solução para a violência, Girard despoja o humano da capacidade de construir espaços de paz social de outras maneiras.

Girard é de todo contrário à ideia do contrato social, muito popular entre os filósofos do século XVIII. Para Girard, antes do diálogo e do acordo, está a violência. Mas os antropólogos nos falam de instituições que fortalecem a unidade e a paz social, sem necessariamente recorrer à violência propiciatória. Lévi-Strauss, por exemplo, estuda a forma como a exogamia contribui para o fortalecimento de alianças, embora, como já vimos, Girard considere que as regras de exogamia também tenham origem no mecanismo vitimário.

No entanto, existem formas de facilitar a unidade social que prescindem da violência. A troca e o comércio são alguns exemplos. Marcel Mauss estudou de perto como a troca de presentes fortalece

---

[115] Uma conclusão similar é formulada pelo antropólogo Renato Rosaldo, ao se confrontar às teorias de Girard: "Minha impressão geral ao ler as discussões [de Girard e de outros] sobre o que ocorreu na época do Paleolítico é como a do camponês de Vermont: pode ter sido assim, mas também pode ter sido de outra maneira. Não encontro razões para crer ou deixar de crer nas histórias sobre a origem dos sacrifícios nessas discussões" ("Anthropological Commentary". In: Robert Hamerton-Kelly (ed.), *Violent Origins*. Stanford, Stanford University Press, 1987, p. 239). A nosso ver, a opinião de Rosaldo é um tanto extrema, pois descarta completamente as possibilidades epistemológicas da paleontologia, disciplina que ofereceu frutíferos resultados.

os laços entre dadores e receptores, sem necessidade de se recorrer à violência propiciatória. Não obstante, Girard tenta defender-se argumentando que os primeiros objetos trocados foram os cadáveres e as vítimas sacrificiais, de forma que o próprio comercio tem origem no mecanismo vitimário.

A linguagem, a forma primordial de troca, também é uma forma de solucionar conflitos e suspender a violência sem se recorrer ao mecanismo vitimário. Quase uma década depois da publicação de *A Violência e o Sagrado*, Eric Gans, um aluno de Girard, publicou *The Origin of Language*,[116] no qual se confrontava com algumas das teorias de seu professor, e argumentava que é a linguagem, e não a violência, o que propicia a Cultura e termina por definir ao humano. Girard não teve ocasião de refletir sobre esta possibilidade enquanto escrevia *A Violência e o Sagrado*. Deixaria para seu próximo livro uma explicação sobre a forma como a linguagem também tem origem no mecanismo vitimário.

A Violência e o Sagrado teve sucesso ainda maior que *Mentira Romântica e Verdade Romanesca*, e até hoje é provavelmente a obra mais conhecida de Girard. Dado seu caráter multidisciplinar, foi lida numa pluralidade de círculos acadêmicos. Em linhas gerais, a crítica literária viu com bons olhos as análises que Girard fazia dos mitos e da tragédia, especialmente *Édipo Rei* e *As Bacantes*. Também sua reação a Freud no concernente ao complexo de Édipo foi recebida favoravelmente. Não tanto assim, talvez, sua crítica e valorização de *Totem e Tabu*, nem, muito menos, suas teorias etnológicas, principalmente pelas razões que destacamos.

Provavelmente por se tratar de uma obra tão ampla, com propostas tão heterodoxas, muitos leitores interpretaram mal ou não compreenderam bem o conteúdo de *A Violência e o Sagrado*. Acreditaram ver na obra uma apologia do sacrifício e da violência, ao estilo

---

[116] Berkley, University of California Press, 1980.

de Joseph de Maistre. Interpretavam que a solução que o próprio Girard propunha para o problema da violência no mundo moderno era a implementação sistemática do mecanismo vitimário: um volta aos sistemas sacrificiais de culturas arcaicas. Afinal de contas, Girard se mostrava contrário ao mundo moderno, onde os papéis se indiferenciaram e a crise de violência recíproca transbordou. Mais ainda, sua conversão ao cristianismo e seu compromisso com ele já eram conhecidos de alguns leitores, especialmente aqueles que tinham lido *Mentira Romântica e Verdade Romanesca*. Que outra tradição religiosa dá maior importância ao sacrifício?

Mas Girard propunha o exato contrário. Estudava os trágicos para demonstrar como estes procediam à desmistificação do mecanismo vitimário e, por sua vez, impossibilitavam parcialmente sua execução. Girard pretendia continuar o trabalho dos trágicos. Pondo a descoberto a lógica sob a qual opera o mecanismo vitimário, ressaltando a distorção mitológica e a arbitrariedade das diferenças que o pensamento religioso impõe entre uma coisa e outra, Girard aspirava a afastar-se completamente da instituição sacrificial.

Longe de se opor a suas convicções cristãs, o afastamento da instituição sacrificial as consolidava ainda mais. Contrariamente ao que a maior parte dos cristãos pensou, Girard via na Bíblia e no cristianismo um afastamento do sacrifício, um aprofundamento do processo de desmistificação que já se evidenciava nos trágicos. A solução de Girard para o problema da violência no mundo moderno não era o mecanismo vitimário. Sua proposta visava antes a como viver pacificamente num mundo em que, precisamente devido à influência da Bíblia e do cristianismo, já não é possível acudir ao mecanismo vitimário como solução. A este tema dedicaria seu próximo livro.

capítulo 3
uma voz cristã na academia

> *Eu odeio e desprezo suas festas, e não Me agradam suas reuniões. Quando Me oferecem sacrifícios e vítimas consumidas pelo fogo, não as aceito.*
> Amós 5,21-22

A Violência e o Sagrado é em boa medida um texto etnológico; suas teses se sustentam em exemplos coletados por vários dos grandes autores da etnologia, e certamente muitas de suas interpretações se colocam na tradição do pensamento antropológico ocidental. Apesar disso, porém, Girard não era considerado um antropólogo no sentido estrito da palavra. Muito poucos, se é que existe algum, são os textos sobre a história do pensamento antropológico que incluem Girard na lista de autores discutidos.

Girard tinha escrito *A Violência e o Sagrado* num estilo ensaístico, de forma análoga a Frazer, do qual, até certo ponto, descende intelectualmente. À maneira do antropólogo vitoriano, reunia uma pluralidade de manifestações culturais, assinalando entre elas as continuidades, e de forma muito sumária esboçava uma teoria cultural que servisse de padrão de interpretação.

É este um padrão bastante repetido entre os críticos literários. Dificilmente encontraremos uma teoria explícita nos escritos de um Roland Barthes ou de um Northrop Frye. Diferentemente dos antropólogos, os críticos literários preferem acumular certo número de textos, e lê-los e interpretá-los sem recorrer a teorias totalmente formais ou explícitas. Certamente pode haver um padrão na interpretação de cada um destes textos, mas não é suficientemente seguido para conformar uma teoria cultural ou literária de forma explícita da mesma maneira como fazem os etnólogos.

Girard, por seu lado, dava a entender em *A Violência e o Sagrado* que aspirava, sim, a formular uma teoria cultural explícita (a saber, a teoria dos origens culturais na violência propiciatória), mas o estilo em que escreveu a obra dificultava sua formalização. No capítulo anterior, tentamos dar continuidade e sistematicidade aos temas que Girard expôs em *A Violência e o Sagrado*. Mas tal sistematicidade nem sempre aparece nesta obra. Não por nada, como mencionamos, apesar de ter sido amplamente lida, a obra não foi de todo compreendida, e a muitos leitores custava compreender a relação que podia existir entre o desejo triangular, a rivalidade entre Etéocles e Polinices, a expulsão de Édipo de Tebas e os ritos sacrificiais.

Girard estava a par desses contratempos. É provável que durante a escrita de *A Violência e o Sagrado* não tivesse a intenção de formular um sistema teórico de grande envergadura. Simplesmente, como bom crítico literário, lia e interpretava as tragédias, os mitos e as monografias etnográficas, e se deleitava em assinalar as continuidades entre uma e outra manifestação cultural. Dá a impressão de que, se chegou a formular uma teoria sobre as origens culturais, certamente foi *depois* de ter lido e interpretado os textos. No ensaio lido no simpósio por ele organizado, Girard fala do mito de Édipo, mas nada da violência propiciatória, e muito menos das origens da Cultura.

É de supor que, à medida que a obra ia adquirindo um perfil, emergia na mente de Girard a teoria sobre as origens culturais. Contudo, Girard simplesmente não se preocupou em escrevê-la como um tratado etnológico com uma teoria cultural formalizada. Talvez essa falta de formalidade em seus argumentos tenha sido o que contribuiu para a confusão em alguns de seus leitores, e para a dificuldade para compreender a sistematicidade de suas propostas.

De forma que Girard considerou necessária a escrita de uma obra que recapitulasse e formalizasse a teoria esboçada em *A Violência e o Sagrado*. Seu objetivo era bastante claro: elaborar um sistema teórico que, de uma vez por todas, integrasse suas contribuições como crítico literário e como antropólogo. Se os leitores não compreendiam bem a relação que existia entre o desejo mimético e a violência propiciatória, era hora de esclarecê-la. Se em *A Violência e o Sagrado* dava a entender que a violência propiciatória é a origem de todas as instituições culturais, então era preciso fazer um exame quase exaustivo das instituições fundamentais que definem a vida cultural do ser humano, e explicar de que maneira derivam do mecanismo vitimário.

Dadas essas intenções, não é difícil compreender por que seu próximo livro, *Des Choses Cachées depuis la Fondation du Monde* [*Coisas Ocultas desde a Fundação do Mundo*],[1] é a mais sistemática, complexa e extensa de todas as obras de Girard. É por isso que *Coisas Ocultas desde a Fundação do Mundo* é um tanto reiterativo: ele repete muitos dos temas e exemplos já abordados em *A Violência e o Sagrado*. Postular que um mecanismo (a saber, o propiciatório) é a origem de *toda* a vida cultural é um argumento um tanto ousado. Deixar de fora alguma instituição fundamental põe em perigo a validade da teoria.

Girard já não podia empregar o estilo ensaístico de *La Violence et le Sacré*. Agora tinha que escrever de forma mais rigorosa e sistemática. Para preservar a autoridade no tema, devia avançar passo a passo, de forma que o leitor pudesse manter o fio do argumento que às vezes era muito difícil de seguir em *A Violência e o Sagrado*. Assim, *Coisas Ocultas desde a Fundação do Mundo* é dividido em três livros, cada um destes livros em capítulos, e cada capítulo em seções muito específicas.

---

[1] Paris, Grasset, 1978. Há tradução brasileira: *Coisas Ocultas desde a Fundação do Mundo* (São Paulo, Paz e Terra, 2009), mas citaremos a versão inglesa: *Things Hidden since the Foundation of the World* (Stanford, Stanford University Press, 1987).

Pouco tempo depois da publicação de *Coisas Ocultas desde a Fundação do Mundo*, Girard atraiu um grupo de seguidores que se referiam a suas teses como "teoria mimética". Tanto em *Mentira Romântica e Verdade Romanesca* como em *A Violência e o Sagrado*, Girard abordava fenômenos que mais adiante qualificava de *miméticos*. Mas nessas duas obras em particular deixava de lado tanto a palavra "mímesis" e como até a palavra "imitação", e expunha seus argumentos em outros termos (apesar de, como mencionamos, às vezes se empregar o termo em *A Violência e o Sagrado*). Não obstante, não era demasiado difícil ver a importância do mimético nas concepções de Girard.

O desejo obedece à imitação: imitamos o desejo dos demais. Quando a imitação é verdadeiramente intensa, modelos e sujeitos se convertem em *duplos* um do outro: parecem-se tanto, que terminam por odiar-se um ao outro porque ambos desejam as mesmas coisas. A mímesis gera assim discórdia, representada na indiferenciação das crises, onde se apaga as diferenças entre uma coisa e outra. Mas, ao mesmo tempo, a imitação pode restabelecer a paz entre os lados em conflito. Caso se imitem mutuamente na violência e a dirijam conjuntamente para um agente em particular, a violência poderá ser canalizada, gerando a paz social.

Coisas Ocultas desde a Fundação do Mundo formaliza as considerações de Girard sobre o mimético. Ao longo de sua obra, Girard adverte que, desde Aristóteles, os filósofos só viram o lado positivo da imitação: ela propicia a educação, a arte, etc. Mas a teoria de Girard em boa parte é uma refutação desse argumento: a imitação também tem um lado negativo, na medida em que propicia as rivalidades e a destruição.

Ainda que por razões muito diferentes, Platão compartilha com Girard esta visão negativa da imitação. Apesar de, como veremos mais adiante, Girard esperar ter-se afastado de Platão em muitos pontos, aprecia nele esta visão negativa da imitação, a qual desapareceu quase completamente nos filósofos que se seguiram a ele. É de supor que essa empatia com Platão tenha sido o que inspirou Girard a escrever *Coisas Ocultas desde a Fundação do Mundo* em forma de diálogo.

Segundo a confissão de Girard, houve um motivo mais concreto para que o livro tomasse este formato. Já desde antes da publicação de *A Violência e o Sagrado,* Girard tinha a intenção de escrever um livro que incorporasse sistematicamente sua teoria do desejo e as origens culturais, e de interpretar os textos bíblicos à luz dessas teorias. Mas Girard tinha dificuldades para estruturar a obra. Um psiquiatra parisiense, Jean-Michel Oughourlian, interessado em aplicar as teorias de Girard à psiquiatria, o contatou para entrevistá-lo. De tais entrevistas também participou outro psiquiatra francês, Guy Lefort. As entrevistas se realizaram na Universidade Johns Hopkins, à qual Girard havia retornado após uma estadia na Universidade de Buffalo. Terminadas as entrevistas, Girard tomou o grosso delas e decidiu dar-lhes a forma dialógica de *Coisas Ocultas desde a Fundação do Mundo.*

Note-se, no entanto, que o livro não é estritamente um diálogo, ao menos no sentido tradicional do termo. A dialética, tal como proposta por Platão, tenta construir os argumentos de forma que, diferentemente da retórica, tanto o expositor como a audiência participem da discussão. Como diriam os construtivistas de hoje, o conhecimento vai sendo "construído" entre os interlocutores à medida que o diálogo avança. Por meio da dialética, aquele que expõe os argumentos dá oportunidade ao interlocutor para também dar sua opinião e, se preciso, se confrontar com ele.

Vários autores assinalam que, longe de contribuir realmente para o diálogo e para a pluralidade de opiniões, Platão não faz mais que empregar um instrumento para legitimar suas opiniões de forma totalitária. Fedro e Mênon, entre outros, não fazem senão elogiar o mestre Sócrates ou expor argumentos tão pobres, que a réplica do mestre é esmagadora e consegue assim legitimar-se.

Algo similar faz Girard. Muito raramente Lefort e Oughourlian questionam os argumentos de Girard, e, quando o fazem, têm em vista dar oportunidade a Girard de esclarecer dúvidas. Suas perguntas são feitas não para pôr à prova a validade dos argumentos, mas para dar oportunidade a Girard de completar seu sistema. Em boa medida, temos a impressão de que são perguntas formuladas pelo próprio Girard. Salvo em vários argumentos sobre as implicações da mímesis na psiquiatria, ninguém consideraria que Lefort ou Oughourlian também são os autores do livro. O protagonista é Girard, e, à maneira totalitária de Platão, os interlocutores são uma espécie de instrumento que serve para legitimar seus argumentos.

Nos anos que se tinham seguido à publicação de *Mentira Romântica e Verdade Romanesca,* Girard havia assumido um compromisso com a vida cristã. Batizara os filhos, assistia à missa todos os domingos e, naturalmente, lia a Bíblia.

Não obstante, naquela época, o sistema universitário norte-americano exigia de suas instituições que mantivessem dentro de limites os proselitismos religiosos, especialmente por causa da diversidade religiosa que crescia no país. Não se tinha nada contra a religião, mas se exigia que a academia fosse um espaço suficientemente secularizado para não comprometer o conhecimento. De forma que, na vida acadêmica, Girard manteve seu cristianismo bastante dissimulado. O sistema o exigia.

Pode considerar-se que *A Violência e o Sagrado* é em boa medida uma contribuição à escola estruturalista. Não por nada o simpósio organizado por Girard tinha como missão um "debate estruturalista", e os acadêmicos convidados participavam dessa corrente de pensamento, de uma forma ou de outra. Nesse sentido, *A Violência e o Sagrado* aborda muitos temas que concentravam a atenção das discussões estruturalistas.

A alternância da diferença e da indiferenciação nas tramas dos mitos e das tragédias, tal como estudada por Girard, é um problema a que o estruturalismo dedicou muitas páginas. Em boa medida, a diferença desempenha um papel central nas análises das *Mitológicas*[2] de Lévi-Strauss. De forma que Girard dedicava um capítulo inteiro de *A Violência e o Sagrado* a Lévi-Strauss, e é evidente que, conquanto discrepasse de algumas de suas teses, Girard tinha elaborado sua pesquisa sob a influência da escola estruturalista. A forma como estava organizada *A Violência e o Sagrado* serve de testemunho dessa influência estruturalista: Girard buscava a *estrutura* subjacente aos diferentes ritos e mitos que estava estudando.

Naqueles anos, a figura central da etnologia era, sem dúvida alguma, Lévi-Strauss. Mediante seus métodos estruturalistas, tinha elaborado um impressionante estudo sistemático de mitos na obra *Mitológicas*. A erudição de Lévi-Strauss era verdadeiramente acachapante, e ele conhecia em detalhe uma impressionante quantidade de mitos americanos, bem como as relações entre os mitos gregos.

Georges Dumézil,[3] outro grande autor francês, contemporaneamente a Lévi-Strauss, aplicava os métodos estruturalistas para elaborar uma detalhada história das mitologias indo-europeias, e Jean-Pierre Vernant[4] se consolidava como historiador e estudioso dos mitos da Grécia antiga, recorrendo também aos métodos estruturalistas para seu estudo.

De forma que boa parte dos mitos coletados tinha sido estudada pelos estruturalistas e seus discípulos. Mas eles tinham deixado de fora a tradição literária que, junto com os gregos, constitui a matriz de Ocidente: os hebreus e a Bíblia. A maior parte dos estruturalistas não se tinha preocupado em estudar as histórias bíblicas.

---

[2] México, Fondo de Cultura Económica, 2002.
[3] *Mito y Epopeya*. México, Fondo de Cultura Económica, 1992.
[4] *Los Orígenes del Pensamiento Griego*. Barcelona, Paidós, 1992.

Edmund Leach,[5] Mary Douglas[6] e anos depois Northrop Frye[7] talvez fossem os autores mais destacados de um reduzido grupo que se esforçava por fazer um estudo estruturalista da Bíblia.

Já fazia anos que Girard lera a Bíblia. Mas o fizera mais como fiel que como crítico. Após ter publicado *A Violência e o Sagrado*, sentia-se no dever de esclarecer de forma sistemática as teses que já havia adiantado nesta obra. Mais ainda, considerava que era necessário ampliar suas perspectivas. Em *A Violência e o Sagrado*, Girard demonstrava uma vez mais o triunfalismo ocidental que se delineava desde *Mentira Romântica e Verdade Romanesca*. Assim como os gênios romanescos que desvelam o desejo são autores ocidentais, os gênios que desvelam parcialmente a violência propiciatória e a arbitrariedade das diferenças dos mitos e do sagrado são os trágicos, poetas *gregos* que provêm de uma das civilizações matrizes de Ocidente. Agora era preciso completar o trabalho, e abordar a forma como a outra matriz do Ocidente, ou seja, os hebreus, também contribuíra para este gênio e para a conformação da atual civilização.

Os trágicos conseguiram distanciar-se do mito só parcialmente; ao final, mantiveram uma continuidade com eles. Agora, Girard pretendia estudar até que ponto as histórias bíblicas seguem a mesma estrutura dos mitos e tragédias estudados em *A Violência e o Sagrado*, e até que ponto tomam distância com respeito a eles.

Já assinalamos que o estilo antropológico de Girard tem raízes em Frazer. Tal como o antropólogo vitoriano, em seu gabinete Girard reúne uma quantidade de mitos heterogêneos e busca neles temas comuns. Mais ainda, tal como Frazer, encontra neles o tema de uma vítima agonizante.

---

[5] "Levi-Strauss in the Garden of Eden: An Examination of Some Recent Developments in the Analysis of Myth". In: *Claude Levi-Strauss: The Anthropologist as Hero*. Ed. Nelson Hayes; Tanya Hayes. Cambridge, MIT Press, 1970, p. 47-60.
[6] Ibidem.
[7] *El Gran Código*. Barcelona, Gedisa, 2001.

Mas Girard queria demonstrar que não desejava uma continuidade com Frazer, talvez devido a suas próprias convicções cristãs. Frazer buscava temas comuns entre mitologias, e uma das teses mais importantes de *O Ramo de Ouro* é que o cristianismo e a Bíblia guardam muitíssimas semelhanças com outros mitos documentados por Frazer, especialmente no concernente à sequência de morte e ressurreição. Girard pretendia demonstrar a falsidade dessa tese, estudando a forma como, completando o que os trágicos não puderam fazer, as histórias bíblicas se separam das demais mitologias.

Depois da publicação de *A Violência e o Sagrado*, Raymund Schwager, um jesuíta alemão amigo de Girard, escreveu *Must there Be Scapegoats?*,[8] livro em que expunha as teses de Girard ao leitor comum e estudava a Bíblia à luz dos temas abordados em *A Violência e o Sagrado*.

A obra é um detalhado estudo da evolução religiosa dos judeus. Nas primeiras fases da redação da Bíblia, os judeus não demonstram uma grande distância dos mitos estudados por Girard. Aparecem histórias em que uma coletividade executa uma vítima para a resolução de uma crise e, mais importante ainda, aparece a participação divina nas diferentes instâncias do mecanismo vitimário. De forma que, tal como nas outras tradições religiosas, a violência propiciatória estava protegida pelo sagrado: Deus mesmo tinha executado a violência, ou ao menos a tinha ordenado e desejado. Mesmo sem a participação divina na violência, o tema retribucionista aparece ao longo do Antigo Testamento: aquele que sofre violência a sofre porque alguma falta ele mesmo cometeu, obstinando-se em manter a culpa das vítimas. Mas, à medida que avança o texto bíblico, a violência se vai desmistificando, e, tal como com os trágicos, se torna difícil distinguir entre uma violência e outra. Tal como na tragédia, aparece o tema da *crise*,

---

[8] New York, Crossroads, 2001. Em alemão, *Brauchen wir einen Sündenbock?*, livro publicado em 1975.

especialmente na história da Paixão. Mas, desta vez, a resolução é dificilmente alcançada, na medida em que a violência já não conta com o apoio divino. A concepção judaica e cristã da divindade sofreu uma profunda transformação: do Deus zeloso e violento do Antigo Testamento, evolui para um Deus mais pacífico que culmina no Deus amoroso do Novo Testamento. Note-se, não obstante, que de um ponto de vista estritamente histórico-crítico a tese cronológica de Schwager (a qual Girard seguiu de perto) não é aceita por alguns estudiosos. Pois, em termos históricos, a concepção do Deus misericordioso no Pentateuco corresponde às tradições iaveísta e elohimista, *historicamente anteriores* às tradições deuteronomista e sacerdotal, as quais esboçam um Deus mais severo e violento.[9] Em todo o caso, nem Schwager nem Girard fazem parte da escola crítica que se propõe a investigar a evolução histórica da Bíblia; sua preocupação é muito mais o texto bíblico tal como nos chegou até nós, independentemente de seu processo de formação.

*

O primeiro livro de *Coisas Ocultas desde a Fundação do Mundo*, "Fundamentos da Antropologia", tem como epígrafe uma passagem da *Poética* de Aristóteles que reza: "O homem se diferencia dos outros animais por sua maior aptidão para a imitação".[10] Todas as realidades literárias e culturais que Girard tinha estudado em seus livros anteriores tinham sido conduzidas pelo fio da imitação como conceito. Entre o desejo de Dom Quixote, a expulsão de Édipo e o sacrifício inca existe uma continuidade, ou seja, o comportamento mimético. Agora Girard considerava necessário formalizar todas estas análises numa teoria sobre o homem que partisse de suas aptidões miméticas, tal como já tinham sido assinaladas por Aristóteles vinte e quatro séculos antes.

---

[9] Richard Elliot Friedman, *Who Wrote the Bible?*. San Francisco, Harper, 1997.
[10] Aristóteles, *Poética*, I, c. 4, 1448b 6.

Girard começa por sugerir que desde o próprio processo de hominização, ou seja, a forma como nossa espécie adquiriu suas características essenciais, a imitação desempenhou um papel determinante. Girard compartilha com os biólogos e paleontólogos evolucionistas a noção de que a superior inteligência do homem com respeito às demais espécies tem estreita relação com o tamanho de seu cérebro.

O ser humano é a espécie que melhor controla seus instintos e se impõe a eles. Seu comportamento varia porque não necessariamente é ditado pela informação genética e pelos instintos. Em outras palavras, boa parte de seu comportamento é muito mais aprendido que instintivo; é a única criatura com pleno desenvolvimento da *cultura*. O homem é capaz de aprender muito mais que os animais.

O aprendizado é mediado pela imitação. Aprende-se na medida em que se reproduzem as ações dos demais. O homem alcançou um estágio cultural e níveis de aprendizado inexistentes em outras espécies precisamente porque sua capacidade mimética é superior à de qualquer outro animal. Certamente no mundo animal se dão fenômenos miméticos e nem todo comportamento animal é instintivo. Guy Lefort assinala que algumas espécies de pássaros nunca podem cantar se não escutaram os adultos cantar. Mas, comparados com a dos animais, a aptidão humana para a imitação é esmagadoramente superior.

Desses fatos, Girard conclui que a atividade mimética está relacionada com o tamanho do cérebro. Se o tamanho do cérebro determina o nível de aprendizado, e o aprendizado é mediado pela imitação, então deve haver uma relação entre o tamanho do cérebro e a imitação. Girard se limita a estabelecer uma correlação assinalando que as espécies com cérebro maior imitam com maior capacidade e frequência. Nunca chega a explicar a relação fisiológica que possa existir entre o tamanho do cérebro e o comportamento mimético.

Pois bem, desde *Mentira Romântica e Verdade Romanesca* Girard não se cansou de advertir que a imitação tem uma dupla face: é tão benéfica quanto prejudicial. Assim como a imitação desempenha um papel determinante no desenvolvimento do aprendizado, assim também pode contribuir para a intensificação da violência.

No nível animal, Girard insiste em que a evidência confirma sua hipótese. Entre os animais existem situações que bem se aproximam do "desejo mimético" que Girard havia estudado nos personagens romanescos. Entre muitas espécies avançadas de animais, suscitam-se lutas que, inicialmente, têm um objeto de disputa, geralmente uma fêmea. Mas, tal como acontecia entre Monsieur Valenod e Monsieur Rênal em *O Vermelho e o Negro*, logo o objeto da querela se perde de vista, e a luta se desenvolve entre *duplos* que se imitam mutuamente tanto em seu desejo quanto na violência que dirigem um ao outro. Girard assinala que, quando os etólogos falam de "prestígio" nas lutas animais, tal deve ser entendido como uma forma de relação mimética em que, se se compartilha o mesmo desejo, o objeto em si se perde de vista e o que sobressai é a vitória sobre o rival. Nas palavras de Girard: "um pode remover o objeto e a rivalidade continuará. O que nos interessa diretamente é o papel do conflito mimético no estabelecimento das sociedades animais".[11]

Na nascente sociedade humana, a imitação também desempenhou um papel determinante no desenvolvimento de sua violência. Como bem assinalou a maior parte dos relatos da evolução do homem, o hominídeo se separou dos demais primatas ao ter diminuídos os dentes caninos. Os emergentes proto-humanos já não contavam com mandíbulas poderosas para atacar os adversários. Mas, empregando a inteligência mediada pela imitação e pelo aumento do tamanho do cérebro, recorreram a formas *culturais* e aprendidas de agressão. Em vez de empregar os dentes, descobriram o uso de pedras para ferir os adversários, um arma muito mais mortal.

Girard considera que o proto-humano tinha uma maior capacidade de imitar que qualquer outra espécie. Logicamente, isso lhe permitiu

---

[11] *Things Hidden since the Foundation of the World*, p. 90.

maiores níveis de aprendizado e de inteligência. Porém, ao mesmo tempo, alimentou as rivalidades e lutas com os membros de sua mesma espécie. Quanto mais intensa é a imitação, mais os desejos tendem a coincidir nos mesmos objetos, mais cresce a fascinação pelos rivais e mais se incrementa a violência.

Nas sociedades animais, a violência é controlada pelo que os etólogos denominam "padrões de dominância", ou seja, hierarquias predeterminadas geralmente por atributos fisiológicos (abelha-rainha, gorila-de-costas-prateadas, etc.) que sustentam a ordem da sociedade animal. Com a crescente imitação, a emergente comunidade de proto-humanos se homogeneizava, e os atributos fisiológicos já não determinavam os padrões de dominância e já não se contava com uma harmonia. Um espécime pequeno poderia desafiar um grande: empregando sua inteligência, podia empregar pedras ou qualquer outra arma *cultural* aprendida através da imitação.

Nas sociedades animais, providas de padrões de dominância, as lutas entre membros de uma mesma espécie raramente chegam à morte. Ao que parece, os animais são providos de freios biológicos que, de forma análoga à dialética hegeliana do senhor e do escravo, impedem que as lutas cheguem até o final: um dos combatentes se rende diante da morte. Mais ainda, os padrões de dominância asseguram que, antes de chegar à morte, haja um vencedor e um vencido: as diferenças entre atributos fisiológicos permitem que assim seja.

Não foi assim na emergente sociedade proto-humana, nem, muito menos, na sociedade humana contemporânea. Os humanos não possuem freios biológicos nem padrões de dominância para impedir que as lutas cheguem até a morte. A imitação impede a separação que pode haver entre um vencedor e um vencido: ambos têm a mesma possibilidade de vencer, razão por que as lutas só cessam com a morte de um dos combatentes.

Mais ainda, diferentemente dos primatas de que se separavam, os proto-humanos participavam de uma sexualidade contínua. Esta extensão dos períodos sexuais, argumenta Girard, se esclarece se levarmos em conta que a atividade sexual é mediada pelo que os etólogos denominam "ritos de cortejo", a saber, atividades em que os machos lutam entre si e se imitam para impressionar as fêmeas. Dado que o rito de cortejo é mediado pela imitação, então a atividade mimética foi em boa parte determinante na extensão permanente da sexualidade humana. Como assinala Jean Michel Oughourlian, o homem se converteu num ser "hipersexual". Se sua atividade sexual era contínua, então a violência que acompanha à sexualidade em forma de ciúmes, lutas pelas fêmeas, etc., também se fez permanente.

Assim, os primeiros hominídeos alcançaram níveis de inteligência inexistentes nas outras espécies animais. Contudo, ao mesmo tempo, enfrentavam um problema igualmente inexistente no mundo animal: a violência transbordante. A nascente espécie corria o risco de extinguir-se, mas não devido à ação de depredadores ou a eras glaciais, mas à violência dentro da mesma espécie.[12] Hobbes raramente é citado nos livros de Girard, mas certamente é seu antecessor: *homo homini lupus,* o homem é o lobo do homem.

---

[12] De um ponto de vista estritamente empírico, o julgamento de Girard encontra certo matiz. É consensual entre paleontólogos que as duas espécies humanas que antecederam a humanidade moderna no êxodo de África, a saber, o *Homo erectus* e o homem de Neandertal, se extinguiram por razões que pouco têm que ver com a violência no âmbito da própria espécie. No caso do homem de Neandertal, sua extinção foi condicionada pelas repentinas mudanças climáticas no final de era glacial, pela extinção de animais de que dependia para a alimentação (especialmente o mamute) e, de forma decisiva, pela incapacidade de articular plenamente uma linguagem. Girard estaria certo ao assegurar que, para a humanidade *moderna*, o risco de extinção provém mais de sua própria violência que dos fenômenos da natureza, mas este juízo não deveria ser estendido às outras espécies humanas, nem, muito menos, à humanidade em geral. Em todo o caso, as considerações teóricas de Girard serviriam para fazer a seguinte pergunta: é possível que tanto o *Homo erectus* como o homem de Neandertal se tenham extinguido em consequência da violência interna das hordas? Autores como Jared Diamond (*Collapse: How Societies Choose to Fail or Succeed*. Londres, Viking Adult, 2004) sugeriram a hipótese segundo a qual os neandertais desapareceram devido a um genocídio perpetrado pelos seres humanos modernos. Até agora, a paleontologia não encontrou evidência suficiente para responder de forma definitiva.

Se os proto-humanos não eram providos de mecanismos fisiológicos para suspender a violência, tiveram de desenvolver um mecanismo cultural para resolver este problema; do contrário, a violência teria transbordado e teria destruído o espaço de paz necessário para articular formas de organização social que cáracterizam a pauta da condição cultural. Mais ainda, em concordância com os paleontólogos, Girard assinala que um traço distintivo do ser humano é a "neotenia", ou seja, a imensa vulnerabilidade das crias ao nascer, para permitir um maior desenvolvimento de seu cérebro. Com crias tão vulneráveis, a emergente sociedade humana tinha ainda mais necessidade de encontrar um mecanismo para suspender a violência que ameaçava destruí-los.

Se seguirmos o argumento que apresentamos no capítulo anterior, não será difícil adivinhar qual é esse mecanismo pacificador: a violência propiciatória. As primeiras comunidades de proto-humanos se desfizeram de sua violência projetando-a para o exterior, e a vida cultural depende da constante execução deste mecanismo. À medida que o cérebro se tornava mais complexo e que a violência crescia entre os seres humanos, o clima de hostilidade endêmica se intensificava ainda mais. O processo de hominização encontrava seu próprio obstáculo: o homem já não poderia desenvolver-se como ser cultural, dado que a violência recíproca entre os membros da espécie impedia a existência de um espaço de paz que garantisse o auge das instituições que conformam a Cultura.

O proto-humano completou o processo de hominização na medida em que começou a instrumentalizar o mecanismo de violência propiciatória. A horda da qual fazia parte podia alcançar um espaço de paz social se seus membros unissem esforços contra um terceiro. Assegurando a paz social, o hominídeo agora gozava do privilégio de ser vulnerável ao nascer, o que lhe permitia um aumento no tamanho do cérebro. De forma que o mecanismo de violência propiciatório é a não só origem das instituições culturais, mas também dos processos biológicos que marcam a pauta da hominização. Sem mecanismo vitimário, não se conta com a paz necessária para dar lugar ao princípio da neotenia. Girard não tem temor de ser radical quando afirma que "o mecanismo de vitimização é a origem da hominização".[13]

Certamente a neotenia, associada ao tamanho do cérebro, depende de um espaço de paz social que possivelmente foi alcançado enquanto se projetava a violência para o exterior do grupo. E também é verdade que tanto a neotenia quanto o espantoso tamanho do cérebro foram traços elementares do processo de hominização. Mas Girard leva o argumento longe demais. Sua teoria nunca consegue explicar, e nem sequer leva em consideração, o *bipedalismo*, traço que antecede em cronologia e importância ao aumento do tamanho do cérebro no processo de hominização.[14] Descer das árvores para erguer-se em duas patas e caminhar pela savana dificilmente tem algo que ver com o mecanismo da vítima propiciatória ou com a imitação.

Em todo o caso, Girard insiste em que o mecanismo da vítima propiciatória já tem origens nas espécies animais. Girard pretende assumir uma posição intermediária no debate entre etólogos e etnólogos. Enquanto os primeiros assinalam as espantosas semelhanças e a proximidade que existe entre o homem e as demais espécies, os segundos insistem nas *diferenças*, na aptidão simbólica do homem, inexistente nas demais espécies.

Girard assinala que em vários animais (como é característico de seu estilo, não esclarece a que espécies se refere) se evidenciam

---

[13] Op. cit., p. 97.
[14] Em todo o caso, esta é a opinião explícita do eminente paleontólogo Richard Leakey: "Em minha opinião, a distinção fundamental entre nós e nossos parentes próximos não é a linguagem, nem a cultura, nem a tecnologia. É o fato de andarmos erguidos, o uso de nossas extremidades inferiores para nos sustentarmos e deslocarmos e livrar dessas funções nossas extremidades superiores. (...) A liberação de nossas mãos foi tão importante para nossa história evolutiva, que eu prefiro usar o termo 'humano' para caracterizar os primeiros símios bípedes" (Richard Leakey; Roger Lewin, *Nuestros Orígenes: En Búsqueda de lo Que Nos Hace Humanos*. Barcelona, Crítica, 1999, p. 81). Inclusive, a tendência a considerar o bipedalismo como traço diferenciador do ser humano com relação a outras espécies remonta a Anaxágoras (apud Weston la Berre, *The Human Animal*. Chicago, University of Chicago Press, 1967, p. 73).

situações muito análogas ao mecanismo da vítima propiciatória. Já mencionamos que certamente existe o equivalente do desejo mimético. Em alguns "ritos", no sentido etológico da palavra, os animais seguem uma sequência análoga à dos ritos sacrificiais estudados por Girard em *A Violência e o Sagrado*. Dá-se uma primeira etapa de combate, seguida de uma aliança entre os combatentes para unir esforços contra um inimigo comum. A violência coletiva contra o inimigo comum é muito tênue, e dificilmente redunda em sua morte.

A ruptura entre o rito animal e o rito humano (ou seja, no sentido etnológico, oposto ao etológico) é pautada pela intensidade com que a violência se desenvolve. Assim como o desejo mimético não é tão intenso entre os animais (precisamente porque sua aptidão mimética não é tão desenvolvida), então a resolução através da aliança contra um terceiro tampouco tem de desembocar em violência real. Mas, se como no caso dos humanos a violência que surge por causa do desejo mimético é mais intensa, então a resolução também tem de ser mais violenta. Dessa maneira, o rito no sentido etnológico incorpora a imolação da vítima como ponto final da resolução. Assim, existe continuidade e ruptura entre os ritos animais e os humanos: o rito animal não incorpora uma resolução violenta, enquanto o rito humano depende da violência propiciatória para a resolução da crise. Mais importante ainda, os etnólogos não creem que entre os animais possa haver "ritos", porque está ausente o poder de congregação social, o qual é um aspecto fundamental do rito, em sentido etnológico. Se nos animais não há este poder de congregação, é precisamente porque não houve violência propiciatória capaz de reunir aos membros da comunidade, o que *se* acontece entre os ritos humanos que incorporam a violência propiciatória.

À medida que os proto-humanos descobriam que podiam resolver as querelas entre si projetando a violência para agentes forâneos, assentavam uma base para permitir o desenvolvimento da hominização, que, como costumam assinalar os teóricos da evolução, teve uma dupla dimensão: fisiológica e psicocultural. O mecanismo de vitimização permitiu um espaço de paz social que garantiu a continuidade da neotenia, de forma que se assegurava o crescimento do cérebro. Ao mesmo tempo, ofereceu uma harmonia e uma estabilidade que permitiram o auge da organização social e das instituições fundamentais que definem a vida social do homem.

Girard propõe que a chave para a compreensão das origens da humanidade e suas instituições é o estudo da religião. Formular uma teoria sobre as origens da religião permitirá compreender que as instituições religiosas marcam a pauta da vida cultural do homem, e foi a religião o que marcou a transição do proto-humano ao humano na dimensão cultural do processo de hominização.

Na época em que Girard escrevia *Coisas Ocultas desde a Fundação do Mundo*, elaborar uma teoria geral sobre a religião parecia impossível. O grande mestre E. E. Evans-Pritchard, por exemplo, havia publicado anos antes a influente obra *As Teorias da Religião Primitiva*, onde descartava as possibilidades de generalizar sobre este tema. Girard protestava contra isso, e, contrariamente ao espírito da "morte do homem" incentivado por Foucault,[15] sugeria que ainda era possível a formulação de uma antropologia filosófica que, com base na religião, abordasse o homem como problema de estudo.

As primeiras instituições humanas, a saber, as que se seguiram ao mecanismo da vítima propiciatória, foram as que hoje em dia os etnólogos situam no marco do sagrado. O mecanismo de vitimização deve ter sido um acontecimento religioso em si, pois seu poder pacificador deve ter gerado um sentimento que os fenomenologistas da religião aproximariam da emoção religiosa. Se, após contínuas lutas, um acontecimento gera paz repentina, esse momento deve causar uma impressão suficientemente perene para instituir-se como religião.

---

[15] *La Arqueología del Saber.* Madri, Siglo XXI, 1997.

A proibição, argumenta Girard, foi uma das primeiras instituições culturais do homem. Em *A Violência e o Sagrado*, Girard havia chegado à conclusão de que as proibições têm como objeto comum qualquer fenômeno de indiferenciação violenta: o incesto, os gêmeos, o sangue menstrual, etc. Girard dava mais um passo, e sugeria que, pelo fato de, diferentemente das sociedades animais, as humanas terem capacidade de autodestruir-se, o que mais temem é a violência. Esta violência é mediada pela imitação, de forma que as proibições recaem sobre qualquer fenômeno mimético.

Como bem documentou Frazer, o princípio da magia é a simpatia, ou seja, imitar ações esperando que tenham o mesmo resultado. A magia é prejudicial porque é uma ação mimética. Girard sugere que, no pensamento primitivo, todo o impuro e prejudicial é assimilado ao mimético e ao violento. As secas, as pestes e os desastres naturais têm como origem a violação de um tabu que tinha sido imposto a uma ação mimética. O pensamento primitivo conhece uma verdade que até os próprios teóricos da imitação não conhecem: as ações miméticas são prejudiciais.

Apesar disso, porém, Girard considera que o pensamento primitivo não consegue compreender perfeitamente a relação entre imitação e violência. Não chega a compreender que a imitação realmente perigosa é a do desejo. O pensamento primitivo teme a imitação, mas não consegue compreender por quê.

Platão, assinala Girard, é um claro exemplo da atitude do pensamento primitivo com respeito à imitação. Para Girard, "a hostilidade de Platão à mímesis é um aspecto essencial de sua obra e não deveria ser visto como algo confinado, como ocorreu, à sua crítica da arte. Se Platão desconfia da arte, é porque desconfia da mímesis, e não o contrário. Ele compartilha com os povos primitivos o terror da mímesis que ainda resta explicar suficientemente".[16]

---

[16] *Things Hidden since the Foundation of the World*, p. 15.

Platão desconfia da imitação, sabe que ela é perigosa. Como já assinalamos, Girard prefere empregar a palavra "mímesis" em vez de "imitação" porque, usando a palavra grega, tal como foi empregada por Platão, deseja manter a atitude platônica que adverte sobre os perigos da mímesis. Mas Girard aspira a afastar-se de Platão, aspira a oferecer uma teoria clara sobre por que a mímesis é perigosa, o que Platão nunca faz.

Girard afirma que Platão e o pensamento primitivo têm certa intuição de que existe uma relação entre mímesis e violência. Mas essa intuição não é completa. Eles sabem que a mímesis é perigosa, mas não compreendem por que o é. Como Platão, acrescenta Girard, os romancistas também advertem sobre o perigo da mímesis. Mas, diferentemente de Platão, os romancistas conseguem, *sim*, compreender a relação existente entre desejo e mímesis, o que, de acordo com Girard, nem Platão nem o pensamento primitivo conseguiram compreender. Por não chegarem a compreender que a mímesis verdadeiramente perigosa é a mímesis do desejo, Platão e os primitivos preferem proibir a atividade mimética em todas as suas formas, seja a arte, os gêmeos, os reflexos, etc.

As proibições recaem somente sobre os objetos e situações que evoquem mímesis. Ora, as primeiras comunidades buscavam a suspensão da violência no seio da própria comunidade. De forma que, para evitar disputas, também era necessário proibir os objetos que pudessem permitir o auge de rivalidades miméticas.

As proibições sexuais desempenham um papel análogo às proibições alimentícias: não se proíbem objetos raros e inacessíveis, mas os mais próximos e abundantes, precisamente por serem os mais desejados e terem o potencial de gerar rivalidades. Nas palavras de Girard: "as proibições alimentícias e sexuais são, em certo sentido, idênticas. Só o objeto da proibição é diferente".[17]

---

[17] Idem, p. 75.

Proibindo os alimentos mais próximos e abundantes, as comunidades se asseguravam de que não surgissem rivalidades entre seus membros. Pode-se dizer o mesmo das regras exogâmicas. O homem se converteu num ser cultural na medida em que renunciou às fêmeas mais próximas. Girard considera que o motivo desta renúncia foi o temor à violência. Para evitar as lutas no seio do grupo, é melhor proibir as mulheres mais próximas. "As mulheres mais acessíveis (...) são proibidas porque têm maior possibilidade de provocar rivalidades miméticas entre os membros do grupo."[18] Para assegurar o espaço de paz social que garantisse a continuidade da espécie, os homens tiveram de instituir o tabu do incesto para controlar as rivalidades e os conflitos.[19]

Pois bem, Girard adverte que nos rituais costuma apresentar-se o inverso das proibições, que são deliberadamente transgredidas. As comunidades apreciaram o poder pacificador do mecanismo vitimário. Este evento teve tal importância, que tem de ter adquirido uma transcendência religiosa na memória coletiva das incipientes comunidades. Com o tempo, o mecanismo se foi repetindo sistematicamente, até transformar-se na instituição ritual.

Para Girard, o rito é uma representação da crise mimética que chegou ao fim com a execução do mecanismo de vitimação. No rito, as

---

[18] Idem, p. 76.

[19] Três anos antes do lançamento de *Coisas Ocultas desde a Fundação do Mundo*, Evelyn Reed publicara *Woman's Evolution* (Nova York, Pathfinder Books, 1975), onde lançava algumas teses que concordam com as de Girard. De acordo com Reed, os homens instituíram o tabu do incesto como uma forma de proteger-se dos ciúmes e a violência, assegurando um espaço de proteção para as mães e seus filhos. Pois bem, tanto a interpretação de Girard como a de Reed pressupõem que a relação sexual naturalmente desperta ciúmes entre os homens, que são incapazes de compartilhar pacificamente uma mesma mulher. Ao que parece, nem Girard nem Reed levam em consideração os avanços etnográficos sobre instituições poliândricas, especialmente no Tibete e áreas do Norte da Índia, onde vários homens (geralmente irmãos, o tipo de relação mais propensa à rivalidade mimética, segundo Girard) compartilham uma mesma mulher, sem que se gere nenhum tipo de ciúme ou de rivalidade. Até certo ponto, tanto Girard quanto Reed cometem o erro etnocêntrico de supor que a relação sexual natural é a monogâmica.

proibições são violadas para propiciar o conflito, de forma que sirva de palco para a instituição do mecanismo sacrificial e para a restauração da ordem. No rito, evoca-se um cenário de indiferenciação; geralmente, através da dança, da inversão de papéis, etc., incentiva-se, em certo sentido, o caos e a indiferenciação, mas só para que se siga imediatamente a resolução sacrificial.

Girard faz-se crítico de Lévi-Strauss e dos estruturalistas, para os quais o rito não desempenha um esforço de diferenciação, na medida em que o caos e o indiferenciado se apoderam das representações rituais. Girard considera que os estruturalistas só apreciam a fase inicial do rito, e não conseguem ver que, se o rito experimenta um cenário de indiferenciação, é porque é imediatamente seguido de uma restauração das diferenças e da ordem. Incentiva-se e exagera a indiferenciação apenas para que o retorno do diferençado seja significativo.[20]

Tanto o rito como a proibição são instituições que derivam da religião, a qual é, de acordo com Girard, a matriz da vida cultural do homem. A violência fundadora propiciou a ordem social, e foi suficiente para adquirir uma dimensão religiosa e transformar-se na matriz do sagrado. O poder pacificador da violência propiciatória foi tal, que o homem terminou por adorar a violência, rendendo-lhe culto na repetição periódica do rito sacrificial. Mas Girard se apressa a advertir que, "se o homem religioso adora a violência, só o faz na medida em que a adoração da violência deve trazer a paz; à religião preocupa inteiramente a paz, mas os meios para trazê-la nunca estão livres da violência sacrificial".[21]

---

[20] Talvez Girard seja um pouco injusto ao não citar expressamente Max Gluckman (*Custom and Conflict in Africa*. Londres, Blackwell, 1965), a autoridade máxima no tocante aos ritos de conflito. Tal como Girard, Gluckman assinalava que os ritos incentivam a desordem e a indiferenciação apenas para que se siga a restauração da ordem, de forma que esta seja mais significativa.
[21] Op. cit., p. 72.

A religião é a origem de todas as instituições, argumenta Girard. Foi o culto à violência como promotora da paz através da repetição periódica do rito e a instituição das proibições o que permitiu a estabilidade necessária para que o homem desenvolvesse a Cultura.

A transcendência do mecanismo de vitimação enseja o sagrado, através da repetição periódica ritual. Cada vez que as comunidades se encontravam em situação de rivalidade, de forma que a ordem social se visse ameaçada, evocava-se a memória daquele momento primigênio em que a coletividade uniu esforços voltando-se contra uma vítima. Se, com estável frequência, a comunidade repetir inúmeras vezes este mecanismo de maneira formal, poderá prevenir-se contra futuras crises. Como vimos no capítulo anterior, Girard insiste em que o ritual desempenha uma função preventiva.

A religião constitui o meio através do qual a sociedade pode manter o equilíbrio. Por meio do marco sagrado, a coletividade se conforma enquanto tal, e consegue deter qualquer atrito que possa ocorrer entre seus membros. Se o sagrado é idêntico ao violento, é porque no fundo busca a paz; o paradoxo está em que essa paz só pode vir por meio da própria violência. Girard é todo contrário ao espírito ilustrado que só vê na religião superstição e banalidade. A religião tem muito sentido: serve para muito mais que explicar raios e trovões e enfrentar incertezas. Ela cumpre, antes de tudo, uma função social, e sem a religião não pode haver Cultura nem sociedade.

Os participantes do rito sabem que as crises se resolvem através do rito sacrificial. É por isso que instituíram o sacrifício como prática religiosa. Mas Girard insiste em que o pensamento religioso não compreende o papel que desempenham as vítimas, os "bodes expiatórios". Para que o mecanismo em si funcione, é preciso manter uma inconsciência e um desconhecimento do processo de que se participa.

Seguindo a descrição do ritual do Levítico 16,5-10, costuma-se empregar a expressão "bode expiatório" para designar uma vítima que carrega as culpas dos demais, um agente a quem se acusa de ter cometido algo, apesar de sua inocência. Mas, para que o mecanismo de vitimação realmente alcance o objetivo esperado, a comunidade nunca deve pensar que está executando uma vítima inocente. A comunidade tem de estar convencida de que a vítima executada é culpada de algo e merece morrer; só dessa forma conseguirá realmente eliminar sua violência interior. Se ela vê na vítima um inocente, então se correrá o risco de que sua morte seja vingada, e muito provavelmente não se contará com apoio unânime para sua execução. Para polarizar a totalidade da comunidade contra a vítima, esta deve aparecer como a responsável por todos os males: se se descobrir que efetivamente se estão transferindo os males e as culpas, então o mecanismo já não terá o mesmo efeito.

Frazer foi um dos primeiros etnólogos a identificar o tema do "bode expiatório" nas representações rituais. Mas Girard adverte que o erro de Frazer foi ter julgado que as comunidades experimentam uma instrumentalização consciente desse mecanismo. Na maior parte das vezes, o "bode expiatório" passa despercebido, precisamente porque, ali onde cumpre esse papel, os membros da comunidade não conseguem compreender o mecanismo de que participam. Nas palavras de Girard: "os 'verdadeiros' bodes expiatórios são aqueles que os homens nunca reconheceram como tais, em cuja culpa têm uma fé inquebrantável".[22] O que Frazer chamou de "*scapegoating*"[23] é muito mais que uma representação ritual. Trata-se antes de um mecanismo psicossocial inconsciente que acontece cotidianamente, no qual uma comunidade elude suas culpas projetando-as sobre alguém em particular.

Assim como as comunidades atribuem a suas vítimas a origem das crises, razão por que requerem sua execução, assim também lhe atribuem a responsabilidade da restauração da paz e, por extensão,

---

[22] Idem, p. 46-47.
[23] Realmente não existe um termo em castelhano para expressar a ideia deste verbo em inglês, mas uma ótima tradução seria "fazer de alguém um bode expiatório".

a origem da vida comunitária. Com o ritual e o auge da religião, experimenta-se um processo que Girard denomina "transferência dupla", ou seja, a projeção do mecanismo inteiro sobre a vítima. Assim como a vítima, em vida, é muito má e é a responsável por todos os males comunitários, uma vez que já morreu ou recebeu seu castigo, passa a ser muito boa, e é a responsável pela prosperidade e pela origem da ordem social. Ele nutre-se, assim, da ambivalência característica dos deuses.

Como mencionamos no capítulo anterior, os ritos guardam uma unidade, na medida em que todos apresentam a estrutura do mecanismo vitimário. O rito comemora as origens da Cultura, mas também aspira a renovar os efeitos pacificadores do assassinato original. Comemorando a forma como um deus primigênio morreu gerações atrás, os participantes do rito também se libertam das más emoções e estreitam os laços como membros da comunidade.

O mecanismo de vitimação e suas variantes rituais, por conseguinte, são a origem da vida cultural do homem. Se Lévi-Strauss proclamava que a passagem da natureza à cultura era a proibição do incesto, Girard agora dava mais um passo e demonstrava que, já antes do incesto, se encontrava o mecanismo de vitimização como a passagem da natureza à Cultura, e, por extensão, como origem das instituições culturais fundamentais. Para sustentar essa tese, Girard considera necessário fazer um breve inventário das instituições culturais fundamentais, demonstrando sua relação com o mecanismo da vítima propiciatória.

Em *A Violência e o Sagrado*, Girard já tinha assinalado os paralelismos que existem entre as vítimas propiciatórias e os reis, e entre as cerimônias de entronização e os ritos sacrificiais. Girard formaliza estas observações, insistindo em que a origem do poder político e suas instituições é o mecanismo vitimário. As vítimas propiciatórias raras vezes são executadas de forma imediata, por razões já expostas no capítulo anterior, elas devem ser assimiladas à comunidade. O processo de transferência dupla esclarece o tratamento que muitas vezes se dá às vítimas: desprezam-nas, mas também lhes concedem benefícios. A comunidade tem certo conhecimento de que, ao morrer, a vítima propiciará paz social. Durante este tempo, a vítima pude usar essa ambiguidade como uma vantagem sua, e apropriar-se do poder, convertendo seus hipotéticos executores em súditos. A teoria política de Girard é muito simples: as massas em geral obedecem aos que servem como vítimas sacrificiais ou, então, ofereçam vítimas substitutas para alimentar o sistema sacrificial e manter a estabilidade e a ordem social. O rei não necessariamente tem de morrer; recorde-se que, para Girard, a substituição é o traço fundamental da instituição sacrificial.

A domesticação dos animais é outra das primeiras e mais importantes instituições que caracterizam a vida cultural do homem. Girard insiste em que a domesticação deve ser entendida em sua relação com o sacrifício: com a domesticação, o animal selvagem se "antropomorfiza", de forma que serve de vítima sacrificial suficientemente próxima da comunidade para poder levar consigo toda a carga expiatória. O homem primigênio fez com os animais o mesmo que, como Girard interpreta, os tupinambás faziam com seus prisioneiros: integrou-os à comunidade antes de executá-los no rito sacrificial.

Girard insiste na instituição sacrificial como determinante da domesticação de animais, assinalando o caso das cerimônias dos ainos, os quais tentam domesticar o urso: são capturados ainda filhotes e criados entre os membros da comunidade, até que, passado certo tempo, é imolado ritualmente. Girard insiste em que o urso é um animal selvagem, de forma que "não é domesticado porque não pode ser domesticado. Portanto, podemos supor que a domesticação é tão somente um efeito secundário, um subproduto de uma prática ritual".[24] Aos ainos não interessa capturar o urso para fins domésticos; é um animal demasiado selvagem para servir em trabalhos ou

[24] Op. cit., p. 71.

de companhia. Mas, ainda assim, o capturam, para que cumpra uma função sacrificial.[25]

Por sua vez, a domesticação dos animais permite o desenvolvimento da dimensão econômica do homem. Com a domesticação, as relações de produção tornam-se mais complexas, e experimenta-se um processo de troca que identifica todas as instituições econômicas.

O princípio de troca é outra das instituições culturais mais antigas e importantes da humanidade. Girard adverte que também tem origem no mecanismo vitimário. A troca assegura contato com estranhos. Esses estranhos se vão incorporando às comunidades, de forma que cumprem um duplo papel: estrangeiros e próprios ao mesmo tempo. Na medida em que se intercambia com eles, são mantidos de reserva como futuras vítimas sacrificiais. As comunidades necessitam ir em busca de mais vítimas para alimentar seu sistema sacrificial e assegurar a manutenção da ordem, e por isso integram estrangeiros ao grupo por meio da troca.

A caça é outra das mais importantes instituições que marcaram a pauta para a dimensão cultural da hominização. A caça foi um móvel para que os primeiros hominídeos saíssem das cavernas e exercessem um maior controle sobre a natureza, resultando em relações sociais mais complexas, o que uma atividade como essa deve ter requerido.

---

[25] A teoria de Girard segundo a qual a domesticação de animais teve principalmente uma origem sacrificial não concorda com os estudos mais competentes nesta matéria, em particular a obra já clássica de F. E. Zeuner, *A History of Domesticated Animals* (Harper & Row, 1963). O consenso entre paleoantropólogos e arqueólogos é que a domesticação dos animais começou no Neolítico (há dez mil anos), momento em que a humanidade moderna já teria mais de cem mil anos de existência, muito depois da origem das primeiras instituições religiosas. Caberia antes explicar a origem da domesticação dos animais como o complemento da agricultura (de possível origem acidental), pois ambas as atividades constituíram o início de um conhecimento muito rudimentar da genética, através do qual o homem foi manipulando por seleção artificial as espécies animais e vegetais.

Girard considera que até a caça tem origem no mecanismo vitimário. Assim como a troca busca vítimas no exterior para repetir o rito sacrificial, assim também a caça começou como um esforço para trazer animais como vítimas propiciatórias. Não por nada a caça logo se converteu em algo muito mais complexo e elaborado que a simples depredação; os matizes rituais não tardaram a aparecer nesta atividade.

Mais ainda, Girard considera que a caça obedece muito mais a uma necessidade cultural que a uma necessidade biológica: "os especialistas nos dizem que o sistema digestivo humano permaneceu como o do onívoro vegetariano, o tipo de sistema que antecedeu ao nosso no curso da evolução. O homem não é um carnívoro natural; a caça humana não deve ser pensada em termos da depredação animal".[26]

Uma vez mais deparamos com a recorrente dificuldade de Girard não especificar suas fontes; ele não nos indica quem são esses especialistas. Isso se converte num problema, dado que, até onde temos conhecimento, os biólogos e os médicos contemporâneos não ousariam dizer que o homem é um "onívoro vegetariano": tanto nossos dentes quanto nosso sistema digestivo são uma evidência de que continuamos a ser carnívoros. Mais ainda, tampouco se pode dizer que os antepassados do homem não tenham sido carnívoros.[27]

---

[26] Op. cit., p. 73. Em 1983, Girard se reuniu num seminário com Walter Burkert e Jonathan Z. Smith, destacadas autoridades no estudo da religião, para discutir as teorias das origens violentas de la Cultura. De suas discussões, Robert Hamerton-Kelly editou o livro *Violent Origins* (Stanford University Press, 1987). Jonathan Z. Smith argumenta que o desenvolvimento da cultura começa com a domesticação dos animais, e que a instituição do sacrifício é posterior. Por seu lado, Walter Burkert apresenta a teoria de que a caça é a primeira atividade cultural do homem e, por conseguinte, é anterior tanto ao sacrifício quanto à domesticação de animais. Como mencionamos, Girard, por sua vez, sugere que a caça é *posterior* ao sacrifício, pois este constitui a primeira instituição humana. O consenso entre os paleoantropólogos, ao que parece, é que em termos cronológicos a caça é anterior a qualquer instituição religiosa, razão por que Burkert estaria mais próximo das teorias da paleoantropología convencional.

[27] A este respeito, o destacado paleontólogo Josef H. Reichholf escreve: "O australopiteco [o primeiro antecessor bípede do homem, cujo espécime mais famoso é 'Lucy'] jamais teria alcançado um equilíbrio calórico adequado se tivesse ingerido tão somente vegetais na

As recentes descobertas de Jane Goodall revelaram que, contrariamente ao que se acreditou durante anos, o chimpanzé (nosso parente contemporâneo mais próximo, mas não um antepassado) é, sim, um carnívoro,[28] como também o foi o homem de Neandertal, que possuía uma poderosa dentadura.[29]

Junto com Lévi-Strauss e Freud, Girard considera que o tabu do incesto é um dos traços essenciais da condição cultural do homem (ainda que não o determinante). Já fizemos suficiente referência à forma como o tabu resulta do mecanismo vitimário.

Girard acrescenta os ritos funerários como outra das instituições primigênias mais importantes no desenvolvimento da cultura. Desde muito cedo, o homem desenvolveu complexas emoções em torno da morte, e provavelmente seja o único animal que está consciente de sua mortalidade.[30] O rito funerário é uma instituição complexa, porque, já desde o mesmo momento em que emergiu como ser com cultura, o homem prestou culto à morte. É graças à morte que pode surgir a paz social e prosperar a comunidade. A morte dá vida. Girard reconhece que Freud teve o mérito de ver que os ritos funerários são ocasiões para reconciliar aos aflitos,[31] da mesma forma que o mecanismo vitimário contribui para a paz social entre seus

---

combinação que os antropomorfos atuais ingerem. As folhas e os brotos não são suficientes para atender às necessidades de um corpo com as características dos australopitecos" (Josef Reichholf, *La Aparición del Hombre*. Barcelona, Crítica, 1991, p. 35). Mais ainda, um fato reconhecido pela paleoantropologia é que uma massa cerebral grande gera um déficit energético que tem de ser compensado por um consumo de carne e uma redução do aparelho intestinal, o que exigiria igualmente uma redução de vegetais na dieta.
[28] Jane Goodall, *In the Shadow of Man*. Mariner Books, 2000.
[29] Josef Reichholf, *La Aparición del Hombre*, p. 188.
[30] Acrescente-se que, ao que parece, os elefantes têm certa sensibilidade para com seus mortos, e percorrem distâncias para chegar a um leito de morte fixo. Em todo o caso, a consciência da morte é tão acentuada no ser humano, que o psicólogo Ernest Becker a considerou a variável determinante no comportamento humano (*The Denial of Death*. Nova York, Free Press, 1977).
[31] Não obstante, recordem-se as importantes observações etnográficas feitas por Clifford Geertz (*La Interpretación de las Culturas*. Barcelona, Gedisa, 1987) em Java, nas quais assinala que os ritos funerários podem ser motivo de conflito.

participantes. O rito funerário é uma reatualização do rito sacrificial; nele uma coletividade estreita seus laços na medida em que contempla o defunto e sente fascinação pela morte.

À religião custa distinguir a vida da morte, porque, afinal de contas, são duas fases de um mesmo processo. Só pode haver vida comunitária com uma morte em contrapartida. Girard insiste em que a preocupação religiosa com a morte tem pouco de metafísico. Trata-se antes de uma preocupação social. Certamente o homem sabe que morrerá, mas realmente isso não o atormenta demasiadamente. Ele contempla a morte de forma esperançosa, porque vê na morte a origem da Cultura e da vida em sentido social.

De forma que, para o pensamento religioso, o morto (ou a vítima propiciatória) nunca morre. Permanece sempre vivo, dado que a mera existência da comunidade é testemunho de sua presença. O morto deixou como legado a vida comunitária. Evocar-se-á sua lembrança sempre que se participe da vida social. Dado que propicia a cultura, o morto detém um poder sagrado; transforma-se numa espécie de talismã. Recorde-se que, em *A Violência e o Sagrado,* Girard estudava como os cidadãos de Tebas e Colona disputavam o cadáver de Édipo.

O túmulo vem a ser um dos primeiros artefatos de cultura material do homem. De acordo com Girard, "o túmulo não é mais que o primeiro monumento humano a ser erguido sobre a vítima propiciatória, a primeira e mais elementar matriz de significados".[32] O túmulo vem a ser um poderoso símbolo da cultura do homem: ela revela o modo como a cultura se constrói sobre a morte.

Por último, a origem da linguagem, instituição que para muitos é a verdadeira matriz da diferenciação entre o humano e o animal, também deve ser entendida em sua relação com o mecanismo vitimário,

---

[32] *Things Hidden since the Foundation of the World*, p. 83.

assegura Girard. Se, como indicam os linguistas, a linguagem é uma forma de troca, então já é mediada pelo mecanismo vitimário.

Certamente através da substituição do rito sacrificial se abriu caminho para os sistemas de representação: a vítima sacrificial representa a vítima original. A linguagem é substituição, tal como o rito sacrificial.

Girard considera que o impacto do mecanismo de vitimação sobre seus executores deve ter sido tão forte, que provavelmente a vítima monopolizou a atenção de forma quase instantânea. Esta atenção faz que a vítima se converta no primeiro significante, surgindo assim as primigênias formas de representação. Todos os significados da comunidade passam através da vítima. O corpo da vítima capta a atenção, que de agora em diante será empregado para representar o mundo. Tudo será pensado em função do corpo.[33]

Mais ainda, se, como sugerem os estruturalistas, o linguagem é composta de oposições binárias, estes sistemas de diferença também têm origem no mecanismo vitimário. A vítima marca uma distinção entre um "nós" e um "eles", entre um "antes" e um "depois". A vítima serve de ponto de partida para estas oposições.[34]

Levando em conta tais diálogos com o estruturalismo, Girard também considera necessário formalizar uma teoria sobre o mito, teoria

---

[33] Acrescentemos que, em *Os Nuers,* E. E. Evans-Pritchard estudava como aquele povo africano pensa o tempo e o espaço em função do gado, que se converte em significante, e que eles usam para vítimas sacrificiais.

[34] Não obstante, Girard deixa de lado as condições estritamente *biológicas* que propiciaram a origem da linguagem, a saber, a formação de uma laringe suficientemente baixa para produzir uma ampla variedade de sons. O aparelho vocal apto para um pleno desenvolvimento da linguagem só apareceu no *Homo sapiers sapiens* (os humanos atuais), e sua ausência em espécies como o *Homo erectus* e o homem de Neandertal é notável (Josef Reichholf, *La Aparición del Hombre,* p. 150). Assim, segundo a paleontologia convencional, o ponto verdadeiramente determinante da origem da linguagem é a posição inferior da laringe, o que não tem nada que ver com os processos miméticos, nem com o mecanismo vitimário estudados por Girard.

que já tinha sido antecipada de maneira informal em *A Violência e o Sagrado*. Girard reconhece o mérito que os estudos de Lévi-Strauss tiveram ao decifrar uma sequência estrutural entre uma pluralidade de mitos recolhidos em diversas partes do mundo. Em linhas gerais, esta estrutura representa a passagem do indiferenciado ao diferenciado, do caótico à resolução de oposições. Lévi-Strauss sempre teve grande influência no pensamento de Girard, e este sempre lamentou nunca ter podido discutir com Lévi-Strauss as origens da Cultura e o papel que tanto a diferença como a indiferenciação desempenham nas representações culturais.

Em função da sequência para o estabelecimento das diferenças assinaladas por Lévi-Strauss e pelo estruturalismo, Girard considera que o tema subjacente a boa parte dos mitos é o mecanismo vitimário. Em linhas gerais, o mito é um registro da forma como se emprega o mecanismo em questão.

Pois bem, em oposição tanto aos estruturalistas quanto aos fenomenologistas da religião, Girard reserva para o mito o sentido que tradicionalmente lhe foi dado: uma história fantasiosa e distorcida. Para Girard, o mito é a história dos acontecimentos do mecanismo vitimário, *narrado do ângulo da coletividade de linchadores*.

O mecanismo vitimário necessita da inconsciência e/ou da ignorância de seus participantes. Girard considera que dificilmente se pode fazer de alguém um bode expiatório de forma consciente. No momento em que nos damos conta de que nossas vítimas são bodes expiatórios, o mecanismo deixa de funcionar e fracassa em sua tarefa de integração. Para manter a inconsciência do mecanismo, é preciso relatar a história da perspectiva da comunidade; é necessário silenciar a voz da vítima e seu ponto de vista. Só dessa forma se suprimirá o conhecimento do mecanismo, o que permite sua perfeita execução.

Na época em que Girard escrevia, os antropólogos levavam sobre si a culpa do colonialismo, e pretendiam reivindicar as sociedades não ocidentais descobrindo no mito diversas formas de racionalidade.

Girard se opõe a eles, e, preservando o sentido original da palavra "mito", insiste em que a mitologia tem pouco de racional. Em vez de ser uma descoberta, uma verdade, é uma distorção dos fatos, um ocultamento do funcionamento do mecanismo vitimário.

O autor do mito é parte da coletividade de executores, na medida em que apresenta uma versão dos fatos do ângulo dessa mesma coletividade. Quem narra o mito não chega a compreender o mecanismo de que participa, dado que não se dá conta da distorção a que procede quando insiste em que a vítima propiciatória merece morrer. Para que o mecanismo da vítima funcione a contento, a comunidade deve despojar o executado de sua condição de vítima. Se, em vez de um culpado, a comunidade vê um bode expiatório inocente, muitos se recusarão a participar desse processo, e perder-se-á a ansiada solidariedade. O mito é um processo de distorção e de autoengano, precisamente para cumprir uma função social. Se apresentasse os acontecimentos de outra perspectiva, ele não contaria com o apoio comunitário para a continuação do mecanismo vitimário, perder-se-ia a solidariedade e pôr-se-ia em risco a permanência da ordem social.

Para se negar a condição de vítima, pode-se proceder de duas formas: uma, distorcendo o executado, de forma que apareça como um monstro que merece morrer, de modo algum pensável como vítima. Vrtra ou o Ciclope certamente são monstros, mas, apesar de serem executados de forma violenta, nunca pensamos neles como vítimas, precisamente porque esses mitos foram narrados da perspectiva dos linchadores; do contrário, veríamos neles criaturas inocentes cuja dor nos escandalizaria. Girard sugere que o mito institui uma distorção para impedir que os reconheçamos como bodes expiatórios. A insistência na culpa das vítimas e a legitimidade de seu castigo nos impedem de ver a dinâmica expiatória que se desenvolve no mecanismo.

Recorde-se que, para Girard, o mecanismo vitimário se articula de forma *mimética*: pouco a pouco, todos os membros da comunidade se imitam num gesto comum de agressão, lançando-se contra a vítima. Assim, Girard considera que o narrador do mito foi contagiado e arrastado por essa mímesis, de forma que não se propõe a questionar a perspectiva da comunidade. Não tem capacidade de resistir a ser arrastado por essa força mimética, e termina por apresentar uma versão distorcida dos fatos.

A outra maneira de negar-lhes o estatuto de vítimas é dissimular ou eliminar completamente a violência do relato. Em vez de morrerem, os heróis fundadores simplesmente desaparecem, ou se retiram para o céu ou para o Olimpo, ou vão para um lugar muito distante, ou se convertem em algum fenômeno natural.

Girard argumenta que este processo confundiu os estruturalistas, para os quais o mito é tão somente uma metáfora de processos de pensamento e tem pouco que ver com eventos reais. Girard, ao contrário, sugere que os mitos relatam histórias verdadeiras (ou seja, que efetivamente ocorreram), mas distorcidas para que se dissimulem ou se eliminem as evidências de um homicídio coletivo. A estrutura que marca a passagem do indiferenciado ao diferenciado é muito mais que uma metáfora dos processos de pensamento. Refere-se antes a um drama social: de início, há a indiferenciação caótica da mímesis, na qual a comunidade está em crise porque não existem hierarquias e a homogeneização incita a que todos os personagens desejem as mesmas coisas. Este estado é seguido de um estado diferenciado em que tudo volta à sua ordem, mas esta transição é mediada por um tema sacrificial que, à medida que o mito se torna mais complexo, se dissimula.

Girard denuncia que Lévi-Strauss e seus seguidores estão tão preocupados com a estrutura do mito, que perdem de vista a *trama*, que revela sequências sacrificiais que são muito mais que metáforas de pensamento; são histórias de linchamentos reais. Não se trata da simples imaginação de um poeta: com efeito, "por que constantemente encontramos a perspectiva dos linchadores, se não houve um linchamento para provocá-lo?".[35]

---

[35] Op. cit., p. 118.

Girard pretende demonstrar que, se existe uma estrutura comum entre diferentes mitologias, trata-se estrutura do mecanismo vitimário apresentada por uma comunidade imersa numa crise mimética, seguida de um assassinato coletivo e da restauração da ordem e das diferenças. Para fazê-lo, Girard estuda alguns dos próprios mitos empregados por Lévi-Strauss em suas análises.

Os mitos escolhidos por Girard foram estudados por Lévi-Strauss em sua obra *O Totemismo Hoje*.[36] O primeiro deles vem dos ojibwas da América do Norte, e narra a história de cinco clãs descendentes de seres sobrenaturais que surgiram do oceano e se mesclaram com os seres humanos. Um deles tinha os olhos cobertos, mas tinha muita vontade de ver os companheiros. Finalmente levantou o véu dos olhos, e o olho caiu em forma de ser humano, e morreu instantaneamente. Dado que havia matado outros, seus companheiros o obrigaram a retornar às águas, enquanto os demais seres sobrenaturais se fizeram amigos entre si.

Apesar da distância geográfica, Lévi-Strauss sugere que este mito compartilha a estrutura de um mito dos tikopias, um povo oceânico estudado especialmente por Raymond Firth. Neste mito, narra-se que não havia diferenças entre os mortais e os deuses. O deus Tikarau visitou aos tikopias, e os deuses locais prepararam um festim em sua honra. Antes, no entanto, organizaram uma corrida entre eles e Tikarau. Na corrida, Tikarau caiu e declarou que estava ferido. Fingindo mancar, roubou os alimentos do festim, e fugiu para as montanhas. Dando-se conta do furto, os deuses locais o perseguiram, e conseguiram tomar dele alguns frutos roubados, mas Tikarau conseguiu escapar e se retirou para o céu.

Girard compartilha com Lévi-Strauss a noção de que existe uma estrutura comum entre estes mitos, mas por razões muito diferentes. Ambos os mitos relatam a história de uma comunidade em

---

[36] *Totemism*. Boston, Beacon Press, 1968.

confusão, um tema de indiferenciação, em que não se distinguem os deuses dos mortais. Um dos deuses faz algo em prejuízo da comunidade. No primeiro mito, mata os companheiros apenas com o olhar; no segundo mito, rouba frutos. Como castigo, a comunidade decide expulsá-lo ou executá-lo, e, após esta fase, a ordem e a felicidade retornam, resolvendo-se todas as crises.

Girard reconhece que certamente é difícil ver um tema de homicídio em ambos os mitos, mas isso se deve precisamente ao fato de a narração mitológica ser um processo de distorção que pretende extrair dos executados o estatuto de vítima, de forma que o homicídio em si é dissimulado. No mito tikopia, Girard cita outra versão, oferecida por Raymond Firth, na qual Tikarau é perseguido pelos demais deuses até um precipício, do qual salta. Em vez de cair, porém, nascem-lhes asas e ele consegue fugir para o céu.

Lançar os prisioneiros em precipícios diante da pressão de uma coletividade foi uma forma comum de linchamento. A versão recolhida por Firth permite supor que Tikarau tenha sido uma dessas vítimas. Aos olhos do mito, Tikarau não morre por duas razões: primeira, para dissimular o mecanismo; segunda, porque as vítimas propiciatórias nunca morrem, pelas razões já expostas. No mito ojibwa, dá-se o repentino desaparecimento do deus "retirando-se no mar", o que Girard interpreta como uma morte por afogamento.

Em ambos os mitos, os executados são suficientemente maus para merecer o castigo, que ainda assim é dissimulado. Tanto o herói ojibwa como Tikarau são culpados de uma falta: um matou os outros com o olhar, enquanto o outro roubou frutos. Girard assinala que é comum as sociedades imersas em crise lançarem acusações de mau-olhado, de forma que motive as coletividades a voltar-se contra os acusados.

Dado que o mito é narrado da perspectiva coletiva, e nunca do ponto de vista da vítima, sua distorção é suficientemente ampla para apoiar a agressão coletiva. Nas palavras de Girard: "só a perspectiva dos linchadores e de seus descendentes através das idades, a comunidade religiosa, pode explicar com certeza inquebrantável porque a vítima é genuinamente malévola e todo-poderosa e deve ser destruída – ou, em outras palavras, que o linchamento está justificado".[37]

Mas, assim como a vítima é malévola aos olhos do narrador do mito, assim também é suficientemente boa para ser objeto de culto. O mito institui a "transferência dupla" que atribui à vítima ser a origem tanto da crise quanto de sua resolução. É por causa da vítima que há uma crise, dado que cometeu um crime imperdoável; mas também é graças a ela que existe comunidade, dado que sua morte constituiu a fundação da ordem social.

Vai-se delineando, assim, a estrutura sacrificial que os mitos apresentam. Girard resume sua análise em quatro temas gerais que o estudioso deve buscar para compreender a estrutura e a trama dos mitos:

1. Um tema de indiferenciação, que, como mencionamos, evoca uma crise mimética: o dia se confunde com a noite, os homens com os deuses, uma peste, uma seca, etc.

2. Uma acusação. Em geral, as acusações são o que Girard denomina "crimes de indiferenciação", geralmente faltas sexuais ou que alteram a ordem das coisas: incesto, adultério; ou também faltas miméticas, como reprodução de imagens, etc. Girard sugere que as proibições surgem como comandos que sancionam a repetição da ação que a vítima supostamente cometeu.

3. A representação da violência coletiva. Em alguns mitos, o assassinato pode ser bastante plástico, mas nos mitos mais elaborados o assassinato é dissimulado por desaparecimentos, afastamentos, viagens, etc.

---

[37] *Things Hidden since the Foundation of the World*, p. 115.

4. A geração ou regeneração da ordem, a fundação da comunidade, seguida, possivelmente, da deificação da vítima. A geração e a regeneração costumam ser representadas por meio de temas de prosperidade, felicidade, regozijo, etc.[38]

Uma característica fundamental das estruturas mitológicas é o que Girard denomina "sinais de vitimização". As vítimas mitológicas sempre se destacam por algum defeito ou característica particular: são corcundas, gagos, muito altos, muito baixos, estrangeiros, etc. Os indivíduos que apresentam estas características captarão mais facilmente a atenção da coletividade, e têm mais possibilidade de serem designados como vítimas do mecanismo vitimário. Assim como, no mundo animal, um depredador ataca uma vítima que sobressai dentre o grupo de presas, a coletividade se volta contra o indivíduo que apresentar os sinais de vitimação. Mais ainda, já fizemos suficiente menção à necessidade de a vítima ter alguma *diferença* que a distinga da comunidade.

Em artigos posteriores, Girard estudou outros mitos tentando seguir a estrutura que apresentamos. Num mito dos yahunas, recolhido por Joseph Campbell, narra-se que há muitos anos chegou um menino, chamado Milomaki, que cantava belamente, e que atraía audiências para escutá-lo. Mas, então, os que o escutaram comeram peixe e morreram. Os parentes dos mortos perseguiram Milomaki, e o assaram numa grelha. Suas cinzas se converteram numa grande árvore.[39]

Girard interpreta este mito de acordo com a teoria até agora apresentada. Milomaki é um estrangeiro que comete uma falta, a saber, mata os demais com seu canto, razão por que merece ser executado. Claramente, o mito é narrado da perspectiva dos linchadores, devido à distorção que ele opera. Aos nossos olhos, é absurdo que

---

[38] Idem, p. 119.
[39] "Generative Scapegoating". In: Robert Hamerton-Kelly (ed.), *Violent Origins*, p. 79-80.

o canto tenha capacidade de matar os ouvintes, mas isso não é nenhum problema para o narrador do mito, pois ele está condicionado pela necessidade de escolher uma vítima propiciatória e lançar sobre ela uma acusação que legitime sua execução. O absurdo das acusações confirma que deve tratar-se de uma distorção em prol de um benefício social.

Mais ainda, com Milomaki se desenvolve o processo da "transferência dupla". Certamente é um ser muito mau, na medida em que matou todos os seus ouvintes, mas sua morte é o eixo da regeneração da ordem: de suas cinzas emergem as árvores, seu corpo tem qualidades fundadoras.

Essa mesma estrutura aparece em outro mito estudado por Girard, o da serpente Píton entre os vendas da África do Sul.[40] A serpente marinha Píton tinha duas esposas. A primeira sabia quem era ele, mas a segunda não, e tampouco devia sabê-lo. Após espiar o marido, a segunda esposa descobriu sua identidade, apesar de a primeira esposa ter tentado preveni-lo. Os rios então se secaram, e só restou água no fundo do lago, onde Píton se havia refugiado. Os velhos ficaram sabendo da razão pela qual Píton havia desaparecido, e decidiram preparar uma oferenda de cerveja. A adivinhação revelou que Píton desejava a companhia de sua segunda esposa, razão por que a mulher entrou nas águas, levando consigo a cerveja numa cesta. Ela desapareceu, e os rios se encheram, e as pessoas se regozijaram.

Uma vez mais, uma vítima comete um crime. A esposa de Píton descobre a identidade do marido. Este crime tem repercussões devastadoras, no caso uma seca terrível. A única forma de resolver este problema é que a culpada morra, e é precisamente graças à sua morte que a ordem e a felicidade retornam.

---

[40] "Python and His Two Wives: An Exemplary Scapegoat Myth". In: James Williams (ed.), *The Girard Reader*. Nova York, Crossroads, 1996, p. 118-141.

Girard considera que o Ocidente moderno se afastou parcialmente do processo mitológico. Continua a haver crônicas que narram a sequência do mecanismo vitimário, mas elas apresentam algumas diferenças com relação aos mitos. Trata-se do que Girard denomina "textos de perseguição".

O Ocidente experimentou um processo de desmistificação; para o pensamento moderno é inconcebível que a um personagem como Tikarau tenham crescido asas, ou que a voz de Milomaki possa matar seus ouvintes. Mas nem por isso Ocidente deixou de empregar o mecanismo vitimário; de fato, continua a fazê-lo tanto quanto as sociedades não ocidentais, ou mais.

Na medida em que o mecanismo vitimário é executado no Ocidente, ficam como registro crônicas que, tal como os mitos, são escritas da perspectiva dos linchadores. Estes textos são persecutórios, por estarem carregados de acusações contra as vítimas e de distorções, de forma que sua execução seja legítima. Nesse sentido, os mitos e os textos de perseguição apresentam uma mesma estrutura: é da perspectiva dos linchadores que são narrados os acontecimentos em que se terminou por executar uma vítima.

Mas o Ocidente passou por uma transformação com relação aos mitos: certamente continua a distorcer as vítimas, mas já não as sacraliza. Girard escreve:

> os textos medievais de perseguição, como os textos antissemitas, os registros da Inquisição ou os julgamentos contra bruxas, ainda contêm elementos que estão muito próximos dos mitos, na medida em que a perspectiva que empregam permanece definível por um tipo de distorção próxima da do mito, que deve ser situada numa zona intermediária entre a mitologia e a desmistificação de que somos capazes (...)

> nos textos de perseguição (...) a vítima não foi sacralizada.[41]

De acordo com Girard, o Ocidente não sacraliza suas vítimas porque estas já não contribuem da mesma forma para a regeneração da ordem. As vítimas deixam de gozar de um poder sagrado porque simplesmente sua morte não tem os mesmos efeitos que na religião primitiva. Nem por isso o Ocidente deixou de empregar o mecanismo vitimário. Muito pelo contrário, precisamente porque ele já não funciona como antes, nós, os ocidentais modernos, julgamos necessário aumentar a dose de violência propiciatória, isso sem o resultado esperado. Não por nada o genocídio judeu se chamou Holocausto: os historiadores compreendem a relação existente entre os ritos sacrificiais e a violência instituída dos regimes totalitários.

Se o mecanismo vitimário não funciona perfeitamente no Ocidente moderno, é porque se trata da civilização que melhor o compreende. Nas culturas não ocidentais, o mecanismo vitimário funciona melhor porque não se tem um entendimento de sua lógica. Se Ocidente carrega o peso de ser uma das civilizações mais violentas, é porque comeu do fruto da árvore do conhecimento: precisamente porque compreende o mecanismo vitimário, não consegue resolver suas próprias violências.

Girard assinala que, em várias línguas não ocidentais, não existe uma palavra equivalente à expressão "bode expiatório", sinal de que só algumas sociedades compreendem este mecanismo. Em japonês, por exemplo, o conceito simplesmente não existe. Nós, os ocidentais modernos, indagamos sobre as implicações psicológicas e sociais deste mecanismo, e pagamos caro nossa curiosidade intelectual. Descobrindo que as vítimas executadas são inocentes e levam consigo a carga dos demais, o mecanismo não traz os resultados esperados, e a violência não pode ser contida.

---

[41] *Things Hidden since the Foundation of the World*, p. 127.

As perguntas que devemos fazer são, portanto, as seguintes. Se o mito é uma distorção dos fatos e um obscurecimento do mecanismo vitimário, como é que podemos falar deste, como podemos teorizar sobre algo que se manteve oculto? De onde vem o conhecimento e a compreensão ocidental do mecanismo do bode expiatório?

Em *A Violência e o Sagrado,* Girard já havia assinalado que, até certo ponto, revelando a arbitrariedade das diferenças, os trágicos se tinham aproximado de uma compreensão do mecanismo vitimário. Mas é o texto bíblico, argumenta Girard, a fonte de nosso conhecimento e compreensão do mecanismo do bode expiatório. Girard adverte que ele não descobriu nada. Se ele pode teorizar sobre o mecanismo vitimário, é porque sua revelação já se encontra na Bíblia. É este texto o responsável por conhecermos a forma como se desenvolveu a Cultura humana, e indiretamente, devido a este conhecimento, vivemos num mundo muito mais violento.
O segundo livro de *Coisas Ocultas desde a Fundação do Mundo*, intitulado "Escritura Judaico-Cristã", é consagrado ao estudo da forma como a Bíblia experimenta este processo de descoberta do mecanismo vitimário.

Como a maioria dos mitos, muitas histórias bíblicas concernem a acontecimentos que seguem a sequência do mecanismo vitimário: em meio a uma crise, uma coletividade acusa uma vítima de uma falta em particular, executa-a, e com isso a ordem é restaurada. Mas, para além dessas similitudes, há uma diferença crucial: em vez de narrar os acontecimentos da perspectiva dos linchadores, as histórias bíblicas o fazem da perspectiva da vítima. Daí a singularidade das escrituras judaico-cristãs.

Girard insiste em que a tendência bíblica a simpatizar com as vítimas foi observada por vários pesquisadores, destacando-se entre eles Max Weber. Mas historiadores como Weber veem nesta tendência uma particularidade histórica sem demasiada transcendência. Costumam explicar as simpatias para com as vítimas em termos da experiência histórica do povo de Israel: diante de tantas ocupações e desterros, era natural que os judeus simpatizassem com as vítimas nas histórias por eles narradas.

O argumento de Weber, considera Girard, é falho. Existem muitíssimos povos que sofreram as mesmas desgraças dos judeus que, no entanto, seguem narrando suas histórias da perspectiva dos perseguidores. E, mais importante ainda, a simpatia para com as vítimas é muito mais que uma particularidade histórica. Girard considera que se trata, antes de tudo, de um processo de revelação: na medida em que se narra a história da perspectiva das vítimas, revela-se sua inocência e compreende-se a forma como se executa o mecanismo vitimário e como este serviu de momento fundador da cultura. Recorde-se que, em razão de apresentar sua versão da perspectiva dos executores, o mito mantém oculto o funcionamento do mecanismo vitimário.

De forma que as escrituras judaico-cristãs empreendem um processo em que, pouco a pouco, se põe a descoberto a natureza e as origens violentos da vida cultural do homem. Simpatizando com as vítimas e apresentando um Deus cada vez mais pacífico, desmistifica-se a violência propiciatória e compreende-se melhor seu funcionamento. As mitologias nunca experimentam esse processo de descoberta, porque nelas a violência propiciatória aparece mistificada, donde ser impossível articular uma compreensão do mecanismo que as estrutura.

Mas Girard se apressa a acrescentar que este processo de descoberta se dá de forma muito gradual na Bíblia, e que é tão somente nos Evangelhos que se mostra claramente desenvolvido. Assim, antes de começar seu exame das histórias bíblicas mais relevantes no processo de descoberta do mecanismo vitimário, Girard prefere ressaltar as histórias que apresentam as mesmas estruturas e tendências que os mitos, para demonstrar que se trata de um processo gradual.

Adão e Eva são expulsos do Éden da mesma forma como uma vítima como Édipo é expulso de Tebas. No Gênesis, esta expulsão é legítima, e conta com o aval divino, na medida em que é o mesmo Deus quem expulsa os pecadores. Apesar de, objetivamente, Adão e Eva serem vítimas expulsas, o texto fica muito longe de simpatizar com eles. Girard também destaca a história da esposa de Lot: ela sofre um castigo terrível, mas ninguém que se deixe levar pelo texto ousaria pensar nela como uma vítima.

Para receber sua bênção, Jacó oferece em sacrifício alguns cabritos. Ninguém levanta a voz em seu auxílio, e, de fato, nas concepções mais antigas dos hebreus, Deus exige sacrifícios, muitas vezes humanos – por exemplo, a debatida prática do sacrifício do primogênito.

Girard faz explícita sua intenção de oferecer paralelismos entre a Bíblia e as mitologias: "Se insisto primeiro nas similitudes [entre a Bíblia e os mitos], é para demonstrar que não me envergonham, e que não estou tentando ocultá-las".[42] Mas, para dizer a verdade, Girard parece estar envergonhado, pois a revisão que faz das histórias bíblicas que simpatizam com os linchadores ou nas quais a violência conta com o aval divino é demasiado limitada. Ele destaca apenas três ou quatro histórias, quando, na verdade, qualquer especialista poderia trazer à luz dezenas. Inclusive, em termos quantitativos, na Bíblia certamente o balanço penderia para a violência mistificada.

Tendo essas similitudes em mente, continua Girard, é preciso examinar as diferenças entre a tradição bíblica e os demais mitos. Desde o próprio início da Bíblia, dá-se um processo de transformação. Diferentemente de quase todos os mitos cosmogônicos do mundo, o Gênesis apresenta o princípio da *creatio ex nihilo*: Deus criou o mundo do nada, e não teve necessidade de matar nenhuma vítima ou monstro primordial para fazê-lo. Delineiam-se assim os primeiros traços de um Deus que nada tem que ver com a violência e que

---

[42] Idem, p. 144.

simpatiza com as vítimas. Não obstante, Girard não parece estar a par das passagens do Salmo 89,11 e de Isaías 51,9, onde, para criar o mundo, Deus teve de destruir Leviatã e Rahab respectivamente, figuras que, certamente, são vítimas propiciatórias, mas que o processo de distorção mitológica nos impede de ver como tais, transformando-as em monstros primordiais. A favor de Girard, podemos mencionar que isso não deveria constituir maior objeção, se se leva em conta que o primeiro relato da Criação no Gênesis (o que afirma a *creatio ex nihilo*) foi, com muita certeza, escrito pela tradição sacerdotal posterior ao desterro babilônico e aos outros relatos da criação. De forma que, se se considera que as Escrituras passaram por um processo de amadurecimento, o relato da *creatio ex nihilo* é o mais tardio e o mais maduro de todos, e, por conseguinte, o que maior influência teve.[43]

Com Caim e Abel tem início uma série de histórias que afirmam a inocência das vítimas e que, por conseguinte, começam a revelar o funcionamento do mecanismo vitimário. Como em muitos outros mitos, o assassinato de Abel funda uma comunidade: os caimitas. Mas Abel é de todo inocente, e os caimitas adquirem consciência da origem violenta de sua comunidade: a vítima foi reconhecida enquanto tal, e desde então sabem que sua comunidade repousa sobre o sangue de um inocente. Deus não quer ver prolongar-se a violência, e impõe a marca sobre Caim para evitar qualquer represália contra o assassino. Deus consegue resolver a vingança de forma *pacífica*, sem necessidade de recorrer à violência propiciatória.

Em *Mentira Romântica e Verdade Romanesca* e *A Violência e o Sagrado*, Girard havia estudado de perto o tema dos irmãos inimigos, os quais vêm a ser uma representação dos *duplos miméticos* que se enfrentam mutuamente, tendo de morrer um deles para que se alcance a tão ansiada diferenciação.

---

[43] Karen Armstrong, *A History of God: The 4000-Year Quest of Judaism, Christianity and Islam*. Nova York, Ballantine Books, 1993, p. 63.

Caim e Abel constituem representações deste tema. Levando isto em consideração, Girard recomenda que se compare esta história com o mito da fundação de Roma. Tal como Caim e Abel, Rômulo e Remo são irmãos, duplos miméticos que se enfrentam. Assim como Caim mata Abel e funda uma nova comunidade, assim também Rômulo mata Remo e funda a cidade de Roma. Mas, diferentemente da história relatada no Gênesis, a vítima nunca é defendida, e seu assassinato é apresentado como uma ação legítima. O Gênesis nunca justifica a ação de Caim. Desmistifica-a, na medida em que o apresenta como um vulgar assassinato reprovável: ele carece da proteção sagrada desfrutada pelo assassinato fundador de Roma.

À medida que a Bíblia vai relatando as histórias da perspectiva das vítimas, assiste-se a um processo de decomposição. O mecanismo vitimário já não tem os mesmos efeitos sobre os executores. Estes se dão conta de que, na medida em que é inocente, a vítima não pode ser a única responsável pela crise que lhe é atribuída, e, ao desaparecer, já não leva consigo os males transferidos. Simpatizando com as vítimas, as Escrituras começam a revelar a forma como funciona o mecanismo e, por extensão, dificultam seu funcionamento.

A violência propiciatória continua a ser empregada, mas de forma menos eficiente. Por isso, a violência não consegue ser adequadamente contida. Os ciclos de destruição e reconstrução na Bíblia obedecem a esta dinâmica. Nas palavras de Girard:

> a lição da Bíblia é precisamente que a cultura que nasce da violência deve retornar à violência. Nos estágios iniciais, observamos um brilhante florescimento de cultura: inventam-se técnicas, do deserto emergem cidades. Mas logo a violência que foi inadequadamente contida pelo assassinato fundador (...) começa a se propagar e a escapar.[44]

---

[44] *Things Hidden since the Foundation of the World*, p. 148.

Tal como os trágicos, a Bíblia faz da crise um de seus temas recorrentes: por não se distinguir entre violência sagrada e profana, a coletividade não consegue uma forma de seguir transferindo seus males para a vítima propiciatória. De acordo com Girard, o Dilúvio é uma representação de tal tema. O Dilúvio representa a indiferenciação mimética que, com a água, elimina todas as diferenças e contribui para a difusão do caos. Girard reconhece que, por um lado, o Dilúvio se apresenta da mesma forma como os mitos representam a violência, a saber, como uma violência mistificada, um castigo divino. Mas também é a manifestação da violência recíproca que não conseguiu ser contida devido à impossibilidade de seguir empregando o mecanismo vitimário.

A história de José é outro dos relatos bíblicos que configuram o processo até agora descrito. José é vendido como escravo por seus irmãos. Repete-se a estrutura de uma coletividade de agressores que, neste caso, expulsam a uma vítima. A Bíblia censura completamente a ação dos irmãos: de nenhuma maneira se justifica que José tenha sido vendido como escravo. Tal como se faz com outras vítimas propiciatórias, José é acusado de incesto, neste caso, pela esposa de seu senhor, que cumpre papel análogo ao de sua mãe. Mas, uma vez mais, a Bíblia insiste na inocência da vítima, e rejeita essa acusação. Ali onde o mito acusa as vítimas de alguma falta suficientemente grave para legitimar seu castigo, a Bíblia as rejeita.

O mais novo dos filhos de Jacó, Benjamim, também é falsamente acusado por seu próprio irmão José. O relato bíblico poderia perfeitamente retribuir as agressões a José, e insistir na culpa do jovem Benjamim, mas, uma vez mais, rejeita essa acusação e sustenta a inocência do acusado.

Girard assinala que essas tendências acontecem para além do Gênesis. No Êxodo, o papel de vítima defendida já não está confinado a indivíduos, mas a um povo inteiro. O judaísmo se funda como a religião das vítimas. Tal como faz com o Dilúvio, Girard interpreta as pragas do Egito como a representação de uma crise sacrificial.

Recorde-se o papel que a peste desempenha nessas representações, tal como vimos no capítulo anterior. Moisés e Israel são assinalados como as vítimas responsáveis por esta crise sacrificial, razão por que se exige sua expulsão do Egito.

Ao que parece, Girard deixou de considerar outro lado da questão. Embora o povo de Israel seja vítima e Deus simpatize com eles, continua a apresentar-se um Deus que participa da violência e da retribuição. As pragas não são meras representações de crise, como argumenta Girard; tal como o Dilúvio, vêm a ser castigos cuja origem é a ira divina. É verdade que Deus simpatiza com o vitimado povo de Israel, mas por acaso os egípcios também não são vítimas, na medida em que recebem as pragas? Nas palavras do teólogo Giuseppe Barbaglio, "muitas vezes se fechou um olho, e talvez os dois, para o êxodo visto do ângulo dos egípcios".[45] Girard, ao que parece, não se afastou desse caminho.[46]

Nos profetas, prossegue Girard, também se dá uma profunda transformação com respeito ao desenvolvimento da religião. Já men-

---

[45] Giussepe Barbaglio, *Dios ¿Violento?* Pamplona, Verbo Divino, 1992, p. 49.
[46] Um fato curioso é que, há já algumas décadas, várias autoridades em arqueologia bíblica (Alt, Noth, entre outros) propuseram a hipótese de que a conquista de Canaã, imediatamente posterior à saída do Egito, tal como é narrada no Livro de Josué, nunca existiu. Ao que parece, o assentamento em Canaã foi antes pacífico. Israel Finkelstein e Neil Asher Silberman, reconhecidos arqueólogos, negam até a realidade histórica do Êxodo (*La Biblia Desenterrada*. Madri, Siglo XXI). Embora possa ter havido um êxodo hebreu do Egito, ele não foi tão maciço como afirmado pelo texto bíblico, nem pode ter havido a violência contra os egípcios narrada pelo Livro do Êxodo, nem, muito menos, uma conquista violenta de Canaã. A arqueologia revelaria a intrigante hipótese de que, contrariamente ao relato bíblico, o judaísmo tem sua fundação não num extermínio de egípcios e cananeus, mas numa migração pacífica; ou, mais ainda, a de que os israelitas eram nativos de Canaã desde o início. Em suas teorias sobre os mitos, Girard estudou com certa profundidade como uma cultura dissimula suas origens violentas, tentando apagar, nos mitos, vestígios da violência fundadora. Se os arqueólogos anteriormente mencionados tiverem razão, então estaremos diante de um caso completamente inverso aos estudados por Girard: uma cultura, fundada sobre bases pacíficas, projeta sobre seu passado uma origem violenta. Pode-se perfeitamente dizer que Girard dedicou suficiente atenção à maneira como uma cultura *dissimula* suas origens violentas, mas resta por explicar como e por que uma cultura *inventa* suas origens violentas, o que, aparentemente, é o caso dos primeiros hebreus.

cionamos que as proibições, e, por extensão, a Lei, têm origem no mecanismo vitimário. Proíbe-se a ação que a vítima supostamente cometeu para evitar que se caia uma vez mais na violência desenfreada. Os profetas marcam um distanciamento da Lei como princípio supremo. Substituem o rigor da Lei pelo amor e pela justiça social como forma de manutenção da paz e da ordem. Com amor, não é necessário recorrer a severas restrições para conter a violência.

E o amor se torna ainda mais importante à luz da crescente ineficiência do mecanismo vitimário. Os profetas fizeram uma censura explícita à instituição do sacrifício, e foi provavelmente durante este tempo que se sacrificou o maior número de vítimas. Diante da ineficácia do sacrifício, as crises abundam, mas, longe de renunciarem a esta instituição, as comunidades se aferram ainda mais a ela. Em face da desordem e do conflito, as comunidades consideram necessário aplicar doses mais fortes de violência propiciatória, mas também isso se mostra inútil.

Nos livros proféticos, existe uma peça que Girard considera de vital importância para se compreender a forma como a Bíblia experimenta um processo de transformação em relação à mitologia e revela em detalhe o funcionamento do mecanismo vitimário. Trata-se das célebres Canções do Servo Sofredor, especialmente a quarta, do capítulo 53 de Isaías, a qual narra as desgraças do Servidor de Iahweh.

Girard insiste em que o Servidor é a representação de um sentimento coletivo de compaixão para com as vítimas:

> Todos nós como ovelhas, andávamos errantes,
> seguindo cada um o seu próprio caminho,
> Mas Iahweh fez cair sobre ele
> a iniquidade de todos nós. (Isaías 53,6)[47]

---

[47] Para todas as citações bíblicas, faremos referência à *Bíblia de Jerusalém*. São Paulo, Paulus, 2002.

A expiação sacrificial se torna totalmente manifesta; o Servidor leva as culpas da coletividade. Mais ainda, confirma-se sua condição de vítima propiciatória, pois o texto o identifica como tal:

> Ele cresceu diante dele como renovo,
> como raiz em terra árida,
> não tinha beleza nem esplendor que pudesse
>   atrair o nosso olhar,
> nem formosura capaz de nos deleitar.
> Era desprezado e abandonado pelos homens,
> homem sujeito à dor, familiarizado com o
>   sofrimento,
> como pessoa de quem todos escondem o rosto;
> desprezado, não fazíamos caso nenhum dele.
> (Isaías 53,2-3)

Em outros textos o duro tratamento recebido por esta vítima estaria justificado. Édipo foi expulso merecidamente da cidade, precisamente por causa de seu crime parricida e incestuoso. A Canção do Servo insiste categoricamente na inocência da vítima.

Do mesmo modo, um texto religioso convencional insistiria na origem divina da violência recebida pela vítima. A Canção do Servo rejeita que a vítima tenha recebido o castigo pelas mãos de Deus; muito pelo contrário, essa violência é de origem humana, razão por que se revela sua arbitrariedade e se procede à sua desmistificação: "Eram nossos sofrimentos que ele levava sobre si, nossas dores que ele carregava" (Isaías 53,4). Se o Servidor sofreu violência, esta é *nossa*, ou seja, de origem humana; Deus não tem nada que ver isso.

De maneira que se apresenta a narrativa de uma sequência violenta, mas, diferentemente das tradições mitológicas, a vítima é inocente e a violência exercida contra ela não conta com o apoio divino. Não obstante, Girard adverte que a Canção apresenta incongruências que refletem a gradualidade do processo. Embora a violência seja de origem humana, o texto continua, às vezes, a atribuir-lhe uma origem divina: "Iahweh quis esmagá-lo pelo sofrimento" (Isaías 53,10).

A quarta Canção do Servo resume a totalidade do Antigo Testamento. Trata-se de um texto que, de forma incongruente, se afasta das tendências mitológicas já assinaladas. As vítimas são acusadas e defendidas, o sacrifício é demandado e sancionado, Deus é violento e pacífico. De acordo com Girard, são os Evangelhos os textos que, recolhendo sua herança judaica, completam o processo de descoberta e revelação do mecanismo vitimário.

Jesus aparece como um mestre que prega uma mensagem de amor. Mas, muito mais que amor, Jesus prega um conhecimento: suas palavras escandalizam porque revelam o funcionamento do mecanismo vitimário, impossibilitando assim sua execução. Girard considera que o que se conhece como "a maldição contra os fariseus" no Evangelho de Mateus e no de Lucas é um dos pronunciamentos mais importantes de Jesus, na medida em que assinala com minucioso detalhe a forma como foi executada a violência propiciatória desde as origens da vida cultural.

Nesses pronunciamentos, as palavras que Jesus dirige a seus adversários judeus são bastante fortes, de forma que muitos comentaristas viram neste texto um preconceito antissemita. Girard questiona tais interpretações, e sugere que as palavras de Jesus são dirigidas a uma audiência universal; os fariseus são apenas a audiência circunstancial de uma mensagem muito mais profunda. Quando Jesus se pronuncia contra os fariseus, realmente o está fazendo contra a humanidade inteira.

Jesus acusa os fariseus e escribas, bem como a seus antepassados, de terem assassinado pessoas inocentes e profetas, desde Abel até Zacarias, filho de Berequias (Mateus 23,34-36). No tempo de Abel não existiam os judeus, razão por que é impossível pensar que Jesus esteja responsabilizando este grupo de pessoas em particular; trata-se antes de uma coletividade de maior universalidade. Jesus denuncia que desde sempre se derramou o sangue de inocentes, e que os herdeiros da religião e os membros de todas as comunidades do mundo são partícipes desses homicídios.

Esses homicídios permaneceram ocultos, dado que o funcionamento do mecanismo vitimário assim o requereu. Jesus se propõe a resolver o "mistério de nosso mundo", proclamar "coisas ocultas desde a fundação do mundo" (Mateus 13,35).[48] Segundo a interpretação de Girard, Jesus se propõe a pôr a descoberto as origens da cultura e a forma como ela opera.

No Evangelho de João, Jesus completa a mensagem que ele começa com a maldição contra os fariseus. Acusa seus ouvintes de serem filhos do diabo, que desde o início foi um assassino e um mentiroso, o pai de todas as mentiras (João 8,43-44). Jesus denuncia que, desde o princípio, ou seja, desde as origens, se operou através de assassinatos e mentiras, e que os que conformam a ordem social são herdeiros desses homicídios.

Jesus identifica o assassinato e a mentira com Satanás. Nas palavras de Girard: "estabelece-se uma tripla correspondência entre Satanás, o homicídio original e a mentira. Ser um filho de Satanás é herdar essa mentira. Que mentira? A mentira que encobre o homicídio. (...) Ser um filho de Satanás é o mesmo que ser um filho daqueles que assassinaram os profetas desde a fundação do mundo".[49]

Girard interpreta Satanás como o princípio por meio do qual se funda e se sustenta a cultura; em outras palavras, trata-se da religião e da mitologia que asseguram a coesão social à custa de uma vítima. Satanás é o "príncipe e princípio deste mundo" precisamente porque sua figura representa a cultura humana que se sustenta através do homicídio propiciatório e de seu ocultamento. Girard insiste em

---

[48] Essa citação bíblica serviu de título ao livro de Girard *Coisas Ocultas desde a Fundação do Mundo*.
[49] *Things Hidden since the Foundation of the World*, p. 161.

que, partindo da caracterização que os Evangelhos fazem do diabo, Satanás deve ser identificado como o princípio mimético que é a característica essencial da humanidade.

Cabe recordar que o mecanismo vitimário obedece a uma força mimética que concentra a coletividade contra uma vítima. Certamente este processo é representado por Satanás. Mas, além disso, Satanás é a representação da outra dimensão da mímesis: os ciúmes, a inveja e a destruição que emergem do desejo mimético. Satanás, enquanto representação da mímesis, é ao mesmo tempo ordem e desordem, destruição e reconstrução, o desejo mimético e o mecanismo da vítima propiciatória. A inspiração dos mitos é o próprio diabo: o narrador participa dessa força mimética que o conduz à participação do mecanismo, distorcendo a história narrada, forjando a mentira, da qual Satanás é pai. Os Evangelhos identificam o diabo como o princípio mimético que, através do desejo mimético, gera discórdia entre os homens, mas que, através da mímesis reconciliadora, reconstrói a ordem à custa da execução da vítima. Muito mais que um princípio metafísico, Girard considera que o diabo é a representação do ser humano e de sua atividade mimética.

Algo muito importante na censura aos fariseus é a forma como Jesus se pronuncia sobre os túmulos: "Ai de vós que edificais os túmulos dos profetas, enquanto foram vossos pais que os mataram! Assim, vós sois testemunhas e aprovais os atos dos vossos pais: eles mataram e vós edificais!" (Lucas 11,47-48), "Ai de vós, escribas e fariseus, hipócritas! Sois semelhantes a sepulcros caiados, que por fora parecem belos, mas por dentro estão cheios de ossos de mortos e de toda podridão" (Mateus 23,27).

Já mencionamos a importância que Girard concede aos túmulos e ao culto aos mortos, vistos em geral como uma das primeiras instituições religiosas cuja origem é o mecanismo vitimário. O túmulo oculta os cadáveres, e serve de metáfora para expressar a ideia de que a Cultura oculta o assassinato das vítimas propiciatórias. O túmulo oculta o que Jesus pretende revelar, a saber, que atrás da ordem cultural jaz uma vítima. Os fariseus, enquanto partícipes de uma cultura fundada por seus antepassados, assassinam vítimas propiciatórias. Mas esse assassinato é imediatamente dissimulado, a fim de que nunca se revele seu funcionamento. Os fariseus constroem aparências, edificam sepulcros bem pintados, mas na verdade essa ordem construída se sustenta sobre uma mentira. Acrescentemos que, dessa maneira, o Hamlet de Shakespeare só repete as palavras que dezesseis séculos antes Jesus já havia formulado: há algo de *podre* no reino da Dinamarca, e esta podridão é gerada por um assassinato oculto.

Girard insiste em que a pregação de Jesus consiste na revelação de um conhecimento. A humanidade desconhece o funcionamento de sua vida cultural, e Jesus vem divulgar esse conhecimento sobre as origens que a humanidade ignora: "Ai de vós, legistas, porque tomastes a chave da ciência! Vós mesmos não entrastes e impedistes os que queriam entrar!" (Lucas 11,52).

Esse conhecimento é demasiado perigoso. Revelado o funcionamento do mecanismo vitimário, este deixa de funcionar, e as violências e conflitos já não podem ser contidos adequadamente. A mensagem de Jesus adquire um tom apocalíptico, precisamente porque sua pregação, em prol da verdade, desestabiliza a ordem social. Se a Cultura foi edificada sobre uma grande mentira, então a revelação dessa mentira traz consigo a destruição.

As palavras de Jesus se tornam, assim, escandalosas para seus ouvintes. Sua pregação é realmente perigosa, e, para evitar uma maior decomposição da ordem social, é preciso repetir, ainda uma vez, o mecanismo vitimário; desta vez empregando como vítima a mesma origem da desestabilização.

De forma que a Paixão de Cristo apresenta a mesma estrutura que as demais histórias sacrificiais: primeiro uma coletividade recebe abertamente um indivíduo, mas, de repente, precipita-se sobre ele e executa-o. Tal como todas as vítimas que até agora mencionamos em diferentes ritos e mitos do mundo, a Jesus se rendem as mesmas honras sacrificiais (coroa); e mantém-se a assimilação de vitimação e monarquia ("rei dos judeus"), a procissão, a execução fora dos limites da cidade para evitar a contaminação e a impureza, etc. Não é de estranhar que um antropólogo como Frazer combatesse a singularidade das escrituras e tradições cristãs: seus temas se repetem por todo o planeta.

Mas existe uma grande diferença, adverte Girard. Uma vez mais, apresenta-se a história *da perspectiva da vítima*. Ali onde Édipo é culpado dos crimes que legitimam seu castigo, os Evangelhos mantêm a inocência de Jesus até o final. Girard nunca concede maior importância a um Evangelho com relação aos outros, mas é plausível pensar que talvez o Evangelho de Marcos seja para ele o mais importante, na medida em que é o que com maior detalhe narra os acontecimentos da Paixão, e o que mais se esforça para apresentar Jesus como vítima a quem se infligem suplícios.

A mesma sequência se repete com o martírio de Estêvão. O mártir pronuncia palavras que escandalizam seus ouvintes, razão por que é apedrejado: "Homens de dura cerviz, incircuncisos de coração e de ouvidos, vós sempre resistis ao Espírito Santo! Como foram vossos pais, assim também vós! A qual dos profetas vossos pais não perseguiram? Mataram os que prediziam a vinda do Justo, de quem vós agora vos tornastes traidores e assassinos" (Atos dos Apóstolos 7,51-52). Tal como Jesus, ele denuncia a forma como executaram as vítimas; revela um conhecimento difícil de assimilar.

Tão escandaloso é, que provoca a ira dos ouvintes, que executam Estêvão imediatamente. Tal como com Jesus, ele cumpre o papel de vítima propiciatória impura que, para evitar a contaminação, é conduzida para fora da cidade, e morre apedrejado, de forma que não existe nenhum contato entre a vítima e seus verdugos.

A defesa das vítimas é um traço tão recorrente nos Evangelhos, que Girard considera que "os Evangelhos não falam de *sacrifícios* senão para rejeitá-los".⁵⁰ Não por nada Jesus parafraseia o livro de Oseias: "Misericórdia quero, e não o sacrifício" (Mateus 9,13). Notemos que isso não é de todo certo. Jesus não rejeita inteiramente o sacrifício: como judeu, celebra a Páscoa e a imolação do cordeiro, e, mais importante ainda, após curar o leproso, lhe ordena que se apresente ao Templo e faça os sacrifícios que a Lei ordena (Marcos 1,40-44).

Se Girard insiste em que a instituição do sacrifício é totalmente estranha à pregação de Jesus e aos Evangelhos, é porque pretende combater a ideia, muito comum entre os cristãos, de que a morte de Jesus é um sacrifício como outro qualquer. Nas palavras de Girard: "certamente os Evangelhos apresentam a Paixão como um ato que traz salvação para a humanidade. Mas de nenhuma maneira é apresentada como um sacrifício".⁵¹

Certamente a Cristandade manteve uma leitura sacrificial da morte de Jesus, mas Girard se apressa a advertir sobre a impossibilidade desta leitura, e propõe uma reforma no entendimento da Paixão. Na Idade Média, a visão da morte de Cristo como um sacrifício exigido pelo Pai, um Deus violento, foi muito recorrente nos trabalhos de exegese. Não obstante, a mentalidade moderna, cada vez mais afastada da instituição sacrificial, já não compreende essa estranha interpretação segundo a qual Deus exigiu a morte de seu próprio Filho.

Para dizer a verdade, os Evangelhos nunca falam do Pai como de uma deidade violenta que se compraz com sacrifícios; antes rejeita toda e qualquer forma de violência e não faz mais que pregar o amor e o perdão. Os Evangelhos delineiam um conceito do divino bem mais diminuído: dado que é estranho à violência, tem muito pouco poder para intervir nos problemas humanos e instituir retribuições. Girard se alinha, assim, com uma tradição iniciada

---

⁵⁰ Idem, p. 180.
⁵¹ Ibidem.

por Max Weber, segundo a qual o cristianismo constitui a matriz do processo moderno de secularização. Se Deus é cada vez menos violento, seu papel diminui até finalmente desaparecer nas formas de ateísmo militante.

Muitos perceberam que o Deus dos Evangelhos não intervém nos assuntos terrenos, razão por que permite as injustiças e as violências deste mundo. Mas Girard insiste em que o Deus apresentado pelos Evangelhos intervém, sim, conquanto nunca de forma violenta. Prefere uma intervenção totalmente pacífica, através da revelação de Sua mensagem.

Os temas apocalípticos certamente parecem contradizer a interpretação que Girard oferece do Novo Testamento e seu retrato do Deus pacífico. Tanto nos Evangelhos quanto no livro das Revelações se dá grande importância ao tema da destruição e da crise, algo não muito distante dos temas que Girard já havia explorado nos trágicos e no apocalipse dostoievskiano. Mas, uma vez mais, Girard sugere que a violência apocalíptica, tal como é anunciada por Jesus nos Evangelhos, não é de origem divina.

Os temas apocalípticos se apresentam em imagens alusivas ao Antigo Testamento, razão por que é muito fácil crer que a violência continua a ser de origem divina. Mas, diferentemente das imagens do Antigo Testamento, os temas apocalípticos dos Evangelhos retratam uma crise *humana*, "uma longa decomposição da cidade do homem, na qual uma humanidade desorientada se enfrenta em confrontação caótica".[52]

A mensagem de Jesus revela o funcionamento do mecanismo vitimário, impossibilitando sua continuidade. A partir de então, a humanidade se encontra sem modo de resolver seus conflitos e rivalidades, motivo pelo qual prolifera o caos e a destruição. Com sua

---

[52] Idem, p. 186.

mensagem, Jesus não traz a paz, mas a espada; anuncia que, se se segue o caminho da violência recíproca, o fim se aproxima: nação contra nação, reino contra reino (Mateus 24,7).

Girard entende o espírito apocalíptico do Novo Testamento da mesma forma como, em *A Violência e o Sagrado*, abordava o tema da crise na tragédia. Na medida em que se coloca em evidência a arbitrariedade da violência propiciatória e se impossibilita seu funcionamento, as comunidades não deixam de ter uma forma de resolver suas crises, pairando sobre elas a ameaça de destruição. É assim que devem ser entendidos os dizeres apocalípticos de Jesus, especialmente o que se conhece como o "pequeno apocalipse" de Marcos 13.[53] Embora não devamos ver um Deus violento nas imagens

---

[53] Umas das passagens mais significativas e enigmáticas do "pequeno apocalipse" é a seguinte: "O irmão entregará o irmão à morte, e o pai entregará o filho. Os filhos se levantarão contra os pais e os farão morrer" (Marcos 13,12). A passagem é particularmente escandalosa, porque aprofunda ainda mais a mensagem apocalíptica de Jesus: a destruição será de tal magnitude, que até abalará a instituição da família, a qual, desde Aristóteles (*Política*, c.1), foi pensada como constituindo o microcosmo da sociedade. Girard não fez menção aos pronunciamentos de Jesus sobre a destruição da família. Raymund Schwager, o amigo jesuíta de Girard, ao qual fizemos menção no princípio do capítulo, abordou sumariamente o tema, do ângulo do marco interpretativo oferecido pela teoria de Girard. Segundo a interpretação de Schwager das passagens de Marcos 13,12 e Lucas 21,16, "no fim dos tempos, os conflitos entre os seres humanos se tornarão tão severos, que até as mesmas relações familiares mais íntimas serão incapazes de aliviar as feridas causadas pelos conflitos" (*Must There Be Scapegoats?*, p. 149). Contra o que tradicionalmente se supõe, o Novo Testamento apresenta uma ruptura com muitos dos valores tradicionais familiares, e alimenta um distanciamento entre parentes. Ao passo que no Antigo Testamento o parentesco era a instituição que organizou boa parte da vida social, no Novo Testamento o parentesco começa a perder proeminência como instituição. Jesus pede a seus seguidores que abandonem suas famílias (Mateus 10,37; Lucas 9,56-62; 14,26), recusa-se a se reunir com seus irmãos de sangue, proclama que todos os que creem em Deus é que são os seus verdadeiros irmãos (Mateus 12,46; Marcos 3,31-35), e adverte os saduceus de que no céu não haverá esposos nem esposas (Mateus 22,30). Além dos evangelhos, o restante do Novo Testamento também se distancia dos valores tradicionais da família e do parentesco. A construção de registros genealógicos é censurada (1 Timóteo 1,4; Tito 3,9), e São Paulo mostra certas ambiguidades e desconfianças com respeito ao matrimônio (1 Coríntios 7,32-33). Com frequência, tentou-se explicar a ruptura dos valores familiares tradicionais no Novo Testamento recorrendo ao fato de que, à medida que a religião dos hebreus se tornava cada vez mais universalista e menos tribal, deixava de estar confinada às estruturas de parentesco que a limitavam a um grupo específico. Mas, se seguirmos o

apocalípticas dos Evangelhos, Girard reconhece que o Apocalipse de João, repleto de imagens alusivas à violência divina, dificilmente atribuível aos homens, é um livro não representativo do verdadeiro sentido apocalíptico dos Evangelhos.[54]

Ao longo dos Evangelhos, Jesus faz alusão ao tema da destruição e da comoção dos poderes (Lucas 21,26). O mesmo faz São Paulo, falando de Cristo: "tirou o poder das autoridades de cima" (Colossenses 2,15). Para Girard, a referência paulina aos "poderes e principados" deste mundo é de capital importância. Em sua exegese, os poderes e principados vêm a ser os fundamentos da Cultura, sustentada, naturalmente, na violência propiciatória.

Trata-se de um poder terreno fundado na violência, totalmente estranho ao Reino de Deus. Não é difícil ver as raízes agostinianas desta oposição entre a cidade terrena e a cidade celestial. Jesus combate tais poderes, na medida em que desestrutura todas as instituições que tenham origem na violência propiciatória.

---

marco hermenêutico de Girard, podemos perfeitamente sugerir outra possível explicação. A mensagem de Jesus é apocalíptica porque, proclamando um Reino celestial, pretende fazer sucumbir as instituições humanas, as quais, de acordo com Girard, remontam todas ao mecanismo da vítima propiciatória. Segundo este entendimento, por conseguinte, até a mais valiosa de todas as instituições humanas, a saber, a família e o parentesco, tem origem na violência propiciatória. Desde Claude Lévi-Strauss, os antropólogos costumam estar de acordo em que o parentesco é, antes de tudo, um sistema de diferenças que agrupa em diferentes categorias os indivíduos. A primeira de todas essas categorias foi o tabu do incesto: na medida em que se proibiu o contato sexual com certas mulheres específicas, surgiram as demais categorias de parentesco e o restante do sistema de diferenças que conforma a cultura humana. Como já mencionamos, Girard afirma que a origem do tabu do incesto remonta à prevenção da violência. Assim, o tabu do incesto, o parentesco e a família têm, todos, origens violentas. De acordo com o entendimento de Girard, a mensagem do Novo Testamento vem sacudir todas as instituições que conformam a Cultura, incluindo a família. Sim, porque até a própria célula básica da sociedade tem uma origem violenta que o Novo Testamento rejeita. Num Reino onde não existe violência e onde impera a paz e o amor, tornam-se desnecessárias as categorias de parentesco que mantêm suspensa a violência. Para um tratamento mais detalhado deste tema, ver Gabriel Andrade, "The Transformation of Kinship in the New Testament". In: *Anthropoetics 11*, no. 1. Primavera/Verão 2005. No site: http://www.anthropoetics.ucla.edu/ap1101/andrade.htm. Última visita: 17/07/2005.
[54] Op. cit. p. 188.

Em termos de imediatismo histórico, a missão de Jesus pode perfeitamente ter sido um fracasso: seus seguidores mais próximos o abandonaram, e aqueles que escutavam suas palavras terminaram por crucificá-lo. Mas, apesar de seu aparente fracasso, Cristo cumpriu uma missão crucial: desmascarar e vencer os poderes. Assim, Girard faz eco da doutrina paulina segundo a qual a Cruz foi realmente eficiente.

Girard admite que especialmente na Epístola aos Hebreus (9,22-26; 10,11-14), e em outros textos de autoria e/ou inspiração paulina, se delineia uma interpretação sacrificial da morte de Cristo. Mas esta interpretação é de importância secundária com relação às outras interpretações segundo as quais Cristo triunfa sobre os poderes e principados. A Cruz é verdadeiramente eficiente na medida em que expõe o funcionamento da violência, e que a despoja de toda a proteção sagrada de que outrora pode ter desfrutado.

Dando continuidade à tradição paulina (ainda que, como mencionamos, a rejeite em outros aspectos), Girard sugere que, para a Cruz poder pôr a descoberto a violência propiciatória, deve apresentar sua mesma estrutura e desmascará-la internamente. Os "poderes" (a saber, o mecanismo vitimário) julgaram ter triunfado novamente, conseguindo executar de forma coletiva uma nova vítima. Mas esses "poderes" não se deram conta de que, desta vez, se tratava de um processo muito diferente que, contrariamente ao esperado, poria a descoberto seu funcionamento e, por extensão, impossibilitaria seu prosseguimento.

Recorde-se que Girard assimila a violência propiciatória e os poderes terrenos que dela derivam a Satanás. Em termos que poderiam parecer um tanto maniqueístas, Girard insiste em que Cristo, com sua Revelação, venceu Satanás e seus poderes, venceu o pai dos assassinatos e das mentiras. Satanás pensa ter instrumentalizado seu mecanismo uma vez mais, quando na verdade foi vencido. Não por nada Girard faz referência à forma como, em *A Divina Comédia*,

Dante retrata um Satanás pregado na Cruz: o princípio da violência propiciatória foi vencido de uma vez por todas pelo evento da morte de Cristo.

Com Satanás vencido, seus assassinatos e mentiras já não funcionarão como antes. Sem dúvida, continuará a haver tentativas de violência propiciatória, mas seu poder reconciliatório já não será o mesmo. Ainda que Herodes e Pilatos se tenham tornado amigos após a morte de Jesus (Lucas 23,11-12), trata-se de um efeito bastante temporal e reduzido. Conhecendo a inocência das vítimas propiciatórias, compreendendo o funcionamento do mecanismo sacrificial, a humanidade já não poderá reconciliar-se à custa de um bode expiatório. Terá de fazê-lo única e exclusivamente por meio do amor e da via pacífica.

Eis exatamente o Reino de Deus pregado por Jesus. Vencidos os poderes terrenos, a humanidade só tem a opção de participar de um Reino totalmente alheio à violência, onde a resolução dos conflitos terá de se dar sem recorrer ao mecanismo vitimário. Ali onde Satanás e seus poderes põem fim à violência de forma igualmente violenta, o Reino de Deus põe fim à violência de forma pacífica. Nas palavras de Girard: "O Reino de Deus significa a eliminação completa e definitiva de todas as formas de vingança nas relações entre os homens".[55]

Para acabar com a violência não é preciso executar coletivamente um bode expiatório, o que, ademais, já é impossível. É muito mais eficaz dar a outra face. Assim, renunciar-se-á ao conflito e à simetria que conduz à destruição e à violência. O Reino de Deus abandona a retribuição violenta; essa mensagem de amor rompe o círculo da violência de uma vez por todas. Num Reino onde não há senão amor e nada de violência, não sobra espaço para a rivalidade mimética, para a inveja ou para o ódio.

---

[55] Idem, p. 197.

Nem todos estão preparados para escutar a pregação deste Reino. Girard valoriza a importância da *hora* de Cristo. Pôr a descoberto o mecanismo vitimário de forma repentina pode ser algo demasiado perigoso; tanto assim que, na ausência de modos de resolução da violência, a humanidade pode autodestruir-se. Mas a mensagem de Cristo chega num momento preciso: graças ao processo iniciado no Antigo Testamento, seus ouvintes estão preparados para abandonar a violência.

A natureza do Reino pode ser mais bem entendida se se levar em consideração sua relação com o Apocalipse. Jesus desestrutura o mecanismo vitimário e, como substituto, oferece uma mensagem de paz e amor, num Reino onde a violência será resolvida de forma pacífica. Mas, se a humanidade não aceita o convite a este Reino, encaminhar-se-á para o cenário apocalíptico de sua própria destruição. Deus não tem nada que ver com este apocalipse; sua origem é totalmente humana.

Jesus é o responsável pela violência recíproca que se apodera da humanidade, mas de nenhuma maneira ela é sua responsabilidade direta. Seus ouvintes não estão preparados para aceitar uma mensagem de amor em face da impossibilidade de seguir executando o mecanismo vitimário. O grande paradoxo da mensagem de Jesus é que sua pregação de paz e amor, se não for compreendida e seguida, dará ensejo a violências de maior envergadura.

As palavras de Jesus são tão escandalosas, que se torna impossível recorrer às instituições tradicionais para resolver o problema da violência. Embora Jesus às vezes seja comparado a Moisés, de fato toma distância dele, na medida em que se afasta da legislação e das proibições, as quais têm origem na violência propiciatória. A partir de Jesus, a humanidade já não pode retornar eternamente à repetição do mecanismo vitimário; agora, tem de buscar algo novo. Não por nada Mircea Eliade insistia repetidas vezes em que a tradição judaico-cristã inaugura uma visão linear do tempo.

Cristo vem ao mundo para cumprir sua missão como o Filho do Homem: ele pretende reformar a humanidade de que faz parte, advertindo sobre os perigos que espreitam se não se deixar de lado a violência mimética entre rivais. No momento de sua pregação, os homens não estão de todo preparados para compreender suas palavras, razão por que decidem executá-lo.

É a própria humanidade quem coloca Cristo na cruz. De maneira alguma Deus participou dessa execução, nem, muito menos, exigiu o sacrifício de seu próprio Filho. Cristo vem ao mundo para que não haja mais sacrifícios, mas, diante da incompreensão, ele mesmo é sacrificado pelos *homens*. Contudo, a mensagem de Jesus conseguiu um efeito em seus seguidores, de forma que a escrita dos Evangelhos é feita da perspectiva da vítima. Afinal de contas, a morte de Jesus realizou um propósito: é a morte que põe fim a todos os sacrifícios.

Alguns comentaristas quiseram ver na Crucificação uma fascinação quase masoquista pela dor e pelo sofrimento. É uma grande distorção assegurar, como se faz frequentemente, que o cristianismo valoriza o sofrimento por si mesmo. Para dizer a verdade, Jesus morre porque sua outra opção é terrível. A violência em torno dele cresce a tal ponto, que, para evitar morrer, ele teria de recorrer à violência. Entre morrer e participar da violência, Jesus prefere a primeira opção. É neste sentido, e não em outro, que a morte de Jesus é uma "entrega".

A mensagem de Jesus é parcialmente incompreendida no momento, por ela ser verdadeiramente inovadora. Girard sugere que, até aquele momento, e talvez nunca desde então, ninguém pregara uma mensagem de amor tão radical. Jesus representa uma separação com respeito aos demais homens, separação suficientemente ampla para proclamar que se trata do Filho de Deus. Com base neste argumento, Girard deve escrever do ângulo da teologia. Seus argumentos já não podem continuar com o secularismo que se exige dos críticos e dos antropólogos, e que até então ele mesmo tinha mantido. Seguindo sua linha de argumento, chega a um ponto em que tem de reconhecer a divindade de Cristo.

Cristo é a única pessoa que, imersa num clima de violência, consegue escapar a ela. O ser humano é essencialmente mimético, e, quando há violência a seu redor, é-lhe impossível não imitá-la, sendo ele incapaz de resistir ao contágio. Só um ser de origem divina pode resistir a essa mímesis e tomar distância da violência, ainda que a encontre em todas as partes ao redor. Dar a outra face é um gesto que o ser humano simplesmente não pode fazer por conta própria; para isso, necessita de um poder superior. Cristo é divino porque, até aquele momento, havia sido o único a consegui-lo. Não concerne a Girard a historicidade da ressurreição de Cristo, mas ele vê nela a representação do triunfo da revelação sobre o culto aos mortos.

Mais ainda, as mitologias impedem que o ser humano compreenda o mecanismo que estrutura a sua própria vida cultural. O homem por si só não pode compreender algo que ele mesmo ocultou. Ele necessita, uma vez mais, de uma inspiração divina para fazer esta descoberta. Se a natureza mimética do homem faz que histórias de vítimas propiciatórias sejam narradas da perspectiva da coletividade de executores, então aqueles textos que não o fazem devem ter uma origem que está além do humano.

Numa conferência a que comparecemos em junho de 2002,[56] perguntou-se a Girard se ele sabia por que eram os Evangelhos, e não outros, os textos que apresentavam as histórias de violência da perspectiva das vítimas. Enquanto um Max Weber teria respondido que seria conveniente recorrer a explicações históricas, Girard simplesmente respondeu: "Não tenho a menor ideia". A resposta parece indicar que os Evangelhos são diferentes por razões que vão além

---

[56] René Girard, "The Fundamentals of Mimetic Theory". In: *The Colloquium on Violence and Religion Conference.* West Lafayette, Purdue University, 2002.

do humano. Não há maneira de explicar historicamente sua singularidade: são diferentes porque Deus os inspirou. Na perspectiva secularista da qual escrevemos, é difícil ocultar tal resposta. O fato de que os Evangelhos sejam diferentes não quer dizer que sejam inspirados por Deus. A racionalidade exige a busca de explicações históricas e não sobrenaturais.

A violência humana é tão alheia a Cristo, argumenta Girard, que seu próprio nascimento oferece símbolos de amor. Não só uma concepção pacífica do *logos* encarna nele ao início do Evangelho de João, contrariamente ao *logos* heraclíteo da guerra; ademais, ele nasce de uma mãe virgem nos Evangelhos de Mateus e Lucas. Muito mais que uma simples continuidade de temas mitológicos, o nascimento virgem é uma maneira de se afastar da violência mistificada pelo restante dos textos religiosos.

Girard sugere que, ao longo das mitologias, o "nascimento dos deuses sempre é um tipo de violação (...). Zeus se aproxima de Sêmele, a mãe de Dioniso, como um animal sobre sua presa, e de fato lança um raio sobre ela. (...) O orgasmo que apazigua o deus é uma metáfora para a violência coletiva".[57] Se os Evangelhos apresentam um nascimento virgem, é porque pretendem afastar-se da mistificação da violência presente nòs nascimentos de deuses de outras tradições religiosas. Jesus nasce sem a mediação da violência representada através da sexualidade. Trata-se de um ser divino que foi engendrado por um Deus completamente alheio à violência.

Note-se, no entanto, que o tratamento que Girard faz do nascimento virgem de Jesus é questionável. Não se pode assegurar, como

---

[57] *Things Hidden since the Foundation of the World*, p. 220. Girard não menciona um fato que vale a pena ressaltar a favor de suas teses: mesmo no Antigo Testamento, aparece uma assimilação entre o Deus violento e a sexualidade. Jeremias delineia um Deus que, além de exercer violência contra seu próprio povo, pode empregar a sexualidade violentamente: "Tu me seduziste, Iahweh, e eu deixei-me seduzir; tu te tornaste forte demais para mim, tu me *dominaste*". (Jeremias 20,7. Grifo nosso.)

tenta fazer Girard, que *todos* os deuses gregos são engendrados com alguma forma de violação. Mais ainda, na mesma mitologia grega, encontram-se vários nascimentos virgens de divindades. Perseu nasceu de Dânae, uma virgem fecundada por uma chuva de ouro, e a mãe de Átis ficou grávida ao comer o fruto de uma árvore.[58]

Em todo o caso, os cristãos tiveram dificuldade em ver nos Evangelhos uma divindade alheia à violência e aos sacrifícios. A mensagem do texto é tão radical, que seus ouvintes e leitores não conseguiram compreendê-lo realmente, e o interpretam nos termos sacrificiais das mitologias. Apesar de os Evangelhos realmente condenarem o sacrifício, foram interpretados sob o espírito sacrificial de que precisamente os Evangelhos se afastam. Assim, ainda que a inocência de Jesus e a revelação do mecanismo vitimário devessem implicar o final da instituição sacrificial, os intérpretes preferiram ver na morte de Jesus um sacrifício não muito diferente do dos rituais de outras tradições religiosas: para expiar os pecados da humanidade, Deus exigiu o sangue de Seu próprio Filho. Aceitar um Deus que não tem absolutamente nenhuma participação na violência é algo demasiado complexo e difícil. Os homens continuam a ser aferrar à violência propiciatória, e por isso, em contradição com a mensagem dos textos, os interpretam de forma que a identidade de *A Violência e o Sagrado* persista.

Girard considera que, graças a esta interpretação, a instituição do sacrifício e a instrumentalização da violência propiciatória não cessaram na Cristandade histórica. Assim como Deus exigiu a morte de Seu próprio Filho, também poderia exigir a morte de milhões de pessoas; continua-se a ler o Novo Testamento nos termos do Deus zeloso e violento do Antigo Testamento. Muito poucos que compreenderam a mensagem não sacrificial dos Evangelhos. Assim, Girard pretende esclarecer o significado da morte de Cristo e sua distância com respeito às instituições sacrificiais.

---

[58] Ibn-Warraq, *Por Qué No Soy Musulmán*. Barcelona, Planeta, 2003, p. 137.

Não é de todo errado, admite Girard, considerar a morte de Cristo como um "sacrifício". Mas é preciso perceber que, embora seja um "sacrifício", a morte de Cristo não é do mesmo tipo de "sacrifício" documentado pelos etnólogos e do qual creem participar os cristãos.

Existe, por um lado, o sacrifício tal como até agora descrevemos: uma coletividade "entrega" uma vítima a uma instância do sagrado, executando violência sobre ela. Mas de maneira nenhuma é este o sacrifício de que participa Cristo. Além desse tipo de sacrifício, existe o sacrifício que implica a entrega pessoal para evitar que outros sofram violência. A entrega de Cristo obedece a este tipo de sacrifício. Acossado pela violência, Jesus só tem duas opções: matar ou morrer. É a segunda opção a que ele escolhe. Renuncia assim à sua vida *para evitar que outros morram*.

Certamente o entendemos como "sacrifício", mas Girard assinala repetidas vezes que é crucial distinguir entre este tipo de sacrifício e a instituição que exige que uma coletividade participe da morte de um agente expiatório. Cristo se entrega em seu tipo de sacrifício precisamente para que não haja mais sacrifícios do outro tipo. Cristo se entrega à violência para evitar maior violência. Assim, Cristo inaugura uma nova forma de sacrifício, a saber, o de paz e amor, que pretende pôr fim à antiga instituição sacrificial sustentada na violência. De fato, Girard preferiria não empregar a palavra "sacrifício" para se referir ao feito por Cristo, mas reconhece que as línguas não são capazes de distinguir entre um e outro conceito.

Essa interpretação é difícil de compreender, precisamente porque vai contra séculos de teologia e de exegese e crítica bíblicas no Ocidente, ainda demasiado fiéis ao espírito sacrificial das religiões estranhas ao cristianismo. Mas Girard assegura que, já desde o Antigo Testamento, o sacrifício inaugurado por Cristo tem antecedentes. Para definir a radical diferença existente entre o sacrifício no sentido etnológico e o sacrifício de Cristo, Girard recorre à tipologia bíblica; como muitos outros antes dele, busca *figura Christi* na tradição judaica, histórias paralelas que antecedem às imagens e acontecimentos de Cristo narrados nos Evangelhos.

Não sem razão se viu na Quarta Canção do Servo, em Isaías, a imagem que antecede a Cristo. Ambos são cordeiros do senhor, vítimas propiciatórias. Mas, como mencionamos, mesmo apresentando a inocência da vítima, o texto de Isaías continua a atribuir uma origem divina à violência propiciatória, o que nunca aparece nos Evangelhos para o caso de Cristo. De forma que, embora as duas histórias apresentem temas comuns e perfeitamente se pudessem fazer extensas análises de tipologia entre elas, o texto de Isaías apresenta um sacrifício muito diferente do que é apresentado nos Evangelhos.

Girard prefere como *figura Christi* as histórias que relatam como alguém, para evitar maior violência, se entregou à violência mesma. A célebre história do Juízo de Salomão (I Reis 3,16-28) é, de todas no Antigo Testamento, a que melhor delineia esta ideia. Duas mulheres clamam ser a mãe de um mesmo menino. Para conciliar as duas mulheres, o rei Salomão propõe que se parta o menino em dois e se entreguem suas metades às duas mulheres. A primeira mulher aceita a resolução do rei, mas a segunda, horrorizada com a violência, renuncia aos direitos de mãe. Salomão descobre assim que a segunda mulher é a mãe, e ordena que lhe seja entregue o menino.

Girard reconhece que existem muitas divergências com respeito à situação cronológica das práticas sacrificiais no Israel antigo, mas não existe maior risco em supor que no tempo do rei Salomão o sacrifício humano, especialmente o de crianças, ainda fosse comum, ou ao menos se mantivesse a lembrança dessas práticas antigas.[59]

---

[59] De forma um tanto surpreendente, o sacrifício humano no Israel antigo não foi um tema de especial interesse para Girard. Mas vale a pena mencionar sua presença na Bíblia, a fim de avaliar a que ponto a obra de Girard ajuda a compreender a evolução do ritual sacrificial na Bíblia. A condenação do sacrifício humano é bastante dura em muitas partes da Bíblia, mas há algumas passagens de difícil interpretação que pareceriam manifestar

De forma que o fato de o rei se dispor a partir o menino em dois é muito mais que uma mostra de sabedoria: trata-se da representação de uma prática bastante frequente nessa sociedade.

Ainda que nunca tivesse a intenção de concretizá-lo, Salomão se dispõe a fazer um sacrifício, no sentido etnológico da palavra. E as mulheres também vivenciam um sacrifício. A primeira mulher deseja participar do sacrifício proposto por Salomão: aquele em que se executa violência sagrada e coletiva sobre uma vítima. A segunda mulher também participa de um sacrifício, mas de tipo muito diferente do de Salomão e do da primeira mulher: *renuncia* aos direitos do filho desde que este viva. Entrega-se à violência da injustiça para evitar que a violência recaia sobre o menino.

A primeira mulher quer sacrificar o *Outro*, o menino. A segunda mulher sacrifica o *Mesmo*, a si mesma. Embora usemos a palavra "sacrifício" para descrever ambas as situações, o texto bíblico e nós mesmos compreendemos que se trata de dois casos muito diferentes. Enquanto a primeira mulher deseja sacrificar em função da violência e da continuidade da instituição sacrificial, a segunda mulher deseja sacrificar em função da paz e do final da instituição sacrificial.

Seria verdadeiramente ingênuo insistir em que a segunda mulher é "irresponsável" ao renunciar aos direitos sobre o filho. De nenhuma forma esta mulher se compraz em entregar seus direitos, mas tem de fazê-lo para que a criança viva. Nas palavras de Girard, "a boa mãe

---

uma ressonância de aprovação do sacrifício humano em tempos arcaicos. A história do sacrifício de Isaac em Gênesis 22 pareceria condenar definitivamente o sacrifício humano, promovendo uma importante substituição animal (à qual já fizemos menção no capítulo anterior), e a partir de então recorrentemente se condenam os sacrifícios humanos, especialmente em sua vinculação com os cultos de divindades estrangeiras. Êxodo 22,28 é bastante explícito com respeito à entrega do primogênito. Se isso supõe ou não uma consagração em forma de ritual violento, é um debate sem conclusão definitiva. Em todo o caso, essa passagem deixa em aberto a possibilidade de as ideias mais arcaicas dos israelitas ainda apoiarem o sacrifício humano num contexto ritual. Tampouco se pode eludir a história de Jefté (Juízes 11,29-40), que sacrifica a filha para dar cumprimento a um voto feito a Iahweh, ato a que o relato bíblico não opõe nenhuma objeção.

não tem nenhuma inclinação para sacrificar a si mesma de forma abstrata. Ela deseja continuar a viver para cuidar do filho. Mas está disposta a renunciar ao filho para sempre, e até a renunciar à sua própria vida se necessário, *para salvar a vida do menino*".[60] Do mesmo modo, Jesus não se compraz em entregar-se à dor e à morte como faria o masoquista. Mas tem de fazê-lo para evitar maior derramamento de sangue.[61] Na Idade Média, era comum ver em Jesus a *consumatio* de Salomão, mas realmente Jesus é a *consumatio* da segunda mulher: ambos se entregam ao sofrimento para que outros vivam. Trata-se de um espírito de entrega de todo estranho às tradicionais concepções religiosas do sacrifício. Algo similar se configura na história de José, quando Judá, para salvar o irmão Benjamim, se entrega ao castigo.[62]

Há, no entanto, uma diferença muito importante entre a boa mulher e Jesus. A todo o momento, Salomão se dispôs a sacrificar o menino *tão somente como prova*; dificilmente teria levado a efeito a morte da vítima. De forma que, para dizer a verdade, a mãe teve intenção de se sacrificar, mas nunca teve necessidade de fazê-lo: Salomão impediu que tal ocorresse. Jesus, por seu lado, sim, teve

---

[60] *Things Hidden since the Foundation of the World*, p. 241.
[61] Como complemento às considerações de Girard, podemos perfeitamente trazer à luz a máxima "é melhor morrer que matar", tão explicitamente formulada pelos Padres da Igreja. Conquanto, como sugere Girard, no Novo Testamento haja amplo espaço para defender esta doutrina pacifista, foram alguns escritores do cristianismo primitivo os primeiros a apresentá-la em termos explícitos. Assim, por exemplo, Tertuliano, que se opôs a qualquer forma de serviço militar, proclama que é melhor morrer que matar (*Apologia* XXXVII). Arnóbio foi ainda mais explícito, sugerindo que é melhor derramar o próprio sangue que manchar as mãos com o sangue de outros (*Nações* I, 6. Apud Roland Bainton, *Christian Attitudes Toward War and Peace*. Nashville, Abingdon Press, 1960, p. 78).
[62] Girard insiste em que a Bíblia se distingue das outras tradições religiosas, especialmente os mitos gregos, na medida em que apresenta um tipo de sacrifício como o de Cristo, já antecedido pela boa mulher do julgamento de Salomão e por Judá: diferentemente dos sacrifícios tradicionais, aqui eles se entregam à violência para evitar maior violência. Mas vale a pena considerar de que forma Eurípides delineia um sacrifício similar ao descrito por Girard. Em *Alcestes*, a heroína epônima é entregue à Morte para evitar que esta leve consigo Admeto, seu esposo. Trata-se do mesmo espírito de entrega pacífica que Girard destaca nas histórias bíblicas mencionadas, e que Dickens tão emotivamente retratou em *Um Conto de Duas Cidades*.

de se sacrificar, dado que, diferentemente do julgamento de Salomão, a violência era real. Nas palavras de Girard, "diferentemente de Salomão, [Deus Pai] não está na Terra para pôr fim aos conflitos... não há um Rei Salomão para trazer a justiça".[63] Repita-se que, precisamente por causa de sua natureza pacífica, Deus não pode intervir; fazê-lo seria um retrocesso à concepção da divindade vingativa e violenta do Êxodo, a qual, para defender Israel, exerce violência contra o Egito.

Mas, se a mensagem antissacrificial dos Evangelhos é tão clara, por que se continua a interpretar a morte de Cristo nos termos das instituições sacrificiais do Antigo Testamento e das concepções religiosas tradicionais? Se a mensagem de Cristo revela o que se subjaz à cultura, por que continua a haver violência propiciatória e as instituições culturais continuam de pé, especialmente no Ocidente cristão?

Girard responde que a forma como se procedeu ao processo de evangelização nos primeiros séculos da Cristandade desempenhou um papel determinante na forma como foram recebidos os Evangelhos e sua mensagem. Uma mensagem tão radical quanto a do Novo Testamento necessita de certos antecedentes para assegurar sua compreensão. A morte de Cristo é efetiva para desmascarar a instituição sacrificial e o funcionamento da Cultura, precisamente por causa de sua aparente proximidade com as (porém mantendo real distância das) demais concepções religiosas. De forma que, para compreender a mensagem antissacrificial dos Evangelhos, se devia contar com um contexto social e religioso que tivesse dado início ao afastamento da instituição sacrificial. Do contrário, seria demasiado fácil ver nos Evangelhos mais uma repetição dos tradicionais temas sacrificiais.

Os Evangelhos foram difundidos com maior sucesso entre os gentios que entre os judeus. Mas aqueles povos eram alheios à tradição

---

[63] Op. cit., p. 242.

antissacrificial que o Antigo Testamento havia iniciado fazia séculos. Ao se apresentar a história de um homem que morre e ressuscita, não se tem maior dificuldade em adaptá-la a uma mentalidade sacrificial preexistente que assimila o violento ao divino e continua a executar a violência propiciatória para a sustentação das instituições culturais.

Tudo pareceria indicar que os Evangelhos não alcançaram seu objetivo. Contudo, Girard afirma que, mesmo com os reveses e a continuidade das instituições sacrificiais, a revelação dos Evangelhos continua em marcha. Cristo veio com uma dupla missão: revelar o modo como funciona o mundo através da violência propiciatória e, diante da impossibilidade de continuar a empregá-la, pregar um Reino que permita a resolução de conflitos através do amor.

Girard escreveu *Coisas Ocultas desde a Fundação do Mundo* em pleno apogeu da Guerra Fria. Não lhe foi muito difícil ver que a humanidade vivenciava um processo de decomposição, um clima de crise e violência recíproca similar aos temas da tragédia grega e do apocalipse cristão. As instituições culturais já não têm a mesma fortaleza que outrora. Trata-se de sinais apocalípticos evidenciadores de que, afinal de contas, a revelação dos Evangelhos está surtindo efeito. Se o mundo se tornou mais violento que nunca, é porque começou a compreender como funciona a violência, graças à influência dos Evangelhos.

De forma que a primeira parte da mensagem dos Evangelhos teve um efeito considerável: compreende-se agora a dinâmica da violência recíproca e propiciatória. Isso, naturalmente, não quer dizer que se tenha abandonado a mentalidade sacrificial que assimila a violência ao sagrado. Mas, cada vez mais, os sacrifícios se tornam vãos, e é precisamente esta ineficácia sacrificial o que alimentou o espírito apocalíptico dos últimos tempos.

Mas, ao mesmo tempo, o espírito apocalíptico abriu as portas para a vinda do Reino. Longe de se tratar de uma utopia e de um anacronismo, como sugerido pela crítica bíblica do século XIX, Girard considera que o Reino se aproxima. À medida que se aproxima o apocalipse, o homem vê a ameaça de sua própria destruição demasiado perto. Já não pode recorrer à violência propiciatória, porque esta é cada vez mais ineficaz. Para salvar a si mesmo, deve aceitar o convite ao Reino de Deus fundado no amor: pode haver guerras em escala planetária, mas também há movimentos globais para o socorro de vítimas, e para cada homem disposto a empregar as armas nucleares existem dez que desejam que nunca sejam usadas.

Por ora, vivemos muito mais de perto o apocalipse que o Reino. A revelação dos Evangelhos impossibilitou a continuidade do mecanismo vitimário, e, por conseguinte, descartou boa parte das instituições que marcaram a pauta da vida cultural da espécie. Os modos tradicionais de conter o desejo e as rivalidades já não têm a mesma fortaleza. Muito pelo contrário, dado aqueles serem incapazes de contê-los, o desejo e as rivalidades começam a florescer ainda mais.

Através das proibições e das soluções sacrificiais, o desejo é contido. Mas, se as soluções sacrificiais e, por extensão, as proibições já não são eficazes, então a sociedade moderna é testemunha de um florescimento do desejo. Diante da incapacidade do sacrifício para resolver as crises, as massas se indiferenciam, desejando todas a mesma coisa. Recordemos a advertência que, fazendo eco de Tocqueville, Girard formulava sobre os riscos das revoluções.

Em todos os lados aparece o desejo em nossas sociedades modernas. As tentativas de "libertar-se" dele são vãs. Quando o desejo se torna metafísico, sua resolução é impossível. Junto com a violência, Girard deixa entrever que o desejo é a principal preocupação do mundo moderno. Em função deste, junto com Lefort e Oughourlian, dedicou uma densa discussão às implicações que sua teoria do desejo tem no campo da psiquiatria e da psicologia, as duas disciplinas que tradicionalmente se ocuparam deste problema.

Como mencionamos no primeiro capítulo, já desde *Mentira Romântica e Verdade Romanesca* Girard elaborava um esboço de uma teoria psicológica centrada no desejo. Mas, circunstancialmente, o fazia por meio da crítica literária. Agora, considerava necessário formalizar tais considerações numa teoria psicológica, dado que se dispunha a enfrentar muitas das escolas psicanalíticas, para as quais a noção de "desejo mimético" era odiosa.

Girard propõe que se entenda o humano de uma psicologia *interdividual*. As relações inter*in*dividuais são aquelas que consideram o encontro entre o Outro e o Mesmo, mantendo, contudo, a autonomia e a separação entre eles. A isso, Girard opõe uma psicologia que entenda o humano do ângulo de uma psicologia inter*dividual*, na qual o Outro e o Mesmo são um e não estão separados. Tanto o sujeito quanto o modelo fazem parte de um mesmo mundo, e é através deste mundo que o psicólogo deve entender o humano. Esta união entre sujeito e modelo, naturalmente, se fundamenta na imitação e no desejo.

De forma que a imitação apaga as diferenças entre uma e outra esfera, e termina por conformar uma relação de *duplos miméticos*, na qual dois indivíduos se apresentam como modelos e rivais um do outro, os dois desejando a mesma coisa. Tal como viemos mencionando, Girard insiste repetidas vezes em que o desejo mimético logo se torna metafísico, de forma que, na relação de duplos, logo o objeto do desejo é deslocado; a rivalidade não é, realmente, a outra face de uma obsessão com o Outro: este é tão admirado quanto se deseja sua destruição. Não é difícil ver que a obtenção do objeto físico do desejo não oferece a satisfação esperada: uma vez alcançado, o sujeito prefere continuar sua busca metafísica apresentando para si um objeto ainda mais difícil.

Dado que a obsessão é com o Outro, muito mais que com o objeto do desejo, o objeto e/ou motivo mais insignificante bastará para iniciar uma disputa entre os duplos miméticos. Erigem-se assim os conceitos de honra e prestígio, atrás dos quais se encontra o desejo metafísico. Mas, para além da honra e do prestígio, o desejo metafísico pode ser a origem de muitas psicopatologias.

A sociedade perenemente conforma esse duplo vínculo a que fizemos referência no capítulo anterior. Assim como na psicologia de Bateson a mãe cuida do filho ao mesmo tempo que o rejeita, a sociedade convida os indivíduos a desejar, mas não lhes oferece os meios para cumprir esses desejos.[64] Continuamente estamos desejando objetos que nunca alcançaremos. E, quando efetivamente são alcançados, a maior parte das vezes, não propiciam a satisfação esperada, dado que nossa busca se tornou metafísica. Se essas frustrações se repetem com demasiada frequência e intensidade, abre-se caminho para distúrbios como a neurose, a histeria e a psicose.

A alucinação, fenômeno muito estudado na psiquiatria, pode ser entendida com base na psicologia centrada no desejo mimético. Através da relação interdividual, o sujeito termina obcecado pelo modelo, esquecendo-se de seu desejo do objeto físico. Recorde-se de que forma o protagonista de *Memórias do Subsolo*, de Dostoiévski, vive esse tipo de obsessão. Tal como o homem do subsolo, a vítima do desejo mimético será tomada por uma terrível paranoia: sua personalidade está tão erodida que chega a crer que o modelo, e até o mundo inteiro, está contra ela. Alucina com um "duplo" que a persegue.

O sujeito costuma empregar grande esforço na obtenção do objeto do desejo, mas, dado que este pode tornar-se um impossível, aquele pode vir a desesperar-se facilmente. A passagem do entusiasmo

---

[64] A teoria psicológica do "duplo vínculo mimético", de Girard, apresenta algumas analogias com a célebre teoria criminológica de Robert K. Merton (*On Theoretical Sociology*. New Cork, Free Press, 1967). Este autor identificou duas estruturas em escala coletivo: a estrutura *cultural* provê os indivíduos de pautas de comportamento e metas por alcançar, incluindo o que deve desejar, enquanto a estrutura *social* provê os indivíduos dos meios para alcançar as metas da estrutura cultural. Existe anomia e crime quando há um desequilíbrio entre a estrutura cultural e a social: os indivíduos são convidados a desejar algo, mas a sociedade não lhe fornece os meios para alcançá-lo.

pelo apetite do desejo à depressão pela inveja e pela frustração é muito frequente. Levada a seu extremo, transforma-se em matriz do que os psiquiatras denominam "distúrbios bipolares", ou seja, extremos flutuantes de ânimo. A ambivalência que o sujeito desenvolve em torno do modelo termina apoderando-se do sujeito mesmo: seu estado de espírito é muito ambíguo, e ele se torna um maníaco-depressivo.

O desejo é alimentado em todos os recantos da vida moderna, e não por nada é na sociedade moderna que se geram com maior força os distúrbios bipolares. Uma vez mais, Girard adverte sobre os perigos da sociedade moderna sustentada na igualdade: se já não nasce nobre, mas se "torna" nobre, o homem moderno busca sobressair em todos os cenários possíveis. Nas palavras de Girard: "numa sociedade onde o lugar dos indivíduos não é determinado de forma antecipada, e as hierarquias foram suprimidas, as pessoas estão eternamente preocupadas com a realização de um destino para elas mesmas, com a imposição delas mesmas sobre outras, distinguindo-se do restante".[65]

O homem moderno necessita sobressair para fortalecer seu *status*, e por isso convida os demais a ser como ele, a imitá-lo, rejeitando, naturalmente, uma aproximação demasiado próxima. Conforma-se, assim, um mundo sustentado na competitividade, o qual não faz mais que gerar conflitos e situações estressantes que alimentam os distúrbios mentais. O desejo mimético pode conduzir à loucura.[66]

---

[65] Op. cit., p. 307.
[66] Girard nunca foi psiquiatra, de forma que não teve experiências com pacientes de forma direta. Suas conclusões no campo da psiquiatria foram elaboradas com base no estudo dos grandes romancistas e de personagens fictícios, o que já criticamos no primeiro capítulo. Mas, após a publicação de *Coisas Ocultas desde a Fundação do Mundo*, Girard dedicou especial atenção à forma como se tornou louco um personagem que, sim, existiu, em grande parte por causa dos exageros do desejo mimético. Trata-se de Nietzsche ("Estrategias de la Locura: Nietzsche, Wagner y Dostoyevski". In: *Literatura, Mimesis y Antropología*, p. 74-94). De acordo com Girard, Nietzsche começa por ter com Wagner uma relação de profunda admiração e respeito: considera-o seu grande mestre, e aspira a seguir todos os seus passos. Mas sucede que Wagner acaba por se transformar num

Girard, Oughourlian e Lefort entendem a psicose como um estado mental em que o desejo metafísico cresce tanto no sujeito, que os objetos físicos são deslocados, e, por conseguinte, o sujeito perde contato com a realidade. Se a loucura é um traço essencialmente humano, é porque os animais não desejam por meio da mímesis com o mesmo nível de intensidade com que nós, os humanos, o fazemos. O homem psicótico está totalmente alienado de seu mundo: sua obsessão com o Outro é tal, que ele se abandona a si mesmo, a seus instintos e a suas realidades mais próximas.

Também existem outros estados mentais anormais, cuja origem deve ser situada nos extremos do desejo mimético. A hipnose e a possessão vêm a ser a representação extremada de uma relação interdividual em que o Mesmo e o Outro residem num mesmo corpo. Mas, ao longo da discussão, Oughourlian esclarece que a hipnose e a possessão se situam num plano diferente da psicose. Enquanto a última é pautada por uma luta e por uma obsessão com o Outro, as duas primeiras vêm a ser, antes, formas de coexistência relativamente pacíficas (ainda que anormais, em todo o caso) entre o Mesmo e o Outro, de modo que, ainda que estes residam num mesmo corpo, conseguem manter-se separados. O possuído e/ou hipnotizado pode assumir a personalidade do Outro, mas nunca interfere com o Mesmo; de fato, tem de abandonar seu próprio "eu" para incorporar o agente forâneo. O psicótico, por seu lado, tenta aferrar-se

---

obstáculo para o próprio Nietzsche: "enquanto Wagner se converte no herói cultural do povo alemão, impede que seu discípulo alcance a meta a que se propôs" (p. 75). A partir de então, Nietzsche começa a sua tortuosa relação com o antigo mestre. No plano das relações amorosas, Nietzsche também se torna presa do desejo mimético: "cada vez que Nietzsche começava a ter relações com certa mulher, parece que um amigo comum agia como intermediário, e esse amigo estava interessado na mesma mulher, ou, se não estava, Nietzsche achava que sim" (p. 77). À medida que Nietzsche vai estendendo seus pontos de vista sobre o *ressentimento*, esse mesmo ressentimento cresce nele desmedidamente. De forma análoga ao homem do subsolo dostoievskiano, ele sente o mundo contra ele, está em eterna busca de rivais que o combatam. Desenvolve uma grande força de vontade para combater o mundo, para alcançar os objetos do desejo, mas, como o herói Zaratustra, retorna derrotado. Acaba por tornar-se um maníaco-depressivo, a um passo da loucura, na qual finalmente vai parar.

a seu "eu", ao mesmo tempo que, devido à fascinação, continua a incorporar o Outro.

Na hipnose e na possessão, o Outro se apodera do Mesmo, e, dado que não se opõe resistência, configura-se um estado relativamente pacífico. Na psicose, ao contrário, o sujeito luta com o modelo, e, apesar de toda a fascinação que possa sentir por ele, delineia-se como seu antagonista, lutando as duas forças no interior de um mesmo sujeito. Pode-se dizer o mesmo da histeria, que para Oughourlian é um estado mental em que, embora se mantenha a diferença entre o Outro e o Mesmo, continuam a aparecer como antagonistas.

Anos depois da colaboração com Girard em *Coisas Ocultas desde a Fundação do Mundo*, Oughourlian ampliou tais considerações em *Un Mime Nommé Désir*,[67] importante livro dedicado inteiramente ao estudo dos diferentes estados mentais e sua relação com o desejo mimético. Em definitivo, ele considera que, conquanto a hipnose e a possessão sejam estados mentais anormais, não são tão prejudiciais quanto a psicose, dado que facilitam uma relação interdividual pacífica, na qual a mímesis nunca propicia que modelo e sujeito entrem em conflito: na medida em que o hipnotizador se apodera do hipnotizado, este *imita* e obedece a todas os comandos do hipnotizador, e não corre o risco de transformar-se em seu rival.

Dessa argumentação deriva um problema a que nem Girard, nem Oughourlian, tampouco Lefort dedicam atenção. Trata-se da inspiração profética e da experiência mística. Como conciliar uma apologia cristã com conceitos psiquiátricos? Caso se sigam as teorizações psiquiátricas que Girard, Oughourlian e Lefort apresentam, tem-se de chegar à embaraçosa conclusão que todos os profetas de que se nutriu a tradição judaico-cristã sofreram de alguma forma de "patologia", pois representam a relação interdividual entre o Mesmo

[67] Paris, Grasset, 1982.

e o Outro, muitas vezes de forma turbulenta; de seu corpo se apodera uma força estranha, à qual muitas vezes resiste. Um eminente orientalista e estudioso das religiões reconheceu este paradoxo da seguinte maneira: "Essas alucinações e esses êxtases [proféticos] inquietam também os psiquiatras crentes de hoje, pois honestamente têm de reconhecer que não se pode estabelecer nenhuma distinção formal entre as experiências dos místicos e as dos doentes".[68] Talvez tais paradoxos não constituam maior problema se considerarmos as recomendações de um crítico como Abraham Joshua Heschel:

> Os malabarismos científicos que se devem fazer para tentar expor, com base em restos literários, a vida subconsciente de uma pessoa que viveu há milhares de anos são tão grandiosos, que tornam impossível tal labor. (...) Um diagnóstico confiável da saúde mental do profeta permanece fora de nossas possibilidades (...). A tendência a tratar o profeta como um candidato à hospitalização, a interpretação que busca dissecar o profeta e encontrar seus desejos, representa um procedimento que, de forma efetiva, nos impede de estar atentos ao que é essencial e criativo na consciência profética.[69]

Em todo o caso, não só os estados mentais anormais, argumenta Girard, mas boa parte da sexualidade humana, são condicionados pelo desejo mimético. Já em *Mentira Romântica e Verdade Romanesca* Girard havia formulado suas considerações sobre a forma como o desejo mimético pode conduzir ao masoquismo e ao sadismo. Basta recordar que a vítima do desejo mimético vive uma perene insatisfação, e, cada vez que alcança um objeto do desejo, busca um ainda mais difícil de encontrar, transformando-se assim num masoquista.

---

[68] Maxime Rodinson, *Mahoma*. Barcelona, Península, 2002, p. 131-32.
[69] Abraham Joshua Heschel, *The Prophets*. Nova York, Perennial Classics, 2001, p. 508.

O sádico, por seu lado, busca infligir aos outros a dor que sofreu como masoquista. A sexualidade sádica e masoquista não é mais que uma extensão de tais princípios. Recebendo um mau tratamento de seu par, o masoquista busca reproduzir a relação que ele sente com o mediador. E, para sentir a aparente glória do mediador, exerce violência sobre seu próprio par.

Mas, além do masoquismo e o sadismo, Girard considera que algumas formas de homossexualidade também devem ser entendidas como uma extensão dos exageros do desejo mimético. À medida que se vai conformando uma relação de duplos miméticos, o sujeito concentra toda a sua atenção sobre o modelo, deslocando o objeto. Ademais, a concentração em torno ao modelo/rival é tal, que faz sua *libido* mudar de direção: do objeto para o modelo. Embora sinta ódio pelo rival, também sente fascinação, tanto que pode chegar a transformar-se em seu próprio amante.

Girard se apressa a advertir que sua interpretação da homossexualidade não é essencialista: ele só fala de alguns casos, e não propõe uma teoria geral da homossexualidade. Mas, uma vez mais, Girard se empenha em querer estender à psicologia certos princípios que encontra na crítica literária: o homossexual que ele descreve não se fundamenta em casos clínicos ou em experiências vividas, mas em *personagens fictícios*. Para Girard, o personagem arquetípico entre os que representam este tipo de homossexualidade é Pavel Pavlovich, o protagonista de *O Eterno Marido*, de Dostoiévski.

Como recordamos no primeiro capítulo, Pavlovitch conhece Veltchaninov, o amante de sua falecida esposa. De início, o considera seu rival por ter sofrido o engano de sua mulher, mas Veltchaninov acaba por fazer despertar uma fascinação, tanto que Pavlovitch o toma por modelo de imitação e desenvolve sentimentos homossexuais por ele.

Proust, um homem de sexualidade ambígua, plasmou ao longo de sua obra a noção de que a homossexualidade não é, sob nenhum aspecto, uma "essência", mas uma *circunstância*. Girard faz eco dessa visão: ninguém "nasce" homossexual; simplesmente se desenvolvem sentimentos homossexuais em função das diferentes relações interdividuais com que o sujeito depara ao longo da vida. Para dizer a verdade, não existe grande diferença entre a sexualidade heterossexual e a homossexual; ambas são condicionadas pelo desejo mimético. Assim, Girard deixa entrever que, dependendo da forma como se desenvolve o encontro com o Outro, o heterossexual pode chegar perfeitamente a desenvolver sentimentos homossexuais.

Desse modo, Girard combate a ideia originalmente formulada por Freud, e muito difundida entre os psicanalistas, segundo a qual a sexualidade humana é determinada por "essências" fundamentadas nos "impulsos" do organismo. Muito pelo contrário, protesta Girard, a sexualidade responde à relação com o Outro, e é impossível isolar, como faz Freud, o encontro do Outro com o Mesmo no desenvolvimento da sexualidade. Muito mais que instintiva ou intrínseca, a sexualidade é interdividual.

Para a psicanálise, os comportamentos respondem a pulsões inatas (*Eros, Tânatos*, etc.), de forma que ela interpreta certos comportamentos com base em "essências" predeterminadas no sujeito. O ser humano é conformado por certas características inatas, que nunca estão sujeitas a mudança. Assim, Girard denuncia um "platonismo" na psicanálise. Platonismo no sentido de que tanto Freud quanto seus seguidores se aproximam do humano pelas "essências" imutáveis; categorias que, precisamente por obedecerem a "pulsões", são predeterminadas e não deixam espaço para as transformações que possam emergir à medida que se desenvolve a relação com o Outro.

Uma dessas essências a que Freud recorreu ao longo de sua obra foi o complexo de Édipo: o homem tem um desejo inconsciente parricida e incestuoso, o qual obedece a um instinto que caracteriza a humanidade. Não temos necessidade de repetir a crítica que Girard fez à concepção freudiana deste complexo em *A Violência e o Sagrado*.

Apesar das críticas que fez a Freud desde a publicação de *A Violência e o Sagrado*, Girard reconhece que o fundador da psicanálise teve um agudo senso da observação. Freud conseguiu captar que, tal como nos personagens romanescos, a estrutura do complexo de Édipo é triangular: dois sujeitos desejam um mesmo objeto. E, muito acertadamente, acrescenta Girard, Freud encontrou esta estrutura triangular na maior parte das relações humanas: para o pensamento freudiano, de uma ou de outra forma o complexo de Édipo serve de matriz para o restante do comportamento humano.

Pois bem, o erro de Freud está em entender tais relações triangulares em termos de pulsões, em vez de considerar o papel desempenhado pela imitação. Apesar de, como vimos no capítulo anterior, em seus primeiros escritos Freud se aproximar de uma valorização do papel da imitação nas relações humanas, posteriormente a abandonou, e deu maior importância à autonomia do desejo e do "eu". Disso, conclui Girard, surge uma contradição no seio do pensamento freudiano.

Se o complexo de Édipo é a estrutura matriz do restante das relações humanas, então necessariamente devemos considerar o papel desempenhado pela imitação. Se a estrutura triangular edípica aparece em todos os recantos da vida, é porque se trata de uma imitação do complexo original. Por conseguinte, é impossível continuar pensando o comportamento humano em termos de "essências", trate-se de complexos ou de pulsões. Dado que, ademais, esses padrões se repetem em outras esferas do comportamento humano, é muito mais satisfatório entender as relações humanas como uma rede de socialização pautada pela imitação. Repita-se a conclusão que Girard esboçava em *A Violência e o Sagrado* com respeito ao complexo de Édipo: se o menino deseja a mãe, não é por causa de uma essência incestuosa ou de uma pulsão libidinal; trata-se muito mais da imitação do desejo do pai. Tal como com a homossexualidade, para Girard não existe algo como um "incesto essencial"; simplesmente se trata de uma situação que as circunstâncias da atividade mimética propiciam. Enquanto Freud dá ênfase à sexualidade e aos comportamentos sexuais essenciais para explicar todo o comportamento humano, Girard prefere recorrer à valorização da imitação e, por extensão, das relações.

Outra das essências em que Freud insistiu como traço fundamental da espécie é o que ele chamou de narcisismo. Em sua visão, o narcisismo é outro dos padrões predeterminados que marcam a pauta para o comportamento humano; neste caso, trata-se do erotismo que o homem ou a mulher (especialmente a mulher atraente) sente por si mesma. Uma vez mais, Girard reconhece que Freud tinha um grande senso de observação: efetivamente, existe entre os homens e as mulheres uma tendência a desenvolver um autoerotismo, e, o que é mais importante ainda, este autoerotismo concentra o desejo dos demais. Mas Girard adverte que tal autoerotismo tem origem na própria imitação.

Ainda que nunca em termos formais, Girard já vinha apresentando uma teoria do narcisismo desde a publicação de *Mentira Romântica e Verdade Romanesca*: recorde-se a forma como, para atrair o desejo de Julien, Mathilde se mostra indiferente a ele e dá mostras de desejar a si mesma. Fiel ao campo da crítica literária de que procede, Girard considera o que sobre o narcisista se escreveu desde séculos atrás, mas lhe aplicou outro termo: a *coquete*. A coqueteria vem a ser a disposição através da qual a mulher coquete (mas também um homem) busca o interesse de seus cortejadores mostrando um interesse por si mesma. A estratégia da coquete é muito simples: dado que os homens imitarão seu desejo, ela conseguirá ser desejada se desejar a si mesma. Da mesma forma, a coquete pode terminar imitando o desejo do amante, e, como resultado, terminará desejando a si mesma. Se existe um autoerotismo, não é devido a uma essência narcisista, mas a um jogo mimético nas relações interdividuais.

Assim, Freud divide o comportamento humano em múltiplas pulsões e complexos essenciais: homossexualidade, heterossexualidade, parricídio, incesto, narcisismo, *eros, tânatos*, etc. Girard, ao contrário, tenta demonstrar que é estéril essa separação: afinal, todos compartilham uma unidade, e essa unidade é o desejo mimético.[70]

Desde *A Violência e o Sagrado*, Girard vinha construindo um sistema teórico antropológico que tenta explicar a totalidade dos fenômenos culturais segundo um mesmo princípio: o mecanismo da vítima propiciatória. Através de sua exegese bíblica, argumenta que, para dizer a verdade, ele não descobriu nada, nem, muito menos, formulou um sistema teórico: já está tudo esboçado na Bíblia.

O mesmo pretende fazer com o desejo mimético: trata-se de um princípio que funda a totalidade dos fenômenos psicológicos. E, tal como com o mecanismo vitimário, Girard insiste em que ele não o descobriu. Como ele mesmo sugeria em *Mentira Romântica e Verdade Romanesca*, já fora esboçado pelos grandes romancistas. Mas, para dizer a verdade, sua verdadeira revelação está na Bíblia.

Ao longo do Novo Testamento, faz-se menção ao *skándalon*, o obstáculo que faz tropeçar. Um escândalo, tal como o entendemos hoje, vem a ser uma situação que nos impede de seguir nosso caminho, uma espécie de contratempo que adquire grandes proporções. Girard insiste em que, muito mais que referir-se a objetos materiais como obstáculos, o *skándalon* dos Evangelhos se refere antes a *pessoas*. Muito mais que uma pedra, um escândalo é alguém que se interpõe e nos faz tropeçar.

---

[70] Seguindo o argumento de Girard, poderíamos concluir que a psicologia de Freud tende a ser atomista, na medida em que separa cada um dos comportamentos do ser humano em "essências", ao passo que Girard se aproxima mais de um holista, na medida em que considera esses fenômenos com base na totalidade do desejo mimético. Seria interessante considerar a que ponto o cenário sócio-histórico influiu no hipotético atomismo de Freud. Afinal de contas, Freud era um judeu vienense que vivenciou a I Guerra Mundial e terminou emigrando para a Inglaterra. Uma importante figura do atomismo na filosofia do século XX, Ludwig Wittgenstein (ao menos em suas primeiras etapas de pensador), também era um judeu vienense que vivenciou a I Guerra Mundial e igualmente terminou emigrando para a Inglaterra.

Esse alguém vem a ser o modelo-rival da relação interdividual que surge através do desejo mimético. Na medida em que nos encontramos com um modelo que convertemos em rival, desenvolvendo por ele todas as emoções a que viemos fazendo referência, tornamo-nos presas de um escândalo. O sujeito é escandalizado pelo modelo, dado que o ódio e a fascinação que desenvolve por ele fazem que tropece repetidas vezes. Em outras palavras, o *skándalon* dos Evangelhos é assimilado ao desejo mimético na teoria psicológica de Girard.

Se o desejo mimético conduz ao ódio, então o amor é o antídoto do desejo mimético. Através do amor, evitamos converter o Outro num rival, num escândalo. Girard encontra essa mensagem em passagens como esta: "O que ama o seu irmão permanece na luz, e nele não há ocasião de queda. Mas o que odeia o seu irmão está nas trevas; caminha nas trevas, e não sabe aonde vai, porque as trevas cegaram os seus olhos." (I João, 2,10-11).

Mencionamos que, segundo a interpretação de Girard, nos Evangelhos Satanás aparece como a representação do desejo mimético. Se o *skándalon* é a situação que propicia o desejo mimético, então também deve haver uma assimilação entre Satanás e o *skándalon*. Satanás é o príncipe deste mundo, na medida em que, sendo pai de todas as mentiras e um assassino desde o princípio, constitui a representação do mecanismo vitimário e de toda a ordem derivada. Mas, ao mesmo tempo, sendo a representação do desejo mimético, Satanás é a fonte de toda desordem, caos e destruição: continuamente semeia obstáculos para que tropecemos, gerando escândalos.

Depois que Jesus anunciou a seus discípulos sua futura paixão: "Pedro, tomando-o à parte, começou a repreendê-lo, dizendo: 'Deus não o permita, Senhor! Isso jamais te acontecerá!' Ele, porém, voltando-se para Pedro, disse: 'Afasta-te de mim, Satanás! Tu me serves de pedra de tropeço, porque não pensas as coisas de Deus, mas as dos homens!'" (Mateus 16,22-23).

Jesus identifica explicitamente Satanás com Pedro, que lhe apareceu como um escândalo. Girard interpreta que Pedro aparece como um escândalo para Jesus na medida em que se oferece como um modelo de imitação. Pedro sugere a seu mestre que renuncie à sua paixão e imite a ele, convidando Jesus a seguir seu desejo de escapar. Se Jesus tivesse escutado Pedro, acrescenta Girard, os dois teriam ficado como duplos miméticos, disputando ambos a liderança daquele grupo de pregadores.

Nos Evangelhos, Satanás é o princípio que continuamente convida a humanidade ao desejo. Tal como a publicidade, ele persuade oferecendo-se como modelo de imitação. No deserto, Satanás tenta a Jesus, oferecendo-lhe reinos e glória (Mateus 4,8-10), sugerindo-lhe que reproduza os desejos ele que lhe apresenta, mas Jesus os rejeita antes que se convertam num escândalo de maior envergadura.

Não obstante, Jesus anuncia que os escândalos são inevitáveis (Mateus 18,7). O evento da Cruz e a revelação do mecanismo vitimário impedem que a humanidade resolva suas violências como fazia antes, razão por que os escândalos hão de vir. Se não se adotar o amor pregado por Jesus, continuamente tropeçaremos uns nos outros.

Ao longo do Antigo Testamento, delineia-se a ideia de um Deus violento que coloca escândalos para que Seu povo tropece (Isaías 8,14-15; Jeremias 6,20-21). Mas os escândalos anunciados por Jesus no Novo Testamento são de outra natureza. Não são colocados por Deus, mas pela própria humanidade. O escândalo aparece quando os homens, diante da falta de efetividade do mecanismo vitimário, não conseguem conter o desejo mimético e tropeçam uns nos outros. A morte de Cristo é um escândalo na medida em que revela um conhecimento que nos faz tropeçar.

De acordo com Girard, Jesus convida a humanidade a afastar os escândalos (Lucas 7,20-23; Mateus 11,3-6): dado que, graças à Cruz, é impossível retornar às resoluções sacrificiais para evitar os tropeços, a humanidade deve seguir uma mensagem de amor.

Dado que o homem é uma criatura essencialmente mimética, é impossível pretender que renuncie à mímesis, nem, muito menos, ao desejo mimético. Mas é possível, *isto sim*, uma *reforma* do desejo e da mímesis. Jesus se oferece como modelo de imitação, o qual, porém, à diferença de Satanás, se sustenta em puro amor, de forma que nunca se converterá num modelo/rival, nem, muito menos, num obstáculo: "Quem diz que está com Ele deve caminhar da mesma forma como Ele caminhou" (I João 2,6).

Em escritos posteriores, Girard reconheceu que o desejo mimético não é necessariamente prejudicial. Diferentemente do budismo, o cristianismo não propõe um abandono do desejo, nem do desejo mimético. O que propõe o cristianismo é um abandono do desejo mimético que transforma os modelos em rivais, em escândalos. A melhor maneira de evitar a rivalidade mimética é imitar a Jesus, um modelo suficientemente transcendente para evitar que todos os desejos coincidam num só objeto disputado, e modelo o suficiente amoroso para evitar que se entre numa relação de ódio e rivalidade com seus seguidores. A ressurreição de Cristo é análoga à dos personagens romanescos e à dos romancistas: nasce para uma nova vida em que convida a humanidade a seguir seu caminho, evitando que os homens se convertam em escândalos uns para os outros.

*

Numa época de secularismo acadêmico no Ocidente, elaborar uma apologia do cristianismo tão sistemática e de tão ampla envergadura tem grande mérito. Naturalmente, Girard não é o primeiro pensador moderno a defender a fé cristã através de sua filosofia, nem sequer no século XX. Mas, diferentemente de um Pascal ou de um Kierkegaard, Girard elabora uma apologia do cristianismo como a *única* religião divinamente inspirada, marcando uma separação com o restante das tradições e textos religiosos. E, como se fosse pouco, insiste em que as demais religiões são inspiradas pelo princípio que os Evangelhos chamam de "Satanás" (o mecanismo vitimário). Em outras palavras, com uma ótica deliberadamente interessada, de sua obra se poderia chegar à interpretação de que as religiões não cristãs são obra do demônio! Se se lê de forma demasiado ligeira, Girard não pareceria estar muito longe da mentalidade colonialista dos missionários e conquistadores espanhóis que julgavam legítima a conquista de América porque a religião cristã é a única verdadeira e as demais são idolatrias satânicas. Com *Coisas Ocultas desde a Fundação do Mundo*, Girard deixa claro que não lhe interessa muito o pluralismo nem o diálogo inter-religioso. Para parafrasear a célebre frase aristotélica, Girard pode ser amigo das outras religiões, mas prefere ser mais amigo da verdade.[71]

Coisas Ocultas desde a Fundação do Mundo implica a culminação de um grande sistema teórico que, ainda que Girard não o tivesse em mente, inevitavelmente surgiu: o homem deseja mimeticamente, razão por que entra em conflito com os demais e o resolve através da violência propiciatória. Para conseguir isso, não pode ter plena consciência do que está fazendo. A forma como é descrito na Bíblia revela o funcionamento do mecanismo, e com Cristo se inaugura uma nova etapa da história.

Se em *A Violência e o Sagrado* Girard ainda mantinha um espírito etnológico na precisão de dados etnográficos, em *Coisas Ocultas desde a Fundação do Mundo* se preocupa muito pouco em especificar as particularidades etnográficas de cada um dos ritos e mitos mencionados. Já fizemos referência às dificuldades deste tipo de aproximação.

Mais ainda, construir uma teoria geral da humanidade se converte em algo muito perigoso, pois, mesmo com a pretensa precisão exaustiva com que Girard aborda as instituições humanas fundamentais, dificilmente poderemos chegar à conclusão de que *toda* a Cultura tem origem em um só fenômeno, exclusivamente. Nem, muito menos, podemos assegurar que praticamente *todo o comportamento* humana

---

[71] Cf. *Ética a Nicômaco*, I, 1906 a 11-17.

no plano psicológico se reduz ao desejo mimético. Acrescentemos Girard à lista de filósofos monistas (Hegel, Marx, Freud) que, devido à sua ambição, se aproximam de um determinismo quase metafísico que subordina toda a realidade a um só princípio.

Isso é particularmente verdadeiro para o caso da mitologia. Sem maiores precauções, Girard insiste em que as mitologias são histórias que narram a execução do mecanismo vitimário, de forma distorcida, da perspectiva da coletividade. O mito é, sem dúvida alguma, uma das instituições culturais mais heterogêneas e mutáveis. De forma que, para teorizar sobre a mitologia de forma generalizada, é preciso elaborar um sistemático estudo de mitos, o que, claramente, Girard não fez. Em todo o *Coisas Ocultas desde a Fundação do Mundo*, só estuda quatro ou cinco mitos. Nem sequer Lévi-Strauss, com seu monumental *Mitológicas,* se propôs a elaborar uma teoria geral do mito da forma como intenta Girard.

Certamente, se fizermos uma recolha dos mitos mundiais, veremos que muitas histórias apresentam a estrutura assinalada por Girard: em meio a uma crise, uma coletividade executa uma vítima, e, graças à sua morte, volta a prosperidade.[72] Girard tem razão em pensar que, às vezes, é muito ingênuo crer que essa violência seja apenas um arquétipo, como diria Jung, ou uma "ferramenta para pensar", como postularia o estruturalismo. Se o mito narra violência, essa violência pode ter sido real.

Mas, em muitos mitos, essa violência não aparece em parte alguma. O argumento de Girard é que a violência foi *dissimulada* pelo próprio mito, até que, em alguns mitos mais elaborados, finalmente desapareceu. Com isso, Girard entra no campo da especulação:

---

[72] Por exemplo, o mito venezuelano da deusa María Lionza apresenta uma sequência quase idêntica à sugerida por Girard. Para uma análise deste mito partindo dos conceitos teóricos de Girard, ver Gabriel Andrade, "A Girardian Reading of the Myth of Maria Lionza". In: *Anthrobase*. No *site*: http://www.anthrobase.com/Browse/Aut/index.html. Acesso em: 2 jun. 2011.

apesar de não haver evidências de que haja um assassinato no mito, Girard *suspeita* que houve, sim.

Girard se defenderia, argumentando que, se o estudioso do mito busca outras versões, encontrará "vestígios" do assassinato. Mas, definitivamente, existem mitos de que poderíamos buscar muitas outras versões, e ainda assim não haveria evidências de violência. Mais ainda, Girard aprecia certos simbolismos de violência que nem são sempre convincentes. Certamente, como no mito venda de Píton, ir viver no fundo do mar pode aludir à morte por afogamento; ou, como no mito de Tikarau, sair voando de um precipício pode ser representativo de uma morte por arrojamento. Mas por acaso o homem não tem formas de pensar que não concernem à violência? Não pode ser que, no caso dos mitos anteriormente mencionados, o homem sinta curiosidade pela vida submarina, pelos ares e pela aeronáutica? Às vezes, Girard parece estar tão encerrado em seu sistema teórico, que vê violência em lugares onde o senso comum não vê nada disso.

Em todo o caso, Girard tem muito mérito ao ressaltar uma característica recorrente na Bíblia que certamente não aparece em todos os mitos: a simpatia pelas vítimas. Mas Girard leva o argumento demasiado longe ao insistir em que se trata do traço *distintivo* da Bíblia com relação aos demais textos religiosos e histórias sagradas. Certamente não podemos cometer o erro de Frazer de sugerir que a Bíblia é um mito como todos os outros. Mas tampouco podemos assegurar, como faz Girard, que a Bíblia é o *único* texto a defender vítimas e a revelar o funcionamento do mecanismo vitimário e o desejo mimético. Mais ainda, ao menos no caso do Antigo Testamento, para cada vítima reivindicada e defendida, aparecem dezenas condenadas pelo texto. Girard tem consciência de que o texto bíblico é às vezes contraditório, mas afirma que as histórias que condenam vítimas e apresentam um Deus violento são "marginais" e de importância secundária com relação ao espírito generalizado de defesa das vítimas, ficando assim com as passagens que mais se amoldam à sua tese.

A isso podemos opor um princípio muito defendido por Northrop Frye ao longo de sua crítica bíblica: a grande dificuldade da Bíblia para o crítico literário é que não existem "passagens-chave".[73] Dado que os escribas mantiveram a convicção de que ela era divinamente inspirada, *toda* a Bíblia é chave. A autoridade de uma passagem bíblica acima de outra é bastante arbitrária. As passagens que condenam as vítimas podem ser tão importantes e influentes como os que as defendem; tudo depende da interpretação que cada comunidade religiosa se proponha a lhe dar. Girard não faz justiça ao compor seleções da Bíblia relegando a segundo plano as histórias que mistificam a violência, pois por acaso não poderíamos dizer também que, talvez, os mitos de culturas não cristãs por ele selecionados também poderiam ser secundários nestas sociedades?

Seria verdadeiramente frutífero que os historiadores da religião levassem a sério a obra de Girard e aplicassem sua hermenêutica a religiões não cristãs. Talvez essas observações servissem para desafiar a exclusividade que Girard atribui à Bíblia. É verdade que Girard aparece como um historiador das religiões comparadas: utiliza o mesmo método para estudar a Bíblia e seu contraste com as mitologias. Contudo, Girard se concentra mais que tudo em mitos e religiões já não praticadas, especialmente as do mundo clássico e de culturas de pequena escala. Deixa de lado as grandes tradições religiosas contemporâneas não cristãs, as quais, certamente, demonstram algumas das tendências que ele mesmo assinalou no judeo-cristianismo.

Porém, mesmo uma análise superficial das grandes religiões revelaria que, num nível ou noutro, sempre aparece a defesa das vítimas e alguma forma de censura à violência. Tal como Girard faz com os textos bíblicos, poderíamos tomar as histórias e provérbios que se ajustem mais a nossos propósitos, e considerar os

---

[73] Frye: "Idealmente, qualquer oração é a chave de toda a Bíblia". *El Gran Código*, p. 236.

demais como "secundários". Para além do cristianismo, podemos encontrar provérbios que prescrevem o amor, a ajuda ao próximo e o socorro às vítimas no judaísmo, no islamismo, no hinduísmo, no budismo, no jainismo e no confucionismo.

Tomemos brevemente o exemplo do islamismo, a religião contemporânea a que se costuma atribuir uma maior mistificação da violência, em função dos terríveis fatos de violência que se cometeram em seu nome. Tal como nas concepções do Antigo Testamento com respeito à divindade, o Deus que se delineia no Corão é muito ambíguo no que concerne à violência. Certamente Deus é o mais misericordioso, mas também pode descarregar sua ira sobre a humanidade sem motivo aparente. Mais ainda, as imagens do Juízo Final, tal como descritas no Corão, são certamente aterradoras, mas ao mesmo tempo são mistificadas por meio da proteção sagrada, o que serviu a alguns historiadores da religião, entre os quais Girard, para confirmar que o islamismo é uma religião que mistifica e protege a violência. Nas passagens corânicas do período medinense, Maomé, já convertido em líder, executa cruel violência, que é justificada pela comunidade religiosa e conta com o apoio divino através das Escrituras.

Mas também existem no Corão histórias com tema violento narradas da perspectiva das vítimas, o que, como vimos, é o suposto fundamento da singularidade bíblica segundo Girard. Diz-se que o islamismo começou como uma religião de guerreiros, mas, embora isso possa ter sido verdade na época posterior à morte de Maomé, para dizer a verdade o islamismo começou como uma comunidade de vítimas que foram expulsas de Meca. Se a Hégira tem uma transcendência religiosa no Islã, é porque se trata de uma reivindicação das vítimas expulsas, que tiveram de migrar para Medina por causa da perseguição e do mau tratamento a que tinham sido submetidas. Girard afirma que um "mito", um texto não judaico-cristão, condenaria as vítimas e justificaria sua expulsão; mas no caso da Hégira, o Corão não faz mais que reivindicá-las (22,42-44; 34,43; 43,30; 61,6; 37,14-15; 3,195; 8,47; 9,100; 9,117; 16,41; 16,110;

22,58; 24,22; 59,8).[74] Mais ainda, os temas do martírio, tão importantes para a apologia cristã de Girard, também estão presentes no islamismo. Os xiitas fazem do martírio do Imã Hussein um momento de grande significação religiosa, pois até, de forma análoga ao que se faz na via-crúcis, ritualmente acompanham o Imã em sua dor. Pode-se objetar perfeitamente que o mártir islâmico é muito diferente do cristão: enquanto este morre sem oferecer resistência, abstraindo-se da violência, o primeiro morre em combate. Mas no islamismo não faltam santos e mártires que morrem sem oferecer nenhum tipo de resistência: muito conhecido é o caso do místico sufi Al Hallaj, que sofreu uma Paixão muito similar à de Cristo.

Girard também afirma que, por meio do conceito do *skándalon*, o Novo Testamento revela a existência do desejo mimético, ao mesmo tempo que prescreve a forma como o homem pode evitar ser presa dele. Certamente a Bíblia, seja através do conceito de Diabo ou do de escândalo, revela as situações do tipo que Girard chamou de "desejo mimético", e também é verdade que oferece um antídoto para ele. Mas de maneira alguma a religião judaico-cristã é a única a fazê-lo.

A "inveja" é discutida em quase todas as tradições religiosas do mundo. Se retomamos o exemplo do islamismo, a inveja também é claramente assimilada ao Diabo: Íblis é essa criatura que "murmura no peito dos homens" (Corão 114,5), convidando-os a desejar coisas e a agir contra Deus.[75] Mais ainda, o Corão claramente adverte sobre os perigos do desejo mimético. A Maomé e a seus seguidores se recomenda "*não seguir o desejo dos outros*" (42,14);[76] "se depois de terem recebido o conhecimento que lhes foi entregue, *seguirem os desejos dos demais, então não terão guardiães contra Deus*"

---

[74] Para um estudo mais detalhado deste tema, ver Gabriel Andrade, "Un Entendimiento Girardiano de la Hégira". In: *Revista de Filosofía*, n. 40, abril de 2002, p. 87-114. As citações do Corão são da tradução de Juan Vernet (Barcelona, Planeta, 2003).
[75] Maurice Gaudefroy-Demombynes, *Mahoma*. México, Uteha, 1960.
[76] Grifo nosso.

(13,37).[77] Novamente, a exclusividade bíblica é comprometida por contraexemplos como esses.

Mais ainda, a apologia cristã de Girard repousa sobre o argumento de que, diferentemente das demais religiões, o cristianismo, na medida em que expõe as origens da Cultura, se caracteriza por um distanciamento da violência, desmistificando-a e colocando-a a descoberto. Segundo ele, o cristianismo é a única religião fundada numa rejeição, e não numa celebração, da violência, e é a tradição religiosa que se caracteriza por uma ruptura definitiva com a instituição do sacrifício. Pode ser perfeitamente assim, mas Girard se compraz em argumentar de uma perspectiva francamente limitada: sua concepção da violência religiosa se reduz exclusivamente à violência sacrificial, seja ritualizada, seja fundacional. Raramente Girard se detém para considerar que esse é apenas um aspecto da violência religiosa.

Existe outro aspecto, às vezes muito mais perturbador, a saber, a intolerância. E, neste aspecto, o cristianismo e todas as religiões monoteístas ficam em muito má situação se comparadas com o politeísmo e com outras formas religiosas estranhas ao monoteísmo. Pode ser perfeitamente que o cristianismo censure as origens violentas da cultura, e que as religiões politeístas se fundem num homicídio celebrado e mistificado. Mas, em virtude de existir um só Deus que não tolera associados, e do horror que se sente pelos ídolos, os monoteísmos terminam sendo muito mais intransigentes, mais intolerantes e, por conseguinte, mais violentos que as religiões pagãs. Contrariamente às correntes intelectuais de sua França natal, Girard sempre preferiu tomar distância do iluminismo. Mas destaque-se que autores como Voltaire, Hume e, sobretudo, Gibbon, expuseram com grande agudeza os perigos da intolerância monoteísta, e as virtudes da tolerância politeísta. É mais violenta uma religião idólatra, fundada com violência mistificada, e praticante de

[77] Grifo nosso.

sacrifícios humanos, mas tolerante com respeito a outros ídolos, ou uma religião monoteísta, fundada expondo a crueza da violência, eliminando as instituições sacrificiais e delineando um Deus misericordioso, mas facilmente conducente à intolerância? A experiência nas Américas pode responder a esta pergunta: os astecas, o povo politeísta que mais praticou o sacrifício humano, sacrificava por ano uma média de quinze mil seres humanos.[78] Calcula-se que na conquista de América, na qual o móvel religioso desempenhou um papel fundamental, houve cerca de setenta milhões de mortes violentas.[79] Se se considera que isto se deu num período de cerca de dois séculos, a média é de cerca de trinta e cinco mil mortes anuais, mais que o dobro do sacrifício humano asteca. Naturalmente, deu-se num território muito mais extenso que a região central de México, mas, ainda assim, esta comparação lança certas dúvidas sobre a superioridade moral do cristianismo no que concerne à violência. Girard nunca apresenta esta questão.

Do mesmo modo, Girard sugere que Cristo muda o curso da História porque, com sua censura aos fariseus, revela a forma violenta como funcionou a Cultura. Mais ainda, sua mensagem de amor é transmitida aos apóstolos, os quais se preocupam em escrever os Evangelhos da perspectiva da vítima, revelando de uma vez por todas o funcionamento do mecanismo vitimário, e impedindo sua efetiva continuidade. Para construir este argumento, Girard tem de insistir em que, uma vez conhecido o funcionamento do mecanismo vitimário, ele não poderá ter continuidade. Mas isso lembra muito a concepção socrática e platônica de ética: quem faz o mal só o faz porque não conhece o bem; uma vez que conheça o bem, o homem só praticará boas ações. Ao menos desde Aristóteles, o Ocidente teve demasiadas dificuldades com este argumento. Tal como Platão, Girard chega a considerar que é preciso apenas um conhecimento para deixar de agir de acordo com o "mal" e

---

[78] Yólotl González, *El Sacrificio Humano entre los Mexicas*. México, Fondo de Cultura Económica, 1985, p. 79.
[79] Tzvetan Todorov, *The Conquest of America*. University of Oklahoma Press, 1999, p. 133.

interromper a violência propiciatória. Para dizer a verdade, para se deixar de exercer violência propiciatória, necessita-se de muito mais que o mero conhecimento de como ela funciona; necessita-se de uma vontade que permita ao homem afastar-se do mal, mesmo depois de ter conhecido seu funcionamento.

Para além das breves objeções que pudemos fazer a essa obra de Girard, *Coisas Ocultas desde a Fundação do Mundo* aparece como a culminação de um sistema coerente que integra uma teoria psicológica do desejo, uma teoria antropológica sobre os origens culturais e uma filosofia cristã apologética. A partir de então, os escritos de Girard estariam dedicados ao refinamento de sua apologia cristã.

capítulo 4
dos mitos à Bíblia

> *A ameaça de morte que pende sobre todos os homens e que sob diferentes disfarces está sempre ativa, ainda que nos enfrentemos com ela continuamente, torna necessária uma derivação da morte para outros. A formação de massas de assédio responde a essa necessidade.*
> Elias Canetti, *Massa e Poder*

No mesmo ano em que se publicou *Coisas Ocultas desde a Fundação do Mundo,* editou-se em inglês, sob o título de *To Double Business Bound*,[1] uma série de ensaios de Girard previamente publicados em revistas americanas e francesas. Os ensaios reúnem, de forma desconexa, quase todas as ideias que Girard tinha desenvolvido em seus últimos dos livros.

Em 1981 Girard aceitou uma nova posição acadêmica na Universidade Stanford, Califórnia, onde permaneceria até sua aposentadoria em 1995. Muito mais que uma simples mudança de residência e de trabalho, a transferência para Stanford constitui uma nova etapa em sua vida intelectual.

Durante décadas, o mundo acadêmico norte-americano se conformou em torno de duas grandes regiões universitárias, cada uma sustentando um estilo acadêmico diferente. As universidades localizadas na Nova Inglaterra e em toda a costa atlântica mantiveram

---

[1] Baltimore, The Johns Hopkins University Press, 1978. Para as citações dessa obra usamos a tradução castelhana, *Literatura, Mimesis y Antropología*. Barcelona, Gedisa, 1997.

um perfil conservador, herança dos primeiros colonos ingleses. Junto a Harvard, a Universidade Johns Hopkins é uma das mais conhecidas na costa leste, e se amolda bastante bem à produção intelectual conservadora.

Por seu lado, as universidades da costa oeste, especialmente as localizadas no estado da Califórnia, mantiveram um perfil de maior inclinação para a esquerda liberal. É de supor que um apologista cristão que suspeita dos movimentos revolucionários não encontrasse a melhor das boas-vindas em seu novo recinto intelectual. A esquerda norte-americana sempre se inclinou para o "politicamente correto", especialmente em benefício de minorias mediante o que se conheceu como "ação afirmativa", ou seja, o privilégio delas em razão de sua condição minoritária. Dizer que a religião cristã está acima do restante levanta suspeitas de etnocentrismo e violência intelectual contra as minorias, especialmente num mundo cada vez mais pluralista.

Desagradava a Girard tanto a consecução do politicamente correto como a "ação afirmativa". Séculos de atrocidades em nome da Cruz propiciaram que, para manter a consecução do politicamente correto, os intelectuais se abstenham de declarar abertamente seu compromisso com a fé cristã. Mas Girard estava disposto a combater isso. Se incomodava a seus colegas que, em seu "sistema", a Bíblia seja a fonte de revelação tanto do desejo mimético como do mecanismo vitimário, pouco lhe importava: ele daria prosseguimento à sua apologia cristã. Mais ainda, Girard era e continua a ser de todo oposto à noção de "ação afirmativa": vê nela mais uma forma de discriminação e uma corrupção do espírito cristão de defesa das vítimas. Pretendendo defender as vítimas, a ação afirmativa transforma agora os vitimários em vítimas, e perpetua a violência de que pretende afastar-se.

Assim, Girard via com suspeita o ambiente liberal de Stanford. Numa descrição de um encontro com Girard, o periodista Guy Sorman escrevia:

> Durante nossos passeios tagarelas pelo *campus* [de Stanford], observo que Girard evita, mediante sábios rodeios, cruzar com grupos de estudantes andrajosos, mais amantes das sensações fortes (rock e marijuana) que do estudo de textos. Girard se indigna diante da incrível complacência dos universitários americanos para com esta juventude bárbara. [Comenta Girard:] "Meus colegas não têm espírito de resistência; querem estar de acordo com a multidão".[2]

Apesar disso, Girard permaneceu em Stanford por quinze anos, e faz da região de San Francisco sua atual residência. Foi nesta universidade que viveu sua etapa de maior maturidade e produção acadêmica, e ela certamente ocupa um espaço considerável entre suas mais gratas recordações. Foi nesta universidade que Girard contou com o devido apoio institucional para organizar colóquios, nos quais fez amizade com importantes figuras contemporâneas do pensamento francês, como Jean-Pierre Dupuy.

Desde a publicação de *Coisas Ocultas desde a Fundação do Mundo*, Girard passou a ser catalogado como um pensador cristão. Embora seus raciocínios sejam heterodoxos, e poucos tenham elaborado uma apologia do cristianismo em função dos princípios que Girard defende, ele passou a fazer parte das listas dos grandes defensores da fé cristã no século XX. Sendo Girard sabedor disso, seus anos de vida acadêmica seguintes foram dedicados a uma elaboração de suas considerações sobre a Bíblia e o cristianismo.

No capítulo anterior, vimos que a apologia cristã de Girard é particularmente escandalosa para muitos porque, para sua elaboração, depende da distinção existente entre a Bíblia e os demais

---

[2] *Los Verdaderos Pensadores de Nuestro Tiempo*, p. 230.

textos religiosos, especialmente os mitos. Girard insiste em que o valor dos Evangelhos reside na forma como se *diferenciam* de outros textos e como escapam ao princípio mimético do mecanismo vitimário.

Mas a comparação entre a Bíblia e os mitos não tinha sido de todo consolidada. Somando-se as análises de *A Violência e o Sagrado* e *Coisas Ocultas desde a Fundação do Mundo*, Girard estudara somente cerca dez mitos, claramente insuficientes para conseguir uma autoridade efetiva na elaboração de uma teoria do mito e, mais ainda, de uma apologia do cristianismo baseada na comparação entre os Evangelhos e as mitologias.

Girard parecia ser sabedor disso, e seus livros seguintes foram em grande parte uma análise mais profunda das mitologias e de sua comparação com a Bíblia, fazendo deste tema seu principal foco de interesse. Tinha de demonstrar de que forma os mitos se originam no mecanismo vitimário e são incapazes de escapar a ele, e como as histórias bíblicas se diferenciam neste e outros aspectos. Até certo ponto, Girard conseguiu verificar e esclarecer suas teorias sobre o mito, incorporando a suas análises mitos que procedem de diversas regiões culturais.

Mas, apesar de sua imensa erudição, até agora Girard não fez um estudo verdadeiramente sistemático e completo da mitologia mundial aplicando suas teorias, o que o coloca em desvantagem com relação a outros teóricos modernos do mito (Müller, Campbell, Jung, Lévi-Strauss, Dumézil, Eliade, entre outros), que elaboraram estudos extensos e sistemáticos.

Dado que para aperfeiçoar a apologia cristã Girard tinha de seguir elaborando sua teoria do mito, em sua obra posterior ele voltou a um tema que tinha abandonado em *Coisas Ocultas desde a Fundação do Mundo*, mas que sempre o tinha preocupado: o mito de Édipo. A reputação de Girard como adversário da obra de Freud e da maior parte da psicanálise crescia, e ele sabia que uma reinterpretação do mito de Édipo lançaria a dúvida sobre muitas das convicções tradicionais da psicanálise.

Recorde-se que, em *A Violência e o Sagrado*, ele via no mito de Édipo uma história que narra os acontecimentos da execução do mecanismo vitimário da perspectiva da coletividade. Mas, ao mesmo tempo, Girard via em Sófocles uma capacidade genial para fazer da crise seu tema central, e ressaltar a arbitrariedade de muitas das diferenças que o pensamento mitológico impõe.

Alguns anos depois da publicação de *A Violência e o Sagrado*, Sandor Goodhart, um estudioso próximo de Girard, publicou um influente artigo sobre *Édipo Rei*.[3] Seguindo as considerações de Girard, Goodhart estuda como Sófocles volta a questionar as certezas oferecidas pela versão popular do mito de Édipo. Desta vez, trata-se da possível inocência de Édipo. Na obra de Sófocles, à medida que se desenvolve o relato do assassinato de Laio, menciona-se que o rei teve muitos assassinos. Desse modo, ainda que culpado, Édipo seria apenas *um* entre muitos assassinos. Assim, apesar de Sófocles terminar condenando Édipo, surge nele uma dúvida com respeito à sua culpa, aproximando-se de uma compreensão de que o mito poderia perfeitamente ser uma distorção que insiste na culpa das vítimas. Mais ainda, o fato de Laio ter sido assassinado por *muitos*, sugere uma violência propiciatória do tipo que Girard descreveu em vários ritos e mitos. Com base nestas novas contribuições por parte de seus estudiosos, Girard desejava retomar o estudo do mito de Édipo.

Em Stanford, Girard fez amizade com Michel Serres (a quem já conhecia desde seu segundo período em John Hopkins), um antigo marinheiro que depois se converteria num cientistas de muitas faces. Um dos temas sobre os quais Serres mais escreveu é

---

[3] Sandor Goodhart, "Oedipus and Liaus' Many Murderers". In: *Diacritics*, março de 1978, p. 55-71.

a história e religião de Roma.[4] Interessava-lhe particularmente a transcendência que teve o tema do assassinato do herói na consciência religiosa romana. Além deste tema, Serres se interessava pela maneira como os mitos de assassinatos eram deslocados para segundo plano no imaginário religioso romano, o que concordava com algumas apreciações que Girard tinha feito em *Coisas Ocultas desde a Fundação do Mundo*.

Girard retomaria essas considerações, e dedicaria *Le Bouc Émissaire* [*O Bode Expiatório*],[5] seu próximo livro, a estudar a forma como os mitos, entre os quais se destacava o de Édipo, projetam culpa sobre as vítimas propiciatórias, e o modo como a Bíblia, especialmente o Novo Testamento, empreende um processo inverso. A partir da publicação de *Coisas Ocultas desde a Fundação do Mundo*, Girard tinha insistido na transcendência da Bíblia, bem como no impacto que os Evangelhos tinham tido sobre o curso da História. Mas Girard tinha elaborado tão somente os esboços de uma filosofia da História centrada em Cristo. De forma que *O Bode Expiatório* também serviria de aprofundamento sobre as implicações que a Bíblia teve sobre o mundo moderno.

*

Os títulos costumam ser uma boa pista para descobrir a ideia central dos livros. Apesar de Girard nunca ter-se proposto a articular um sistema teórico, foi inevitável que, após a publicação de *Coisas Ocultas desde a Fundação do Mundo*, seus estudiosos, leitores e críticos vissem nesta obra um grande sistema. Além do desejo mimético, a noção do "bode expiatório" desempenha um papel fundamental em tal sistema.

O Bode Expiatório concerne em grande medida à maneira como as culturas, de forma universal, têm bodes expiatórios. Em algumas

---

[4] Michel Serres, *Rome: The Book of Foundations*. Stanford, Stanford University Press, 1991.
[5] Paris, Grasset, 1982. Citaremos a versão em inglês, *The Scapegoat* (Baltimore, The Johns Hopkins University Press, 1986).

sociedades, como no Israel antigo e na Grécia antiga, o "bode expiatório" era uma instituição de caráter ritual. Ao participarem do rito do bode expiatório, os executores formalizam este princípio em pautas rituais, de maneira que sua execução se faz de forma consciente. Mas Girard sugere que, na maior parte das vezes, as sociedades dirigem violência contra seus bodes expiatórios de forma *inconsciente*, e, por extensão, em palcos não rituais. Em *A Violência e o Sagrado*, Girard havia estudado de perto o tema do bode expiatório em instituições rituais, mas é de supor que sentisse que seu trabalho fora incompleto: se o mecanismo vitimário gera maiores efeitos de forma inconsciente, então era preciso estudar a maneira como isso ocorria de forma espontânea, fora da instituição ritual.

Recorde-se que "bode expiatório" é a expressão que, seguindo o Levítico 16,5-10, se usa para descrever o processo através do qual se culpa alguém de cometer uma falta que, na verdade, ele não cometeu. É para remediar esta falta que se procede à sua execução ou expulsão.[6] O bode expiatório serve de agente que carrega todas as

---

[6] Eis a passagem do Levítico (16,5-10) na qual se prescreve o ritual que enseja a expressão "bode expiatório": "Receberá da comunidade dos israelitas dois bodes destinados ao sacrifício pelo pecado, e um carneiro para o holocausto. Depois de haver oferecido o novilho do sacrifício pelo seu próprio pecado e de ter feito o rito de expiação por si mesmo e pela sua casa, Aarão tomará os dois bodes e os colocará diante de Iahweh, na entrada da Tenda da Reunião. Lançará a sorte sobre os dois bodes, atribuindo uma sorte a Iahweh e outra a Azazel. Aarão oferecerá o bode sobre o qual caiu a sorte 'De Iahweh' e fará com ele um sacrifício pelo pecado. Quanto ao bode sobre o qual caiu a sorte 'De Azazel', será colocado vivo diante de Iahweh, para se fazer com ele o rito de expiação, a fim de ser enviado para Azazel, no deserto". O leitor poderá perceber que, diferentemente da expressão popular (que serve de título para a obra de Girard), o Levítico não se refere a um, mas a *dois* bodes: um destinado ao divino (Iahweh) e o outro destinado ao demoníaco (Azazel). Em *O Bode Expiatório*, Girard aparentemente ignora este detalhe, pois não faz referência a ele. Mas, numa conferência posterior, intitulada "Generative Scapegoating" (Robert Hamerton-Kelly (org.), *Violent Origins*), Girard aborda o problema. Ali, afirma ser crença comum que a expressão popular e antropológica "bode expiatório" provém *apenas* do segundo bode da passagem do Levítico, ou seja, do destinado a Azazel. Parafraseando o dicionário *Oxford* da língua inglesa, Girard afirma que o bode expiatório "é aquele dos dois bodes que era escolhido para ser mandado vivo para o deserto, depois de os pecados do povo terem sido transferidos para ele, enquanto o outro era destinado ao sacrifício" ("Generative Scapegoating", p. 73). Girard adverte que houve uma ligeira confusão na tradução

culpas que lhe são atribuídas. Mas, precisamente porque, na maior parte das vezes, esse mecanismo é executado de forma inconsciente, as coletividades culpam os bodes expiatórios *sem reconhecê-los como tais*. De forma que se torna muito difícil que um partícipe deste mecanismo veja em suas vítimas bodes expiatórios. Os executores

destes termos: "A expressão [bode expiatório] foi aparentemente inventada por William Tindale para referir-se ao *caper emissarius* da Vulgata, já por si uma errônea tradução do hebraico, especificando que o bode é 'destinado a Azazel', o demônio do deserto. Esse erro é relativamente pouco importante para a interpretação do ritual. Um 'bode expiatório' é um bom termo para designar, no rito do Levítico, tanto o primeiro dos dois bodes como a função que se lhe atribui" (ibidem). Dessas palavras se depreende que, para Girard, os dois bodes do Levítico são complementares, e que a diferenciação entre seus destinos importa pouco. Pois o primeiro bode é destinado à morte coletiva por sacrifício, ao passo que o segundo é destinado à expiação dos pecados. No entendimento de Girard, que exporemos nas próximas páginas, uma comunidade se liberta de sua violência na medida em que projeta todos os seus males sobre um agente expiatório que ela, em geral, executa, tal como se faz no rito sacrificial. De forma que a expressão popular "bode expiatório" se refere ao mecanismo ritual dos dois bodes, independentemente de seu destino divino ou demoníaco. Mais ainda, como mais adiante ficará evidente, Girard considera que o que popularmente se conhece como "fazer de alguém bode expiatório" não é exatamente o mesmo mecanismo do descrito no ritual do Levítico. Pois, no Levítico, se descreve um ritual formal, ao passo que a expressão popular "bode expiatório" antes se refere a um processo espontâneo e não formalizado, no qual uma coletividade lança a culpa em alguém (como o bode destinado a Azazel) e, dado que crê em sua culpa intrínseca, o executa, ou ao menos exerce violência contra ele – como contra o bode destinado a Iahweh. Os participantes do rito do Levítico conhecem muito bem o caráter deliberado da expiação: impondo as mãos sobre o bode, transferem suas culpas para o animal expiatório. Embora seja este o "bode expiatório" original, Girard considera que a expressão popular "bode expiatório" difere da do Levítico num ponto crucial: enquanto os participantes do rito têm plena consciência da expiação que experimentam, os que participam do mecanismo do bode expiatório em cenários espontâneos *o fazem de forma inconsciente*, crendo que a vítima seja intrinsecamente culpada e, por conseguinte, sem compreender a expiação que vivenciam. Assim, a forma como Girard emprega a expressão "bode expiatório" não é exatamente fiel ao espírito do Levítico, apesar de, com algumas diferenças, o ritual ali descrito coincidir com as situações que ele estuda nos mitos e nos cenários espontâneos. Em todo o caso, Girard emprega a expressão "bode expiatório" porque, além de ser a mais popular, provém da Bíblia, o texto que, segundo ele, melhor compreende as dinâmicas das expulsões e dos sacrifícios. Mas adverte que se poderia usar outra expressão em referência a esse tipo de situações: "O ritual do Levítico é apenas um entre muitos, e nem sequer é um exemplo excepcional e agudo, se comparado, por exemplo, com o *pharmakós* [um ritual de expiação ateniense, similar ao do bode] grego. A razão pela qual a expressão "bode expiatório" é tão popular tem raízes em nossa relação histórica com a Bíblia, e não tem nada que ver com os fatos específicos de nenhum rito em particular" (p. 77).

jamais vêm a crer que a culpa foi transferida para o acusado; muito pelo contrário, creem sempre que a culpa é intrínseca à vítima.

Neste sentido, os bodes expiatórios não são fáceis de achar. Só um cuidadoso estudo pode revelar até que ponto um indivíduo se transforma em bode expiatório de uma coletividade. Retornando à sua formação de arquivista e ao início de sua carreira de crítico literário, Girard sugere que, através do estudo dos textos, se pode revelar a existência de bodes expiatórios em vários cenários. A dificuldade está em que, se estes nunca são reconhecidos como tais por seus próprios vitimários, como identificá-los? Para isso, Girard oferece respostas que iremos assinalando.

Para articular uma hermenêutica em busca de bodes expiatórios, Girard inicia seu estudo com um texto do século XIV, escrito por Guillaume de Machaut, *O Julgamento do Rei de Navarra*. No início desse texto, Guillaume oferece a narração de acontecimentos caóticos: em meio a uma peste, apoderou-se de uma cidade, cujo nome não se menciona (mas possivelmente localizada no Norte da França), uma espécie de histeria coletiva, produto da crise que se vivia. O próprio Guillaume confessa ter participado, junto com uma coletividade, da execução de vários judeus acusados de ter envenenado os poços e de ter causado a peste.

Apesar de o historiador moderno não ter capacidade de determinar se, efetivamente, esses judeus foram executados, a forma como está escrito o texto faz suspeitar que de fato o foram. É sobejamente sabido que os judeus foram vítimas de perseguições durante a Idade Média, e que, mais ainda, a muitos se atribuiu responsabilidade na origem da peste bubônica.

Mas, além da probabilidade histórica, Girard insiste em que Guillaume está imerso num mecanismo que sugere a veracidade de sua narração. Dificilmente aceitaríamos participar de uma turba de linchadores, mas Guillaume, sim, o faz. Ele está convencido de que os judeus encarnam um mal, e que é preciso eliminá-los. De forma que não tem receio de admitir que participa de sua execução, dado que o considera quase como um dever.

Trata-se do tipo de texto que em *Coisas Ocultas desde a Fundação do Mundo* Girard denominou "textos de perseguição". Esses documentos são um registro de uma perseguição narrada *do ponto de vista dos perseguidores*: para Guillaume, os judeus são responsáveis pelo envenenamento dos poços, e por isso devem ser executados. Guillaume e a comunidade inteira o fazem. Mas os perseguidores jamais veem a si mesmos como tais. Muito pelo contrário, creem-se prejudicados pela ação maligna dos executados e, com base nisso, legitimam o linchamento. Precisamente por causa da firme crença na legitimidade do linchamento, descrevem a execução de forma confiável: há altíssima probabilidade de os linchamentos narrados por Guillaume terem sido reais.

Não assim com respeito às acusações. Dado que o texto de perseguição busca legitimar o linchamento, projeta sobre as vítimas acusações suficientemente elaboradas para justificar a ação violenta. Assim, as acusações se tornam distorções quase caricaturais. Guillaume acusa os judeus de ter envenenado os poços, mas Girard insiste em que no século XIV não havia substâncias tão poderosas para conseguir isso. Sabemos de sobra que, quanto mais se persegue alguém, mais absurdas e improváveis são as acusações que recaem sobre ele.

O absurdo das acusações confirma a realidade da violência narrada. Através das acusações, as vítimas se tornam monstruosas, razão por que se legitima sua execução. Nas palavras de Girard, "todos os documentos como o de Guillaume de Machaut são de um valor considerável, dado que neles o provável e o improvável interagem de forma que cada um explica e justifica a existência do outro".[7] Este tipo de documento só é medianamente confiável. As acusações

---

[7] *The Scapegoat*, p. 7.

lançadas contra os perseguidos não devem ser levadas a sério, dado que já o mero fato da perseguição traz implícita a distorção das vítimas. Mas a execução, sim, é confiável, dado que os perseguidores, julgando-se legítimos, não têm nada para esconder.

É claro que perseguidores como Guillaume nunca se dão conta do absurdo das acusações. Para eles, as vítimas do linchamento são culpadas, sim, de tudo aquilo de que são acusadas, dado que é isto precisamente o que legitima a violência. Uma vez mais, Girard insiste na ideia que se esboça ao longo de toda a sua obra: os verdadeiros bodes expiatórios não são reconhecidos como tais por seus vitimários; trata-se de um mecanismo inconsciente.

Textos como o de Guillaume surgiram em muitas épocas e lugares. A Idade Média os viu florescer, e a época dominada pela preocupação com as bruxas e sobretudo pela caça a elas foi caracterizada por uma abundância desse tipo de documento. No mundo contemporâneo, tampouco estamos isentos dos textos de perseguição: o uso propagandístico por parte dos regimes totalitários é uma evidência disso.

Os indivíduos acusados por Guillaume são judeus, os acusados de bruxaria costumavam ser mulheres, e os textos de perseguição de regimes totalitários refletem uma tendência a voltar-se para qualquer classe de minorias: homossexuais, judeus, ciganos, etc. De forma que os bodes expiatórios costumam ser identificados por certas características que os fazem sobressair em face do restante da coletividade. Assim se facilita seu assinalamento, seguido de sua acusação e execução. Trata-se de uma sequência que é cumprida por todos os textos de perseguição.

Para Girard, tanto o assinalamento como a acusação e a execução constituem "estereótipos de perseguição". Todo leitor que encontre estes temas num texto deve suspeitar de certo tipo de perseguição.

Os textos de perseguição costumam ter como pano de fundo um cenário de crise. A crise pode ser de fome, de seca, inundação, etc.

Como assinalou desde que escreveu *A Violência e o Sagrado*, Girard considera que a peste vem a ser a representação mais recorrente do tema da crise que propicia as perseguições. Sem dúvida, a experiência da peste bubônica na Europa medieval foi suficientemente impactante para deixar marcas no imaginário coletivo, de forma que, desde então, a peste foi assimilada à crise.

Mas o tema da peste aparece até em autores anteriores à Idade Média: em Tucídides e Sófocles, por exemplo. A peste é assimilada à crise por razões que vão além da experiência histórica europeia. Recorde-se que Girard considera que as crises se originam na perda de diferenças, a qual derroca as hierarquias e a ordem social. Essa indiferenciação é adequadamente representada pelo tema da peste. Tal como a crise de diferenças, a peste é contagiosa e indiferencia a comunidade: todos se tornam igualmente presas da doença.

Como em muitas outras perseguições, no texto de Guillaume a perseguição tem a peste como pano de fundo. Mas nem Guillaume nem nenhum outro texto de perseguição realmente se preocupam em indagar as causas *naturais* das crises que são vividas. Para os perseguidores, é mais fácil recorrer às causas *sociais*. Em outras palavras, em vez de procurarem na natureza a origem dos desastres, preferem buscá-lo na *sociedade*. Alguém é culpado de ter causado a crise, e esta se resolverá na medida em que os culpados sejam castigados.

Certamente, o direcionamento para as causas sociais não remediará as crises naturais. Mas resolverá a crise social, e esta resolução eclipsará os desastres naturais. Dirigindo-se para as causas sociais, o tema da prosperidade retornará, e provavelmente será expresso em termos naturais: uma vez eliminado o culpado da seca, insistir-se-á em que choveu abundantemente, ainda que isto não seja objetivamente verdadeiro.

Dado que, em face das crises, as comunidades sempre estão em busca de causas sociais, muito mais que de causas naturais, elas têm de assinalar os supostos responsáveis e elaborar acusações contra eles. Os textos de perseguição incluem diversos tipos de acusações, as quais, ao final, porém, são exatamente acusações que se tornam típicas das perseguições. As mais comuns são crimes sexuais (homossexualismo, zoofilia, violação, adultério, incesto, etc.); mas elas também variam de acordo com cenário. Acrescentemos que, na Venezuela, por exemplo, basta acusar alguém de corrupção para se legitimar sua perseguição; nos EUA, de racismo ou assédio sexual; na Colômbia, de narcotráfico.

Para além dessa diversidade, as acusações têm uma característica comum: trata-se da violação do tabu mais sagrado da sociedade, "o fundamento da ordem cultural".[8] Em geral, a violação destes tabus se transforma em "crimes de indiferenciação". Dado que, como sempre afirmou Girard, a ordem social se fundamenta nas hierarquias e nas diferenças, aos perseguidos se atribui qualquer falta que tenha posto em perigo esta ordem hierárquica.

É racionalmente impossível, é claro, culpar *um só indivíduo* de ser a origem de toda uma crise, seja ela natural ou social. Por isso, os textos de perseguição sempre hão de incorrer em absurdo ao elaborar as acusações contra os perseguidos. O "mau-olhado" é uma das acusações mais típicas: o acusado tem um poder maligno que reside em seu olhar, capaz de provocar desastres. O mesmo se pode dizer da magia, do bestialismo e de tantas outras acusações típicas das perseguições.

O espírito científico pode tentar racionalizar essas acusações, como ocorria na Idade Média, mas ainda assim elas permanecem absurdas. Em vez de acusar os judeus de praticar mau-olhado, Guillaume os acusa de ter envenenado os poços, uma acusação mais crível, mas ainda assim absurda. No mundo moderno já não acusamos nossos perseguidos de praticar magia, mas de ser corruptos, de transmitir doenças, de provocar crises econômicas.

[8] Idem, p. 15.

Esta racionalização das acusações não consegue ocultar o fato de que, apesar de tudo, se continua a acusar os perseguidos de algo de que são inocentes: de ser os *únicos* responsáveis por uma crise de grande envergadura.

Girard insiste em que, além do tema da acusação, a seleção dos acusados também é "estereotípica" nos textos de perseguição. Vimos que, em *A Violência e o Sagrado*, Girard estudava o fato de que, para as práticas rituais, as melhores vítimas são os marginalizados da comunidade, de forma que sua morte não seja vingada. O mesmo acontece com os bodes expiatórios em cenários espontâneos.

Os perseguidos costumam ser indivíduos pertencentes a minorias, para propiciar que a coletividade se volte contra eles. Nas palavras de Girard: "na Índia, os muçulmanos são os perseguidos; no Paquistão, os hindus".[9]

O tema do estrangeiro que levanta suspeitas é muito recorrente nos textos de perseguição. Igualmente, nesse tipo de texto, os estrangeiros são assimilados a pessoas com incapacidades físicas: coxos, caolhos, carecas, etc. As diferenças físicas são assim assimiladas às naturais. Mais ainda, para marcar a distância social com os perseguidos, os perseguidores costumam exagerar as diferenças naturais que separam os perseguidos. A distorção caricatural, muito comum na propaganda racista, é uma evidência disso.

De forma que os marginalizados são os mais propícios para cumprir o papel de bode expiatório. Reúnem as características extremas que os fazem sobressair na coletividade, captando a atenção das maiorias que se voltam contra eles. Nas palavras de Girard: "as características extremas terminam por atrair a destruição coletiva num momento ou noutro; extremos não só de riqueza ou de pobreza, mas também de vício e de virtude, ou a habilidade para agradar

---

[9] Idem, p. 18.

ou para desagradar. A fragilidade das mulheres e dos velhos, bem como a fortaleza dos mais poderosos, transforma-se em fraqueza aos olhos da multidão".[10]

Os bodes expiatórios costumam ser, assim, indivíduos que apresentam características que os diferenciam do restante da comunidade. Dado que se vê ameaçada por uma crise em que as diferenças se desvanecem, a comunidade se volta contra o diferente para restabelecer as diferenças. De acordo com Girard, as coletividades não odeiam a diferença; muito pelo contrário, dependem dela para sustentar a ordem social. Se se voltam contra os diferentes, é porque estes, precisamente por sair do sistema interno da coletividade, ameaçam sua diferença e hierarquia interna.

De forma que as coletividades perseguem os diferentes, e os acusa de cometer atos que atentam contra a própria diferença. Girard sustenta que Maria Antonieta, por exemplo, é vítima da violência coletiva dos revolucionários, devido em grande parte à sua condição de estrangeira, de diferente; os franceses não desejam uma rainha austríaca. Mas, ao mesmo tempo, é acusada de cometer incesto, um crime de indiferenciação em que a hierarquia e as diferenças que sustentam a ordem familiar se desvanecem.

Independentemente da culpa ou da ausência de culpa da vítima, a diferença sempre desempenha um papel importante na ação coletiva contra os acusados. Girard destaca que, mesmo no caso de um homem negro que realmente viole uma mulher branca nos EUA, o sistema judicial aproveita a ocasião para enfatizar a diferença entre uns e outros: acusadores e acusados. Embora mantenha certas reservas com respeito ao método etimológico, Girard sempre recorreu a ele, especialmente desde *A Violência e o Sagrado*. O grego *krino* significa diferenciar e distinguir, mas também significa acusar, julgar e condenar. Se os dois significados coincidem

---

[10] Ibidem.

numa mesma palavra, é porque possivelmente proveem de um mesmo processo.

Os textos de perseguição aparecem apenas no Ocidente, o que levou muitos historiadores e etnólogos a pensar que em outras sociedades a perseguição, tal como nós a conhecemos, não existe. Girard protesta contra isto, e insiste em que os povos não ocidentais têm sua própria versão dos textos de perseguição: os mitos.

Tal como os textos de perseguição, os mitos apresentam, ainda que de forma não tão clara, os mesmos "estereótipos" que identificam a perseguição: a saber, a crise, a acusação, os traços da vítima e os crimes cometidos por ela, e sua eliminação. Girard retoma o estudo que em *A Violência e o Sagrado* tinha feito do mito de Édipo, e analisa o mito à luz da comparação com os textos de perseguição.

Tal como no texto de Guillaume, o mito de Édipo começa com uma crise representada por uma peste. Ele é acusado de ter cometido incesto e parricídio, sendo assim a origem da crise. Édipo serve perfeitamente como vítima da perseguição coletiva, dado que apresenta as características que se costumam atribuir aos bodes expiatórios: é forâneo (chega de terras estrangeiras), mas próprio ao mesmo tempo (é filho de Laio), de forma que ele se debate numa dualidade e sua mera presença constitui uma ameaça que atenta contra a diferença entre uma esfera e outra. Mais ainda, Édipo sobressai por ser coxo e rei, separando-se assim do restante da comunidade. Édipo é expulso da cidade, e, graças a isso, a peste termina.

Muitos quiseram ver no mito de Édipo uma expressão de beleza literária, e, mais recentemente, os psicanalistas viram nele a articulação poética de um conhecimento científico. Girard se opõe a tudo isso e considera que o mito de Édipo não é mais que um texto de perseguição. Tal como o texto de Guillaume, acusa uma vítima de cometer um crime de consequências devastadoras. O absurdo da relação existente entre o parricídio e a peste levanta suspeitas sobre a veracidade da acusação mesma que recai sobre Édipo. Dado que os bodes expiatórios hão de ser distorcidos, a acusação de incesto e de parricídio deve ser pensada como uma distorção por parte do autor do mito.

As acusações de incesto, parricídio e outros crimes de indiferenciação são demasiado recorrentes em cenários de perseguição para confiar nelas. Mas, como no texto de Guillaume, o absurdo das acusações confirma a veracidade da violência: deve ter existido, sim, um certo Édipo que foi perseguido e expulso de Tebas.

Os textos de perseguição floresceram especialmente na Europa medieval, e os mitos provêm de diversas épocas e lugares. Mas, para demonstrar que neles se encontra a mesma estrutura, Girard propõe-se a fazer pequenos ajustes e apresentar a história de Édipo como o faria um escrevente da Idade Média, de forma que não haja maior diferença entre o mito e o texto de perseguição. Numa mostra de capacidade criativa, Girard apresenta a história desta maneira:

> As colheitas estão mal, as vacas parem bezerros mortos; ninguém se dá bem com ninguém. É como se um feitiço tivesse caído sobre a comarca. Claramente, o coxo é a causa de tudo isso. Ele chegou certa manhã, ninguém sabe de onde, e se assentou aqui. Até tomou a liberdade de casar-se com a mais óbvia de todas as herdeiras da comarca, e teve dois filhos com ela. Muitas coisas estranhas aconteciam naquela casa. Suspeitava-se que o estrangeiro tivesse matado o antigo marido de sua mulher, o qual desapareceu em circunstâncias misteriosas e foi substituído muito rapidamente pelo recém-chegado. Um dia, os companheiros da comarca se fartaram, tomaram suas armas e obrigaram aquele personagem perturbador a ir embora.[11]

[11] Idem, p. 29.

Assim, podemos ler o mito de Édipo da mesma forma como lemos os textos de perseguição. Tanto o mito de Édipo quanto o texto de Guillaume apresentam uma história em meio a uma crise, a partir da qual uma coletividade se volta contra um indivíduo, ou contra um pequeno grupo deles, e termina por executá-los ou expulsá-los.

Lendo o mito de Édipo desta forma, compreenderíamos sem maiores dificuldades que, tal como nos textos de perseguição, procedeu-se a uma distorção da vítima, e que o autor do texto é claramente contra ela. O contexto da crise na história de Édipo leva a pensar que o herói é inocente do que o acusam. Diante das pestes e das incertezas, surgem as acusações, sendo o parricídio e o incesto umas das mais frequentes.

Tal como nos textos de perseguição, os mitos costumam começar com um cenário de crise como pano de fundo. Em termos mitológicos, essas crises são representadas fundamentalmente pela indiferenciação: o dia se confunde com a noite, os deuses com os homens e os animais, etc. Muito mais que uma indiferenciação poética, representa-se uma crise social: assim como se confundem a noite e o dia, indiferenciam-se os papéis e as posições sociais, e as hierarquias e a ordem se veem ameaçadas.

O tema da acusação também ocupa um lugar central nos mitos. Os heróis mitológicos costumam apresentar-se como criminosos que violaram o tabu mais sagrado da ordem social. Tal como nos textos de perseguição, os heróis mitológicos se destacam por sua marginalidade, e costumam ser identificados por atributos físicos específicos.

Os personagens mitológicos são acusados de cometer algum crime de indiferenciação, de forma que se lhes atribui a origem da crise marcada pelo desvanecimento das diferenças. Ao final, os personagens mitológicos terminam assumindo certa monstruosidade. Já em *A Violência e o Sagrado*, Girard considerava que o monstruoso é pautado pela indiferenciação: os monstros mitológicos costumam ser representados como híbridos que desafiam a diferença entre uma e outra coisa.

Tanto o perseguido quanto o herói mitológico são monstros morais: aos olhos da comunidade, cometeram uma falta que constituiu sua monstruosidade. No mito, o monstro moral é assimilado ao monstro físico: a criatura de mil cabeças, ou metade homem, metade animal, é uma representação da vítima que foi acusada de cometer um crime de indiferenciação.

Girard denuncia que os críticos e estudiosos da mitologia costumam ver na representação da monstruosidade um desdobramento poético do imaginário. Para dizer a verdade, o monstruoso é antes uma distorção da vítima por obra dos escritores do texto ou da história de perseguição. Se no mito o sobrenatural adquire maior proeminência que no texto de perseguição, é porque no primeiro a distorção das vítimas é muito mais intensa.

Nos textos de perseguição não aparecem monstros físicos como na mitologia, mas aparecem monstros morais. Apesar de não aparecerem elementos sobrenaturais, descrever a um grupo de pessoas envenenando poços e gerando destruição e caos é uma maneira de retratar a monstruosidade. Aos olhos de Guillaume, os judeus são tão monstros quanto o Ciclope o é para Homero.

Ao passo que nos textos de perseguição se enfatizam os crimes cometidos pelos perseguidos, nos mitos é um pouco mais difícil encontrar os crimes dos heróis e monstros. Mas, precisamente devido à sua monstruosidade, prescinde-se da acusação dos crimes de indiferenciação. A mera presença do monstro é suficiente para gerar calamidades.

Mas, com toda a sua monstruosidade, as vítimas retratadas nos mitos e nos textos de perseguição aparecem como inteiramente culpadas. Sempre existe um pequeno espaço de respeito e admiração pelas mesmas vítimas que são perseguidas. Os personagens mitológicos são tão heroicos quão criminosos, tão viciosos quão virtuosos.

Esta ambivalência com respeito aos personagens mitológicos se deve ao que Girard já havia denominado "transferência dupla" em *A Violência e o Sagrado*. Os acusados vêm a ser a origem de todo o mal; mas também graças à sua morte a prosperidade retorna. Assim como possuíam um poder maligno para gerar crise, assim também possuíam um poder benigno para restaurar a ordem.

É por isso que nos mitos é difícil ver a condição de vítima dos heróis. O fiel que presta culto ao deus raras vezes mostra intenção de executá-lo, apesar de uma obra como *O Ramo de Ouro*, de Frazer, demonstrar o contrário em diversos cenários. Mas, precisamente porque o herói mitológico possui uma dupla natureza, maligna e benigna ao mesmo tempo, é difícil identificá-lo como uma vítima de perseguição. Diferentemente do texto de perseguição, o mito tampouco pode enfatizar demasiadamente a execução do herói mitológico. Se ele possui um poder extraordinário para causar o mal e o bem ao mesmo tempo, não pode morrer. Apesar de o tema da execução da vítima ser central neste tipo de histórias, deve sempre ser dissimulado, precisamente para preservar o caráter sagrado do herói mitológico.

Os mitos não reconhecem suas vítimas como tais. Veem nelas antes um ser extraordinário, com igualdade de condições para fazer o mal e o bem, ou seja, como fonte tanto da ordem como da desordem. O bode expiatório não pode pôr fim a uma epidemia, mas pode solucionar uma crise social com sua morte. E, uma vez resolvida a crise social, ao bode expiatório se atribuirá a resolução das demais crises, que, como vimos, terminam por ser assimiladas ao social.

Nos textos de perseguição, facilita-se a identificação dos perseguidos como tais, precisamente porque eles nunca se convertem em objeto de culto: encarnam todo o ódio da coletividade. Talvez a grande diferença entre o texto de perseguição moderno e o mito arcaico seja que nós, os modernos, não adoramos nossas próprias vítimas.

Mas Girard adverte que, mesmo no mundo moderno e nos textos de perseguição, se evidencia certa fascinação religiosa pelas vítimas. Embora na Idade Média os judeus fossem desprezados e acusados de cometer crimes, também eram objeto de respeito, e sua prática médica era frequentemente solicitada. Tal como o *pharmakós*, o judeu tem capacidade tanto de curar como de prejudicar. Girard indica: "tanto os aristocratas como o povo comum preferiam os médicos judeus porque associavam seu poder de curar a seu poder de causar doenças".[12]

Os bodes expiatórios, sejam os heróis mitológicos ou as vítimas dos textos de perseguição, preservam a natureza ambivalente que os historiadores da religião sempre atribuíram ao sagrado. Aos olhos das comunidades, os bodes expiatórios são tanto a fonte da desordem quanto a fonte da ordem. No plano mitológico, Apolo aparece com as mesmas qualidades que os judeus: se os tebanos lhe pedem que cure a peste, é porque ao mesmo tempo pensam que é o responsável por ela.

Girard cita como evidência histórica desta ambivalência a trágica vida de um certo López, um médico judeu da rainha Elizabeth da Inglaterra. De início muito solicitado por seus serviços e poderes curativos, López termina sendo acusado de causar doenças e é finalmente executado. López desempenha o típico papel do bode expiatório que vem a ser muito ambivalente aos olhos de seus executores.

Na Idade Média, não só os médicos judeus apareciam como bodes expiatórios tão odiados e tão fascinantes ao mesmo tempo. Também às bruxas e aos feiticeiros se atribuía essa dupla capacidade de curar e prejudicar ao mesmo tempo. A bruxa constituiu o personagem que com maior frequência desempenhou o papel do bode expiatório durante a época em que floresceram os textos de perseguição.

[12] Idem, p. 45.

Tal como com outros perseguidos, às bruxas se atribuíam qualidades monstruosas, suficientes para que as coletividades de linchadores se lançassem contra elas. A monstruosidade das bruxas confirma a proximidade existente entre as perseguições medievais e modernas e os mitos. Enquanto os temas das criaturas metade animal, metade humanos, são muito recorrentes nas mitologias (minotauros, centauros, sereias, serpentes-mulheres, etc.), às bruxas também se costumava atribuir uma dupla natureza: "pensa-se que os feiticeiros e as bruxas têm uma afinidade particular com a cabra, um animal extremamente maligno".[13]

Como boa perseguida, a bruxa é um monstro moral: atribui-se-lhe a violação do tabu mais sagrado, ameaçando assim as diferenças que sustentam a ordem social. Essa monstruosidade moral é assimilada à monstruosidade física. Costumava-se acusar tanto as bruxas como as mulheres judias de ter parido animais, especialmente porcos. A nós parece absurdo que uma mulher possa parir porcos, mas isso se deve a que, nesse caso em particular, somos alheios ao mecanismo do bode expiatório. Se essas comunidades de perseguidores chegaram a crer que aquelas mulheres pariam porcos, foi devido à influência da distorção que se desenvolve através do mecanismo em questão. Nós reconhecemos nas judias bodes expiatórios, e por isso vemos a impossibilidade de parir porcos. Essas comunidades *não* veem as judias como bodes expiatórios, mas, muito pelo contrário, como monstros que merecem ser perseguidos.

O tema da mulher monstruosa que pare animais também aparece na mitologia, confirmando assim a unidade de estrutura entre os mitos e os textos de perseguição. Girard assinala um mito dos índios dogribs, o qual narra que uma mulher deu à luz cães, razão por que foi expulsa de sua comunidade. Tal como as turbas de linchadores na Idade Média, os autores e preservadores deste mito projetam uma monstruosidade sobre a mulher, justificando assim sua expulsão.

---

[13] Idem, p. 48.

A crença na magia e na bruxaria não concerne às causas naturais do mundo, mas às sociais. Girard reconhece que Evans-Pritchard já havia antecipado uma visão similar em seu estudo das crenças entre os azandes. A crença na magia serve para gerar bodes expiatórios e manter a ordem interna da comunidade. Girard considera que, frequentemente, "os que sofrem não estão interessados em causas naturais".[14] É-lhes mais satisfatório conhecer *quem,* e não o *que* é a causa de sua dor. Assim, a magia permite as perseguições que põem fim às crises *sociais*, muito mais perturbadoras que as crises naturais.[15]

Apesar dos paralelismos que se apresentam entre os mitos e os textos de perseguição, os temas do assinalamento, da acusação e do assassinato não são tão facilmente identificáveis nos relatos mitológicos. Já mencionamos que isso se deve em boa medida ao processo de "transferência dupla", que se manifesta nos mitos de forma muito mais intensa que nos textos de perseguição. Se, ao final, os bodes expiatórios terminam por ser objeto de culto, é natural que os mitos dissimulem tanto suas culpas como seu assassinato.

Mas Girard adverte que estes temas, embora costumem estar bem dissimulados, nunca desaparecem completamente. O mito asteca de Teotihuacan (compilado pelo frade do século XVI, Bernardino de Sahún), por exemplo, é uma amostra de como, apesar de manter a mesma estrutura de um texto de perseguição, vários de seus temas são dissimulados.

Girard não foi o primeiro a assinalar a contínua tendência dos mitos cosmogônicos a representar a criação do mundo partindo da execução de um monstro primordial que encarna o caos e a escuridão. Mas, como mencionamos nos dois últimos capítulos, Girard foi um dos primeiros (se não o único) a insistir em que o mito cosmogônico concerne à origem da ordem social, muito mais que à da

---

[14] Idem, p. 53.
[15] Destaque-se quem em *Os Nuer,* Evans-Pritchard também assinala insistentemente que a instituição do sacrifício concerne muito mais às crises morais e sociais que às naturais.

cosmológica. Os intérpretes do mito viram nele, tradicionalmente, um desdobramento do imaginário, do poético e do metafórico, sem levar muito a sério a possibilidade de que represente uma história real. Girard, ao contrário, insiste repetidas vezes em que, atrás dos mitos, existe uma violência *real* que posteriormente é dissimulada por alusões poéticas e metafóricas.

O mito de Teotihuacan é mais um dos mitos cosmogônicos. Narra-se que, antes da existência do mundo, os deuses se reuniram num lugar chamado Teotihuacan para discutir a iluminação do mundo. Nenhum deles queria oferecer-se para iluminá-lo, exceto Tecuciztecatl. Mas necessitavam de outro deus para esta tarefa, e ninguém mais se oferecia. Então escolheram Nanauatzin, um Deus que não havia falado, coberto de manchas. O deus aceitou a tarefa que lhe fora encomendada. Após quatro dias, os deuses se dirigiram ao *teotexcalli*, um lugar onde ardia o fogo. Os deuses se congregaram ao redor do fogo, e os dois escolhidos jaziam diante dele. Ordenaram a Tecuciztecatl que se lançasse ao fogo, mas, ante o calor, ele desistiu de fazê-lo após três tentativas. Em vista disso, pediram a Nanauatzin que se lançasse ao fogo, e ele o fez, para arder em chamas. Vendo isso, Tecuciztecatl decidiu lançar-se também. Depois, também o fez uma águia, e por essa razão ela tem penas escuras. O mesmo fez o tigre, mas não se queimou de todo, e por essa razão é branco e negro. A partir de então, Nanauatzin ilumina com sua luz, enquanto Tecuciztecatl, por não ter-se lançado imediatamente, brilha menos, tendo-se convertido na Lua. Depois, um vento matou todos os deuses, arrancou seus corações, e estes deram vida a novas estrelas.

Muitos intérpretes verão nesta história um mito de origem que tenta explicar tanto a gênese do Sol e da Lua como a das estrelas e dos traços das águias e dos tigres. Mas Girard insiste em que tudo isso é secundário, e destaca que o fundamento deste mito é a origem da ordem social à custa da violência coletiva contra uma vítima.

Quase todos os temas que caracterizam os textos de perseguição aparecem nesse mito. Ele começa com a representação de uma época obscura, tradicionalmente associada ao caos e a crises. Para solucioná-los, é preciso que se gere a luz. Mas, para gerar luz, é preciso recorrer à violência: dois deuses têm de lançar-se às chamas. O primeiro deus o faz de forma voluntária, mas o segundo é escolhido pelos demais. Girard insiste em que suas manchas são atributos físicos que atraem a atenção da coletividade. Essas manchas sugerem algum tipo de doença ou peste, distintivo muito comum na hora de selecionar vítimas. O mito retrata um voluntário na hora de lançar-se ao fogo, mas o fato de ele possuir sinais característicos das vítimas de perseguição faz suspeitar que se trate de violência coletiva, muito mais que de uma entrega voluntária.

Para muitas culturas, o fogo é purificador, e os astecas não eram a exceção. O fogo purifica a doença e impureza de Nanauatzin. Nos termos da interpretação que Girard advoga, o fogo representa a violência coletiva que purifica a crise personificada por Nanauatzin. Mas de fonte de doença e impureza ele passa a deus solar que dá luz ao mundo. Tal como Apolo e como os judeus, ele representa a cura e a doença, a ordem e a desordem. Apesar de ser uma vítima perseguida, o estatuto de Nanauatzin se modifica: já não é de todo mau, agora também é divino. Não aparece o assassinato como tal, dado que não é de todo concebível que os deuses sejam vulgarmente assassinados. Mas restam claros vestígios disso. Quando as pessoas se atiram ao fogo, morrem. Mas atirar-se ao fogo é tanto vida como morte. É a morte que dá origem ao sol, à vida. Por conseguinte, não pode ser representada como um assassinato comum.

Se a princípio Nanuatzin estava renitente a cumprir a tarefa, não hesita porém em lançar-se, ao passo que Tecuciztecatl estava decidido a ser voluntário, mas não se atreve a lançar-se ao fogo. Só o faz *depois de Nanauatzin*. Girard destaca que se delineia assim o conceito da mímesis, tão importante em seu pensamento.

Recorde-se que, em *A Violência e o Sagrado* e *Coisas Ocultas desde a Fundação do Mundo*, Girard havia insistido em que a violência propiciatória se conforma mimeticamente. A violência de todos contra todos é substituída pela violência de todos contra um na medida em que os membros da turba se imitam na direção da violência. Um indivíduo arremete contra a vítima porque a coletividade também o faz.

Essa mímesis se apodera até da própria vítima. As vítimas terminam imitando a violência de seus vitimários, colaborando com eles em sua própria execução. São sobejamente conhecidas as instâncias em que os acusados confessam ter cometido crimes com relação aos quais depois se descobriu sua inocência. Os psicólogos costumam atribuir ao medo da tortura essa entrega e confissão, mas Girard adverte que "o medo é uma explicação insuficiente para esse tipo de comportamento".[16] A turba de perseguidores cresce tanto, que é inevitável que as próprias vítimas participem dela. Se as turbas dependem da unanimidade, a confissão das vítimas termina por legitimar a violência.

De forma que, ainda que reticentemente, Tecuciztecatl se lança ao fogo. O mito insiste em que ele mesmo se lançou, mas há claras evidências de que foi pressionado por seus companheiros. Longe de apresentar explicitamente um assassinato coletivo, o mito prefere representar os aspectos benéficos da violência: os deuses lançados ao fogo nunca morrem propriamente. Seu gesto serviu para iluminar o mundo. A luz é representação da ordem social, que deve ser alimentada com vítimas sacrificiais, ou seja, com a continuidade do mecanismo vitimário.

Este foi o fundamento da religião asteca. Em continuidade com os antropólogos da chamada "escola do mito e do ritual", Girard considera que o mito de Teotihuacan serviu de fundamento e complemento do ritual sacrificial asteca. Assim como o fizeram Tecuciztecatl e Nanauatzin, assim também os astecas estavam na obrigação de prover vítimas sacrificiais humanas para assegurar a permanência do Sol.

[16] Op. cit., p. 65.

A interpretação de Girard não deixou de ser controversa, pois, especialmente a partir de 1992, houve um ressurgimento dos protestos contra os abusos do Ocidente e uma tentativa de desculpar ou dissimular a violência dos americanos pré-hispânicos. Diante disso, Girard se pergunta: que diferença pode existir entre um texto de perseguição medieval e o mito de Teotihuacan, entre a caça às bruxas na Europa e o sistema sacrificial asteca? Se seguimos o argumento até agora apresentado, devemos responder que é muito pouca a diferença. E Girard protesta contra o fato de os antropólogos e historiadores ocidentais, cedendo ao relativismo, justificarem no México antigo o que eles mesmos denunciam em sua própria cultura (colonialismo, "patriarcado", etc.). Com um prostituído motivo antietnocêntrico, a etnologia e a historiografia contemporâneas tentaram dissimular o sistema sacrificial asteca, seja minimizando o horror da violência, seja enaltecendo os sucessos tecnológicos daquela sociedade. Uma vez mais, Girard não dissimula sua aversão ao pensamento "politicamente correto".[17]

No mito de Teotihuacan aparecem os temas característicos dos textos de perseguição, mas de forma mais dissimulada. Continua a haver um tema de acusação, mas não de todo explícito: Nanauatzin possui sinais característicos das vítimas de perseguição, o que faz suspeitar que se trate de opressão. Do mesmo modo, a violência

---

[17] Certamente os astecas foram a sociedade em que o sacrifício humano adquiriu maior proeminência, ao menos até onde alcançam os registros. Como mencionamos no capítulo anterior, Yólotl González calcula um aterrorizante número de quinze mil seres humanos sacrificados anualmente (*El Sacrificio Humano entre los Mexicas*, p. 79). Mas Girard só menciona uma parte da questão. Embora seja verdade que o sacrifício era o eixo da vida social e religiosa asteca, não faltaram movimentos que condenaram a instituição sacrificial. Um corpo importante da mitologia mesoamericana informa que o deus Quetzalcoatl se negou a sacrificar seres humanos, propondo vítimas animais e oferendas vegetais. Em boa parte, foi este o motivo de sua expulsão pelos demais deuses (David Carrasco, *Quetzalcoatl and the Irony of Empire*. Chicago, University of Chicago Press, 1982). Desconhecemos a que ponto a condenação de Quetzalcoatl foi seguida por partes da sociedade asteca, mas pelo menos sabemos que algumas vozes se levantaram contra a instituição sacrificial. Certamente tal não é comparável com o movimento antissacrificial dos profetas bíblicos, mas tampouco podemos sugerir, como faz Girard, que o sacrifício humano não contava com opositores entre os mesmos astecas.

permanece tema central, mas de forma muito mais superficial: as vítimas nunca morrem, senão que iluminam o mundo, e se entregam ao fogo de forma semivoluntária.

Para elaborar ainda mais seu argumento, Girard propõe-se a estudar mitos em que a violência coletiva está ainda mais dissimulada, mas presente mesmo assim. O mito escandinavo de Baldr e dos ases, recapitulado por Dumézil em *Mito e Epopeia*, serve a seus propósitos. Narra-se que Baldr é um Deus exemplar, que tem um sonho em que é ameaçado de morte. Comunica sua preocupação a seus companheiros, os ases. Tentando uma resolução, Frigg, a mãe de Baldr, faz todas as criaturas animadas e inanimadas jurar que não farão mal a seu filho. Uma vez protegido, Baldr participa de um jogo com os ases numa praça pública. Os ases lhe atiram objetos e espadas, mas não lhe fazem mal, graças ao juramento que tinham feito. Loki, a figura demoníaca escandinava, tenta sabotar o jogo. Ele se disfarça de mulher e pergunta a Frigg se existe alguma exceção no juramento que ela fez fazer a todas as criaturas. Frigg responde que uma pequena erva era tão pequena e inofensiva, que não via necessidade de impor-lhe o juramento. Sabedor disso, Loki se dirigiu a Hoehr, o irmão cego de Baldr, o qual até então não havia atacado o irmão porque não o podia ver. Loki entrega a erva a Hoehr, segura-o pela mão, e guia-o até Baldr, que é assassinado pelo simples contato com a erva.

Apesar de Baldr finalmente morrer, Girard assinala que evidentemente o mito tem a intenção, nunca de todo desenvolvida, de dissimular o assassinato do herói. Para os executores da violência propiciatória, esta nunca é prejudicial, na medida em que sustenta a ordem social. Da mesma maneira, a violência que os ases dirigem contra Baldr não é prejudicial, dado que o herói não recebe nenhum dano.

O assassinato coletivo também é dissimulado na medida em que se representa um só assassino, que comete o crime de forma inocente. Hoehr é o único a matar Baldr, apesar de os demais ases claramente terem essa intenção quando participavam do jogo. Tanta dissimulação deve encobrir algo de maior envergadura. Girard sustenta que, se um mito insiste demasiadamente em que não houve um assassinato coletivo, devemos suspeitar que, sim, houve: "os culpados formulam demasiadas escusas... um esforço tão grande para esconder algo sempre revela um engano".[18]

O assassinato coletivo deve ser dissimulado porque os mitos não desejam representar o aspecto aterrorizante da violência propiciatória: só desejam representar os benefícios do assassinato coletivo. Girard considera que as tradições religiosas e mitológicas mais elaboradas são as que procedem com maior complexidade a este processo de dissimulação. Enquanto no mito asteca e escandinavo, apesar de seus esforços por dissimular, é relativamente fácil identificar a cena do assassinato coletivo, no mundo mitológico grego os assassinatos não aparecem claramente; mas o método de Girard aspira a encontrar as marcas deixadas pela violência coletiva.

Num dos mitos sobre Cronos, narra-se que este Deus devora os filhos e procura o último deles, Zeus, para comê-lo. A mãe de Zeus, Reia, esconde-o do pai. Os guerreiros curetes escondem o menino, fazendo um círculo ao redor dele. O choro de Zeus poderia revelar seu esconderijo. Em razão disso, os curetes fazem soar suas armas e se mostram agressivos, para enganar o monstro devorador. Quanto mais o menino chora, maior agressividade os curetes têm de demonstrar para protegê-lo. Quanto mais agressivos se mostrem, mais o protegem.

Apesar de não haver uma cena de assassinato coletivo, ela é claramente evocada. Forma-se um círculo com um grupo de guerreiros agressivos ao redor de uma vítima indefesa. Mas, uma vez mais, se existe alguma violência, é dissimulada, de forma que só apareça seu lado benéfico. Em vez de fazer o mal, os curetes fazem o bem, protegendo o menino. Um mito menos elaborado representaria a morte de Zeus, mas recorde-se que, enquanto vítima propiciatória,

---

[18] Op. cit., p. 69.

Zeus se transforma em Deus. Por conseguinte, "a dignidade de Zeus é incompatível com sua morte pelas mãos dos curetes".[19]

À medida que o mito vai evoluindo, argumenta Girard, o assassinato coletivo vai sendo dissimulado para dar lugar ao auge da vítima como um deus, cuja dignidade impede a representação de sua morte violenta. Sendo assim, é possível que versões menos elaboradas deste mito representem a morte coletiva do menino Zeus. Girard reconhece que não existe na mitologia grega um mito como este, mas assinala que com outros personagens existem, sim, mitos que apresentam tal estrutura.

Como Zeus, Dioniso aparece como um menino que se vê ameaçado pela violência coletiva. Tal como os curetes, os titãs formaram um círculo e, para atrair a atenção do menino Dioniso, agitam certos objetos, de forma que produzam reflexos. Esses objetos atraem a atenção do menino, que se aproxima dos titãs, e estes formam um círculo ao redor dele. Os titãs assassinam e comem Dioniso. Em razão disso, Zeus, o pai de Dioniso, destrói os titãs e faz reviver o filho.

Girard reconhece a Lévi-Strauss o mérito de ter esboçado um método de interpretação mitológica que dá atenção direta ao jogo de diferenças e transformações pelas quais passsam os relatos mitológicos, especialmente no tocante à inversão das oposições binárias. No mito do menino Zeus e do menino Dioniso mantém-se uma mesma estrutura, ao mesmo tempo que se procede a uma inversão de oposições. Em ambos os mitos, um menino é rodeado por guerreiros. Mas, no primeiro mito, os guerreiros são protetores, enquanto no segundo são devoradores. Em ambos os mitos os guerreiros agitam objetos. No primeiro mito, esses objetos aparentam ser mortais, quando na verdade são benignos. No segundo mito, aparentam ser inofensivos, quando na verdade são violentos.

---

[19] Idem, p. 71.

Graças ao método estruturalista, reconhece Girard, podemos apreciar esse interessante jogo de inversões e transformações. Mas os estruturalistas não perceberam que atrás das transformações se encontra uma intenção de dissimular a cena de violência coletiva. A transformação é a melhor estratégia para instrumentalizar essa dissimulação. Entre o primeiro e o segundo mito há semelhanças estruturais e inversões nas oposições binárias, mas tal processo de transformação não deve enganar o estudioso do mito: no meio das transformações, algo desaparece, a saber, o linchamento. No mito dos titãs a violência coletiva é ainda explícita, enquanto no mito dos curetes já desapareceu.

Em definitivo, para Girard a mitologia é um processo complexo que facilmente pode enganar o estudioso que não esteja a par do funcionamento e da importância da violência propiciatória. Em suas etapas iniciais, os mitos representam de forma explícita a execução das vítimas. Mas, à medida que se firma a vida cultural, as vítimas executadas se nutrem de emoções religiosas, terminando por transformar-se em deuses. Em razão disso, os mitos já não podem representar a morte de seus deuses de forma tão explícita. Através das transformações, têm de dissimular a violência coletiva, representando a dignidade dos deuses e o aspecto benéfico da violência propiciatória, muito mais que o caráter monstruoso dos deuses e o aspecto aterrador da violência coletiva. Podemos perfeitamente supor que Girard faria eco da "hermenêutica da suspeita" de Ricoeur, ainda que por razões diferentes. O estudioso do mito não se pode conformar com os acontecimentos narrados: tem de "suspeitar" do ocultamento de um assassinato.

Girard afirma que é possível elaborar uma "história" e uma "cronologia" da mitologia. Os mitos mais elaborados são os que mais e melhor se esforçam por dissimular a cena do assassinato coletivo. Os menos elaborados são os que estão mais próximos do linchamento original e, por conseguinte, representam a violência de forma mais explícita. A versão final do mito dos titãs deve ser anterior à versão final do mito dos curetes. Assim, Girard conclui que, se é mais difícil encontrar nos mitos gregos vestígios de violência coletiva do que nos demais mitos mundiais, tal se deve ao fato de serem os mais elaborados.

Não é o assassinato coletivo o único elemento que os mitos tentam dissimular. Também têm de fazê-lo com as *culpas e os crimes* originalmente atribuídos aos deuses. O processo de "transferência dupla" característico do sagrado permite que, se num primeiro momento as vítimas são vistas e representadas como monstros, depois sejam eventualmente representadas como deuses virtuosos. À vítima se atribui o mecanismo vitimário em sua totalidade: ela é muito má, mas também muito boa. Cometeu uma falta muito grave, suficiente para gerar caos, mas graças à sua morte a crise terminou e a ordem se regenerou.

Tal como as mitologias, os deuses passam por um processo de transformação. De seres desprezados, passam a seres adorados. De monstros depravados e criminosos, passam a divindades morais e virtuosas. Não podem aparecer como vítimas, nem, muito menos, como criminosos, mas sim como heróis de cujas ações se beneficiaram as comunidades.

Desse processo só podemos esperar a ambivalência dos deuses. Trata-se de uma dupla natureza divina contra a qual os clássicos já protestavam. Os gregos terminam adorando deuses que cometem crimes escandalosos. Uma das principais razões por que Platão desconfia dos mitos é a tendência que estes têm a representar deuses de duvidosa moralidade, especialmente os homéricos. Girard assinala que em Eurípides também existe a vontade de reformar os deuses e convertê-los em seres mais virtuosos.

Tais protestos refletem que, efetivamente, na mitologia os deuses e heróis são tão bons quanto maus, tão culpados quanto inocentes. É de supor que as versões menos elaboradas dos mitos, por estarem mais próximas do linchamento original, não apresentem demasiadas virtudes em suas vítimas. Mas, à medida que se vão vendo os benefícios da morte da vítima e se lhe passa a atribuir a origem da ordem, os mitos vão convertendo essas vítimas em heróis e deuses, atribuindo-lhe qualidades e virtudes.

Os mitos menos elaborados são, assim, os que representam um maior equilíbrio entre o "bem" e o "mal" em seus deuses, mantendo assim a ambivalência. Os mitos mais elaborados tentam despojar-se dos aspectos malignos das divindades, mas nunca completamente. Ao final, até o deus mais virtuoso comete uma falta que, mesmo sendo muito pequena, pode perfeitamente adquirir proporções cósmicas. De acordo com Girard, Aristóteles conceitualiza isso muito bem por meio de sua noção de *hamartia*: a pequena falta não intencional cometida pelo herói, mas falta afinal de contas. Os crimes dos deuses podem ser dissimulados, mas nunca podem desaparecer. Esses crimes constituem a base que legitimou o linchamento original, que por sua vez é o sustentáculo da mitologia.

Uma estratégia muito recorrente para minimizar a culpa dos deuses é atribuir-lhes uma inconsciência de seus crimes. Édipo *não sabia* que Jocasta era sua mãe e Laio seu pai.[20] Como cego, Hoehr não sabe para onde dirige sua violência, razão por que se torna difícil responsabilizá-lo de ter assassinado Baldr voluntariamente.

O equilíbrio nos heróis e nos deuses pode romper-se, umas vezes em favor do bem, outras em favor do mal. Pode-se perfeitamente proceder a uma separação do deus em duas metades que, sempre acompanhando uma a outra, representam a ambivalência caracterizadora do sagrado, como é o caso, por exemplo, de Édipo e a Esfinge, de São Jorge e o Dragão.[21]

---

[20] A inconsciência do crime incestuoso não é, de maneira alguma, exclusiva da mitologia grega. Também aparece no Antigo Testamento, o que Girard não menciona. Lot comete incesto com as filhas, um crime aberrante na Bíblia (Gênesis 19,30-38). Mas essa falta incestuosa é *inconsciente*, porque Lot é embriagado pelas filhas e não se dá conta do que está fazendo.
[21] Op. cit., p. 81.

Essa separação pode facilitar que se ressalte somente a condição de verdugo, e não a de vítima. Desde *A Violência e o Sagrado*, Girard afirmou que o sagrado protege a violência, muito mais que à misericórdia. De forma que os mitos não desejam representar seus deuses como vítimas; muito pelo contrário, comprazem-se mais em apresentá-los como verdugos que exigem mais violência para alimentar o sistema executor de bodes expiatórios.

O mito de Cadmo, argumenta Girard, é um bom exemplo de que os deuses são verdugos e vítimas ao mesmo tempo, promotores tanto da ordem e quanto da desordem. Depois de matar o dragão, Cadmo enterra seus dentes na areia, e deles surgem novos guerreiros. Em face desta nova ameaça, Cadmo atira uma pedra muito pequena contra os guerreiros. A pedra não atinge nenhum deles, mas o barulho provocado por ela faz os guerreiros crer que uns foram provocados por outros, e terminam matando-se entre si.

De acordo com Girard, Cadmo é fonte tanto da desordem quanto da ordem. Ele criou desordem ao enterrar os dentes do dragão, dos quais surgiu a ameaça dos guerreiros. Mas, ao mesmo tempo, é a origem da ordem, na medida em que destruiu o monstruoso dragão e os guerreiros que ameaçavam a ordem. Ainda assim, a dissimulação do assassinato coletivo aparece novamente: apesar de ser a fonte tanto da ordem quanto da desordem, e de ter todas as características atribuídas às vítimas, Cadmo não é assassinado.

Ainda que não apareça como tal, o assassinato coletivo é um evento que fica impregnado na memória coletiva das comunidades que foram conformadas graças a ele. Girard assinala que em diversas tradições religiosas e literárias, incluindo as do Ocidente moderno, aparece o tema dos "rumores de assassinato", que serve de evidência para confirmar a tese até agora apresentada.

Em diversos cenários levantou-se a suspeita de que heróis, legisladores e grandes figuras religiosas foram assassinados, apesar de isso não passar de meros "rumores" com relação à versão oficial.

De acordo com Girard, em algumas tradições persas, por exemplo, afirmou-se que Zaratustra foi executado por seitas que rejeitavam sua mensagem. Tal "esoterismo" adquiriu maior proeminência com Moisés: com efeito, houve diversos rumores de que ele teria sido assassinato por seu próprio povo. Não por nada em *Moisés e o Monoteísmo*, Freud integrou à sua teoria psicanalítica esses rumores que corriam nas tradições judaicas a que tinha acesso.[22]

Mas foi a morte de Rômulo, argumenta Girard, o evento que mais propiciou o surgimento deste tipo de rumores, os quais, uma vez mais, servem de exemplo para confirmar a forma como os linchamentos são dissimulados, ainda que nunca de maneira total, no imaginário coletivo dos herdeiros e descendentes dos assassinos. Não se sabe com certeza como morreu Rômulo, o que abriu espaço para a especulação historiográfica a respeito. Girard assinala que, de acordo com Plutarco, há três versões sobre a morte violenta de Rômulo: asfixiado na cama por seus inimigos, despedaçado pelos senadores, e linchado coletivamente durante uma tormenta.

Mas, como boa vítima propiciatória, seu assassinato deve ser dissimulado, e o herói deve ser transformado. De vítima passa a verdugo, e de verdugo a vítima. Assim como foi executado coletivamente, também foi verdugo do irmão, Remo, a quem matou por ultrapassar os limites da cidade recém-fundada. Apesar de aparecer de forma muito explícita, até o próprio assassinato de Remo levanta suspeitas. O assassinato de Remo serve de evento fundacional de Roma, mas Remo é assassinado *individualmente* pelo irmão. É muito mais provável que, tal como Rômulo, tenha sido executado *coletivamente*. A passagem do assassinato coletivo ao individual é uma maneira de dissimular a violência fundacional de Roma.

No entanto, Girard sugere que o assassinato fundador persistiu na memória coletiva dos romanos, e que, conquanto encoberto por

---

[22] In: Sigmund Freud, *Obras Completas Volume 19*. São Paulo, Companhia das Letras, 2011.

uma aura de rumor, nunca deixou de ser significativo. Dos gregos, os romanos herdaram a tendência a elaborar mitos que dissimulam o tema do linchamento. Mas, diferentemente dos gregos, eles nunca conseguiram fazê-lo completamente, e sempre se manteve a suspeita de que os começos da cidade foram marcados pelo derramamento de sangue. Recordemos a amizade que Girard havia feito com Michel Serres durante o tempo em que escrevia *O Bode Expiatório*; não é difícil ver a mútua influência que devem ter exercido sobre suas obras.

Todas essas considerações fazem Girard retomar uma ideia que tinha esboçado desde a redação de *Coisas Ocultas desde a Fundação do Mundo*: se os melhores bodes expiatórios são os que passam despercebidos, como é que pudemos reconhecê-los? Se as comunidades devem sua existência ao mecanismo do bode expiatório, como pudemos escapar dele? Uma vez mais, Girard insiste em que tudo isso só foi possível graças à Bíblia.

Tal como os mitos e a textos como o de Guillaume, a Bíblia é rica em temas de perseguição. Mas, em vez de deixar-se levar pelas distorções dos perseguidores, o texto bíblico revela precisamente que as perseguições representadas não são legítimas. Enquanto Guillaume e os mitos apoiam as perseguições, os Evangelhos as rejeitam. Os textos de perseguição se tornam presas do mesmo mecanismo que representam, ao passo que os Evangelhos conseguem escapar ao efeito do mecanismo do bode expiatório.

Precisamente porque representam uma realidade de que não participam, os textos bíblicos, especialmente os Evangelhos, conseguem decifrar todos os temas e circunstâncias do mecanismo do bode expiatório. Para consegui-lo, o texto bíblico deve fundamentar-se numa história que apresente os mesmos temas de perseguição, mas revelando sua origem e natureza.

A história da Paixão é, sem dúvida, uma história de perseguição. Uma coletividade se volta contra um indivíduo a quem termina executando. Enquanto um Guillaume ou um texto mitológico representariam uma causa que legitimasse a ação coletiva contra a vítima, os Evangelhos insistem na *ausência de motivo* para a execução de Jesus. Citando o Salmo 35,19, diz-se em João 15,25: "odiaram-me sem motivo".

A contínua paráfrase que os Evangelhos fazem dos salmos foi amplamente notada pelos comentaristas. De acordo com Girard, se os Evangelhos têm tanta vinculação com os salmos, é porque ambos os textos representam o mesmo tema da mesma forma: as perseguições injustas e reprovadas pelos próprios autores. Tanto os salmos quanto os Evangelhos procedem a uma reivindicação das vítimas.

Mas a coletividade, na história da Paixão, se volta contra Jesus. Assim como os linchadores do texto de Guillaume aceitam as acusações lançadas contra os judeus, assim também a multidão aceita as acusações lançadas contra Jesus. Mas existe uma diferença crucial: Guillaume participa da mesma multidão ao projetar e aceitar as acusações lançadas contra as vítimas, enquanto os evangelistas mantêm sua autonomia com respeito à multidão, na medida em que rejeitam essas acusações e revelam seu caráter absurdo.

Os Evangelhos são a fonte de conhecimento do mecanismo vitimário. São os primeiros a esboçar cada um dos temas que identificam as perseguições como tais. Reconhecem, antes de tudo, que as perseguições são fenômenos *coletivos* sobre os quais se tem pouco controle. É estéril, argumenta Girard, buscar um responsável pela morte de Jesus nos Evangelhos. Nem Caifás, nem Herodes, nem Pilatos são representados como tal. *A massa é o verdadeiro responsável*: seu poder é ilimitado, e ela leva consigo todos os que encontrar em sua passagem, incluindo os próprios discípulos de Jesus.

Igualmente, os Evangelhos revelam a arbitrariedade das acusações feitas contra os perseguidos. Ao final, revela-se que perseguiram Jesus sem causa alguma. As causas inventadas pela turba não são legítimas, mas meras distorções que impelem a coletividade a lançar-se contra o bode expiatório. Assim, à diferença dos mitos e dos textos de perseguição, a vítima é identificada como um bode expiatório, ou seja, como um agente culpado de algo de que é inocente. Pela primeira vez, o mecanismo do bode expiatório se torna consciente.

Os Evangelhos são bastante explícitos em assimilar Jesus ao bode expiatório: evocam-se as imagens de Abel, de José, de Moisés, do Servo de Iahweh e, sobretudo, do cordeiro de Deus, todos eles vítimas inocentes. Até o "sinal de Jonas" complementa o papel de Jesus como bode expiatório: assim como o profeta do Antigo Testamento foi atirado da barca por uma coletividade, assim também Jesus recebe o mesmo tratamento e se transforma numa vítima. Sua condição de vítima aparece como tal, e de nenhuma forma é dissimulada, como costuma acontecer nas mitologias. A perseguição é representada tal qual é, com todo o seu aterrorizante realismo e absurdidade.

Mais importante ainda, os Evangelhos contribuem para a consciência do mecanismo do bode expiatório revelando sua própria inconsciência. Na cruz, Jesus pronuncia: "Pai, perdoai-lhes, porque eles não sabem o que fazem" (Lucas 23,34). Não se trata de uma "maldade" intrínseca aos perseguidores, mas de uma força coletiva que agarra a todos e os força a fazer coisas sem que eles se deem conta. Eles não sabem que estão fazendo de Jesus um bode expiatório, e não o conseguem ver como tal.

Tudo isso é suficiente, acrescenta Girard, para reconhecer nos Evangelhos um profundo conhecimento da natureza humana. Neles devemos situar as bases do pensamento e do conhecimento científicos. Mesmo sem usar nossos termos científicos, os Evangelhos revelam um mecanismo psicossocial cuja compreensão permite a rejeição do pensamento mágico sustentado no absurdo.

Os Evangelhos sabem perfeitamente que as coletividades dependem de perseguições: só em torno de uma vítima as massas poderão conformar-se e fazer reviver o espírito solidário. Esse princípio é explicitamente exposto por Caifás. Discutindo no Sinédrio o que fazer com Jesus, Caifás deliberadamente responde: "é melhor um só homem morrer pelo povo do que perecer a nação inteira" (João 11,50). Girard vê em Caifás um grande político: para evitar conflitos entre nações, é melhor sacrificar um bode expiatório. Contudo, ainda que Caifás saiba perfeitamente disso, prefere não pensar demasiado na questão, nem, muito menos, dá-la a conhecer. É preferível não conhecer o funcionamento do mecanismo, porque, se fosse conhecido, tal conhecimento impossibilitaria sua continuidade.

Girard aproveitou a escrita e o plano geral de *O Bode Expiatório* para discutir algumas histórias dos Evangelhos que não havia incluído em *Coisas Ocultas desde a Fundação do Mundo*, de forma que sustentasse ainda mais seus pontos de vista. Embora a história da Paixão seja o auge da representação dos temas de perseguição e, ao mesmo tempo, represente a recusa desses mesmos temas, existem histórias periféricas que demonstram que se trata de uma constante ao longo dos Evangelhos.

A história da morte de João Batista é uma das que maiores paralelismos apresentam com a Paixão no referente a temas de perseguição. Tal como Jesus, João é perseguido e executado por uma coletividade, e o texto bíblico afirma a inocência da vítima. Girard se concentra na versão de Marcos 6,17-28 para referir-se aos temas em que trabalhou desde o início da carreira.

João censurou o matrimônio de Herodes com Herodíades, a mulher de seu irmão Felipe, como ilegítimo. Irritada com tal censura, Herodíades pede a Herodes que prenda João, e o rei atende ao desejo da esposa. Girard sugere que a censura feita por João a Herodes não tem espírito legislativo.[23] Trata-se de outra coisa.

---

[23] Um fato que Girard não menciona, mas que vale a pena destacar para apoiar esta interpretação, é que, ainda no tempo de Jesus, os judeus prescreviam a prática do levirato, ou seja, a obrigação do homem de casar-se com a mulher de seu falecido irmão se este não tivesse deixado descendência. Naturalmente, no caso de Herodes, o rei não estava praticando

Girard volta a suas teorias sobre o desejo mimético para interrogar-se sobre o objeto da censura de João. Na medida em que deseja a mesma mulher que seu irmão, Herodes e Felipe se convertem em *rivais*. Recorde-se que desde *Mentira Romântica e Verdade Romanesca* Girard assinalou que o tema dos irmãos inimigos é a melhor representação dos modelos-rivais: dado que os dois se parecem tanto, terminam por desejar as mesmas coisas e por transformar-se em mútuos rivais.

Herodes deseja Herodíades através de seu irmão, que serve de modelo. Se, após casar-se com Herodes, Herodíades não consegue a atenção do marido, é porque constitui tão somente o objeto de uma disputa de maior envergadura: dado que se tornou presa de uma rivalidade metafísica, o que Herodes realmente persegue é vencer o irmão, muito mais que o obter o objeto em disputa. A união entre Herodes e Herodíades não é censurada por João por razões legislativas. O Batista a censura porque sua origem é o desejo mimético. Nem sequer o desejo de prender João é intrínseco a Herodes. Ele só o faz porque sua mulher lho pediu, imitando assim o desejo dela. No entanto, Herodes se recusa a executar João, o que desagrada a Herodíades.

O dia do aniversário de Herodes é uma oportunidade para oferecer um banquete. Aqui, a mímesis uma vez mais adquire proeminência. A filha de Herodíades (a quem a tradição, seguindo Flávio Josefo, chama Salomé) oferece uma dança aos assistentes. Comprazido, Herodes deseja recompensar Salomé, oferecendo-lhe qualquer coisa que ela peça. O texto de Marcos narra: "Ela saiu e perguntou à mãe: 'Que peço?' E ela respondeu: 'A cabeça de João

---

o levirato, uma vez que seu irmão Felipe ainda estava vivo no momento de se consumar o matrimônio. Mas é de destacar que a aparente proximidade entre a prescrição do levirato e a falta de Herodes confundiu mais de um intérprete e jurista no Ocidente cristão, dando ensejo a muitas discussões sobre a legitimidade dos matrimônios entre cunhados (Jack Goody, *The Development of the Family and Marriage in Europe*. Cambridge, Cambridge University Press, 1983). Dada essa ambiguidade legislativa, é possível que João não se referisse aos aspectos legais do matrimônio de Herodes, mas aos aspectos morais.

Batista'. Voltando logo, apressadamente, à presença do rei, fez o pedido: 'Quero que, agora mesmo, me dês num prato a cabeça de João Batista'" (Marcos 6,24-25).

Salomé deseja a cabeça de João. Mas esse desejo, argumenta Girard, nunca é autônomo; é sempre mimético. O texto de Marcos deixa claro que, se Salomé tem tal desejo, é porque lhe foi sugerido por sua mãe. Girard indica que o Evangelho de Marcos utiliza a palavra *koraison* para referir-se a Salomé. *Koraison* é um diminutivo que denota "mulherzinha". Enquanto mocinha, Salomé é apenas um instrumento da mãe, jamais uma bailarina sedutora com desejos perversos. Para dizer a verdade, Salomé não sabe o que deve desejar, não tem um desejo autônomo. Por isso, recorre à mãe, de forma que esta se ofereça a ela como modelo de imitação e a proveja do desejo de que carece.

Mas Salomé também tem de se oferecer como modelo de imitação, de forma que seu desejo seja reproduzido pelo próprio Herodes. Para isso, recorre à dança. Seguindo-se a concepção grega da mímesis, tradicionalmente se viu em Salomé uma grande artista, em razão de seus grandes dotes para a imitação através da dança. Girard insiste, contudo, em que a verdadeira imitação de Salomé não é a das formas artísticas, mas a do desejo.

Através da dança, ela convida os assistentes a desejar o que ela deseja. A dança é contagiosa, tal como a mímesis. A dança conduz ao transe, à possessão. Recordem-se as considerações que Girard fazia acerca da possessão em *Coisas Ocultas desde a Fundação do Mundo*: o transe e a possessão vêm a ser a reprodução da relação mimética; o Outro se incorpora ao Mesmo e impõe seus desejos. Contagiando os espectadores com sua dança, Salomé impõe a eles seu desejo.

Salomé não busca cativar apenas a Herodes, mas a todos os presentes. Ela personifica a mímesis que busca apoderar-se de todos para conformar uma massa cujo ponto alto se alcança na convergência de um mesmo objeto. Desde *Mentira Romântica e Verdade Romanesca*, Girard esboçou a ideia de que, se muitos desejos convergem num mesmo objeto, se geram rivalidades. Mas há um tipo de objeto que, ao fazer convergir todos os desejos, em vez de gerar rivalidades, congrega os sujeitos. Trata-se da vítima propiciatória. Se todos desejarem exercer violência contra um alvo comum, propiciar-se-á muito mais a integração do que a desordem.

Salomé dança da mesma forma como se costuma fazer nos ritos sacrificiais. A dança evoca êxtase, excesso, indiferenciação. Nos rituais, tudo chega ao término com o momento máximo: a morte da vítima sacrificial. A ocasião narrada por Marcos já tem certo caráter ritual: trata-se da comemoração do aniversário de Herodes. Propicia-se uma dança que, tal como no ritual, cativa a todos os assistentes, e há de ser seguida de um sacrifício. É assim que Salomé pede a cabeça de João. Herodes não pode negá-la, porque é inútil erguer-se contra a massa que se formou: "O rei ficou profundamente triste. Mas, por causa do juramento que fizera e dos convivas, não quis deixar de atendê-la" (Marcos 6,26). Se não a entregar, talvez seja sua própria cabeça a que termine por ser cortada.

Tal como com a história da Paixão, Marcos revela detalhadamente a forma como funciona o mecanismo através do qual se conformam as massas e elas se voltam contra um bode expiatório, que nunca é reconhecido como tal por seus executores. Como na Paixão, Girard sustenta que o Evangelho de Marcos impossibilita a responsabilidade individual pela morte de João. Ao final, tanto Herodíades como Salomé, Herodes e os convidados são responsáveis por ela. Eles compartilham a mímesis, que, afinal de contas, vem a ser o que propicia a formação de massas que executam a violência.[24]

---

[24] É curioso que Girard, um acadêmico que em grande parte atuou como crítico literário, não tenha escrito nenhum comentário à *Salomé* de Oscar Wilde. A peça teatral do dramaturgo inglês apresenta uma versão da morte de João de todo estranha aos processos miméticos descritos por Girard. A Salomé de Wilde é uma jovem sedutora, muito mais que uma mocinha. É sobejamente conhecida a vida sexual de Wilde, razão por que não é

De forma que João se transforma em vítima de um mecanismo que mais adiante fará a massa voltar-se contra Jesus. Como uma vítima sacrificial, cuja carne é consumida após ser degolada, sua cabeça foi oferecida numa bandeja de prata.[25] João termina por gerar o efeito de "transferência dupla" que as vítimas propiciatórias causam em seus perseguidores: ele é muito mau, mas tem grandes poderes; morreu, mas realmente permanece vivo, dado que constitui a origem da ordem. Como todo executor do mecanismo vitimário, Herodes termina por idolatrar sua própria vítima, vendo em João um ser sobrenatural que pode ressuscitar: "É João, que eu mandei decapitar, que ressuscitou!" (Marcos 6,16).

É Herodes, e não o Evangelho, quem atribui a João esses poderes. Mais de um estudioso poderia confundir-se ao ver na crença de Herodes a mesma certeza que os cristãos têm da ressurreição de Cristo. Mas há uma diferença: Herodes crê na ressurreição como idólatra e perseguidor, enquanto os cristãos creem na ressurreição de Cristo como vítima vindicada e inocente. A proximidade entre os dois tipos de ressurreição é apenas aparente. Girard não se cansa de repetir que, para revelar o funcionamento das mitologias, os Evangelhos têm de partir dos mesmos temas, mas oferecem uma perspectiva totalmente diferente.

surpreendente que tentasse ressaltar a sexualidade e a sedução da dançarina, e os desejos incestuosos de Herodes, apesar de, às vezes, Salomé não conhecer bem os gestos da sedução. Enquanto mulher sedutora de ardente desejo, a Salomé de Wilde deseja a sexualidade de João, e é a rejeição deste o que a leva a pedir sua execução. Depois de dançar, ela expressa seu desejo autonomamente, sem necessidade de consultar a mãe, proclamando a Herodes: "Não é a voz de minha mãe o que eu escuto. É por *meu próprio prazer* que eu peço a cabeça de Iokanaan [João] numa bandeja de prata" (Oscar Wilde, *Salomé*. Grifo nosso). Claramente, Wilde não tinha uma concepção do desejo mimético.

[25] Como complemento das reflexões de Girard, podemos proceder a um exercício de tipologia bíblica. No livro veterotestamentário de Judite (apócrifo para os judeus e para os protestantes), a heroína epônima corta a cabeça de Holofernes. Sua semelhança com Salomé é evidente: ambas são mulheres que, por meio de sua sedução (apesar de, como dissemos, no caso de Salomé isto não ser tão evidente), conseguem cortar a cabeça de um adversário. Mas aparece uma diferencia crucial: ao passo que o Antigo Testamento mistifica e celebra o crime de Judite, o Novo Testamento expõe em toda a sua crueza a ação de Salomé, e claramente defende a vítima executada.

Os Evangelhos revelam que as massas de linchadores se formam mimeticamente, e que arrastam consigo todos os que encontra ao redor. Até os amigos mais próximos das vítimas se voltam contra elas ao ver-se pressionados e contagiados pelo frenesi mimético. A história da negação de Pedro (Marcos 14,66-72), sugere Girard, é uma das mais representativas desse tema.

Após a prisão de Jesus, seus discípulos fogem e abandonam o mestre, à exceção de Pedro e de mais um, provavelmente João. Pedro seguiu Jesus mantendo certa distância, e parou diante de uma multidão que se estava esquentando ao fogo (Marcos 14,54; João 18,18). Mas primeiro um sacerdote, depois uma criada e finalmente todos os da multidão acusaram Pedro de ser um dos seguidores de Jesus. Pedro negou que o conhecesse, maldizendo.

O texto de Marcos é muito importante para a hermenêutica de Girard, na medida em que uma vez mais demonstra os processos miméticos que conduzem à execução da violência propiciatória. Pedro se esquenta ao fogo porque, como todos os demais, sente frio. Mas, além disso, Pedro se está deixando levar pela multidão, e segue a multidão até o fogo.

Para Girard, o fogo vem a ser a representação de um sentimento coletivo. Cada vez que, em lugares frios, se acende um fogo, uma coletividade se reúne em torno dele. De forma que Pedro busca o calor não só do fogo, mas da massa. Deseja pertencer a uma comunidade, e incorpora-se assim a ela.

Mas logo é identificado como um dos discípulos de Jesus, contra quem a massa se havia voltado. Primeiro o chefe dos sacerdotes o acusa. Tal como na execução de João, a acusação tem grande poder de contágio, e é facilmente disseminada ao restante da coletividade. O sacerdote lança uma acusação que será retomada pela mulher, e Pedro volta a negar seu mestre. Mas, à medida que o vai negando, a mímesis se apodera da coletividade, e todos terminam por acusar Pedro. O texto de Marcos insiste claramente em que primeiro é acusado pelo chefe dos sacerdotes, depois pela mulher, e então por toda a coletividade.

Ao final, essa mímesis termina por apoderar-se do próprio Pedro. O discípulo nega repetidas vezes conhecer Jesus. Muitos comentaristas viram na negação de Pedro uma manifestação de medo. Mas Girard adverte que, embora o medo seja um fator importante, não é o único responsável por este tipo de comportamento. Antes, Pedro nega Jesus porque passou a ser mais um da multidão que persegue o mestre.

Desde o mesmo momento em que Pedro se aproxima do fogo, vê-se uma disposição a fazer parte da multidão. Quando é confrontado, não se conforma em negar seu mestre: também lança maldições. Dessa forma, contribui para a violência que a multidão lançou contra Jesus. Compartilha com a coletividade o laço que conforma a violência propiciatória. Nas palavras de Girard: "Pedro compreende claramente que não pode enganar o mundo, e, quando nega a seu mestre tão ferozmente, não o faz para convencer a ninguém, mas para desfazer os laços que o uniam a Jesus e formar novos com aqueles que estavam ao seu redor".[26] Pedro se vê encurralado pela multidão, mas, como bem sugere um ditado contemporâneo: se não podes fazer nada contra eles, junta-te a eles. Tal como Herodes, para não ser crucificado, ele mesmo tem de crucificar alguém.

Depois da publicação de *Coisas Ocultas desde a Fundação do Mundo*, vários amigos e estudiosos de Girard lhe tinham assinalado que a história da Paixão não é de modo algum o único relato a narrar da perspectiva da vítima a forma como a coletividade se volta contra ela. Como Jesus, Sócrates é uma vítima inocente que é acusada e executada, e o texto a reivindica.[27] Repetidas vezes Girard defendeu a singularidade do texto bíblico, razão por que a morte de Sócrates lançava a dúvida sobre suas posições.

---

[26] *The Scapegoat*, p. 154.
[27] Girard nunca menciona que texto é esse, mas é de supor que se refira à *Apologia de Sócrates* de Platão.

É de supor que Girard incluiu a história da negação de Pedro como uma resposta a essas objeções. Por meio desta história, argumenta Girard, os Evangelhos completam algo que ainda está ausente nos relatos concernentes à morte de Sócrates. Embora seja verdade que Sócrates é inocente, seus discípulos nunca o abandonam e permanecem com ele até o fim. O autor do texto (Platão) não tem capacidade de admitir que ele mesmo se tornou presa da massa. Os Evangelhos, por seu lado, conhecem melhor o funcionamento das massas; em situações como essa, até os mais próximos companheiros do bode expiatório o abandonam, ou, como no caso de Pedro, se juntam à massa contra ele.

Pedro, afirma Girard, é a figura emblemática da fraqueza humana diante da mimese e dos escândalos. Recorde-se que, em *Coisas Ocultas desde a Fundação do Mundo*, Girard enfatizava a passagem de Mateus 16,22-23, na qual Jesus identifica Pedro com Satanás, o nome que os Evangelhos empregam para o desejo mimético. Depois de ter negado seu mestre, Pedro ouve o galo cantar e se recorda da profecia feita por Jesus: "Em verdade te digo que esta noite, antes que o galo cante, me negará três vezes!" (Mateus 26,34). Jesus faz essa advertência depois de, após anunciar os terríveis acontecimentos que se aproximam, Pedro e os demais discípulos lhe assegurarem que nunca o abandonarão.

Girard considera que a insistência de Pedro na lealdade a seu mestre é uma manifestação da vaidade do desejo mimético. Com isso, Pedro deseja sobressair aos demais discípulos. Girard assinala os paralelismos entre Pedro e as filhas do rei Lear, retratadas por Shakespeare, as quais fazem demonstrações de um falso amor filial que, para dizer a verdade, é conduzido pela rivalidade. Pedro jura amor a Jesus porque o mestre se transformou num objeto de desejo disputado por todos os seus seguidores.

Uma vez mais, Girard insiste que o conhecimento proporcionado pelos Evangelhos tem de contar com uma inspiração divina. Desde *Mentira Romântica e Verdade Romanesca*, Girard expunha a tese de que, para compreender o desejo mimético, é preciso ter escapado dele. O mesmo se pode dizer com relação ao mecanismo do bode expiatório. Se tanto o desejo mimético quanto o mecanismo do bode expiatório estão arraigados na natureza humana, os textos que revelam seu funcionamento têm de ter uma origem divina. O homem não tem capacidade para escapar desses mecanismos e compreender sua dinâmica.

Porém, muitos argumentavam que a distinção que Girard fazia entre os mitos e os Evangelhos não era de todo defensável. Os Evangelhos recorrem a imagens sobrenaturais que recordam muito as mitologias, e boa parte das histórias bíblicas sobre as quais Girard havia escrito carecia de tais imagens. Já vimos no capítulo anterior que isso não é totalmente verdade. Girard tinha analisado o nascimento virgem e a ressurreição à luz de sua hermenêutica. No entanto, tinha excluído as histórias concernentes aos milagres de Jesus.

Os milagres foram problemáticos para as teologias do século XX. Mencionamos que, entre a publicação de *A Violência e o Sagrado* e *Coisas Ocultas desde a Fundação do Mundo*, um colaborador próximo de Girard, Raymund Schwager, publicou *Brauchen wir einen Sündenbock?*, um estudo da Bíblia com base nas teorias de Girard que compartilhava muito de seu pensamento. Ali, abordava-se o problema dos milagres. Para Schwager, os milagres são uma forma de representar a vinda do Reino, e o final dos "poderes e principados" que derivam do mecanismo vitimário. Jesus cura a humanidade de tais poderes.[28]

Girard deu continuidade a esse padrão interpretativo, e, a fim de demonstrar a seus críticos que para sua hermenêutica os milagres não apresentavam maior dificuldade, propôs-se a estudar a história de um dos milagres mais espetaculares e com mais imagens sobrenaturais de todos os realizados por Jesus: a cura do endemoniado de Gérasa, tal como narrada em Marcos 5,1-17.

---

[28] *Must there Be Scapegoats*, p.169.

O texto nos diz que Jesus chega à região dos gerasenos e encontra ali um homem possuído por demônios, o qual vivia no meio dos sepulcros, lastimando-se. Jesus pergunta ao endemoniado como ele se chama, ao que ele responde "Multidão". Então, Jesus tirou os demônios do homem atormentado, e eles entraram numa manada de porcos, os quais se atiraram num lago do alto de um precipício. O endemoniado, já curado, estava sereno. Diante disso, todos se assustaram e pediram a Jesus que se fosse dali. O homem que estivera endemoniado pediu a Jesus que o levasse consigo, mas Jesus lhe disse que fosse para casa e contasse aos demais o que tinha sucedido.

Girard insiste em que, mesmo com todas as imagens sobrenaturais que aparecem, o texto é estranho à mitologia, na medida em que revela e desmistifica o funcionamento da violência propiciatória e da mímesis em geral.

Os demônios que residem no possuído se chamam "Multidão". Girard sugere que o endemoniado é a representação da multidão unida contra esse homem. Enquanto vítima que recebe a violência coletiva, o endemoniado representa a força que une os homens contra um bode expiatório. O endemoniado é o bode expiatório da comunidade, na medida em que recebe todos os seus maus tratos. Essa força coletiva se apoderou do mesmo endemoniado. A degradação que como vítima recebeu é tal, que ele termina por entregar-se ao deleite da coletividade lastimando-se; imita a violência de seus vitimários e a autoinflige. Vive entre os túmulos porque ele mesmo assumiu o papel de morto pela violência.

Jesus deseja libertar a vítima da "Multidão". A cura do endemoniado pode perfeitamente recordar o tipo de práticas xamânicas estudadas em *A Violência e o Sagrado*, mas Girard insiste em que desta vez se trata de algo diferente. Jesus busca pôr fim à violência da Multidão contra o bode expiatório. Na medida em que expulsa os demônios desse homem, expulsa aos poderes derivados do mecanismo vitimário. Uma vez mais, Satanás e os demônios aparecem nos Evangelhos como representação da violência de uma multidão contra uma vítima propiciatória.

Despojar uma comunidade de seus bodes expiatórios é algo temível e perigoso. Quando Jesus cura o endemoniado, e este aparece em seu juízo perfeito e sereno, os gerasenos ficam assombrados. Temem pelo que Jesus acaba de fazer. Curado o endemoniado, os gerasenos ficam sem bode expiatório sobre o qual fortalecer sua comunidade. É melhor ter um endemoniado de que a comunidade possa manter distância e ao mesmo tempo unir-se. É por isso que pedem a Jesus que vá embora: vindicando o bode expiatório e expulsando seus demônios, ele destruiu o poder sobre o qual se sustentava sua vida comunitária. Aterroriza os gerasenos viver sem bodes expiatórios.

Jesus cura o endemoniado de forma peculiar. Os demônios abandonam o corpo do homem e se apoderam de uma manada de dois mil porcos, os quais terminam atirando-se num precipício. Girard reconhece que esta imagem é muito comum às mitologias e que é um método muito comum de execução coletiva no mundo antigo. Recorde-se que, em *Coisas Ocultas desde a Fundação do Mundo*, Girard estudava o mito de Tikarau, que, numa das versões do mito, é pressionado por uma multidão a saltar num precipício.

Os próprios Evangelhos repetem essa imagem em outro cenário. Após Jesus ter pregado em Nazaré, uma multidão enfurecida o conduz a um precipício, pressionando-o para que salte. Jesus passa por entre a multidão e se vai (Lucas 4,28-30). Girard ressalta que o fato de em Nazaré não existir nenhum precipício como o descrito por Lucas é sinal de que o autor do texto está perfeitamente consciente de que este tipo de execução é comum entre as multidões que acossam vítimas. Ao autor de Lucas não interessa tanto a veracidade histórica, mas a representação da forma como as sociedades executam seus bodes expiatórios.

Mas Jesus pareceria fazer com os porcos o que os nazarenos queriam fazer com ele: atirar alguém num precipício. Não obstante,

Girard adverte que existe uma diferença: enquanto nos mitos a massa atira a vítima no precipício, nesta história é Jesus, em nome da vítima, que atira a "Multidão" no precipício e leva a violência propiciatória à sua própria destruição. Em todos os mitos, a multidão se salva e a vítima morre; nos Evangelhos, dá-se uma inversão totalmente inesperada: a vítima se salva e a multidão morre.

Girard tem consciência de que esta interpretação não pode deixar de lado a aparência de um tema de vingança e, por conseguinte, de perseguição mistificada. Se os demônios antes eram vitimários, agora são vítimas. Mas Girard insiste em que os demônios se jogam no precipício por conta própria. Jesus desarticulou seu poder: a Multidão já não poderá residir numa vítima. Desesperados, os demônios não têm para onde correr, e basta que um se lance no precipício para que o restante, através da mímesis, também o faça.

Talvez este exercício hermenêutico seja um dos mais problemáticos de toda a obra de Girard. Mediante esta interpretação, Girard exclui muitos temas que ele mesmo assinalou ao longo de sua obra, e talvez tenha forçado passagens para acomodar uma interpretação que não parece de todo coerente.

Em primeiro lugar, nunca menciona que os porcos são *animais*. Desde *A Violência e o Sagrado*, Girard insistiu no papel que a substituição desempenha na instituição sacrificial, especialmente através das vítimas animais. Se seguirmos as pautas daquela obra, temos de considerar a possibilidade de que os porcos sejam *vítimas substitutas* do endemoniado. Muito mais que abolir a instituição sacrificial e o mecanismo do bode expiatório, Jesus institui, assim, a *substituição animal*. Em vez de atormentar o geraseno, Jesus permite que atormentem os porcos. O mecanismo vitimário prossegue, mas agora com vítimas animais, tal como faziam os gregos, os incas e todos os outros povos estudados em *A Violência e o Sagrado*.

Girard nunca chega a conceder que Jesus exerça violência contra os porcos propriamente, mas afirma que, ainda que fosse assim, este episódio do precipício é muito diferente do relatado e celebrado pelas mitologias.[29] Nos mitos a multidão se salva e a vítima é assassinada, enquanto no episódio dos gerasenos a vítima se salva e a multidão é lançada no precipício. Por acaso é possível distinguir entre uma violência e outra? Não era o mesmo Girard quem, em *A Violência e o Sagrado*, demonstrava a arbitrariedade das diferenças que o pensamento religioso impõe entre a violência profana e a sagrada?

Embora seja verdade que o texto de Marcos não diz explicitamente que Jesus lança os porcos no precipício, há razões para suspeitar que, apesar disso, a violência está presente. De acordo com Girard, os porcos endemoniados, desconcertados diante do que fizera Jesus, se lançam no precipício *por conta própria*, e a mímesis contribui significativamente para isso. Nas palavras de Girard: "Um porco caindo acidentalmente no mar, tal como as convulsões provocadas pela invasão demoníaca, é suficiente para gerar um pânico estúpido e que os outros o sigam".[30]

De forma voluntária, a vítima se entrega à morte. Mas não é este exatamente o tema que Girard denunciou nos mitos? Se suspeitamos que os deuses astecas do mito de Teotihuacan não se lançaram voluntariamente no fogo, senão que foram forçados pela multidão a fazê-lo, e que o mito, para conseguir legitimidade, mudou a versão, por que não havemos de fazer o mesmo com a história do endemoniado de Gérasa? É muito estranho que um porco se atire por vontade própria num precipício para suspeitarmos que pode tratar-se perfeitamente de um texto de perseguição contra vítimas humanas que a distorção mitológica converteu em porcos, forjando assim

---

[29] Mesmo concedendo que Jesus não exerce violência contra os porcos, é de destacar o fato de que frequentemente os comentadores bíblicos relacionaram esse episódio com o da maldição da figueira (Mateus 21,18-22; Marcos 11,12-14), no qual Jesus descarrega sua ira sobre uma planta que não oferece frutos, possivelmente como a um agente expiatório que canaliza suas frustrações. No texto de Marcos, ademais, sua ira se estende imediatamente à expulsão dos mercadores do Templo.
[30] *The Scapegoat*, p. 183.

sua natureza metade animal, metade humana, traços monstruosos assinalados pelo próprio Girard.

Em todo o caso, a história do endemoniado de Gérasa também serve a Girard para abordar um dos temas mais importantes em sua hermenêutica bíblica: a contínua menção aos demônios nos Evangelhos. O episódio de Gérasa é apenas um entre muitas passagens dos Evangelhos que fazem referência à figura de Satanás e a outros demônios. Girard enfatiza que, à medida que Jesus vai crescendo em fama por suas curas e expulsões de demônios, seus oponentes, os fariseus e escribas, passam a acusá-lo de invocar o poder dos demônios para expulsar os mesmos demônios. A essa censura, Jesus responde: "Todo reino dividido contra si mesmo acaba em ruína e nenhuma cidade ou casa dividida contra si mesma poderá subsistir. Ora, se Satanás expulsa a Satanás, está dividido contra si mesmo. Como, então, poderá subsistir seu reinado?" (Mateus 12,25-26).

Para Girard, essa passagem serve de chave de interpretação para as demais alusões dos Evangelhos a Satanás. Claramente, o sobrenatural não está ausente dos Evangelhos, mas não é essa a sua prioridade. Se os Evangelhos falam de demônios, é porque, muito mais que forças malignas ou doenças mentais, representam realidades de outra índole.

Ao defender-se das censuras que os fariseus lhe lançam, Jesus proclama que nada do que está dividido pode sobreviver, e que Satanás, por estar dividido, está prestes a fenecer. Uma leitura demasiado superficial não compreenderia de que está falando Jesus, mas Girard insiste em que, se considerarmos os pontos de vista que já vinha adiantando desde *Coisas Ocultas desde a Fundação do Mundo*, esta passagem pode esclarecer-se e mostrar-se muito reveladora.

Girard repete, ainda, que Satanás vem a ser a representação do que ele formalmente chama de "desejo mimético". Satanás causa escândalos, fazendo os homens tropeçar uns nos outros. Trata-se do desejo sugerido, dos ciúmes e da inveja em que acaba por desembocar a mímesis.

Porém, para dizer a verdade, essa é apenas uma das faces de Satanás. Sua outra face também é uma desembocadura da mímesis, mas num processo inverso ao do desejo mimético: a imitação conduz à convergência de todos num bode expiatório, cuja execução propicia e unifica a comunidade. Satanás é a mesma força que gera ordem e desordem. Desde *A Violência e o Sagrado*, Girard formulou a hipótese de que as sociedades expulsam a violência com a violência mesma. Isso esclarece as palavras de Jesus: "Satanás expulsa Satanás".

Para expulsar a violência com mais violência, é preciso não possuir conhecimento deste processo. Satanás pode expulsar a si mesmo na medida em que não se saiba que está dividido. Mas Jesus completa a revelação que fora iniciada séculos antes dele: proclamando a inocência das vítimas, revela o funcionamento de Satanás. A divisão de Satanás fica assim a descoberto.

Jesus expulsa Satanás não por meio do poder dos demônios, como lhe reprovavam os fariseus. Para dizer a verdade, é o próprio diabo quem faz isso: expulsar a si mesmo repetidas vezes. Jesus expulsa Satanás com o poder de Deus: revelando a inocência das vítimas e o funcionamento das expulsões, já não haverá expulsões. O fim de Satanás se aproxima porque, graças à revelação feita por Deus através de Jesus, se descobre que Satanás está dividido contra si mesmo. Já não será possível resolver a violência com mais violência. A expulsão final de Satanás representa o fim da violência propiciatória.

Desse modo, Girard deixa entrever que, muito mais que uma preocupação com o sobrenatural, os demônios vêm a ser uma espécie de instrumento retórico para pronunciar-se sobre o "desejo mimético" e o "mecanismo da violência propiciatória".

Apesar de, às vezes, Girard não demonstrar muita simpatia explícita por Rudolf Bultmann,[31] não pode deixar de repetir alguns dos temas

---

[31] *New Testament & Mythology and Other Basic Writings.* Schubert M. Ogden (ed.).

já expostos pelo teólogo alemão: os fatos sobrenaturais dos Evangelhos não devem confundir-nos: não devemos deixar passar ao largo a revelação a que eles procedem. Jesus não pode falar em termos de "desejo mimético" e "violência propiciatória", simplesmente porque não faz parte de sua linguagem. É-lhe mais conveniente recorrer à linguagem demonológica, dado que é a prevalecente em sua época.

Mais ainda, a revelação de Jesus é escandalosa para os que a escutam. Ela os escandaliza no sentido de que os faz tropeçar. Por isso, argumenta Girard, ele prefere empregar parábolas. Sua linguagem é demasiado forte, como deixa entrever perfeitamente em Mateus 13,10-14. Nas palavras de Girard, "*paraballo* significa lançar à multidão algo comestível para mitigar seu apetite, preferivelmente uma vítima, alguém condenado à morte".[32] A mensagem de Jesus é demasiado desequilibradora, e gera caos entre os homens. O escândalo é tal, que os ouvintes facilmente podem voltar-se contra ele. A retórica das parábolas pode ajudar a conter tal fúria.

Satanás já não poderá manter-se firme, porque Jesus pôs a descoberto suas mentiras e sua divisão. O *acusador* continuará a lançar acusações contra as vítimas, mas elas serão cada vez menos levadas a sério. O impacto da revelação de Jesus é tal, que, uma vez descoberto que os bodes expiatórios são inocentes do que são acusados, já não se poderá recorrer à violência propiciatória como antes.

Talvez Girard tenha ouvido críticas similares às que lhe fizemos no capítulo anterior: embora a Bíblia guarde como traço distintivo a disposição a defender vítimas, não é o único texto religioso a fazê-lo. Assim, Girard concede que em outros cenários surgiram textos que defendiam as vítimas, como, por exemplo, as histórias de Sócrates e de Antígona na Grécia antiga. Mas essa defesa não

---

Filadélfia, Fortress Press, 1989. Girard censura a Bultmann o estar demasiadamente preocupado com a incompatibilidade entre a fé cristã e os avanços da ciência, deixando de lado as outras implicações das imagens dos Evangelhos.
[32] *The Scapegoat*, p. 192.

é sistemática; trata-se apenas de casos isolados. A Bíblia é o único texto que empreendeu tal defesa sistematicamente.

O espírito sistemático de defesa de vítimas deixou a sua marca na História, e moldou boa parte do nosso mundo moderno. A Cristandade histórica, argumenta Girard, perseguiu tantas vítimas quantas reivindicou. Vítimas desde o início: uma vez que, com Constantino, chegam ao poder, os cristãos agora perseguem seus antigos vitimários e novas vítimas. Mas essas perseguições já não são mistificadas como antes. Sem dúvida, continuam a acontecer, mas são cada vez mais sancionadas.

Graças ao poder revelador dos Evangelhos, o Ocidente descobriu a natureza e o funcionamento das perseguições. Girard nota que, se recorrermos à etimologia, veremos que para os latinos antigos *persequi* não traz consigo uma conotação de injustiça. Para o mundo anterior aos Evangelhos, a perseguição não era nada prejudicial. Após a influência dos Evangelhos e dos primeiros cristãos, empregou-se a palavra *persecutio*, um aparato legal sustentado pela injustiça.

Girard considera que podemos perfeitamente censurar à cristandade a perseguição de pessoas; mas não nos damos conta de que é graças aos mesmos Evangelhos que reconhecemos e denunciamos as perseguições. Não podemos afastar-nos do cristianismo quando o acusamos de perseguir bruxas, porque foi o cristianismo mesmo que nos deu a capacidade de denunciar essa perseguição.

Desmistificar as perseguições e reivindicar as vítimas alimenta um espírito de crítica que assenta as bases da indagação científica. De forma que, mesmo com suas imagens sobrenaturais, se pode perfeitamente considerar os Evangelhos como uma origem do pensamento científico.[33] Os Evangelhos revelam um conhecimento profundo

---

[33] Conquanto considerar o cristianismo, acima da herança clássica, como o principal promotor da investigação científica moderna possa parecer uma ideia extravagante a não poucos leitores, de modo algum Girard é o único a propor semelhante hipótese. Filósofos

com base no qual se podem desenvolver os demais conhecimentos. Rejeitando as perseguições, o homem já não tem necessidade de buscar as causas "socialmente significativas" dos fenômenos, e abre-se-lhe, assim, a possibilidade de indagar sobre as causas naturais dos mesmos. Quando se rejeita a perseguição ao bode expiatório, compreende-se que este não pode ser a origem dos desastres, e indaga-se sobre suas verdadeiras causas. Nas palavras de Girard: "a invenção da ciência não é a razão pela qual já não há caça às bruxas, mas o fato de já não haver caça às bruxas é a razão pela qual a ciência foi inventada".[34]

Essa argumentação apresenta alguns inconvenientes. Para Girard, a origem da ciência é a reivindicação das vítimas, mas por acaso a ciência está exclusivamente a serviço desta reivindicação? As descobertas e invenções mais espetaculares do século XX não foram empregadas com um espírito de reivindicação de vítimas. Muito pelo contrário, a ciência pode estar a serviço da perseguição sistemática: os nazistas empregavam técnicas avançadas para seus genocídios, e as descobertas de Einstein tiveram trágicas repercussões em Hiroshima.

Do mesmo modo, uma vez mais Girard acredita que o texto bíblico tem características que não estão presentes em outros contextos culturais. De acordo com seu argumento, na medida em que os Evangelhos rejeitam a busca de causas "socialmente significativas", abrem a porta para a indagação de causas naturais. Certamente é assim, mas é duvidoso que os Evangelhos sejam os únicos a fazê-lo. Às considerações de Girard opomos o fato de que Hipócrates já advertira que as doenças não são geradas como castigo pelos deuses (originalmente vítimas propiciatórias, de acordo com o argumento

---

da ciência como Francis Bacon ou, mais recentemente Alfred North Whitehead e J. Robert Oppenheimer também assinalaram a inspiração bíblica do pensamento científico, ainda que não exatamente pelas mesmas razões sugeridas por Girard (cf. César Vidal, *El Legado del Cristianismo en la Cultura Occidental*. Madri, Espasa, 2006, cap. 7).
[34] Op. cit., p. 204.

de Girard) ou por feitiços de bruxas, mas por fenômenos naturais estranhos ao divino. Tal como os Evangelhos, o pai da medicina, na medida em que rejeita as acusações contra os bodes expiatórios, abre a porta para a indagação sobre as causas naturais acima das socialmente significativas.[35]

Além de originar a ciência, Girard sustenta que a reivindicação das vítimas dá origem ao espírito empresarial do Ocidente. Ainda sem citar Weber, são evidentes os ecos nesta proposição das teses de *A Ética Protestante e o Espírito do Capitalismo*: os valores cristãos dão sustentação ao espírito capitalista.

Contudo, Girard não especifica que relação pode haver entre a reivindicação das vítimas e o espírito empresarial. Mais ainda, se houvéssemos de seguir os argumentos dos marxistas e dos teólogos da libertação, concluiríamos que o espírito empresarial é o completo inverso do espírito de defesa das vítimas nos Evangelhos: quando se dá a exploração do homem pelo homem, as vítimas estão longe de ser defendidas.

Não obstante, ainda que Girard não explique de forma explícita como a defesa das vítimas está associada ao espírito empresarial, poderíamos tecer alguma conjetura partindo da obra de Ernest Gellner, um contemporâneo de Girard. De acordo com Gellner,

---

[35] Nesse aspecto, uma das passagens mais emblemáticas do *corpus* hipocrático (independentemente de sua duvidosa autoria) talvez seja o seguinte (com respeito à origem da epilepsia, doença considerada sagrada, ou seja, causada por deuses): "[a epilepsia] não é mais sagrada que outras doenças, senão que tem causas naturais, e sua suposta origem divina se deve à inexperiência do homem. Todas as doenças têm sua própria natureza, e surgem de causas externas" (citado por Douglas Guthrie; Philip Rhodes, "Medicine" In: *The New Encyclopedia Britannica*, vol. 22. Chicago, 1993, p. 778). Isso difere significativamente do entendimento bíblico da epilepsia, em especial o dos Evangelhos, nos quais a epilepsia é apresentada como possessão demoníaca (Mateus 4,24; 17,15-18; e paralelos, entre muitos outros). Diferentemente de Hipócrates, no que diz respeito à origem da epilepsia, os Evangelhos deixam de lado as causas naturais em favor das "socialmente significativas" (os demônios, sejam o que forem eles, geram epilepsia), o que deveria levar a matizar-se o pensamento de Girard.

a maior parte da humanidade passou por uma etapa de transformação que, no Ocidente, principiou o final da Idade Média.[36] Outrora, o princípio dominante das sociedades agrárias era a *depredação*: prestava-se maior interesse a despojar os vizinhos de suas riquezas que a produzi-las. Um espírito pacífico, sem dúvida sustentado na defesa das vítimas, permitiu ao Ocidente afastar-se da depredação e concentrar-se na produção, dando ensejo ao espírito empresarial moderno.

A vinda de Jesus marca uma nova etapa no curso da História. Antes de sua chegada, argumenta Girard, Satanás ainda podia funcionar recorrendo a seus assassinatos e mentiras. Não por nada nos Evangelhos identificamos Satanás como o *acusador*, como a personificação do espírito de acusação que propicia a execução de bodes expiatórios. Mas, uma vez descoberto, Satanás já não poderá funcionar como antes. Antes de partir e abandonar seus discípulos, Jesus lhes diz que deixará o Espírito, ou Paráclito, que vem do Pai (João 16,8-11).

Esse Paráclito deixado por Jesus é chamado de "Defensor". Se os Evangelhos representam uma confrontação entre Satanás e o Paráclito, é porque se trata de dois princípios opostos: a acusação contra a defesa, a mentira contra a verdade. Jesus deixa um Espírito que, de agora em diante, defenderá e vindicará as vítimas propiciatórias e impedirá que Satanás as siga acusando e executando. Mais ainda, a partir do capítulo 14 de João, o Espírito da Defesa é assimilado ao Espírito da Verdade. Revelando a verdade acerca da inocência das vítimas, estas serão defendidas e vindicadas.

Apesar disso, muitos cristãos continuam a projetar sobre Deus as convicções das demais religiões cuja origem é a violência propiciatória. A mentalidade sacrificial, apesar de se desvanecer cada vez mais, ainda atribui a Deus, e não a Satanás, o papel do

---

[36] Ernest Gellner, *Plough, Sword and Book*. Chicago, The University of Chicago Press, 1988.

acusador. No Dia do Juízo, Deus nos acusará, e talvez o Paráclito intervenha por nós. Girard é de todo alheio a esse tipo de teologia. Ver em Deus um acusador é convertê-lo numa figura satânica. O único que acusa é o diabo, e Jesus deixou o Paráclito para combater as perseguições, revelando seu funcionamento, evitando assim sua continuação.[37]

Girard sustenta que com tropeços, mas ainda em marcha, a Revelação dos Evangelhos continua. A mentira do diabo durou muito tempo, mas não pode continuar a se sustentar em face do Espírito da Verdade e da Defesa. Os perseguidores se aproximam cada vez mais da compreensão do mecanismo que os leva a perseguir, e, por conseguinte, este mecanismo deixa de funcionar. O poder e a influência do Paráclito é tal, que um por um os perseguidores de vítimas se converterão em seus defensores.

Os executores de Jesus ainda não sabiam o que faziam. Mas o Espírito mudará tudo isso. Como Paulo, os perseguidores defenderão suas vítimas (Atos dos Apóstolos 9,4-6). Tal como o apóstolo, os perseguidores saberão o que fazem e, por conseguinte, já não poderão continuar a fazê-lo.

*

Desde a publicação de *Coisas Ocultas desde a Fundação do Mundo*, Girard tomava distância de seus colegas, pouco lhe importando as exigências do politicamente correto e da herança do colonialismo, ele construía um sistema teórico através do qual tentava demonstrar a inspiração divina dos textos bíblicos, a divindade de Cristo, e a superioridade do judeo-cristianismo com relação às demais tradições religiosas.

---

[37] Essa interpretação de Girard pode ser relativizada, pois há inúmeras passagens nos Evangelhos referentes ao Juízo Final e à participação de Deus como juiz punidor (Mateus 25,31-46) e como agente que entrega os pecadores à justiça (Mateus 18,35).

Contudo, após a publicação de *O Bode Expiatório*, Girard se mostrou demasiado cristão para os intelectuais, e demasiado intelectual para os cristãos. Sua defesa do cristianismo se fazia de forma demasiado racionalista. Girard prescindia das imagens sobrenaturais dos Evangelhos, e, de forma similar a um Bultmann, via nelas uma maneira de representar realidades concretas na linguagem da época.

Enquanto racionalista, os leitores cristãos nunca chegavam a ter claro se Girard acreditava ou não na objetividade histórica dos acontecimentos sobrenaturais narrados nos Evangelhos. O mesmo se pode dizer das imagens que evocam sobrenaturalidade. Os termos da hermenêutica girardiana são próprios do século XX, quando as imagens sobrenaturais são difíceis de aceitar, ao menos de forma literal.

Assim como os milagres podem ser um instrumento alegórico para referir-se a realidades mais profundas, o uso que os Evangelhos fazem de conceitos como "Satanás" ou "Paráclito" deve ser entendido, de acordo com Girard, como uma maneira de expressar processos humanos. Repetidas vezes perguntaram a Girard se, para ele, o Diabo é uma realidade personificada existente. Em certa ocasião, estávamos presentes quando lhe foi feita essa pergunta, e ele não fez mais que sorrir e permanecer em silêncio. Talvez pessoalmente ele creia na existência do Diabo como princípio personificado, mas definitivamente não é isso o que lhe concerne em seus escritos. Para Girard, os Evangelhos se referem Satanás muito mais como a um processo humano que como a uma figura maligna personificada. Satanás é a multidão de perseguidores. A exegese de Girard é muito mais sociológica e antropológica que teológica.

Girard manteve esse princípio interpretativo, e se propôs a estender sua exegese racionalista a um dos textos bíblicos mais ricos em imagens sobrenaturais: o Livro de Jó. De todos os livros da Bíblia, talvez o de Jó seja o que melhor elabore a ideia do Diabo como uma personalidade *de fato* existente, que conversa com Deus e age sobre o mundo. Tentando fazer o mesmo que realizou com os Evangelhos, Girard se propôs a escrever sua próxima obra, *Le Route Antique des Hommes Pervers*,[38] como uma maneira de aplicar ao Livro de Jó sua exegese sociológica e rejeitar as interpretações tradicionais do texto.

Como se sabe, o Livro de Jó é dividido em três partes, e narra a história de Jó, um homem muito próspero e fiel servidor de Deus. No que se conhece como prólogo do Livro, Satanás propõe a Deus pôr à prova a fé de Jó, e Deus aceita a proposta, despojando Jó de suas riquezas e de sua saúde. Na segunda parte, a mais extensa e complexa do livro, Jó lança gritos de lamento e dor por seu desconsolo. Acompanham-no três amigos, Elifaz, Baldad e Sofar, que participam de alguns diálogos com ele. Os amigos tentam convencer a Jó de que talvez ele tenha pecado, e por isso Deus o tenha castigado, o que Jó debate. Ao final, na terceira parte, conhecida como conclusão e epílogo do livro, Jó tem diante de si Deus mesmo, que lhe devolve seus antigos pertences.

Tradicionalmente, interpretou-se o Livro de Jó como uma aproximação ao problema do mal e da responsabilidade de Deus nele. No prólogo, Deus permite que o mal caia sobre Jó, em grande parte por sugestão de Satanás, como prova para sua fé. Girard afirma, no entanto, que o que se descreve no prólogo é tão contundente, que os comentaristas costumam conformar-se com a versão ali oferecida dos fatos, vendo no Livro uma discussão metafísica sobre a natureza e as origens do mal.

Porém, Girard adverte contra os perigos de tais interpretações. O exposto no prólogo distingue-se significativamente do desenvolvimento dos diálogos, tratando-se, segundo uma hipótese elaborada anteriormente por outros autores, mas que Girard retoma, de dois textos que foram anexados pelos editores posteriores.

---

[38] Paris, Grasset, 1985. Citaremos a versão em inglês: *Job: The Victim of His People*. Stanford, Stanford University Press, 1987.

Em primeiro lugar, Satanás não aparece nos diálogos. Não existe nas conversas entre Jó e seus amigos referência a um princípio metafísico do mal. Muito pelo contrário, nos diálogos se cristaliza a ideia de que as desgraças de Jó não têm origem divina nem satânica, nem responde a um conceito metafísico do mal. Segundo o exposto nos diálogos, a origem das calamidades de Jó é *humana*. Como tantos outros personagens da Bíblia, Jó é um bode expiatório que recebe violência e maus-tratos de sua própria comunidade. Suas desgraças foram geradas por aqueles que o cercam.[39]

Girard cita grande quantidade de passagens dos diálogos em que Jó se queixa do tratamento recebido não de Deus nem de Satanás, *mas de seus próprios companheiros*:

> Ele afastou de mim os meus irmãos,
> os meus parentes procuram evitar-me.
> Abandonaram-me vizinhos e conhecidos,
> esqueceram-me os hóspedes de minha casa.
> Minhas servas consideram-me intruso,
> a seu ver sou estranho.
> Se chamo meu servo, ele não responde,
> quando lhe imploro com minha boca.
> À minha mulher repugna meu hálito,
> e meu mau cheiro, aos meus próprios irmãos.
> Até as crianças me desprezam
> e insultam-me, se procuro levantar-me.
> (Jó 19,13-18)
>
> Sua ira persegue-me para dilacerar-me,
> range contra mim os dentes,

---

[39] Acrescentemos que em algumas tradições islâmicas esse fato é ressaltado. O comentador do Corão, Ibn Jatir, insista em que Jó foi expulso da cidade (Brannon Wheeler, *Prophets in the Quran*. Londres, Continuum, 2002, p. 158). Isso sugere o tipo de castigo que, de acordo com Girard, comumente se impõe às vítimas propiciatórias, sendo Édipo o exemplo mais destacado.

> meus inimigos aguçam os olhos contra mim.
> Abrem contra mim a boca,
> esbofeteiam-me com suas afrontas,
> todos se aglomeram em massa contra mim.
> (Jó 16,9-10)

Mais ainda, explicitamente Jó se apresenta como um bode expiatório, que recebe os mesmos maus-tratos que muitas vítimas antes dele:

> À minha direita levanta-se a canalha,
> eles fazem escorregar meus pés
> e abrem contra mim seus caminhos sinistros;
> desfazem minha senda,
> trabalham para minha ruína,
> e não há quem os detenha.
> (Jó 30,12-13)

Muito mais que de doenças, Jó se queixa de maus-tratos. Tais maus-tratos não vêm de uma pessoa em particular, como Deus ou Satanás, mas de uma pluralidade de pessoas, de uma comunidade. Apesar disso, os comentadores não viram que os lamentos de Jó se devem aos sofrimentos recebidos de outros seres humanos. Disse-se frequentemente que a forma como Jó se lamenta tem muitíssimos paralelismos com os Salmos. Para Girard, este fato é suficientemente sugestivo para a conclusão de que ambos os textos refletem um tema comum: a vítima rodeada de numerosos inimigos.

Nos diálogos, também se esboça a forma como – e algumas das razões por que – Jó se transforma num bode expiatório de sua comunidade. Jó atravessa etapas que quase todas as vítimas de assédio coletivo atravessam. Antes de sofrer maus-tratos, Jó é um homem imensamente rico e respeitado por sua comunidade. Girard sugere que o prestígio desfrutado por Jó se aproxima da idolatria; mas, como se dá com todos os ídolos, seu período de admiração e respeito é seguido por um de ódio e maus-tratos.

A mudança sofrida pela sorte de Jó não é uma simples mudança de riqueza para pobreza. Trata-se de algo muito mais profundo: a passagem da admiração de seu povo ao ódio das mesmas pessoas que antes o amavam. Assim, Girard volta aos temas explorados desde *A Violência e o Sagrado* com respeito à relação entre governantes e governados. Embora Jó nunca chegue a ser rei, aproxima-se disso. Mas, inevitavelmente, aqueles que o adoravam se voltam contra ele e, o que é mais interessante ainda, lançam contra ele acusações, o que, como já vimos, é característico das perseguições.

Elifaz de Temã, um dos homens que acompanham a Jó nos diálogos, acusa-o da seguinte maneira:

> Exigias sem razão penhores de teus irmãos
> e despojavas de suas roupas os nus;
> não davas água ao sedento
> e recusavas pão ao faminto.
> (Jó 22,6-7)

Os comentadores viram em Elifaz e nos amigos de Jó uma espécie de teólogos que tentam arrostar o problema do sofrimento de Jó, tentando chegar a uma concepção do divino. Para Girard, as palavras de Elifaz não são mais que as censuras típicas de um texto de perseguição. Os "amigos" de forma alguma são amigos. São perseguidores que, em nome da coletividade, acusam e perseguem Jó.

Como explicar que repentinamente a comunidade congregada em torno de Jó agora o faça *contra* Jó? Retornando a concepções teóricas já elaboradas, Girard responde que a atividade mimética é a única explicação plausível. De início, todos se imitam na adoração a Jó, mas basta que alguém se volte contra ele para que todos os demais o sigam.

Jó vive a desgraça do desejo mimético. É um homem rico, admirado por todos. Mas Girard se apressa a advertir que de maneira alguma é o *único* homem rico de sua comunidade. Atrás dele se encontram os três "amigos" que desejam ser tudo o que ele é, e ter tudo o que ele tem. Esse desejo se difunde por meio da mímesis para o restante da comunidade, cujos membros se convertem em obstáculos uns dos outros, na medida em que seus desejos convergem em Jó e na posição que ele ocupa. O tema do modelo-rival admirado e odiado aparece uma vez mais. Jó mesmo será o encarregado de pôr fim a esta crise, servindo de bode expiatório para sua comunidade. Os "amigos" que tanto amaram Jó agora se comprazem em contemplar sua queda.

A mímesis é uma força tão paradoxal, que na história de Jó suas duas vertentes emanam de um mesmo processo e convergem num mesmo objeto. A primeira mímesis, a positiva, congrega a comunidade *ao redor* de Jó. Mas, sendo ele invejado por suas riquezas e posição, tal mímesis começa a congregar a comunidade *contra* Jó. Basta que Jó faça um gesto que não agrade a seus seguidores para que estes se voltem contra ele.

Existe uma passagem-chave que, além de dar título à obra de Girard, manifesta explicitamente o processo de perseguição que culmina na desgraça de Jó. Elifaz adverte Jó:

> Queres seguir os velhos caminhos
> por onde andaram os homens perversos?
> Foram arrebatados antes do tempo,
> quando uma torrente se lançou sobre seus
>   fundamentos.
> Eles diziam a Deus: "Afasta-te de nós.
> Que pode fazer-nos Shaddai?"
> Ele encha de bens suas casas,
> enquanto o conselho dos ímpios se afastou dele.
> Os justos veem isso e se alegram,
> o inocente zomba deles:
> "Eis destruídos nossos adversários!
> E que fogo devorou seus bens!".
> (Jó 22,15-20)

Nas palavras de Girard, "a 'antiga rota dos homens perversos' começa com grandeza, riquezas e poder, mas termina num desastre completo".[40] É o caminho que todos os ídolos vivos percorrem, até que ao final se convertem em bodes expiatórios daqueles mesmos que a princípio os idolatravam. Tal como os personagens estudados em *Mentira Romântica e Verdade Romanesca*, Jó se transforma num ídolo admirado, mas logo seus admiradores não sentirão mais que ódio por ele.

Girard destaca que "Jó já viajou uma grande distância na 'antiga rota dos homens perversos'. Alcançou o princípio da etapa final".[41] Aos olhos das comunidades persecutórias, todos os "homens perversos" começam por ser pessoas muito prósperas, mas logo devem cair. Quão perverso pode ser Jó? Sua "perversidade" não é senão fruto da distorção da comunidade que o persegue. Aos olhos dos perseguidores, todos os bodes expiatórios são perversos, o que legitima sua perseguição.

Na medida em que persegue uma vítima particular, a comunidade consegue unificar-se. Qualquer violência que consiga unificar a sociedade se tornará sagrada. De forma que, nos diálogos, os "amigos" proclamam que é a mão de Deus o que guia a perseguição contra os "perversos":

> Ele [Deus] aniquila os poderosos sem muitos
>   inquéritos
> e põe outros em seu lugar.
> Conhece a fundo suas obras!
> derruba-os numa noite e são destruídos.
> Açoita-os como criminosos,
> e em público lança-lhes cadeias.
> (Jó 34,24-26)

---

[40] *Job: The Victim of his People*, p. 14.
[41] Idem, p. 15.

Ao Deus da comunidade e dos "amigos" pouco importa a inocência ou culpa das vítimas; castiga sem averiguar. Mais ainda, sua violência é executada em nome da comunidade: faz prisioneiros para que *todos o vejam*. Recorde-se a marca que Durkheim deixou em Girard desde que este escreveu *A Violência e o Sagrado*. Durkheim proclamava: "o sagrado é o social", e Girard acrescentaria que o sagrado é o social conformado *à custa da execução coletiva de uma vítima*: o sagrado é a turba de linchadores.

O conceito de divindade que os "amigos" esboçam é violento, mas ainda mais agressivas são as palavras e as censuras pronunciadas pelos próprios "amigos". Repetidas vezes eles recordam os tempos de prosperidade de Jó, e imediatamente o acusam de oprimir seu próprio povo, de ser um déspota:

> A vida do ímpio é tormento contínuo,
> e poucos são os anos reservados ao tirano.
> (Jó 15,20)

Girard afirma que a forma como os amigos relatam a desgraça de Jó é coberta por uma aura de mistificação característica dos textos de perseguição e dos mitos. A violência sofrida pela vítima é dissimulada na medida em que é apresentada de forma sublime e poética. Sofar de Naamat, por exemplo, narra o castigo do tirano dessa forma:

> Em plena abundância sofrerá o golpe da penúria,
> com toda a sua força a miséria cairá sobre ele.
> Deus derrama sobre ele o ardor de sua ira,
> lança-lhe na carne uma chuva de flechas.
> Se escapar das armas de ferro,
> atravessa-lo-á o arco de bronze;
> uma flecha sai de suas costas,
> e um dardo flamejante, de seu fígado.
> (...)
> O céu revelará sua iniquidade,

> a terra se insurgirá contra ele.
> (...)
> Esta é a sorte que Deus reserva ao ímpio,
> a herança que destina à sua pessoa.
> (Jó 20,22-29).

Deus organiza uma cruzada contra o tirano. Como todas as cruzadas, as imagens que nela se evocam são repletas de violência, mas esta violência não é de todo aterradora. Muito pelo contrário, trata-se de uma violência sublime que compraz o leitor. Em vez de apresentar sangue e decapitações repugnantes, apresenta "chuvas de flechas" e "arcos de bronze". Mais importante ainda, a violência vem do próprio Deus: é protegida pelo respaldo divino.

Enquanto os amigos apresentam sua cruzada com grandeza e triunfalismo, os lamentos de Jó acusam um cru realismo que gera um efeito perturbador em seus ouvintes. Para Girard, a epopeia é o gênero literário das coletividades que acossam vítimas e mistificam a violência. Pode-se dizer perfeitamente que as expressões dos amigos de Jó são épicas. Por mais que Jó apresente uma descrição diferente dessas mesmas realidades, os "amigos" não o escutam; persistem na descrição sublime da cruzada divina contra o tirano.[42]

---

[42] Em mais de um ponto Girard parece concordar com Aristóteles sobre a epopeia. O Estagirita apreciava a epopeia com reservas, e recomendava ao poeta trágico não penetrar no campo épico: "É preciso que se lembre, como muitas vezes dissemos, de não construir uma tragédia com um sistema 'épico'" (*Poética*, 18, 1456a 11s.). Em oposição à epopeia, a tragédia deve recorrer muito mais à ação que à narração (6, 1449b 24), e deve prescindir dos episódios inúteis e extensos, o que a epopeia não faz. Na visão de Girard, a narração contribui para a mistificação da violência. Apesar de Aristóteles nunca ter-se preocupado com a forma como a epopeia possa vir a ser o gênero das coletividades de linchadores, demonstrou, porém, certa preocupação com a forma como o épico pode distorcer os eventos representados, tal como segundo Girard fazem os mitos e os textos de perseguição. O bom poeta deve apresentar os fatos *tal como são*, nunca deve recorrer a imagens narrativas, porque isto pode comprometer sua representação. Aristóteles tem certo entendimento de que a epopeia pode distorcer, tal como fazem os textos escritos da perspectiva dos linchadores. Nas palavras de Aristóteles: "É necessário, com efeito, que o poeta fale muito pouco por sua própria conta, já que na medida em que o faz não é imitador" (24, 1460a 7s.)

Os "amigos" falam em nome da comunidade, e a violência de seus discursos cresce à medida que prossegue o diálogo. De nenhuma maneira estão ali para consolar Jó ou para travar uma discussão teológica sobre o mal, como sugere o prólogo do Livro. Estão ali para fazer-lhe acusações e censuras, e para incrementar a violência que, como bode expiatório, Jó recebeu. Girard reconhece que os "amigos" não insultam Jó nem lhe cospem, mas assimilam o castigo de Jó à ação divina, o que é o pior de todos os gestos violentos.

Os três "amigos", especialmente Elifaz, não só servem de representantes da comunidade, mas também cumprem um papel instigador e manipulador da massa. Os discursos dos amigos possuem um ritmo frenético e ascendente. Girard sugere que este ritmo é uma maneira de ir estimulando a coletividade a voltar-se em sua totalidade contra Jó.

Enquanto em *A Violência e o Sagrado*, Girard estudava a forma como a violência propiciatória se desenrolava especialmente em cenários rituais, em *O Bode Expiatório* dedicava sua atenção antes à forma como este tipo de violência se desenvolve de maneira espontânea. Isso não significa que não exista uma continuidade entre os dois cenários. No caso de Jó, o herói bíblico é várias vezes assimilado às vítimas sacrificiais, e suas desgraças são identificadas com os ritos de sacrifício.

> Jó reprova seus perseguidores:
> Seríeis capazes de leiloar um órfão,
> de traficar o vosso amigo.
> (Jó 6,27)

Os órfãos, recorda Girard, foram comumente vítimas em sociedades onde se executam sacrifícios humanos. Os antigos conheciam isso muito bem, de forma que Jó se identifica com as vítimas de ritos sacrificiais, porque reconhece nessa instituição ritual o mesmo processo que deu origem à sua desgraça.

Mais ainda, Girard destaca as semelhanças existentes entre os discursos de Elifaz e as preparações rituais dos sacerdotes sacrificiais. No rito sacrificial, o sacerdote convoca a comunidade a participar do sacrifício, e supervisiona sua correta execução. Elifaz faz algo não muito diferente: através de seus discursos, gera uma efervescência na comunidade, de forma que esse frenesi seja mitigado com a execução da vítima. Elifaz e os demais amigos também desempenham um trabalho de "supervisão": verificam se Jó está sofrendo, de forma que o mecanismo vitimário possa realizar-se adequadamente.

Em *A Violência e o Sagrado*, Girard já havia feito menção às semelhanças existentes entre as práticas xamânicas e as instituições sacrificiais. Até a própria medicina moderna funciona com base nos princípios do mecanismo vitimário: para curar o corpo, tem de expulsar a substância perturbadora. No plano social, o sacerdote sacrificial funciona como um médico que supervisiona a "saúde" da comunidade: para preservar a ordem, é preciso purificar a sociedade, desfazendo-se de um bode expiatório. Os "amigos" curam com o sacrifício, cumprindo assim o papel medicinal que Jó claramente identifica:

> Vós não sois senão embusteiros,
> todos vós meros charlatães.
> (Jó 13,4).[43]

Além de se assemelharem aos ritos, Girard sustenta que os discursos dos "amigos" cumprem todas as pautas das representações mitológicas. Identificam a violência coletiva contra uma vítima com a ação

---

[43] Não obstante, Girard parece não levar em consideração o fato de que, nos Evangelhos, Jesus descreve seu ministério em termos de medicina: "Não são as pessoas sadias que necessitam de médico, mas as doentes" (Mateus 9,12; Marcos 2,17; Lucas 5m31). Mais ainda, as curas desempenham uma parte muito importante em seu ministério, e a maior parte dessas curas são realizadas mediante a *expulsão* de demônios e outros agentes não desejados, estendendo-se assim nos Evangelhos a relação postulada por Girard entre os sistemas sacrificiais não cristãos e a medicina.

divina, razão por que aquela se legitima. Mais ainda, o estilo épico em que se representa esta violência contribui para a dissimulação da violência, o que, como já vimos, é característico dos mitos.

Mas, diferentemente das representações mitológicas, o livro de Jó concede à vítima a oportunidade de manifestar sua perspectiva. O que torna o Livro de Jó realmente interessante é o formato de diálogo em que está escrito. Para cada acusação que os "amigos", em nome da comunidade, lançam contra Jó, este tem a oportunidade de defender-se e fazer ouvir sua voz como vítima, rejeitando todas as distorções de seus perseguidores.

Dessa forma, o Livro de Jó apresenta paralelismos com as mitologias e ao mesmo tempo toma distância delas. Uma vez mais, Girard volta ao mito de Édipo para estabelecer uma comparação e compreender a singularidade de um texto como o Livro de Jó.

Como Jó, Édipo começa por ser uma figura que goza de grande prestígio entre os membros de sua comunidade. É o herói que resolveu o enigma da esfinge. Mas, tal como Jó, logo sua sorte mudará tragicamente. Jó sofre de lepra, e Édipo é identificado como o responsável pela peste. Édipo será acusado por seu próprio povo, e finalmente expulso pelos crimes que supostamente cometeu.

Com frequência se diz que Édipo é um herói do conhecimento, quando na verdade não é mais que um herói da mentira: em seu mito, prevalece a visão distorcida da coletividade de perseguidores. Jó, por seu lado, é o verdadeiro herói do conhecimento: seus lamentos e protestos revelam o papel que os bodes expiatórios desempenham na ordem social.

O que distingue um mito como o de Édipo do Livro de Jó, segundo Girard, é a oportunidade que no texto bíblico se oferece à vítima de defender-se. Enquanto a voz de Édipo é suprimida pelos narradores do mito, que o fazem aceitar sua própria culpa, Jó tem a oportunidade de rejeitar todas as acusações que contra ele se lançam.

No Livro de Jó, escuta-se tanto a versão dos perseguidores como a dos perseguidos; no mito de Édipo, só se representa o ponto de vista da turba. As turbas mais eficientes são as verdadeiramente unânimes. Esta unanimidade é selada se a própria vítima participa de seu próprio castigo. A vítima deve juntar-se à multidão, e Édipo o faz, aceitando sua culpa.

Advirta-se, porém, que se pode questionar o argumento de Girard. É verdade, de fato, que, diferentemente de Jó, Édipo termina por aceitar sua própria culpa ao ser acusado de parricida e incestuoso. Não por nada, ao final de *Édipo Rei*, ele termina por arrancar os olhos como mostra de fúria, após aceitar sua culpa. Mas Sófocles se preocupou em delinear um Édipo que, tal como Jó, protesta contra o castigo e não aceita sua culpa incondicionalmente. Em *Édipo em Colona*, o herói protesta depois de sua expulsão de Tebas, tal como Jó após sofrer suas desgraças: "Porque diz-me: se meu pai teve uma predição dos oráculos segundo a qual ele devia morrer pelas mãos de seu filho, como em justiça podes imputar isso a mim, que ainda não havia sido gerado por meu pai nem concebido por minha mãe, mas então ainda nem sequer havia nascido?"[44]

A incorporação da própria vítima à perseguição da comunidade é tão ansiada pelos "amigos", que se pode perfeitamente pensar em seus discursos como uma forma de pressionar Jó para que aceite sua culpa e, de uma vez por todas, legitime seu castigo. Jó possui uma força extraordinária: em face de tantas acusações e censuras, não cede e sustenta sua inocência. As pressões dos três "amigos" parecem inúteis, razão por que a perspectiva da comunidade julga necessário incorporar outra voz para insistir nas acusações e censuras. Em concordância com a maioria dos críticos bíblicos, Girard considera muito provável que o quarto amigo, Eliú, seja um suplemento de editores posteriores do texto. Com a incorporação de Eliú, tenta-se dar maior fortaleza às acusações da comunidade, de forma

---

[44] Sófocles, *Édipo en Colona*. In: *Obras Completas*. Buenos Aires, Aguilar, 1957, p. 591.

que Jó aceite sua culpa e renuncie ao protesto. Eliú está ali para conseguir o que os três "amigos" não puderam fazer.

As perseguições funcionam melhor quando não restam dúvidas quanto à sua legitimidade, e a melhor forma de legitimá-las é o perseguido estar de acordo com a multidão quanto ao seu próprio castigo. Os "amigos" de Jó estão em busca da sua "confissão espontânea".

Girard recorda que este é um traço característico dos sistemas totalitários. Não basta perseguir e julgar suas vítimas; na medida em que pretendem uma totalidade, tais sistemas buscam que o próprio perseguido seja parte da perseguição. O sistema se fortalece se a própria vítima apoia o que se está fazendo. O mecanismo das vítimas propiciatórias busca a consecução da ordem, e essa ordem não pode ser estabelecida se houver discórdia entre a vítima e seus vitimários. Tão avassaladora é a perseguição, que não pode permitir um espaço para a dúvida, nem sequer para as que vêm da própria vítima. Tal como os "amigos", os sistemas totalitários estão tão convencidos da culpa dos acusados, que não lhes interessa elaborar pesquisas sobre o caso. O que lhes interessa é que haja uma confissão e os acusados aceitem sua culpa.

Os sistemas totalitários não só se esforçam por conseguir a "confissão espontânea" de seus perseguidos, mas, uma vez eliminados estes, buscam desfazer-se de todos os seus vestígios. Os "traidores" deixam de existir nos registros, não deixam família nem amigos. Uma vez mais, a versão espontânea do mecanismo vitimário encontra analogias com as instituições rituais: tal como os sistemas totalitários, os ritos sacrificiais devem recorrer a amplas medidas de purificação para desfazer-se de tudo com o que a vítima pode ter entrado em contato. A comunidade que persegue Jó também aspira a desfazer-se de sua memória:

> Sua memória desaparece de sua terra,
> seu nome se apaga na região.
> Lançado da luz às trevas,

> ele se vê banido da terra;
> sem prole nem descendência entre seu povo,
> sem um sobrevivente em seu território.
> (Jó 18,17-19)

Toda essa pressão finalmente afeta Jó, que começa a falar como seus próprios perseguidores e parece entregar-se às acusações. Apesar de sua grande vontade, é inevitável que as censuras de três, e depois quatro, opressores gerem um efeito sobre ele. Ele mesmo começa a duvidar de sua inocência:

> Mesmo que eu fosse justo, sua boca condenar-me-ia;
> se fosse íntegro, declarar-me-ia culpado.
> Sou íntegro? Eu mesmo já não sei,
> e rejeito minha vida!
> (Jó 9,20-21)

Girard insiste em que, se a própria vítima aceita sua culpa, dificilmente se poderá ver nela um bode expiatório. Jó termina falando como seus próprios perseguidores. Isso é o que ensejou o surgimento de interpretações que se concentram na discussão metafísica sobre o mal, prescindindo assim do tema do bode expiatório neste texto.

Jó até aceita a origem divina da violência que recebe. Embora os "amigos" não consigam convencê-lo a aceitar seu castigo, ao menos conseguem que Jó não questione a proteção sagrada de seu castigo. Para Jó, é o próprio Deus quem dispôs todas as suas desgraças:

> Deus entregou-me a injustos,
> jogou-me nas mãos dos ímpios.
> Vivia eu tranquilo, quando me esmagou,
> agarrou-me pela nuca e me triturou.
> Fez de mim seu alvo.
> Suas flechas zuniam em torno de mim,

> atravessou-me os rins sem piedade,
> e por terra derramou meu fel.
> (Jó 16,11-13)

Jó participa da teologia que os "amigos" formulam: Deus dá e Deus tira. A comunidade age sob o nome de Deus: primeiro se congrega em torno de Jó, provendo-o de todo o seu prestígio, e depois se volta contra ele, tirando-lhe tudo aquilo de que um dia desfrutou. Jó aceita a identidade entre a comunidade e Deus. Embora ele possa protestar contra suas desgraças, nunca reprova seus vitimários humanos. Os "amigos" conseguiram convencê-lo de que a origem de seu castigo é divina. Por isso, seu protesto e enfrentamento se voltam para o próprio Deus:

> Já que tenho tédio à vida,
> darei livre curso ao meu lamento,
> falarei com amargura da minha alma.
> Direi a Deus: "Não me condenes,
> explica-me o que tens contra mim.
> Acaso te agrada oprimir-me,
> rejeitar a obra de tuas mãos
> e favorecer o conselho dos ímpios?"
> (Jó 10,1-3)

De forma que, durante a maior parte dos diálogos, Jó aceita a concepção da divindade oferecida pelos amigos: o Deus castigador que se compraz em gerar desgraça e não se apieda das vítimas. Girard adverte que o Deus dos "amigos" é em verdade o Satanás dos Evangelhos: o *acusador*. Mas também Jó vem a transformar sua concepção da divindade: para Jó, Deus deixa de ser o perseguidor e acusador apresentado pelos "amigos"; muito pelo contrário, vem a ser o defensor das vítimas:

> Tenho, desde já, uma testemunha nos céus,
> e um defensor nas alturas;
> intérprete de meus pensamentos junto a Deus,

> diante do qual correm as minhas lágrimas.
> (Jó 16,19-20).

> Eu sei que meu Defensor está vivo
> e que no fim se levantará sobre terrão pó.
> quando tiverem arrancado esta minha pele,
> fora de minha carne verei a Deus.
> (Jó 19,25-26)

Jó não só protesta contra sua desgraça, mas contra o conceito da divindade apresentado pelos "amigos". Destaque-se que estas passagens não seguem uma ordem cronológica. Assim, Jó aceita tanto o Deus acusador como o Deus defensor ao longo dos diálogos. Jó não rejeita totalmente o Deus dos "amigos", mas se incorpora a esse Deus que defende aos oprimidos.

Terminados os diálogos, Deus finalmente se volta contra Jó. Este Deus é um retorno ao conceito do divino dos "amigos". Nem os três "amigos" nem Eliú conseguiram convencer Jó a aceitar sua desgraça. Girard considera que a intervenção deste Deus é um último esforço por conseguir a rendição de Jó.

Este Deus não é tão violento quanto o proclamado pelos "amigos" nos diálogos; ele já não faz "chover flechas sobre os malvados". Mas continua a ser um perseguidor. Como é sabido, em seu confronto com Jó, Deus ressalta os animais mais temerosos. O avestruz, o Leviatã e tantas outras criaturas mencionadas por este Deus são mostras de seu poderio. Quer mostrar-se imponente diante de uma vítima indefesa como Jó, o suficiente para que este se renda diante de seu poder. Não usa de violência, mas faz alarde dela para intimidar a vítima.

Finalmente, Jó se rende. Mas Girard adverte que a rendição de Jó é claramente incoerente com o apresentado nos diálogos. Como é que, repentinamente, depois de uma fervente resistência, Jó se entrega? Girard responde que deve tratar-se de dois autores: o autor dos diálogos está interessado em oferecer à vítima a oportunidade de defender-se, enquanto o autor da conclusão faz parte da coletividade e transforma o Livro de Jó num texto de perseguição, fazendo que Jó aceite sua desgraça, legitimando e mistificando seu castigo. O autor da conclusão se compraz com o Deus perseguidor, e faz que Jó se renda a ele.

Contudo, uma vez mais, Girard considera que tanto o prólogo como a conclusão do Livro são bastante estranhos ao espírito dos diálogos. Provavelmente são suplementos, produto do escândalo gerado pelo espírito de defesa que se depreende dos diálogos. Enquanto herdeiros da coletividade, os primeiros leitores e ouvintes dos diálogos não podiam aceitar que esta vítima protestasse contra seu castigo, razão por que se incorporaram novas cenas em que o castigo provém do próprio Deus, e Jó termina aceitando sua culpa. Os diálogos abrem a possibilidade da revelação do mecanismo do bode expiatório, mas os acréscimos posteriores buscam impossibilitá-la.

Apesar disso, tais suplementos não suprimem os diálogos. Estes permanecem intactos: a voz da vítima nunca é silenciada. Simplesmente é eclipsada por sua rendição e pelo conceito de Deus perseguidor. Disso deriva um resultado misto em todo o Livro de Jó: ele é escrito tanto da perspectiva dos perseguidores como da dos perseguidos. Mais ainda, o Deus do final não está inteiramente do lado dos perseguidores. Termina privilegiando a visão de Jó acima da dos "amigos": "Não falastes corretamente de mim, como o fez meu servo Jó" (42,8). Porém, Girard não menciona que, algumas linhas antes dessa passagem, no mesmo versículo, Deus ordena aos "amigos" que ofereçam um sacrifício de holocaustos como expiação. Embora privilegie a Jó enquanto vítima, esse Deus também continua a se comprazer com sacrifícios e exige a continuidade ritual da violência propiciatória.

A interpretação mais comum do Livro de Jó consiste em indicar que este texto é um tratado de teodiceia, ou seja: por que Deus permite o mal? Apesar de este não ser o tema central do texto,

Girard concede que não se pode prescindir desta preocupação. Se Jó levantou seus gritos e, às vezes, clamou a Deus por sua defesa, por que não interveio Deus para pôr fim a seu sofrimento? Como pode haver um Deus das vítimas, se Este permite que os justos sejam castigados?

No epílogo do Livro de Jó, Deus devolve a Jó todos os seus pertences. Girard, contudo, insiste em que, para fazer isso, Deus tem de recorrer a mais violência: praticamente tem de tirar os pertences de outros para entregá-los a Jó. O Deus do epílogo está muito longe de ser um Deus das vítimas; continua a ter semelhança com o Deus dos "amigos". O verdadeiro Deus das vítimas, insiste Girard, é o proclamado por Jó como seu defensor. Esse Deus não pode intervir no curso do mundo para vindicar as vítimas, porque para fazê-lo necessitaria de mais violência. Deus "permite" o mal no mundo precisamente porque é um Deus das vítimas e não pode intervir violentamente para mudar as coisas.

É esse o conceito de divindade que se desenvolve nos Evangelhos. No capítulo anterior mencionamos que Deus "permite" que seu Filho morra não porque se compraza com sua morte, mas porque a única forma de impedir que morra é recorrer à violência da qual jamais pretende participar.[45] Embora no Livro de Jó se alternem duas visões opostas do divino, ele cumpre a função importantíssima de antessala do pleno desenvolvimento do Deus das vítimas nos Evangelhos.

---

[45] Acrescente-se que, na versão corânica do Livro de Jó, tal como no epílogo do Livro, Deus também intervém para devolver as antigas riquezas a Jó (Corão 38,42-43). Mas, na história da morte de Jesus, o Corão apresenta uma versão muito diferente dos acontecimentos. Enquanto nos Evangelhos Jesus morre na Cruz sem que Deus intervenha por ele, no Corão se diz que "Jesus não morreu nem foi crucificado, mas apenas teve essa aparência. (...) Deus o ascendeu para Seu lado" (4,157-158). Se seguirmos o argumento de Girard, concluiremos que, enquanto para os muçulmanos o Deus das vítimas intervém no mundo, para os cristãos é impossível que esse Deus o faça, porque isso seria uma forma de retornar à violência. Ainda assim, no Antigo Testamento também aparecem personagens como Henoc e Elias, que foram elevados ao céu por Deus. Ver Gabriel Andrade, "A Girardian Reading of the Quranic Denial of the Crucifixion". In: *Opción*. Maracaibo, La Universidad del Zulia, ano 19, n. 40, 2003.

A distorção do prólogo e da conclusão do Livro de Jó é tão esmagadora, que eclipsou os temas do bode expiatório que claramente aparecem nos diálogos. Já vimos que os Evangelhos são os textos que realmente revelam plenamente o funcionamento do mecanismo vitimário. Assim, é graças tão somente aos Evangelhos, argumenta Girard, que podemos compreender os temas do bode expiatório no Livro de Jó. Sem os Evangelhos, Girard adverte que ele não teria a chave para se dar conta do processo de vitimação *humana e não divina* pelo qual Jó está passando, e prevaleceria a interpretação que não faz mais que respaldar a perspectiva dos perseguidores. Jó é mais uma vítima de um processo cuja origem e funcionamento só serão esclarecidos com a revelação empreendida pelos Evangelhos.

capítulo 5
de volta à crítica

> Quico: Chaves, olhe que sanduíche de presunto grande
> que eu tenho! Quer?
> Chaves: Quero!
> Quico: Pois então não lhe dou!
> "Chespirito" (Shakespeare *chaparrito* [pequeno]).
> Chaves

Girard nunca deixou de ser um crítico literário. Suas pesquisas sobre a tragédia grega o levaram à etnologia, e dela aos estudos bíblicos e, de forma mais sumária, à teologia. Mas ele foi sempre fiel ao espírito acadêmico que defende a leitura cuidadosa e os comentários de textos literários.

Sempre considerou *Mentira Romântica e Verdade Romanesca* um texto inacabado. Certamente, além dos cinco romancistas estudados nesse livro, havia outros autores que participavam do mesmo gênio e demonstravam possuir um conhecimento profundo das relações miméticas entre os seres humanos.

Girard se destaca por ser um autor que não costuma expor seus pontos de vista de forma totalmente autônoma. Um autor que estudou de perto a forma como os sujeitos têm uma dívida com os demais não pode proclamar a autonomia de suas visões. Em toda a sua carreira acadêmica, Girard destacou-se por interpretar textos: é comentando os demais autores que ele se expressa. Em seus três últimos livros, tinha tentado deixar bem clara a ideia de que sua teoria é apenas a formalização científica de princípios que já se encontram na Bíblia, e de que sem os textos bíblicos é impossível chegar a produzir este tipo de conhecimento científico.

Para Girard, os grandes teóricos do desejo não é Freud, nem Lacan, ou seja, nem Deleuze, tampouco Guattari. Os verdadeiros conhecedores do desejo vêm da literatura, e com os romancistas podemos aprender muitíssimo mais sobre este tema. Girard sempre defendeu que não se pode atribuir a ele a origem de uma teoria do desejo mimético. No início de sua carreira, concedeu esse reconhecimento a Cervantes, Flaubert, Stendhal, Proust e Dostoiévski. Mais adiante, após sua conversão cristã e sua leitura dos textos bíblicos, concedeu tal mérito à Bíblia, especialmente aos Evangelhos.

Seus três últimos livros tinham sido um esforço para convencer seus leitores da singularidade da Bíblia, e suas repercussões em nosso mundo. Porém, Girard sempre reconheceu que há autores que ele não comentou formalmente, e que demonstram um grande conhecimento do desejo mimético através de suas criações literárias: Molière e Racine são os que com maior frequência menciona. Girard desejava fazer uma volta à crítica literária tradicional, estendendo os métodos e pontos de vista de *Mentira Romântica e Verdade Romanesca* a um autor que, certamente, foi um dos grandes expoentes do desejo mimético: William Shakespeare.

O interesse de Girard por Shakespeare remontava a seus anos na Universidade de Buffalo. Como confessa, foi ao assistir pela televisão uma versão de *Sonho de uma Noite de Verão* que passou a ter fascinação pelo dramaturgo inglês.[1] Girard sabia que escrever um livro sobre Shakespeare àquela altura seria um grande risco. É, talvez, o autor sobre o qual mais se escreveu no Ocidente. Mas Girard se propunha a fazer uma leitura *mimética* de Shakespeare, a qual, muito provavelmente, não havia sido feito por nenhum crítico.

---

[1] René Girard, *Les Origines de la Culture*. Paris, Desclé du Browe, 2004, p. 46.

Em Shakespeare aparecem quase todos os temas sobre os quais Girard se pronunciou, tanto em sua crítica literária inicial como em sua posterior antropologia e inclusive em sua filosofia cristã. Em Shakespeare abundam os triângulos de desejo sobre os quais Girard escreveu em seu primeiro livro, muito mais até que nos romancistas estudados. Mais importante ainda, os temas posteriores da teoria de Girard, a saber, as origens culturais e a singularidade da religião cristã, não aparecem nos romancistas inicialmente estudados. De forma que Girard também aproveitou a ocasião para ressaltar os temas do mecanismo da vítima propiciatória em sua próxima obra, publicada em 1990, *Shakespeare: Teatro da Inveja*.[2]

*

Em *Mentira Romântica e Verdade Romanesca*, Girard se abstivera de empregar a palavra "inveja", ao menos recorrentemente. Guiado, talvez, por sua sofisticação crítica, Girard preferia empregar os conceitos de "desejo triangular" e "mediação interna".

Apesar disso, muitas das situações retratadas pelos romancistas estudados nessa obra podem perfeitamente ser conduzidas pela emoção que denominamos "inveja". Julien inveja o mundo aristocrata contra o qual luta, a Marcel acontece o mesmo com relação ao mundo dos Guermantes, etc.

A recorrência com que Shakespeare emprega o conceito da "inveja" em suas obras é tal, que, à medida que Girard lia o dramaturgo inglês, tornou-se clara a importância deste conceito, e a necessidade de incorporá-lo à sua crítica e às suas teorias sobre o desejo mimético. Diferentemente dos romancistas anteriormente estudados, Shakespeare explicitamente se pronuncia sobre o desejo, e o faz através da "inveja".

---

[2] Trad. Pedro Sette-Câmara. São Paulo, Editora É, 2009. Originalmente, essa obra foi escrita em inglês (*A Theather of Envy: William Shakespeare*), mas foi publicada primeiro a tradução francesa: *Shakespeare: Les Feux de l'Envie* (Paris, Grasset, 1990). (N. T.)

Mais cedo ou mais tarde, argumenta Girard, os personagens shakespearianos se tornam presas da inveja e aparece o desejo mimético em suas vidas. Tal como com os personagens romanescos, os shakespearianos sofrem uma grande erosão de personalidade. Igualmente, nos momentos em que Shakespeare realmente mostra genialidade, o tema da crise se apodera de seus palcos, e, o que é mais interessante ainda para Girard, esta crise, tal como foi explicitamente denominada por Shakespeare, é uma crise de *degree*: de graus ou de diferença. Tal como os trágicos, Shakespeare aprofunda-se na forma como a perda das diferenças gera conflitos.

Girard se propõe em *Shakespeare: Teatro da Inveja* a selecionar as obras do dramaturgo inglês que melhor representam esses temas. Uma parte de tais obras não são as mais conhecidas de Shakespeare, de forma que a crítica de Girard pode perfeitamente ser pensada como uma promoção de algumas das obras marginais, dado que é nelas que Shakespeare demonstra conhecer o desejo mimético. Tal como em *Mentira Romântica e Verdade Romanesca*, Girard não apresenta tais obras em ordem cronológica; prefere adotar uma ordem de *amadurecimento*, demonstrando que o repertório shakespeariano é um processo gradual e com retrocessos, no qual, tal como entre os romancistas, existe uma sequência que vai do desejo mimético e das crises de diferenças à sua resolução com o mecanismo do bode expiatório.

Uma das primeiras aproximações de Shakespeare aos "triângulos de desejo" é uma comédia de juventude, *Os Dois Cavalheiros de Verona*. Dois grandes amigos, Valentino e Proteu, disputam o amor de Sílvia. Os dois amigos vivem em Verona, mas Valentino vai para Milão. Proteu se apaixona por Júlia, e por causa disso decide ficar em Verona. Mas ele não quer separar-se de Valentino, e vai para Milão. Ali conhece Sílvia, a quem Valentino professou seu amor. Proteu também se apaixona por Sílvia, e os dois amigos disputam o amor da donzela. Proteu tenta violá-la, o que Valentino evita. Ao final, os amigos se reconciliam quando Valentino cede a donzela a Proteu.

Girard insiste em que boa parte do comportamento de Proteu é uma imitação do de Valentino. Seu amigo foi para Milão, e Proteu não faz mais que imitá-lo nessa viagem, seguindo o fiel amigo, ainda que isso implique o abandono de Júlia. O próprio Proteu reconhece que Sílvia é tão desejável quanto Júlia, mas, apesar disso, termina desejando Sílvia. A escolha de Proteu é mediada pela escolha de Valentino. Seu desejo não é mais que uma reprodução do desejo do amigo.

Não existe em Shakespeare, argumenta Girard, a noção de "amor à primeira vista". Tal como os personagens romanescos, o amor nos personagens shakespearianos surge como imitação do de outros personagens. Se Proteu se apaixonou por Sílvia, é porque Valentino o fez primeiro. Ele se desinteressa de Júlia porque Valentino não está presente em Verona para também desejá-la.

Valentino e Proteu são grandes amigos desde a infância. Mas o conceito de "amizade" em Shakespeare é muito complexo. Duas pessoas são amigas quando convivem por longo tempo. Os amigos compartilham muitas opiniões, estilos de vida e gostos, mas não raro as semelhanças entre eles geram rivalidades e conflitos. Eles terminam desejando as mesmas coisas. Em Shakespeare, indica Girard, é comum que os grandes amigos se convertam nos piores inimigos.

Cada amigo faz alarde de suas mulheres diante do outro. De início, Proteu faz alarde de Júlia, e Valentino de Sílvia. De acordo com Girard, esses alardes buscam despertar no outro o desejo por suas próprias mulheres; em outras palavras, cada um convida o outro a desejá-las. Valentino exagera seu amor por Sílvia, de forma que Proteu imite esse fervor e termine desejando a própria Sílvia. Para desejar, é preciso contar com o aval do Outro.

Assim, Valentino também participa desse jogo mimético. Se exagera seu amor por Sílvia, é porque, no fundo, anseia que Proteu o imite e deseje Sílvia, de forma que Valentino também possa desejar algo que é desejado por alguém mais. Para o sujeito, o objeto do desejo terá valor só se for desejado por um terceiro. Para adquirir esse valor, Valentino convida Proteu a desejar Sílvia.

A vinculação mimética que Proteu desenvolve em torno de Valentino é tal, que assim como o homem do subsolo dostoievskiano, ele se irrita ao sentir-se ignorado pelo modelo. Valentino está demasiado ocupado com sua amante, e cresce o ressentimento de Proteu. De acordo com Girard, ambos os personagens, mas especialmente Valentino, figuram a situação do "duplo vínculo" a que já fizemos referência: o sujeito convida o amigo a desejar algo, alimenta nele um interesse pelo objeto do desejo que lhe pertence, mas o rejeita na obtenção do mesmo objeto que o tinha convidado a desejar.

O desejo que cresce em Proteu é tal, que ele termina tentando violar Sílvia. Valentino a resgata, só para que, posteriormente, Valentino ofereça a donzela ao amigo. Girard considera que, uma vez mais, esse estranho gesto tem origem na mímesis. Compreendendo o dano que causou a Proteu através do que Girard denominou "duplo vínculo", Valentino pretende remediar sua disputa entregando-lhe Sílvia. Mas até esse suposto gesto de "altruísmo" obedece ao jogo da mímesis: a entrega de Sílvia é uma forma de, novamente, convidar Proteu a desejar sua mulher.

Esta mesma estrutura triangular aparece em *A Violação de Lucrécia*, um poema narrativo escrito segundo as pautas da moda literária da época. Nele se narra a história de Colatino e seu amigo Tarquínio, que termina por violar Lucrécia.

Colatino é o marido de Lucrécia e a deseja firmemente, mas Girard sustenta que "Colatino faz tudo que pode para contaminar seu rival com seu desejo".[3] De forma análoga a como procede Valentino,

---

[3] *Shakespeare: Teatro da Inveja*, p. 77.

Colatino se esforça por despertar no fiel amigo o desejo por Lucrécia. O desejo de Tarquínio é alimentado por Colatino constantemente. Exaltando os atributos de Lucrécia, Colatino se oferece como modelo de imitação a Tarquínio: desperta neste um desejo, de forma que termine por imitá-lo e, uma vez conseguido isto, Colatino também imite o desejo de Tarquínio, conformando assim a relação de duplos miméticos.

Girard afirma que Shakespeare sabe muito bem que o melhor afrodisíaco é a inveja. Para despertar o desejo por algo, a estratégia mais eficaz costuma ser propor a um terceiro que deseje o mesmo objeto. A estratégia que Colatino tem para despertar seu próprio interesse por Lucrécia consiste em que ele mesmo desperte o interesse do amigo Tarquínio por sua própria esposa.

Tal como em *Os Dois Cavalheiros de Verona,* o "duplo vínculo" se conforma, mas desta vez com resultados trágicos. Como em Proteu, em Tarquínio cresce tanto o desejo pela mulher do amigo, que tenta violá-la, desta vez com sucesso. Se *Os Dois Cavalheiros de Verona* era ainda uma comédia, *A Violação de Lucrécia* se tinge de tom trágico. Inicia-se assim um ciclo de violência a que a mímesis ameaça dar prosseguimento: além de suplicar misericórdia, Lucrécia pede aos gritos que não seja violada, porque, se o for, outros violadores, imitando Tarquínio, também o farão.

Em *Os Dois Cavalheiros de Verona*, Proteu permanece como o principal culpado da tentativa de violação de Sílvia. Em *A Violação de Lucrécia*, afirma Girard, já não é possível atribuir a um só personagem a culpa dos trágicos acontecimentos. Tanto Colatino como Tarquínio são os responsáveis: um por ter incitado o desejo do amigo, o outro por ter violado Lucrécia. Girard exalta em Shakespeare o mesmo mérito que atribuía aos trágicos em *A Violência o Sagrado*: ele põe a nu a arbitrariedade das diferenças entre um personagem e outro. Nas palavras de Girard: "Shakespeare não transfere simplesmente a culpa pelo estupro de um homem para outro; ele faz os dois autores corresponsáveis por um crime pelo qual um rapidamente pune o outro".[4]

Girard destaca que *A Violação de Lucrécia* é, em boa medida, uma reinterpretação de acontecimentos narrados na *História Romana* de Tito Lívio. Ali também se narra, entre muitas outras, a história de Lucrécia e seu marido, o general Colatino, que exalta as virtudes de sua mulher para os demais generais. Um deles, Tarquínio, encòntra-se com Lucrécia e, depois de conhecê-la, a viola.

Pode-se reprovar a Shakespeare o não ter sido inteiramente fiel à versão de Tito Lívio. No poema shakespeariano, Colatino exalta as virtudes de sua mulher para Tarquínio, e este a deseja e se dispõe a violá-la *antes até de tê-la conhecido*, enquanto, na versão de Tito Lívio, Tarquínio viola Lucrécia *depois* de tê-la visto.

Para Girard, essas alterações na versão de Shakespeare são de grande importância. O dramaturgo inglês dá ênfase ao papel desempenhado pelo desejo mimético na trama, o que, conquanto já esteja presente em Tito Lívio, aí não aparece plenamente. Na versão de Shakespeare, não é Lucrécia que desperta o desejo de Tarquínio, dado que este nem sequer a conheceu. Realmente é o próprio Colatino quem alimenta esse desejo, através da sugestão mimética. Segundo Shakespeare, não existe em Tarquínio um desejo autônomo.

Da versão de Tito Lívio se depreende que o único responsável pela violação é Tarquínio, conclusão a que Shakespeare se opõe. Tanto o violador quanto o marido são responsáveis por um jogo mimético de consequências catastróficas. Tal como nos trágicos, as diferenças entre os "bons" e os "maus" são desconstruídas por Shakespeare.

As estruturas triangulares se tornam mais complexas em Shakespeare, e são poucas as vezes em que ele se conforma com

---

[4] Idem, p. 34.

apresentar o convencional triângulo de dois rivais que disputam o amor de uma mulher ou de um homem, como sucede em *Os Dois Cavalheiros de Verona* e em *A Violação de Lucrécia*. O conhecimento que Shakespeare tem do mimético é tal, argumenta Girard, que ele compreende perfeitamente que os "triângulos" de desejo se reproduzem facilmente, e que repentinamente as dinâmicas do desejo mimético já não giram em torno de três, mas em torno de múltiplos personagens.

É esse o caso de *Sonho de uma Noite de Verão*. Vista por muitos críticos como uma das comédias menos importantes de Shakespeare, e destacada por sua superficialidade, Girard vê nela a primeira grande manifestação do gênio shakespeariano, e não hesita em confessar que se trata de sua peça favorita. Demétrio e Hérmia são obrigados a casar-se, mas a donzela não o quer. Vai para o bosque com Lisandro, seu "verdadeiro" amor. Helena, apaixonada por Demétrio, adverte-o sobre o acontecido, e Demétrio vai ao bosque atrás de Hérmia. Demétrio, por sua vez, é seguido por Helena. De início, Helena está apaixonada por Demétrio; este por Hérmia; e esta por Lisandro. Uma vez no bosque, começam a dar-se as alterações que caracterizam esta obra e tornam mais complexa sua trama. Um dos personagens do bosque, Puck, faz os quatro apaixonados beber uma poção mágica conhecida como "filtro do amor", que consegue que agora os jovens se apaixonem por personagens diferentes daqueles por que estavam apaixonados a princípio.

Girard adverte insistentemente sobre a necessidade de interpretar os feitiços de Puck com muito cuidado. Desde *Mentira Romântica e Verdade Romanesca*, Girard esboçou a ideia de que a grande paradoxo do desejo mimético é a resistência à sua aceitação. O mesmo Shakespeare esclarecia explicitamente que o pecado mais difícil de aceitar é a inveja. Pronunciar-se sobre o desejo mimético é renunciar a nossas convicções e arrogâncias mais profundas; para tal, é preciso um grande esforço de humildade. Por isso, a revelação do desejo mimético escandaliza.

Shakespeare, argumenta Girard, conhecia demasiado bem o desejo mimético para propor sua repentina e total revelação. Sendo um bom estrategista, preferia proceder a uma revelação gradual, de forma que oferecesse certas pistas para o público ilustrado, sem ter de escandalizar o público vulgar. Assim, em *Sonho de uma Noite de Verão*, o desejo mimético aparece continuamente, mas é dissimulado sob os feitiços da magia e do "filtro do amor" de Puck.

Girard defende que as repentinas mudanças de amor que se sucedem no bosque são muito mais atribuíveis ao funcionamento do desejo mimético do que aos efeitos de uma poção mágica. Tampouco são atribuíveis ao papel dos pais; Girard afirma consistentemente que os pais ocupam apenas um segundo plano em todo o teatro shakespeariano; apesar de aparecerem continuamente, são tão somente um recurso que Shakespeare emprega para a dissimulação do desejo mimético. Mais ainda, o papel dos pais obedece à mímesis. Hérmia se sente obrigada por seu pai a casar-se com um homem a quem não ama, mas não é possível, argumenta Girard, culpar os pais dos excessos do desejo. Hérmia busca ser perseguida para emular assim, como faziam Dom Quixote e Madame Bovary, os heróis românticos: neste caso, os jovens cuja vontade de apaixonar-se era reprimida pelos interesses dos pais.

É mais conveniente postular que o desejo catastrófico dos quatro personagens centrais do *Sonho* varia em função da imitação dos demais. Quando um dos personagens deixa de ser desejado, seu "enamorado/a" deixa de interessar-se, e se apaixona por alguém que já despertou o amor de um terceiro. Uma vez mais, Girard afirma que não existe em Shakespeare "amor à primeira vista".

No bosque, Lisandro comete uma infidelidade que, graças ao poder da mímesis, gera uma cadeia inteira de infidelidades. Primeiro apaixonado por Hérmia, Lisandro se apaixona agora por Helena. Isso tem repercussões sobre o amor de Demétrio. Este não faz mais que desprezar Helena, mas, depois de saber que Lisandro está apaixonado por ela, Demétrio se desinteressa de Hérmia e se apaixona por

Helena, imitando assim o desejo de Lisandro. Os dois coincidem num mesmo objeto do desejo, e se delineiam como potenciais rivais. Primeiro, Demétrio só deseja Hérmia porque Lisandro também a deseja, mas basta que este agora se apaixone por Helena para que Demétrio também se apaixone por ela.

Esse jogo mimético se enriquecerá ainda mais se se levar em consideração o acontecido *antes* da ida para o bosque. De início, Demétrio está apaixonado por Helena, e ela por Demétrio. Mas acontece com Helena o mesmo que sucedia em *Os Dois Cavalheiros de Verona*: Helena não faz mais que exaltar as virtudes de seu amado para Hérmia, sua amiga de infância, despertando nesta o desejo por Demétrio. Ao final, Helena paga caro por sua vaidade, na medida em que Hérmia lhe rouba Demétrio. Tal é a fascinação que Helena sente pela amiga e nova rival, Hérmia, que sua personalidade começa a sofrer um processo de erosão. Considera-se inferior a Hérmia e muito mais feia que ela, quando isso não é objetivamente verdadeiro. Uma vez mais, Shakespeare rejeita as diferenciações que, de acordo com Girard, o pensamento mitológico se compraz em instituir. Enquanto em *Os Dois Cavalheiros de Verona* e em *A Violação de Lucrécia* as mulheres eram ainda objetos de desejo não contaminadas, elas mesmas, pela mímesis, em *Sonho* as mulheres são vítimas do desejo mimético tanto quanto os homens.

Mas, uma vez alcançado o objeto, Hérmia se torna vítima da insatisfação que costuma acompanhar o desejo mimético: desinteressa-se por Demétrio, porque o conquistou de maneira demasiado fácil. Dado que Demétrio já não é disputado, perde valor para Hérmia. O mesmo sucede com Lisandro: conquistou Hérmia muito facilmente, e não encontra rivalidade em seu desejo, o que termina por entediá-lo. Por isso, no bosque ele deixa Hérmia e se apaixona por Helena. Deseja-a porque ela deseja Demétrio: Lisandro está em busca da rivalidade.

A mímesis propicia que, uma vez conseguido o amor do outro, este seja abandonado. À maneira do masoquista, os quatro personagens não se conformam com a consecução de seus desejos; muito pelo contrário, estão em busca da rivalidade, *desejando o que os outros desejam*. Em consequência, os desejos nunca podem ser reconciliados nos amantes de *Sonho*. Recorde-se que, como afirma Girard, em Dostoiévski nunca se fala de prazer. Algo similar se pode dizer de Shakespeare: "A todo momento da noite do solstício de verão entendida em sentido amplo, cada membro do quarteto deseja outro membro que não o deseja, e é desejado por um terceiro membro sem desejá-lo. Entre esses namorados, em todos os momentos a comunicação é mínima e a frustração é máxima".[5]

Os quatro jovens são "amigos", mas, uma vez mais, o conceito de amizade em Shakespeare é demasiado paradoxal. Desde a infância compartilharam visões, gostos e preferências, mas é precisamente isso o que os conduz ao conflito.

Se *Sonho* é rico em imagens alusivas a animais, argumenta Girard, é porque precisamente representa o conflito e a indiferenciação. À medida que os personagens se vão censurando de forma simétrica, trocam insultos que os assimilam a animais selvagens. Convertem-se assim em criaturas metade animal, metade homem, conformando o tema de monstruosidade que, desde *A Violência e o Sagrado*, Girard atribui à representação do desejo mimético e da indiferenciação.

Recorde-se que, para Girard, o monstro físico é assimilado ao monstro moral: ambos representam a origem de uma crise das diferenças, onde todos terminam parecendo-se e desejando as mesmas coisas. Em *Sonho* sucede uma das transformações mais famosas em todo o repertorio shakespeariano: Bottom se transforma num ser muito próximo do asno. Para Girard, este feitiço monstruoso é uma representação do tema da indiferenciação e da crise que se suscitou após a escalada do desejo mimético no bosque. Mais ainda, esta

[5] Idem, p. 101.

crise mimética se estende aos deuses do bosque: Oberon e Titiana se encontram numa amarga luta, disputando entre si os serviços de um pajem que não pronuncia palavra alguma em toda a obra.

De forma que em *Sonho* aparece a primeira grande elaboração da complexidade do desejo mimético em Shakespeare: os personagens se interessam por seus amados *apenas na medida em que outros também o fazem*, o que leva a uma perene insatisfação que culmina numa crise de indiferenciação em que o monstruoso e bestial adquirem relevo. Apesar disso, Shakespeare só pode expor de forma tênue as dinâmicas do desejo: teria sido uma inabilidade fazê-lo plenamente.

Os enredos entre amantes que estruturam a trama de *Muito Barulho por Nada*, outra das grandes comédias se Shakespeare, também seguem um padrão mimético. Os dois amantes mais conhecidos desta história, Beatriz e Benedito, vivem trocando insultos, e nenhum dos dois se atreve a jurar amor pelo outro, apesar de ser evidente que o sentem. Girard afirma que estes dois personagens estão envolvidos pela mímesis, que nenhum dos dois se atreve a "romper o gelo". Jurarão amor *só depois* de o outro o fazer e, por extensão, através da mímesis. Aterroriza-os a ideia de um gesto espontâneo, sentem-se mais seguros imitando.

Os amigos dos jovens se impacientam, na medida em que aspiram, de uma vez por todas, a jurar amor mútuo e deixar de lado suas querelas. Uma vez mais, Girard insiste em que a estratégia utilizada pelos amigos para conseguir que se jurem amor é condicionada pelo desejo mimético. Esta estratégia consiste em manipular Beatriz, de forma que esta se decida, concretizando-se, enfim, o amor entre ela e Benedito.

Hero, a prima de Beatriz, diz a Úrsula, sua donzela, que quando Beatriz estiver por perto elas devem exaltar as qualidades e virtudes de Benedito. Efetivamente, assim acontece: conversando entre si, Úrsula e Hero destacam as maravilhas de Benedito, e Beatriz, que não participa da conversa, mas está perto, escuta. A partir de então, consuma-se o amor entre Beatriz e Benedito.

Beatriz escuta a conversa sabendo que é alheia a ela; sabe que escuta o que não devia ter escutado. Hero sabe disso perfeitamente bem, e é em função disso que planeja sua estratégia. Hero sabe que, exaltando Benedito, Beatriz se decidirá por ele enquanto escuta nos corredores. Pretendendo desejar Benedito, Hero consegue despertar o desejo de Beatriz por ele. Hero conhece bem o funcionamento do desejo mimético: basta que um terceiro deseje um objeto para que o sujeito se interesse por ele. Evidentemente, esse desejo não surge espontaneamente em Beatriz; muito pelo contrário, é mais uma manifestação do desejo mimético.

A mímesis também desempenha um papel determinante entre Hero, Cláudio e Pedro, conformando assim outra relação triangular em *Muito Barulho por Nada*. Cláudio é um personagem que continuamente se sente derrotado e eclipsado diante da grandeza de seu amigo Pedro. Sua insegurança é tal que, de forma análoga a Benedito, não se atreve a confessar seu amor a Hero.

Para aliviar essa insegurança, Cláudio pede ao amigo Pedro que, durante um baile, sirva de intermediário com Hero, de forma que, no meio da dança, Pedro facilite a aproximação de Cláudio. Girard sugere que, muito mais que um pedido de que seja "intermediário" em razão de sua timidez, o pedido de Cláudio é antes um convite ao desejo por Hero. O sujeito desejante necessita de um modelo que apoie sua decisão; nunca se atreve a desejar por conta própria. O que Cláudio realmente propõe a Pedro é que corteje Hero, de forma que termine compartilhando seu desejo com ele.

Em Shakespeare aparece com recorrência o tema do "alcoviteiro" que intervém, frequentemente em coisas do amor, para ajudar o amigo. Faz pelo amigo algo que na verdade não lhe cabe fazer. Os "intermediários" são uma vertente. Girard afirma que, se em Shakespeare é tão comum este tema, é porque, na verdade, o "alcoviteiro" é uma maneira de conformar a relação de modelos-rivais miméticos. "Intervindo" nas coisas do amor, o alcoviteiro realmente se envolve nelas, configurando a relação triangular característica do desejo mimético. Nas palavras de Girard: "Se pedirmos a alguém para ajudar a satisfazer nosso próprio desejo, se queremos que essa pessoa *obtenha* o objeto que desejamos, não apenas exibimos nosso próprio desejo como pedimos a nosso intermediário que realize ações que normalmente levariam à apropriação e consumo de seu objeto".[6]

Pedro aceita o papel de "intermediário". Como se há de supor, atrás dessa intermediação se encontra o desejo mimético. Pedro imita Cláudio tanto quanto este imita Pedro. Dançará com Hero como uma forma de abrir caminho para Cláudio, mas Pedro não deixará de sentir certa atração pela jovem, dado que *Cláudio também a deseja*. Pedro se compraz com imitar Cláudio e tê-lo como modelo, ainda que o próprio Pedro seja superior, na medida em que ocupa um nível mais elevado na hierarquia social. Mais ainda, ele explicitamente menciona que se comprazeria assumindo os atributos físicos de Cláudio: "Eu assumirei teu papel com algum disfarce, e direi à bela Hero que sou Cláudio".

De forma que, tal nas obras anteriormente mencionadas, Cláudio convida o amigo a desejar o mesmo que ele. Mas, como vimos, isso significa brincar com fogo. Por alguns instantes, Cláudio sofre essa angústia e parece arrepender-se de ter pedido esse favor a Pedro. Em vista do que está acontecendo na dança, começa a correr o rumor de que Pedro se apaixonou por Hero e a arrebatou de Cláudio, o que o aterroriza. Nas palavras de Girard: "Ele [Cláudio] necessita que Dom Pedro confira validade à sua escolha, e teme que o sucesso tenha excedido as expectativas".[7]

---

[6] Idem, p. 193.
[7] Idem, p. 182.

São apenas boatos, mas para Cláudio constitui uma catástrofe. Como toda presa do desejo mimético, sente nojo de si mesmo. Sente-se um anão diante do agigantado Pedro, que, aparentemente, lhe roubou o amor de Hero. Embora Cláudio se comporte como os demais personagens shakespearianos que convidam os amigos a desejar as mesmas coisas e depois se arrependem, Girard insiste em que há uma diferença entre Cláudio e eles. Enquanto Valentino e Colatino não suspeitam das consequências de suas ações, Cláudio as conhece desde o princípio. Ele sabe que Pedro é superior e que existe grande probabilidade de que, pedindo-lhe que corteje Hero, ela e Pedro terminem juntos. Mas realmente isso não lhe interessa. Não pode prescindir de um modelo que respalde seus desejos.

Cláudio se sente tão derrotado e inferior diante de seus modelos, que termina sendo um fatalista. Sempre espera o pior, nunca aparece nele a convicção de que talvez Pedro não lhe seja superior. Dessa forma, quando ouve os rumores, crê neles imediatamente, ainda que, mais adiante, se confirme sua falsidade: Pedro permaneceu fiel ao amigo, e Hero e Cláudio planejam casar-se.

Girard adverte que, longe de estar feliz, Cláudio uma vez mais se sente desgraçado. Tal como tantos outros personagens shakespearianos, ele não conhece o prazer. Apodera-se dele o mesmo desencanto que assalta todas as vítimas do desejo mimético: uma vez vencido o rival e conseguido o objeto do desejo, não conseguem a satisfação esperada e se desinteressam pelo anteriormente desejado. Cláudio já assegurou a mão de Hero, e livrou-se de Pedro como possível rival. Mas essa ausência de rival é o que desgosta Cláudio. Hero já não lhe parece tão atraente; se antes a desejava com mais ardor, era porque Pedro estava ali como "intermediário" cujos desejos podia imitar.

As emoções que Cláudio sente por Hero mudam bruscamente. Primeiro a ama, mas repentinamente a despreza. Girard insiste em que, diferentemente de outros personagens presas do desejo mimético, Cláudio não se limita a desinteressar-se por Hero, mas vai além: despreza-a. Acusa-a de entregar-se ao amor de outros homens, de ser um "animal de sensualidade selvagem". Nos *Sonetos*, escritos muito antes da maioria das obras teatrais de Shakespeare, é representado o mesmo tema: o poeta tanto ama quanto despreza a *dark lady*, a amante a quem se dirigem estes poemas. Os críticos costumam identificar nos *Sonetos* uma série de oximoros, ou seja, frases contraditórias para referir-se à amante do poeta. Mas Girard destaca que, se Shakespeare continuamente emprega o oximoro como figura retórica, é porque deseja representar a ambivalência das relações miméticas.

Entre os membros da comunidade, começam a correr boatos sobre a reputação de Hero. Um dos encarregados de difundi-los é D. João, o mesmo que havia divulgado a corte que Pedro fazia a Hero. Mas Girard adverte que, para dizer a verdade, o personagem de D. João é secundário para o fundamento da trama. Shakespeare não se compraz em responsabilizar um velho mexeriqueiro por um processo tão complexo. Se o rumor corre, argumenta Girard, é porque os membros da comunidade se tornaram presas de um contágio mimético: ouvem e repetem. A mímesis é a principal responsável pela expansão.

Esses rumores vão caindo na boca de todos os habitantes da comarca, e a vítima da boataria é Hero. Até Pedro e o próprio pai de Hero se tornam presas desse contágio mimético, quando decidem juntar-se à comarca nas acusações que se fazem contra ela. A comunidade está totalmente unida contra Hero, e essa união se conformou graças ao rumor expandido pela mímesis. Assim, aparecem em Shakespeare os primeiros germes dos temas do mecanismo da vítima propiciatória e das perseguições coletivas, os quais serão mais elaborados em outras obras.

Girard sustenta, ao longo de seu estudo, que o dramaturgo inglês não podia expressar completamente os detalhes dos comportamentos miméticos de seus personagens. De vez em quando, tinha de ceder às exigências de um público não preparado para compreender os paradoxos da mímesis. Mas, ainda mesmo então, argumenta

Girard, Shakespeare luzia seu gênio, oferecendo ao público tramas em que, conquanto o desejo mimético aparentemente não estivesse presente, o tema sempre era discutido.

É o caso de *Como Gostais*. Pertencente ao gênero bucólico da literatura, nesta comédia não há oportunidades para as rivalidades, os ciúmes e os conflitos. Mas, para além dessas aparências, aparece uma vez mais um esboço do funcionamento do desejo. De acordo com Girard, Shakespeare emprega uma estratégia muito sutil em face de seu público: pressionado pela moda, tem de escrever uma obra em estilo bucólico, mas de maneira alguma renunciará à sua genialidade. Girard insiste em que *Como Gostais* é uma sátira que escarnece do gênero bucólico com base na bucólica mesma. O estilo bucólico exige que se mantenha a harmonia entre seus personagens, e Shakespeare o faz, mas não de forma incondicional. Aproveita a ocasião para, mais uma vez, retratar situações em que os personagens desejam através de outros.

Célia e Rosalinda são primas, filhas de dois irmãos que têm uma desavença; tal rivalidade, porém, não chegou a elas. O jovem e valente Orlando aparece na obra, e Rosalinda confidencia a Célia que está apaixonada por ele. Uma vez mais, conforma-se um triângulo, mas Shakespeare não transforma essa situação num problema, pois nunca se suscita um conflito entre as primas. Isso não significa que o desejo mimético não esteja presente nessa relação. Rosalinda justifica seu amor por Orlando pelo fato de seu pai sentir afeto pelo pai de Orlando. Célia lhe responde que essa não é uma boa explicação, porque, apesar de seu pai odiar o pai de Orlando, ela não o odeia. Rosalinda se compraz em que Célia não odeie Orlando, mas acrescenta: "Ama-o, pois eu o amo".

Certamente é apenas uma frase numa obra não dominada pelos temas miméticos. Mas o gênio de Shakespeare, argumenta Girard, consiste em oferecer "pistas" suficientemente discretas, mas o mesmo tempo sugestivas, para que um público ilustrado aprecie o poder da mímesis, e o público geral não se escandalize. Ainda que as primas nunca sejam rivais, como em *Os Dois Cavalheiros de Verona* e *A Violação de Lucrécia*, Rosalinda convida a prima a desejar o mesmo que ela.

Mesmo no gênero bucólico, tão alheio às rivalidades e conflitos, os personagens desejam mimeticamente. Rosalinda convida Célia ao desejo, para assim contar com um modelo a quem possa imitar. Rosalinda justifica seu amor insistindo em que ama Orlando porque seu pai sentia afeto pelo pai dele, mas repetidas vezes Girard afirma que, em Shakespeare, com relação à mímesis, os pais desempenham um papel secundário na escolha amorosa dos filhos. Nas palavras de Girard: "O sistema patriarcal, se é que realmente existiu no Ocidente cristão, já tinha se desintegrado".[8]

O amor entre Rosalinda e Orlando sofre certo declínio, e, para resgatá-lo, a própria Rosalinda recorre à estratégia do desejo mimético. Disfarçada de homem, persuade Orlando a cortejar novamente Rosalinda. Em Orlando desperta uma vez mais o desejo pela jovem, mas evidentemente sua origem está longe de ser autônoma; muito pelo contrário, foi instigada por um terceiro, desta vez Rosalinda disfarçada de homem.

A trama secundária de *Como Gostais* apresenta a história de Sílvio e Febe. Sílvio ama Febe, mas esta não faz mais que desprezá-lo e tratá-lo mal. Se o despreza tanto, por que ainda continua com ele?

---

[8] Idem, p. 198. Embora seja verdade que na Inglaterra elizabetana os pai não tinham o mesmo poder de mediação sobre os filhos como em épocas anteriores, Girard parece exagerar um pouco quanto à inexistência do que ele denomina "sistema paternalista" no Ocidente durante o século XVI. Nem todos os historiadores estão seguros quanto ao enfraquecimento do papel dos pais nas escolhas matrimoniais nessa época. Por exemplo, Lawrence Stone, uma autoridade no tema (*Family, Sex and Marriage in England 1500-1800*. Londres, Perennial, 1979), considera que até o século XVIII era quase impossível dar-se uma "escolha individual" no matrimônio ocidental. Para isso, era preciso ter a garantia de que a pessoa amada estivesse presente por longo tempo, o que os altos índices de mortalidade impediam. Só a partir do século XVIII, com as transformações demográficas, pôde instituir-se a escolha individual do amor, e suprimir o que Girard chama de "sistema paternalista".

Girard responde que, uma vez mais, deve considerar-se o papel que o desejo mimético desempenha nesta relação. Sílvio deseja tanto Febe, que esta o imita em seu desejo por ela, terminando por desejar a si mesma. Quanto mais despreza Sílvio, mais participa do que Shakespeare chama de *self-love*, "autoamor". Ela mantém uma relação com Sílvio para que este lhe sirva de modelo mimético, de forma que, imitando-o, se autodeseje. Sílvio, por seu lado, imita ainda mais Febe, razão por que a deseja até mais que antes, ainda quando o mau tratamento recebido seja maior. Neste caso em particular, a simetria da imitação converge num só desejo.

Poder-se-á reconhecer em Febe um claro exemplo do que a psicanálise chama de "narcisismo". Mas recordem-se as críticas que em *Coisas Ocultas desde a Fundação do Mundo* Girard fazia à concepção freudiana de narcisismo. Para Girard, uma mulher como Febe não deseja a si mesma pela grande autoconfiança que possui, nem, muito menos, por uma essência de autoerotismo. Ama a si mesma porque quer ser amada por outros; oferece-se como modelo e objeto do desejo ao mesmo tempo. Tal como a "coquete", ama a si mesma com a esperança de que os homens imitem seu desejo, e amem a ela. Muito mais que do narcisismo, Febe e todos os que aparentam amar a si mesmos participam mais do que Girard denomina "pseudonarcisismo", ou seja, um falso amor por si mesmo; falso no sentido de que jamais é autônomo: é condicionado pelo funcionamento do desejo mimético e da relação com o Outro. Freud chegou a pensar que o narcisismo fosse uma demonstração de total autonomia: amando a si mesmo, o sujeito prescinde dos demais. Girard se opõe, e insiste em que, se o sujeito ama a si mesmo, é precisamente porque depende completamente dos demais: busca ser emulado e desejado ao mesmo tempo.

O poder que a mímesis desempenha sobre Febe é demonstrado numa cena em que Febe se encontra com Rosalinda, que já se disfarçou de homem. Febe se apaixona por Rosalinda, mas esta lhe diz que Sílvio é um bom homem, e que "apresente sua bugiganga, pois há bom mercado". Rosalinda lhe diz que mais vale cuidar de Sílvio, porque outras mulheres poderiam perfeitamente interessar-se por ele. O suficiente para, uma vez mais, despertar o interesse de Febe por Sílvio. Este adquiriu valor aos olhos de Febe porque correu o rumor de que é desejado por outras. Girard indica que sucede com o desejo mimético o mesmo que com a especulação econômica: basta que se suspeite que um bem de mercado é desejado por outros para que seu valor aumente repentinamente.

Girard reconhece o tema do "pseudonarcisismo" em outra comédia de Shakespeare, *Noite de Reis*. Olívia se apresenta como uma mulher autônoma, com tal grau de independência que não necessita dos demais para organizar sua vida. Tal como Febe, ela "ama a si mesma" e presta pouca atenção aos homens; em consequência de sua indiferença, todos ficam loucos por ela.

Um deles é o duque Orsino. De sua corte, ele não cessa de manifestar sua admiração por ela, mas Olívia não lhe faz caso. Até esse momento, Orsino também era um "pseudonarcisista". Dando a aparência de amar a si mesmo, mostrou-se indiferente às mulheres, e, por conseguinte, manteve um encanto para elas.

Mas pela primeira vez topa com uma rival no jogo do narcisismo. Olívia é mais narcisista que Orsino, o suficiente para despertar admiração no duque. O duque topou com uma mulher que não se rende a seus encantos, o que desperta o seu interesse por ela. Olívia é um prêmio de difícil obtenção, e é isso o que motiva a Orsino. Para ele, Olívia se transformou num objeto do desejo e, ao mesmo tempo, numa rival. É por isso que tanto a elogia quanto a insulta. Essa insolente que ousou desprezar o amor do duque é, precisamente, a que o fez renunciar a seu *self-love* e despertou seu interesse.

Nada parece vencer o narcisismo de Olívia, e os homens se rendem a ela. Tal como Orsino anteriormente, Olívia imita o desejo de seus adoradores, e termina desejando a si mesma. Para pôr fim a este *self-love*, é preciso que lhe aconteça algo similar ao sucedido com Orsino: topar com alguém que não ceda a seus encantos e dê a aparência de amar a si mesmo, o suficiente para que Olívia renuncie a seu *self-love* e imite o desejo desse insolente que, em sua rejeição a Olívia, precisamente ame a si mesmo.

É o que sucede quando Viola entra em cena. Orsino encarregou Viola de ser embaixador na corte de Olívia para apresentar seus tributos e elogios. Para isso, ele se disfarçou de homem, tomando o nome de Cesário. Viola está apaixonada por Orsino, provavelmente em consequência do pseudonarcisismo dele. Assim, Viola (sob o disfarce de Cesário) não quer ver consumado o amor entre o duque e Olívia, razão por que se mostra insolente na corte de Olívia. Viola tem a esperança de que, com essa insolência, Olívia se sinta ofendida e se desinteresse pelo duque.

Mas Viola não compreende que a insolência é o que desperta o interesse do narcisista. Quando Malvólio, um dos conselheiros de Olívia, a informa da insolência de Cesário, Olívia muda de atitude, e repentinamente convida o jovem embaixador. A narcisista se apaixonou pelo insolente. Viola fez com Olívia o que, anteriormente, Olívia tinha feito com Orsino: fez ruir seu narcisismo. Pela primeira vez, encontra alguém que não imita seu próprio desejo; o suficiente para fazê-la renunciar ao *self-love* e interessar-se por Cesário.

A referência a todas essas obras servem a Girard de preliminar para aprofundar-se na análise do que considera outra das obras-primas de Shakespeare: *Troilo e Créssida*. De acordo com Girard, esta obra se destaca pela riqueza e pela variedade de comportamentos miméticos entre seus personagens, e bem merece ser posta acima de muitas obras de Shakespeare tradicionalmente enaltecidas.

Retomando a tradição homérica, *Troilo e Créssida* tem como pano de fundo a guerra entre Troia e a Grécia. A guerra foi causada pelo rapto da bela Helena, e tanto Homero como Shakespeare, reconhece Girard, conseguem representar a absurdidade do conflito: a disputa por uma jovem não justifica uma guerra tão prolongada e destrutiva.

Compreende-se melhor a dinâmica do conflito se se leva em conta que se trata de uma rivalidade mimética em grande escala: a fascinação que ambos os lados sentem pelo rival é tão grande, que não estão dispostos a abandonar o objeto disputado, por mais banal que pareça. Os gregos e os troianos se imitam mutuamente em seu desejo por Helena, e é essa imitação o que os impede de renunciar a ela. "A única razão por que os gregos a querem de volta é que os troianos querem ficar com ela. A única razão por que os troianos ficam com ela é porque os gregos a querem de volta".[9]

Pândaro quer ver consumada uma união entre Troilo e Créssida, mas, para dizer a verdade, inicialmente nenhum dos dois se interessa pelo outro. Pândaro não se rende diante desse desinteresse inicial, e assume o papel de *mediador* dos desejos de ambos. Diante de Troilo exalta as virtudes de Créssida, e diante de Créssida exalta os méritos de Troilo. Se, em algum momento, cresce um amor entre os jovens, não é possível atribuí-lo a um amor genuíno entre eles. Tal como tantos outros personagens shakespearianos e romanescos, tal amor foi sugerido por terceiros.

Para convencer Créssida a amar a Troilo, Pândaro usa a mesma estratégia que Girard identifica na publicidade: vender seu produto exaltando a forma como um terceiro, facilmente emulado, também o deseja. Pândaro emprega a mesma estratégia dos publicitários. Faz crer a Créssida que Helena, a mais bela de Troia e da Grécia, deseja Troilo.

Todos desejam ser Helena, e, se esta deseja Troilo, então o jovem deve reunir boas qualidades, suficientes para que Créssida se interesse por ele. Pândaro propicia que Créssida deseje Troilo através de Helena. De início, não consegue convencer Créssida, mas, tal como na publicidade, a insistência lhe renderá frutos. Tantas vezes repetirá os méritos de Troilo, e sobretudo o fato de Helena o desejar, que Créssida cederá às sugestões de Pândaro, e se interessará por Troilo.

[9] Op. cit., p. 245.

Qual é a motivação que Pândaro tem para insistir tanto na união desses dois jovens? Certamente uma pergunta difícil de responder, mas Girard considera que esse fato pode ser esclarecido se se leva em conta o perfil *voyeurístico* de um personagem como Pândaro.

Pândaro é o único que está verdadeiramente apaixonado por sua sobrinha Créssida. Ali onde todos os personagens gravitam em torno de Helena, Pândaro considera sua sobrinha a verdadeira Vênus mortal, a única capaz de gerar uma guerra entre duas nações. Mas, como todas as vítimas do desejo mimético, sua confiança em si mesmo é demasiado pobre. Considera que nunca seria um digno amante de Créssida.

Ele participa assim do masoquismo que Girard sempre reservou para as presas do desejo mimético. Convida os demais a desejar o mesmo que ele, porém, diferentemente de um Valentino, sabe que ele nunca realizará o desejo. Compraz-se em ver os demais possuir o que ele mais deseja profundamente. Se incentiva o desejo por Créssida entre os demais, especialmente o de Troilo, é porque necessita contar com mediadores, a fim de imitá-los em seu desejo por sua sobrinha. Convida os demais a imitar seu desejo, para ele depois imitar os demais. O tema do *voyeurismo* sempre interessou a Girard: as presas do desejo mimético sempre desfrutam vendo seus companheiros com outros. Todo *voyeur* é masoquista: se desfruta vendo o companheiro com outro amante, é porque no fundo sofre com isso. Compraz-se em desejar algo que, sendo desejado por um terceiro, será de impossível obtenção.

A união entre Troilo e Créssida ao fim se consuma. Mas, uma vez que conseguem estar juntos, a Troilo já não lhe interessa tanto Créssida. Ao despertar de sua primeira noite juntos, Troilo manifesta a intenção de livrar-se dela, pedindo-lhe que durma. Vê nela uma mulher possessiva, e não quer entregar-se a ela. Como os demais personagens shakespearianos, Troilo se tornou presa do desejo mimético. Conseguiu ter controle sobre Créssida, mas ela não é desejada por ninguém. Seu desejo seria despertado se outros também a desejassem. É por isso, argumenta Girard, que Troilo tem sempre necessidade de encontrar-se com os amigos para apregoar os atributos de sua amada e vangloriar-se. E é isso, precisamente, o que o conduz à desgraça. Ele exalta Créssida diante do grego Diomedes, repetindo o padrão de convite ao desejo que aparece em boa parte das obras de Shakespeare. Em boa medida, será o próprio Troilo o responsável por Diomedes apropriar-se do amor de Créssida.

Chegou o momento de os dois amantes se separarem, em razão de uma troca por um prisioneiro troiano. Créssida deve retornar ao acampamento grego. De início, a Troilo não preocupa muito a separação: poderá livrar-se de uma mulher possessiva que só o atrai medianamente, e a visitará de noite apenas quando aprouver a ele. Além disso, está convencido de que, como não é desejada por ninguém, Créssida lhe será fiel. Sua posição, aparentemente, é bastante confortável.

Mas tudo isso muda repentinamente. Numa série de trocas de palavras, Troilo começa a temer a sensualidade dos gregos, que acompanharão Créssida no acampamento. Interessa-se agora pela mesma mulher a quem, não muito tempo atrás, ordenava que continuasse a dormir. Descobriu que contará com rivais, e seu desejo desperta novamente. Deseja Créssida só porque suspeita que os gregos também o fazem.

Uma vez mais, entra em jogo o desejo mimético. Não são os atributos de Créssida que, repentinamente, despertam novamente o desejo de Troilo. Ele a deseja porque outros a desejam, e Créssida é para Troilo o que Helena é para os gregos e troianos: um objeto que propicia uma disputa de maior envergadura. O desejo de Troilo não se orienta para Créssida propriamente. Seu desejo não é físico, mas metafísico. O que realmente lhe concerne é a disputa com o rival; Créssida é apenas secundária. E isso se torna manifesto quando Troilo explicitamente declara: "Tanto quanto amo Créssida, odeio seu Diomedes". O que desperta o desejo é sua rivalidade com Diomedes, o fato de Créssida ser desejada por um terceiro.

Troilo termina sendo tão *voyeur* quanto o próprio Pândaro. Regozija-se, ao mesmo tempo que se enfurece, ao ver Créssida nos braços de Diomedes. Como os personagens romanescos e todos os partícipes do desejo mimético, sua luta é masoquista; para dizer a verdade, compraz-lhe que sua mulher esteja nos braços de outro: só assim desejará o que outro deseja ao mesmo tempo; é-lhe impossível abandonar a mímesis do desejo.

Como tantas outras obras de Shakespeare, *Troilo e Créssida* está longe de ser uma criação original. Para este caso em particular, o dramaturgo inglês recolheu a tradição homérica e, mais ainda, a tradição medieval, que incorporou à narrativa homérica o personagem de Créssida e sua relação com Troilo. Mas Girard sustenta que o grande mérito de Shakespeare nesta e em muitas outras obras foi ter introduzido sutilmente elementos miméticos que não alteraram demasiadamente a fonte original, comprazendo o populacho, mas, ao mesmo, tempo revelando o funcionamento do desejo, de forma que uma minoria de ilustrados pudesse apreciar estas transformações.

Desde a Idade Média, os intérpretes desta história deixaram bem claro que Troilo é vítima da perversa infidelidade de Créssida. Shakespeare não altera esses fatos: em sua obra, efetivamente, Créssida é infiel. Mas Shakespeare, insiste Girard, não aceita as oposições convencionais da mitologia. Mantendo a mesma estrutura temática da história medieval, Shakespeare oferece uma nova interpretação, destacando o papel da mímesis. Embora Créssida seja infiel fisicamente, Shakespeare se esforça por delinear a ideia de que Troilo também é infiel, conquanto num plano espiritual. Troilo é tão culpado quanto Créssida da infausta infidelidade. Sua inicial indiferença empurrou Créssida para os braços de Diomedes, e sua fanfarronaria propiciou que Diomedes cortejasse Créssida.

Girard destaca que *Troilo e Créssida* representa uma separação com respeito às obras de Shakespeare anteriormente expostas, na medida em que seu retrato do desejo mimético já não se limita às relações privadas e amorosas. As artimanhas do desejo mimético também aparecem nas intrigas políticas que ocupam lugar importante na trama desta obra.

Aquiles, o grande guerreiro grego, nega-se a colaborar com os outros chefes. As disputas com Agamêmnon são secundárias; a verdadeira razão pela qual se nega a colaborar com os chefes é o considerar que estes não estão à sua altura. Mais ainda, sua disputa com Agamêmnon é mais uma rivalidade mimética: Aquiles deseja ocupar a posição de Agamêmnon, deseja ser o chefe supremo.

Girard vê em Aquiles um pseudonarcisismo do mesmo tipo que se manifesta em Olívia e Orsino. Não é, naturalmente, narcisista no plano do amor, mas sim no plano militar. Em face dos demais, assume a si mesmo como o maior de todos os guerreiros. Prestando culto a si mesmo, propicia que os demais também lhe prestem culto.[10]

Os chefes gregos necessitam da colaboração de Aquiles para sua campanha militar, mas não encontram uma forma de persuadi-lo a lutar. Ulisses, sempre astucioso, propõe uma estratégia que demonstra grande conhecimento do funcionamento do desejo mimético: enaltecer Ájax como o novo grande guerreiro grego. Isso despertará a inveja de Aquiles, e o guerreiro entrará a lutar.

A estratégia de Ulisses não funciona de todo, porque, no enfrentamento com Heitor, Ájax depõe as armas, dado que o parentesco que o une a Heitor impede que se derrame sangue. Mas Ulisses persiste em sua estratégia mimética para despertar o interesse de Aquiles pela luta.

Ulisses sabe que a melhor maneira de fazer ruir o narcisismo de Aquiles é a indiferença. Já vimos que, no caso de Febe, Olívia e

---

[10] No capítulo anterior, vimos Girard afirmar que uma característica recorrente nos sistemas totalitários é a obtenção da "confissão espontânea" dos perseguidos. Nesse sentido, recorde-se que o "pseudonarcisismo" também é uma estratégia recorrente nos sistemas totalitários. Por meio do "culto à personalidade", os chefes totalitários buscam que as massas imitem o culto que eles prestam a si mesmos.

Orsino, esta estratégia funciona muito bem. Ao ver que já não lhe prestam respeito, o narcisista fica perplexo e fascinado com os que o ignoram; passa a imitar o desejo dos demais, que já não converge nele. Efetivamente, é isso o que acontece. Aquiles se mostra insolente com os chefes, mas estes o ignoram, e Aquiles muda de atitude repentinamente. A admiração dos chefes já não converge em Aquiles, e este imediatamente imita a admiração dos que antes o admiravam; por conseguinte, deixa de admirar-se a si mesmo. Dado que já não conta com admiradores, Aquiles deve retornar ao campo de batalha para tentar recuperar sua posição confortável. A estratégia de Ulisses funciona.

Foi o desejo mimético o que impeliu Aquiles a tomar novamente as armas, e é o desejo mimético o que prolonga o conflito e a destruição. Troianos e gregos desejam a mesma coisa, e, quanto mais lutam, mais se parecem. A relação dos *duplos miméticos*, argumenta Girard, aparece em Shakespeare perfeitamente. Quanto mais se parecem os personagens, mais coincidem seus desejos, e maior é a intensidade da violência. O próprio Troilo é o melhor exemplo da forma como o desejo mimético conduz à guerra e à destruição: inicialmente, Troilo despreza a guerra e se opõe a ela. Contudo, uma vez tornado presa do desejo mimético e em disputa com Diomedes pela posse de Créssida, torna-se um belicista que não pensa em outra coisa além de lutar. O conflito entre os troianos e os gregos é apenas uma expansão, graças ao poder mimético, da relação de duplos miméticos rivais perfeitamente representada por Troilo e Diomedes.

Troilo e Créssida é conhecida por ser uma das obras mais "didáticas" de Shakespeare: nela, abundam os discursos e as recomendações. Como faria um Platão, em muitas ocasiões Shakespeare fala através de seus personagens. De acordo com Girard, Shakespeare aproveita esta oportunidade para expressar sua "teoria" sobre a conflituosidade humana e o papel que o desejo mimético desempenha nela. Assim, Girard vê em Shakespeare um importantíssimo antecessor de sua teoria mimética, que atribui os conflitos sociais à crise das diferenças e ao desvanecimento das hierarquias.

O exército grego está desmoralizado, e os chefes buscam uma explicação para o fracasso de suas tropas. Para explicar a razão desse fracasso, Ulisses elabora uma série de discursos que, sem maior dificuldade, poderiam ser trasladados para *A Violência e o Sagrado* ou para *Coisas Ocultas desde a Fundação do Mundo*. Ulisses insiste em que o exército grego recobrará sua força se preservar a hierarquia, e foi o desvanecimento das diferenças o que causou a desmoralização dos soldados: "Tirai a hierarquia, desconcertai unicamente essa corda, e escutai a cacofonia que se segue".

Girard destaca que, se Shakespeare tanto enfatiza os problemas que a ausência de *degree* (grau, diferença) traz consigo, é porque o dramaturgo sabe muito bem que a ordem depende das diferenças. São estas que põem um limite às rivalidades miméticas: na medida em que uns se diferenciam dos outros, menos convergem os desejos nos mesmos objetos, prevenindo-se, assim, a escalada dos conflitos miméticos. Através de seus discursos, Shakespeare, pela boca de Ulisses, insiste nisso. Assim, Girard vê em Shakespeare a mesma advertência que, em *Mentira Romântica e Verdade Romanesca*, ele via em Stendhal: a igualdade entre os homens pode ser perigosa.

Como nos trágicos, o tema da crise de indiferenciação ocupa um papel central em Shakespeare. Nos capítulos anteriores, assinalamos que, para Girard, essas crises chegam ao fim com a execução do mecanismo da vítima propiciatória, e que os mitos se comprazem em retratar esta resolução. Nas obras de Shakespeare até agora mencionadas, considera Girard, a crise do *degree* não é suficientemente intensa para requerer uma solução mediante o mecanismo vitimário.

É em *Júlio César*, obra que antecede cronologicamente à maioria das anteriormente mencionadas, que a crise das diferenças cresce de tal forma, que inevitavelmente a trama conduz à execução coletiva de uma vítima propiciatória.

Júlio César começa com um cenário de conflito e intriga política. Em termos miméticos, sugere Girard, é um claro reflexo de uma crise de diferenças. A figura de César é demasiado esmagadora aos olhos de seus adversários, o que suscita uma série de intrigas que desembocam num banho de sangue. Mas essa crise política não é mais que a manifestação dos mesmos princípios miméticos que aparecem no restante do repertório shakespeariano.

Os conspiradores se voltam contra César porque, no fundo, desejam *ser* César. As diferenças e a hierarquia oscilam quando os súditos de César, cativados pela inveja, não reconhecem seu comando. Shakespeare esclarece que César está longe de ser um tirano, ou que, ao menos, não é este o motivo pelo qual se conspira contra ele.

Os artífices da conspiração sentem tanto ódio quanto admiração por César; suas emoções estão nutridas de ambivalência. Uma vez mais, trata-se do tipo de relação característico das situações em que impera o desejo mimético. Nos termos dos Evangelhos, César é o *skándalon* de todos os que o invejam e conspiram contra ele: todos desejam ser César, mas é César mesmo o principal obstáculo. Os próprios assassinos assumirão muitos dos traços de César após a morte dele: Bruto aparece como a autoridade máxima, e sua majestade não faz mais que recordar o imperador assassinado.

Como em todas as relações miméticas, César tampouco está inteiramente livre do jogo da mimese. Longe de ser uma personalidade de grande fortaleza, César está sujeito ao que pensam os demais, e facilmente muda de opinião, demonstrando que é susceptível de deixar-se arrastar pela mímesis. De início, por exemplo, dispõe-se a ir ao Senado, mas muda de opinião em face da advertência de sua mulher, só para voltar à decisão inicial após deixar-se influenciar por Décio. Mais importante ainda, Girard destaca que César compartilha todas as características que reservamos para o pseudonarcisista: alude a si mesmo comparando-se com a estrela polar, com a esperança de que os demais personagens o imitem nessa adulação.[11]

---

[11] O conceito de "pseudonarcisista", tal como o descreve Girard, também poderia ser

Cumprindo a constante shakespeariana, propicia o "duplo vínculo": convida ao desejo de ser como ele, mas ele mesmo se converterá no obstáculo deste desejo.

O desejo mimético foi destruindo a hierarquia: já não existe um homem forte no comando, o que gera uma crise de grau e uma instabilidade política. Aspira-se a pôr fim a esta crise voltando-se contra um indivíduo em particular, no caso o próprio Júlio César. Nos termos de Shakespeare, isso se chama "conspiração". A empresa conspiradora em *Júlio César* consiste em conformar a coletividade que se voltará contra o bode expiatório, com a esperança de restaurar a paz e a ordem.

Nos capítulos anteriores vimos que, para Girard, a mímesis é a origem tanto da desordem como da ordem: embora a mímesis do desejo gere discórdia, o mecanismo do bode expiatório se conforma mimeticamente, gerando ordem. De forma que a conspiração também deve recorrer à mímesis para recrutar seus membros.

aplicado a Jesus. Embora seja um modelo de humildade (a imagem emblemática dessa humildade é o lava-pés dos discípulos em João 13,2-16), Jesus, de forma análoga a César, proclama a si mesmo a luz do mundo (João 8,12) e o pão da vida (João 6,48), todas elas alusões a seu papel messiânico. Independentemente da questão de se o Jesus histórico considerava a si mesmo o Messias ou não, os Evangelhos o apresentam como tal. Levando porém em conta o conceito de "pseudonarcisista", devemos considerar que, de início, Jesus não parecia estar seguro de si mesmo, como costuma ocorrer com os pseudonarcisistas, que necessitam que outros confirmem constantemente sua autoadulação. Para adular a si mesmo, o pseudonarcisista necessita imitar a adulação que os demais fazem a ele. No primeiro capítulo vimos que, de acordo com Girard, é exatamente isso o que fazem Julien e Mathilde em *O Vermelho e o Negro*. Os irmãos Grimm também fazem uma boa representação deste pseudonarcisismo em *Branca de Neve*: a madrasta, para adular a si mesma, tem de perguntar ao espelho quem é a mais bela de todo o reino. Imitando a adulação do espelho, ela adula a si mesma. Jesus parece fazer algo similar ao que faz a madrasta: pergunta aos discípulos quem é ele, e Pedro lhe responde: "Tu és o Cristo" (Mateus 16,16; Marcos 8,29). Jesus não parece estar muito seguro de si mesmo; necessita que outros o confirmem, imitando assim os demais. Segundo muitos críticos bíblicos, esse é o ponto alto dos Evangelhos de Mateus e de Marcos, pois, a partir de então, Jesus está plenamente consciente de sua missão messiânica. Girard está disposto a aplicar esses conceitos críticos a personagens como Mathilde, Julien e César, mas não parece pensar na possibilidade de fazê-lo com a figura de Jesus.

O chefe da conspiração tem de conseguir que os demais o imitem em seu ataque a César: ele será um mediador, já não do desejo, mas da violência.

Cássio assume essa liderança. Consegue convencer Bruto, em grande parte alimentando nele a inveja. Havendo já dois, o recrutamento se torna mais fácil. Quanto mais cresce a massa, mais fácil é integrar novos membros. Basta apenas imitar a ascendente quantidade de personagens que já participam da conspiração. As razões dos conspiradores já não importam muito: Cássio não está muito certo de odiar Júlio César, mas ante a pressão da massa se une a ela, e a conspiração levanta Ligário de sua doença, e ele segue Bruto sem nem sequer saber quem será a vítima.

Junto com Cássio, Bruto assumiu a liderança da conspiração. Girard afirma que Shakespeare se esforça por representar um Bruto que está longe de ser um vulgar homicida. Se Bruto chama à violência, é porque pretende pôr fim a ela; como o sacerdote sacrificial, quer executar o assassinato que porá fim a todos os assassinatos. Até a linguagem de Bruto é explicitamente assimilada à do sacerdote sacrificial. Bruto propõe a seus companheiros: "Nobres amigos, cortemo-lo [a César] em pedaços, como prato para os deuses, em vez de multilá-lo como carcaça própria para cães".[12] César é assimilado à vítima sacrificial comestível que deve ser adequadamente cortada, e cuja carne será oferecida à divindade. Recordemos que, para Girard, o sacrifício é uma instituição violenta que, paradoxalmente, busca pôr fim à violência. Nas palavras de Girard, "não se deve permitir que a violência se espalhe indiscriminadamente; apenas César deve morrer".[13] O assassinato de César deve diferenciar-se de qualquer homicídio, deve adquirir uma aura de majestade e pureza que represente uma separação entre a violência profana e a violência sagrada.

[12] Op. cit., p. 401.
[13] Ibidem.

Não por nada Bruto é defensor das instituições romanas: se conspira um assassinato, é por respeito à ordem. Para consegui-la, o assassinato deve ser verdadeiramente coletivo; todos os conspiradores devem participar dele. É por isso que Bruto lhes exige que tinjam suas espadas com o sangue de Júlio César.

Esperar-se-ia que o homicídio de Júlio César pusesse fim à crise, mas isso está longe de ser verdade. Muito pelo contrário, o assassinato de César acende a pólvora dos conflitos, que se sucedem. Os conspiradores não conseguiram uma verdadeira unanimidade na conspiração. A violência contra César se transforma num modelo seguido pelas massas. Bruto não conseguiu convencer a massa, e agora o povo aspira a vingar César. Tal como os conspiradores, a nova turba pretende pôr fim à crise fazendo convergir todos na execução de uma mesma vítima.

É assim que Cina é a primeira vítima da nova crise deflagrada. O poeta Cina é xará de um dos conspiradores, mas à massa não interessa conhecer os detalhes de sua identidade. Ela ouviu que um certo Cina participara do assassinato de César e, sem lhe importar se essa vítima é ou não o conspirador em questão, acaba com sua vida.

A mímesis reproduz a um ritmo aterrador a violência suscitada. Depois, dá-se a polarização em torno de duas grandes figuras rivais que se tornaram *duplos miméticos*: Otávio e Bruto, gerando um conflito de grande envergadura. Muitos quiseram ver em *Júlio César* uma mera recapitulação histórica de uma guerra civil, mas Girard insiste em que a intenção de Shakespeare é outra. O dramaturgo se compraz muito mais em aproveitar essa ocasião para representar a forma como a mímesis é capaz de propagar a violência. A sangrenta batalha de Filipos, tal como representada por Shakespeare, é muito mais que um retrato militar: é a expressão máxima da violência desenfreada.

O interesse de Shakespeare pela guerra civil é apenas secundário, sustenta Girard. *Júlio César* está longe de ser uma obra política; é impossível ver em Shakespeare simpatia por este ou aquele lado, pela república ou pelo império. Tal como nos trágicos, em Shakespeare não há maus nem bons. Shakespeare rejeita o pensamento da diferença; de forma que, ao final, todos os personagens terminam por se parecer entre si, na medida em que todos se tornaram presas da mímesis.

Os pensadores verdadeiramente geniais, insiste Girard, rejeitam a arbitrariedade das diferenças nos conflitos. Um gênio como Shakespeare jamais dividiria as partes em conflito em "classes sociais", como pretenderia o marxismo. Não existem "classes" nos conflitos, porque, sendo presas da violência e da mímesis, todos os seus participantes terminam por indiferenciar-se entre si. Tal como o Deus pacífico dos cristãos, Shakespeare não se envolve nas disputas.

A curto prazo, a morte de César não faz mais que gerar mais violência. Mas, a longo prazo, o assassinato demonstrou ser eficaz como violência fundadora. A morte de César marca o início de uma nova etapa e de uma nova ordem na história de Roma. Recorde-se que, desde os anos em que Girard fez amizade com Michel Serres, sempre lhe interessou a presença de um homicídio fundador nas tradições romanas. Girard insiste em que todos os grandes períodos da história romana tiveram como início o assassinato de uma figura em particular. Com o assassinato de César funda-se a república, mas, antes desta nova etapa, o império tinha sido fundado com a expulsão de Tarquínio, o último monarca romano, e, se remontarmos a épocas ainda mais distantes, a própria cidade de Roma foi fundada com o assassinato de Remo.

Os próprios Cássio e Bruto sabem disso perfeitamente. Recordam que o império foi fundado com violência, e argumentam que a nova Roma há de regenerar-se com o mesmo tipo de violência. Uma vez mais, a mímesis desempenha um papel fundamental. A expulsão de Tarquínio serve de modelo a seguir: para fundar uma nova ordem, é preciso imitar o que anteriormente se fez com Tarquínio. Insista-se em que, de acordo com Girard, é inútil buscar em *Júlio César* as simpatias políticas de Shakespeare. Para o dramaturgo inglês, não existe maior diferença entre a república e o império: ambos foram fundados com sangue, ambos são fruto do mesmo processo mimético.

Girard aprecia em Shakespeare o tipo de conhecimento que, em obras anteriores, ele atribuía à Bíblia: revelar o funcionamento do mecanismo da vítima propiciatória, e identificar os bodes expiatórios como tais. Shakespeare se esforça por apresentar a morte de César não como uma artimanha política levada a efeito para libertar Roma de um imperador que abusou do poder, mas como uma série de eventos que não diferem muito das ocasiões em que as coletividades se voltam contra vítimas.

Aos olhos de Shakespeare, César pode perfeitamente ser um tirano, mas o dramaturgo mostra que morre mais como um bode expiatório do que como um déspota. César reúne as características que, como vimos, facilitam a identificação dos bodes expiatórios. É quase surdo, é de frágil consistência física, é epiléptico, e, além disso, sua mulher é estéril. Um dos conspiradores, Cássio, acusa César de ser a origem do mau tempo e das tempestades, acusações que, como já mencionamos no capítulo anterior, são características das perseguições. Girard reconhece que, na versão de Plutarco sobre estes acontecimentos, muitos de tais sinais de vitimização já aparecem. Mas Shakespeare enfatiza ainda mais o papel que César desempenha como bode expiatório, acrescentando à lista outras características de vitimação. Na versão de Plutarco, César não tem problemas com o ouvido, o que Shakespeare introduz.

A genialidade de Shakespeare está em expor o ridículo de tais acusações. Apresenta um assassinato *não justificado*; o próprio Bruto é inconsistente na hora de expor as razões para assassinar César, o que manifesta a absurdidade da conspiração. De modo algum o dramaturgo apoia o homicídio, e, por extensão, afasta-se da perspectiva dos conspiradores. Nesta ocasião, há que admitir que Shakespeare toma partido numa disputa, na medida em que simpatiza com César quando este é assassinado. Mas a simpatia de Shakespeare por César não se deve ao fato de ele ser imperador, mas ao de ser *vítima*.

De acordo com a teoria da religião formulada por Girard, as vítimas se convertem em deuses para seus executores. Graças à sua morte, a paz retornou, e por isso é adorado. Girard afirma que este princípio já se encontra plenamente revelado em Shakespeare. Para os conspiradores representados pelo dramaturgo, César é quase um ídolo. Seu sangue derramado é o que nutrirá de glória os próximos governantes, quase chegando a ser deificado. Como pode o sangue de um tirano ser a fonte de vida e de poder de seus sucessores? O que Girard denominou "transferência dupla" responde a esta inquietude: a vítima é muito má, na medida em que é a origem da crise, mas também é muito boa, na medida em que sua morte restaurou a ordem.

O próprio Bruto se transforma numa figura ambivalente para seus inimigos. Ao final, o conspirador se suicida. O gesto sacrificial de Bruto mostrou-se, porém, inepto: não conseguiu reunir a coletividade e, longe de acabar com a violência, prolongou-a ainda mais. Agora, tem de pagar sua inépcia com a própria morte, e é esta o que põe fim à violência. O que não pôde fazer em vida, agora o faz em morte. Tal como com César, aos olhos de seus inimigos Bruto é uma combinação de vícios e virtudes. É um traidor, mas, ao mesmo tempo, Marco Antônio o exculpa do pecado de inveja contra César, e enaltece suas virtudes. Shakespeare sabe que, aos olhos dos membros da comunidade, os indivíduos que, com sua morte, contribuem para regeneração da ordem nunca podem ser inteiramente maus.

Assim, *Júlio César* é, para Girard, outra das obras máximas de Shakespeare. Nela, o dramaturgo se ocupa exclusivamente do funcionamento e da natureza da violência fundadora: se o assassinato de César não acontece no final, mas no meio da trama, é porque Shakespeare aspira a detalhar os preâmbulos, o desenvolvimento e, somente então, o mecanismo da violência propiciatória. Desde

A Violência e o Sagrado, Girard propõe a tese de que a origem do gênero trágico é a violência propiciatória. Mas, apesar de seus muitos méritos, acrescenta Girard, os trágicos gregos nunca deram muita centralidade ao assassinato fundador; apesar de terem revelado boa parte do funcionamento do mecanismo vitimário, sempre sucumbiam a ele e não revelavam completamente seu funcionamento. Para Girard, *Júlio César* é a única tragédia que se centra exclusivamente no funcionamento do mecanismo do bode expiatório; seu personagem central não é César, pois este morre no meio da obra, nem Bruto, pois ele não ocupa a totalidade das cenas, mas a violência propiciatória: do princípio ao fim, a obra se ocupa dela.

Pode-se objetar que, em algumas obras de Shakespeare, o dramaturgo é cativado pelo mecanismo do bode expiatório e se deixa levar por ele, retratando os mesmos temas de perseguição, mas da perspectiva dos perseguidores. Como vimos no capítulo anterior, assim como Girard denuncia em Guillaume de Machaut a distorção das vítimas judias, assim também Shakespeare foi acusado de ser antissemita em *O Mercador de Veneza*.

Nesta comédia, o prestamista judeu Shylock é um personagem de muito poucas virtudes, legitimamente desprezado por todos, incluindo a própria filha. Ele emprestou certa quantidade de dinheiro a Antônio, e, se este não a devolver a tempo, como combinado, Shylock arrancará uma libra de carne do corpo do próprio Antônio.

Sem dúvida, o retrato que se faz de Shylock é mais uma mostra das distorções persecutórias que as coletividades se comprazem em representar. Shylock é um verdadeiro monstro: empresta a juros, não tem compaixão de ninguém, sua própria filha o teme, e, o que é pior ainda, sua monstruosidade é confirmada quando ele exige de Antônio a libra de carne por não ter pagado o dinheiro a tempo. O consenso entre os críticos é que, agrade-nos ou não, Shakespeare não conseguiu escapar ao antissemitismo de sua época; nos termos da teoria de Girard, Shakespeare terminou por ser mais um partícipe do mecanismo do bode expiatório.

Contudo, Girard reconhece que, embora seja verdade que em *O Mercador de Veneza* aparecem distorções características das perseguições, esta comédia não pode ser identificada como um "texto de perseguição"; muito pelo contrário, é uma sutil sátira das perseguições.

Se Shylock, o prestamista que viveu apenas em função do dinheiro, repentinamente se desinteressa pelo dinheiro e exige uma libra de carne, é porque, na comédia, o dinheiro e as pessoas foram indiferenciados. A violência que se necessita para cortar a carne circula como o dinheiro. Desde sempre, Shylock teve ressentimento dos cristãos e de Antônio, e, para se vingar, abandona a condição de prestamista e prefere exigir violência. Cobrar de alguém é vingar-se dessa pessoa. Ao final, Shylock e Antônio ficam presos num jogo de violência indiferenciada, transformando-se, como tantas vezes acontece no teatro shakespeariano, em *duplos*: Shylock recebeu humilhações, e agora é a sua vez de se vingar.

Efetivamente, Shakespeare representa Shylock como um monstro. Mas *é tão monstruoso quanto os demais*. Para que o mecanismo vitimário funcione, deve prevalecer a *diferença* (entre a violência profana e a sagrada, entre a vítima e a comunidade), o que Shakespeare rejeita. Shylock é apenas mais um participante do jogo da mímesis e da violência. Tanto os judeus quanto os cristãos participam de uma reciprocidade violenta que termina por indiferenciá-los. Para cada traço monstruoso de Shylock, Shakespeare retrata ambições, avarezas e hipocrisias de Antônio e dos venezianos. À diferença de um Guillaume, é inútil buscar em Shakespeare alguma distinção entre "bons" e "maus"; nunca será encontrada.

Girard considera que, sendo um dramaturgo popular, Shakespeare não podia representar de forma muito aberta o funcionamento do mecanismo vitimário. Inevitavelmente, teve de ceder às exigências de um público que se comprazia mais com a perseguição de bruxas e judeus. Mas não incondicionalmente. Assim como, de acordo com Girard, *Como Gostais* é uma sátira que ridiculariza o desejo autônomo, *O Mercador de Veneza* é uma sátira das perseguições.

Efetivamente, distorce um bode expiatório, cumprindo assim as exigências do teatro elisabetano. Mas está longe de conformar-se com isso: diante de um pequeno público ilustrado, Shakespeare representa a arbitrariedade da monstruosidade de Shylock. Os venezianos são tão monstruosos e cobiçosos quanto o judeu. O público ilustrado se compraz apreciando a sátira que se faz das perseguições, sem, porém, que se ofenda o populacho, que crê ver em *O Mercador de Veneza* mais uma das tantas representações antissemitas com que se deleita.

Essa mesma estratégia se estende, acrescenta Girard, a *Ricardo III*. Visto como um tirano pela corte e pelo público elisabetano, Ricardo tem de ser representado como um monstro. Além da deformidade de seu corpo (traços que, como vimos, são característicos dos bodes expiatórios), Ricardo executa a mais atroz violência.

Uma vez mais, todavia, Girard insiste em que Shakespeare se recusa a forjar uma diferença entre Ricardo e os demais personagens. Nas palavras de Girard,

> a imagem de Ricardo que surge é diferente. Estamos num mundo de lutas políticas sangrentas. Todos os personagens adultos da peça cometeram pelo menos um assassinato político, ou beneficiaram-se de algum. (...) Ricardo consegue matar mais pessoas de modo mais cínico do que seus antecessores, mas ele não é essencialmente diferente.[14]

Ali onde um texto de perseguição imporia uma diferença entre uma vítima "malvada" e uma coletividade "heroica", Shakespeare apresenta a todos como igualmente monstruosos: a violência indiferencia os personagens, não há malvados nem heróis.

---

[14] Idem, p. 470.

Essa leitura lança luz sobre a mais comentada, mas ao mesmo tempo mais obscura, de todas as obras de Shakespeare: *Hamlet*. Se o gênero trágico depende da violência propiciatória, é impossível que Shakespeare renuncie a ela: não pode senão retratá-la em suas obras. Se não oferece vítimas sacrificiais, ele mesmo se converterá em uma, ao menos no sentido metafórico de que morrerá como dramaturgo, na medida em que não sobreviverá ao julgamento do público soberano.

A vingança é uma das manifestações favoritas da violência propiciatória. Shakespeare tinha de atender às exigências de seu público, e apresentar uma obra pertencente ao gênero da vingança. Uma vez mais, contudo, a genialidade de Shakespeare consiste em converter uma típica história de vingança numa verdadeira sátira da violência e da retribuição. Atenderá à exigência sacrificial do público, que requer o pagamento da violência com mais violência, mas, ao mesmo tempo, oferecerá ao pequeno público ilustrado dúvidas sobre a legitimidade da violência, o suficiente para perturbar-nos, do mesmo modo como sucedeu a Hamlet.

O príncipe dinamarquês foi encarregado de vingar seu pai. Contudo, nem ele mesmo está convencido de que tal seja legítimo. Num mar de dúvidas, chega a pensar que sua vingança não se distinguiria muito da conspiração de Cláudio. Ao próprio Hamlet custa aceitar a *diferença* sobre a qual costuma sustentar-se a legitimidade das vinganças. Nas palavras de Girard: "Não pode ser despropositadamente que Shakespeare sugere que o velho Hamlet, o rei assassinado, era ele mesmo um assassino. Por pior que Cláudio pareça, ele não parece tão ruim assim dentro do contexto de uma vingança anterior".[15] Shakespeare não pode abandonar o gênero da vingança. O herói deve vingar o pai a todo custo. Mas o gênio do dramaturgo consiste em demonstrar a arbitrariedade das oposições sobre as quais se sustenta a vingança. Shakespeare atende aos requisitos do

---

[15] Idem, p. 503.

populacho: o herói vingativo faz o que tem de fazer, fornecendo assim as vítimas sacrificiais que sustentam o gênero trágico. Porém, ao mesmo tempo, Shakespeare triunfa em representar o ridículo e absurdo dessa mesma vingança.

Em *Hamlet* representa-se a mesma crise das diferenças que aparece em tantas outras obras shakespearianas. Hamlet se comprazeria com saber que sua tarefa é legítima, que seu pai difere de seu tio, e que, por conseguinte, está no direito de vingá-lo. Mas, para sua infelicidade, a coisa está longe de ser assim. Hamlet, o velho, é tão assassino quanto Cláudio. Uma vez mais, é-lhe impossível marcar uma diferença entre "bons" e "maus". Hamlet sabe que, com a vingança, terminará fazendo o mesmo que Cláudio.

Cláudio e Hamlet, o pai, vêm a ser mais uma manifestação do tema dos irmãos inimigos, tema que tanto interessa a Girard. Em várias cenas da obra, custa aos personagens diferenciar o retrato de um e de outro. Como irmãos, parecem-se tanto, que entre si que se convertem em *duplos miméticos*. Tornaram-se presas de rivalidades, porque os dois desejam e disputam as mesmas coisas, e porque, o que é ainda pior, a violência de um não se distingue da violência do outro.

De acordo com Girard, Shakespeare conhece muito bem os perigos que se retratam através do tema dos irmãos que se confundem. Este mesmo tema aparece, em versão cômica, em *A Comédia dos Erros*, onde a indiferenciação de dois gêmeos dá ensejo a uma série de confusões.

Girard sugere que o fato de Shakespeare estar a par das confusões provocadas pelos gêmeos revela o profundo conhecimento que o dramaturgo inglês possui da mímesis: a relação entre os irmãos que mais se parecem representa a forma como os personagens presas do desejo mimético se convertem em *duplos*, indiferenciando-se um do outro. Nesse contexto, vale a pena mencionar o fato de o próprio Shakespeare ter tido filhos gêmeos, o que talvez lhe tenha facilitado a compreensão de quão confusas podem tornar-se as relações entre eles.

A semelhança que Hamlet reconhece entre seu pai e seu tio é tal, que ele nunca se decide por cumprir a vingança. Não se atreve a fazer algo com respeito ao qual sente profundas dúvidas. Uma estratégia muito comum dos indecisos é incitar os demais a participar da própria decisão. Dessa forma, eles *imitarão o restante* e se sentirão menos inseguros. Hamlet não se atreve a levar a efeito seu plano de vingança por si só; ele se compraz muito mais em buscar um cúmplice.

É assim que faz saber à sua mãe as intenções que tem. Quer envolvê-la, de forma que lhe sirva de modelo mimético a que seguir. Seguindo-a, imitando-a, já não será tão difícil a vingança. No entanto, Hamlet não consegue convencê-la.

Hamlet recebe outro incentivo mimético da parte de Fortinbrás e seu exército. O comandante se prepara para dirigir-se à Polônia para uma campanha militar cujo móvel é a disputa por um pedaço de terra sem grande valor. Diante de Hamlet desfila um exército que marcha para a execução de uma violência que, para dizer a verdade, não é muito legítima. Se Fortinbrás está decidido a executar violência sem maior legitimidade, não será difícil a Hamlet seguir esse modelo mimético e acabar por empreender a vingança.

Mas, de acordo com Girard, é Laertes quem melhor serve de modelo para Hamlet, e que consegue que ele finalmente cumpra sua vingança. Laertes provocou Hamlet, e a partir de então a violência que era estranha ao príncipe apodera-se finalmente dele. Hamlet imita Laertes nas provocações e na violência: aceita o convite ao jogo de reciprocidade mimética da violência cujo final será um banho de sangue para todos.

Embora reconheça que a crítica convencional considera praticamente inútil ver em *Hamlet* uma crítica da vingança, Girard insiste em que a peça não pode ser lida de outra forma. Efetivamente, Hamlet cumpre o mandado de vingar o pai, o que é imprescindível para a continuidade do gênero da tragédia da vingança. Mas, à diferença das vinganças convencionais, a de Hamlet está longe de alcançar a resolução esperada. A vingança de seu pai propicia uma orgia de violência, que lhe leva a própria vida.

Hamlet não pode ser uma rejeição da vingança precisamente porque esta tragédia pertence a tal gênero, e porque Hamlet é mais um dos heróis vingativos. Girard comenta: "Hamlet certamente não é um covarde; vimos que sua inação, logo após a ordem do fantasma, vem de sua incapacidade de reunir os sentimentos necessários. Essa incapacidade nunca recebe a explicação direta e inequívoca que está pedindo: uma repulsa pela ética da vingança. (...) *Hamlet* pertence a um gênero que exige que a ética da vingança seja tomada como pressuposto. Uma tragédia de vingança não é um veículo apropriado para invectivas contra a vingança".[16] É inverossímil que o herói da vingança censure sua própria ação.

Contudo, lançando mão do gênero da vingança, Shakespeare desmistifica e ridiculariza a própria vingança. A vingança de Hamlet é uma "vingança bastarda", tal como Girard intitula o capítulo dedicado a esta obra. Se o público quer vingança, Shakespeare lha dará. Mas não será uma vingança convencional. Ao longo de sua crítica de Shakespeare, Girard respeita sua convicção de crítico literário que não deseja restringir um autor tão universal às convenções de uma só fé religiosa, mas, no caso de *Hamlet*, Girard não pode evitar ler em Shakespeare um profundo espírito cristão. Shakespeare não faz Hamlet dar a outra face, mas expõe as consequências catastróficas que não fazê-lo traz consigo.

Girard publicou *Shakespeare: Teatro da Inveja* em 1990. Um ano turbulento, sem dúvida alguma. A União Soviética cambaleava, e

---

[16] Idem, p. 519.

o Muro de Berlim tinha sido derrubado. Uma obra tão extensa e complexa provavelmente requereu um longo tempo de preparação, de forma que não corremos muito risco supondo que vários de seus capítulos foram escritos anos antes de a União Soviética desaparecer, em plena Guerra Fria. Recorde-se que foi a ameaça nuclear o que serviu de pano de fundo para Girard escrever *A Violência e o Sagrado*. Assim, Girard não hesita em declarar que, num mundo onde a ameaça de destruição está presente como nunca antes, não é possível ler *Hamlet* de outra forma, e nunca como uma aprovação da vingança. O grotesco final de *Hamlet* é uma aterradora lembrança de que, se não abandonarmos a ética da vingança, esta acabará conosco.

As cenas finais em que os personagens se entregam tragicamente à violência é uma característica muito recorrente no teatro shakespeariano. Essas "orgias de violência", como as chamou José Maria Valverde,[17] aparecem em obras de maturidade como *Macbeth* (a qual Girard não dedica nenhum comentário) e *Otelo*.

A história do mouro de Veneza é particularmente interessante para Girard porque, de maneira bastante explícita, Shakespeare nela se ocupa da forma como os ciúmes e a inveja corrompem os personagens. Otelo é manipulado por Iago, que o faz crer que Desdêmona, sua esposa, o engana com Cássio, seu próprio lugar-tenente.

Girard afirma que esta obra será mais bem compreendida se se comparar com *Muito Barulho por Nada*. Cláudio e Otelo são personagens muito parecidos. Ambos se sentem inferiores diante do mundo, apesar de seus postos militares e de suas conquistas no amor. Como bons fatalistas, estão sempre à espera do pior e, quando se lhes dá uma má notícia, aceitam-na sem se preocupar nem minimamente em confirmá-la.

---

[17] José Maria Valverde, "Introducción". In: William Shakespeare, *Hamlet. Macbeth*. Madri, Planeta,1999, p. 5-21.

Tanto Cláudio quanto Otelo acreditam nos rumores que circulam sobre suas esposas. Esses rumores têm origem em personagens perversos, ou ao menos mal-intencionados, D. João no caso de Cláudio, Iago no caso de Otelo. Embora seja verdade que tais rumores são espalhados por "traidores", Girard insiste em que a personalidade erodida dos esposos contribui para a proliferação do boato. Um marido que não estivesse tão inseguro de si mesmo e não se deixasse levar pelo jogo mimético não prestaria muita atenção aos rumores sobre sua esposa.

Aumentam os ciúmes de Otelo quando ele suspeita que Desdêmona o está enganando com Cássio. Mas, muito mais que no motivo de sua esposa, Girard considera que o ciúme de Otelo tem origem em seu desejo metafísico: "Cássio é tudo que Otelo não é: branco, jovem, elegante e, acima de tudo, um verdadeiro aristocrata veneziano, um verdadeiro homem do mundo (...). Otelo tanto aprecia Cássio que escolhe a ele e não a Iago como seu tenente".[18] Otelo sente uma fascinação por Cássio, do mesmo tipo que os sujeitos sentem por seus modelos. Fascina-o Cássio inteiro porque, no fundo, deseja *ser* Cássio. Mas o próprio Cássio é o obstáculo para ele *ser* Cássio.

Como em todas as relações miméticas, a fascinação está a um passo do ódio. Com a ajuda da manipulação de Iago, Otelo imagina as piores coisas entre sua mulher e seu amigo. Apodera-se dele a paranoia, sintoma comum nas presas do desejo mimético, e ele suspeita que seu amigo o trai, sem se dar conta de que é Iago o verdadeiro traidor. Se antes via em Cássio um fiel amigo, sua etapa de admiração termina abruptamente para dar lugar ao ciúme e à inveja.

Apesar de toda a complexidade que se esboça nas relações entre os personagens de *Otelo*, Girard afirma que, nesta obra, Shakespeare não articula um pleno entendimento da natureza do desejo mimético. Em Otelo crescem os ciúmes enfurecidos, mas estes são instigados por Iago, o "traidor" que continuamente lhe envenena a mente.

---

[18] *Shakesperare: Teatro da Inveja*, p. 532.

Até certo ponto, Shakespeare desculpa Otelo. Compraz-se mais em dar maior ênfase à responsabilidade de Iago, cuja representação como traidor alimenta o ódio do público.

Shakespeare faz de Iago um bode expiatório. Concentra nele a maior parte da culpa dos ciúmes de Otelo. Retrata-o como um personagem perverso, responsável de o mouro enlouquecer de ciúme. Shakespeare não se preocupa em indagar muito a que ponto Otelo, tornando-se presa do desejo mimético, é tão responsável quanto Iago pelo ciúme que o destrói.

Não obstante, obras posteriores a *Otelo* revelam que a Shakespeare interessava a forma como o personagem obcecado pelos ciúmes é tão culpado quanto o "traidor", que, para dizer a verdade, cumpre mais o papel de bode expiatório. De acordo com Girard, *Cimbelino* é uma obra tecnicamente medíocre, suficiente para que suspeite de que não tenha sido escrita por Shakespeare, mas por alguns de seus colaboradores. Não obstante, *Cimbelino* apresenta uma variante que realmente deve ter contado com a intervenção do próprio Shakespeare.

Nessa obra, Póstumo se encontra em Roma após ter sido expulso da Escócia pelo rei Cimbelino. Em Roma, louva as virtudes de Imogênia, a mulher com quem se casou clandestinamente, mas a quem deixou na Escócia. O jovem Giacomo viaja à Escócia e, à sua volta, de forma análoga a Iago, faz crer a Póstumo que ele mesmo conseguiu o amor de Imogênia. Repete-se assim o tema shakespeariano do convite ao rival a desejar o mesmo. Crescem em Póstumo enfurecido ciúme, e ele não tem dúvida de que Imogênia o traiu com Giacomo, pois como pode saber este que sua mulher tem um sinal no seio? Não suspeita que, se Giacomo viu esse sinal, é porque estava escondido num baú. Depois Póstumo reconhece que foi um tolo, e assume a responsabilidade por todos os tristes acontecimentos que se sucedem à intriga do ciúme.

Em *Otelo*, Iago permanece como o "vilão", e, embora não seja um exemplo de virtude, Otelo é desculpado, ao menos parcialmente.

Se o mouro enlouquece de ciúme, não é propriamente por sua própria causa, mas pela manipulação de um traidor. Apesar de não ser a mais brilhante das obras de Shakespeare, Girard considera que *Cimbelino* é superior neste aspecto: já não é possível atribuir a um bode expiatório a responsabilidade pelos ciúmes. Aceitando sua culpa, Póstumo reconhece que, através do desejo mimético, foi ele mesmo, e ninguém mais, a origem de sua própria loucura. Compreende que, exaltando as virtudes de Imogênia diante de Giacomo, brincou com fogo. À diferença do que acontece em *Otelo*, o traidor é apenas uma causa secundária da desgraça. Em *Cimeblino*, a presa do desejo mimético se reconhece como tal, e não se compraz em responsabilizar um bode expiatório.

Em *Conto de Inverno*, Shakespeare demonstra ainda mais como o ciúme cresce desproporcionadamente sem necessidade de contar com um traidor como Iago. Leontes e Políxenes são amigos de infância; o primeiro se tornou rei da Sicília, enquanto o segundo é rei da Boêmia. Políxenes visitou o amigo por nove meses, mas lhe faz saber que tem de retornar a Boêmia. Leontes se entristece com essa noticia, e faz todo o possível para evitar a partida do querido amigo.

Leontes não consegue convencer Políxenes de que não se vá, razão por que pede a Hermíone, sua esposa, que intervenha em seu favor. Esta o faz, e convence Políxenes a ficar. Mas, longe de alegrar-se, Leontes começa a criar falsas suspeitas de que Hermíone o engana com o amigo de infância, o que, aparentemente, suscita uma série de trágicos acontecimentos.

De acordo com Girard, *Conto de Inverno* apresenta a mesma estrutura que *Otelo* e *Cimbelino*: um homem suspeita que sua mulher o engana com um de seus amigos. Mencionamos que em *Otelo* tal suspeita é alentada por Iago, enquanto em *Cimbelino* continua a haver um "traidor", porém seu papel se reduz consideravelmente. Em *Conto de Inverno*, o traidor desaparece completamente. É só na imaginação de Leontes que sua mulher o engana com seu melhor amigo, e não existe nenhum agente externo, como Iago, que manipule a mente ao rei.

Girard considera Leontes como um dos personagens máximos de todo o Shakespeare: é a melhor amostra de como o desejo mimético corrompe o ser humano *por si só*, sem possibilidade de se culpar um estranho. No início da obra, Leontes tem à sua disposição o melhor material para formar uma relação triangular: uma mulher e dois homens. Mas a boa Hermíone sempre foi fiel e, respeitando o marido, quase não interagiu com Políxenes.

Leontes se escandaliza com isso. Não pode tolerar o fato de que, tendo a oportunidade de gerar um triângulo de desejo, este não se dê. Por isso, exige que a esposa se envolva mais na relação com Políxenes, ordenando-lhe que peça ao rei da Boêmia que prolongue por mais um tempo sua visita. Até certo ponto, Leontes repete o que fazem tantos outros personagens shakespearianos: incita nos demais um desejo que, mais adiante, não poderá tolerar. Aproximando a esposa e o amigo, Leontes realmente os convida ao desejo mútuo.

Efetivamente, Hermíone cumpre a ordem do rei. Contudo, quando este se dá conta de que agora sua esposa e seu amigo se aproximaram, aterroriza-se. Para dizer a verdade, Hermíone só fez o que o próprio Leontes lhe pediu, mas isso é um horror para ele. Leontes quer que Hermíone e Políxenes sejam amigos, mas, quando o consegue, é assaltado por furioso ciúme. Leontes se oferece como modelo de imitação a Hermíone: aspira a que sua amizade com Políxenes seja imitada. Uma vez mais, no entanto, configura-se o contraditório "duplo vínculo" das relações miméticas: por um lado, Leontes diz a Hermíone "imita-me", exigindo-lhe que seja amiga de seu amigo, mas, por outro, lhe diz "não me imites", arrependendo-se porque agora crê que eles se tornaram amantes. No fundo, Leontes aspira a que seu próprio amigo deseje sua esposa, para depois entrar no jogo masoquista da rivalidade mimética.

Como todos os personagens shakespearianos que convidam os demais ao desejo, Leontes se nega a reconhecer que ele mesmo tem a maior responsabilidade num adultério que, ademais, é inexistente. Se Hermíone sente afeto por Políxenes, é só porque Leontes lho pediu, mas o rei da Boêmia não considera nada disso. Compraz-se em responsabilizar Hermíone, sem fazer um exercício de introspecção.

Uma vez mais, Girard vê em Shakespeare um profundo espírito cristão. O dramaturgo inglês compreende cabalmente o que a história da Queda verdadeiramente expressa: o maior pecado do homem é a negação de sua responsabilidade, um tema que, por outro lado, foi fecundamente estudado por Sartre, um autor que interessou a Girard desde a juventude. O pecado de Adão e Eva é essencialmente mimético: Eva come do fruto porque seguiu o desejo da serpente, e Adão imitou o desejo de Eva, também comendo do fruto. Mas, quando tem de se enfrentar com Deus, Adão não se atreve a admitir sua própria responsabilidade; compraz-se mais em atribuir a culpa a Eva, pois foi ela quem lhe ofereceu o fruto. De acordo com Girard, Shakespeare conhece muito bem a fraqueza humana: Leontes, longe de pensar que, se existe um adultério, é ele o principal responsável, prefere eludir a responsabilidade e culpar Hermíone, assim como Adão o fez com Eva.

Como todas as presas do desejo mimético, Leontes é paranoico. Mesmo que ninguém manipule sua mente, sempre suspeita que algo está sendo tramado contra ele, de forma que não lhe é muito difícil inventar o adultério entre seu amigo e sua esposa.

Mais ainda, a relação existente entre Leontes e Políxenes é uma relação de *duplos*, como nas demais relações miméticas. Os dois reis são amigos desde a infância, mas, como sucede em todo o teatro shakespeariano, as amizades não chegam a ser duradouras, dado que a proximidade propicia o conflito. Políxenes se nega a entrar numa relação de duplos miméticos, o que enfurece ainda mais Leontes. O rei siciliano não pode viver sem um modelo-rival; não só necessita que outro deseje sua própria mulher, mas também necessita que outro se envolva com ele no conflito mimético.

Para Girard, *Conto de Inverno* é uma das obras-primas de Shakespeare, não só por demonstrar a complexidade do desejo mimético e pela inexistência de um traidor que faça as vezes de bode expiatório, mas porque, após tantos desencontros, a presa do desejo mimético é finalmente redimida.

Conduzido pelo ciúme, Leontes leva a efeito uma série de atos violentos que, aparentemente, acabam com a vida de sua mulher e de sua família. Os oráculos confirmaram que Hermíone sempre foi fiel, o que faz Leontes compreender a loucura que se apoderou dele. A partir de então, Leontes viverá eternamente arrependido, e reconhecerá a injustiça de seu ciúme e a fraqueza de seu caráter. Nas cenas finais, ele contempla uma estátua de Hermíone, o que desperta nele ainda mais arrependimento, confirmando ainda mais o abandono da paixão de outrora. A estátua termina por ser a verdadeira Hermíone, que nunca morreu, o que dá a oportunidade de uma nova vida sem ressentimentos nem ciúme.

Girard vê neste arrependimento um refinamento do lamento de Póstumo em *Cimbelino*. Pela primeira vez, a presa do desejo mimético renuncia ao pecado de Adão, e assume sua própria responsabilidade. Na medida em que se assume esta responsabilidade, elimina-se o desejo mimético. Como vimos quatro capítulos atrás, esta é a conclusão de *Mentira Romântica e Verdade Romanesca*. O herói romanesco abandona a mimese do desejo na medida em que compreende que, antes, era uma presa do desejo mimético. Por isso, a conversão romanesca é análoga à conversão e ressurreição religiosa, especialmente a cristã.

Leontes experimenta a mesma conversão que o herói romanesco. Assume sua própria responsabilidade, e é através desta que se livra do desejo mimético. O fato de Hermíone estar viva é um simbolismo que expressa o renascer de Leontes para uma nova vida, livre de ciúme. Como o converso, Leontes é um homem novo: morreu como pecador do desejo mimético, e ressuscitou para uma nova vida, mas só na medida em que colocou sua vida em retrospectiva e compreendeu quão tolo foi.

Em *Mentira Romântica e Verdade Romanesca*, Girard insistia em que o romancista só é capaz de retratar o desejo mimético na medida em que o viveu e, ao mesmo tempo, renunciou a ele. O romântico é incapaz de retratar o desejo mimético porque ainda é sua presa. De forma que a conversão do herói romanesco não é mais que uma representação da conversão do próprio romancista. Uma das qualidades do gênio romanesco é seu caráter autobiográfico.

Para que um gênio como Shakespeare pudesse retratar uma conversão como a de Leontes, acrescenta Girard, o próprio dramaturgo tem de ter vivido "os fogos da inveja". Como sucede com os romancistas, a conversão de Leontes é a conversão de Shakespeare. Só alguém que viveu de perto o desejo mimético, e posteriormente renunciou a ele, pode representar o funcionamento da mímesis. Sem dúvida, como se percebe, Girard é parte da minoria de críticos que afirma que o repertorio shakespeariano é profundamente autobiográfico, sendo os *Sonetos* a mostra mais explícita disso.

capítulo 6
os perigos do relativismo

O cristianismo é chamado a religião da compaixão.
Friedrich Nietzsche, *O Anticristo*

No começo da década de 1990, Girard já se encontrava consagrado no mundo acadêmico. Seu número de leitores e seguidores crescia de tal forma que, em 1990, um grupo de estudantes e amigos da Europa e especialmente dos EUA criou o *Colloquium on Violence and Religião* (COV&R). Desde o início, ocorre uma reunião anual para discussão das implicações do pensamento girardiano.

Este grupo era de início formado fundamentalmente por acadêmicos, mas, à medida que crescia e Girard se tornava popular para além dos limites da academia, passaram a fazer parte dele pessoas comprometidas com o cristianismo, especialmente com a interpretação e a apologia cristãs oferecidas por Girard.

Pode-se pensar que *Shakespeare: Teatro da Inveja* é um parêntese no fio condutor que Girard havia seguido durante os anos 1980. O interesse de Girard pelo dramaturgo inglês remonta, pelo menos, até a época em que escrevia *A Violência e o Sagrado*. É de supor que, durante vinte anos, tivesse acumulado escritos sobre Shakespeare, e que tivesse chegado um momento em que considerou conveniente publicá-los. Mas é bastante evidente que, para Girard, se tratava de um parêntese no trabalho que realizava desde a publicação de *Coisas Ocultas desde a Fundação do Mundo*.

A década final do século XX foi uma época marcada não tanto pelo secularismo das décadas anteriores, mas pelo *relativismo cultural*. As antigas colônias ganhavam sua independência, e a academia se via na necessidade de vindicar culturas que por séculos tinham sido mal entendidas e subjugadas a uma ilusão de superioridade ocidental. Especialmente do ângulo da antropologia, advertia-se sobre os perigos dos estudos comparativos, e afirmava-se que era quase impossível defender determinados valores culturais em detrimento de outros.

Como era de esperar, Girard foi alvo dessas críticas, algumas das quais também nós já fizemos eco no segundo capítulo. Não obstante, como vimos, para Girard a história da negação de Pedro é muito importante, e, contrariamente ao apóstolo, ele sempre tentou resistir às pressões das modas intelectuais. Pouco importa se o mundo acadêmico exige dos intelectuais que mantenham um compromisso com o relativismo cultural. Para Girard, a Bíblia é o texto que maior influência teve sobre nosso mundo, e o cristianismo *não* é mais uma religião, como qualquer outra; sua singularidade deve ser sobressaltada. Quando, em 2005, Bento XVI foi eleito Papa, não surpreendeu que Girard louvasse a cruzada que o Papa anunciava contra a "ditadura do relativismo".[1]

Girard não contou com muitos aliados em sua defesa da singularidade do cristianismo. Mas, paradoxalmente, Girard vê em Nietzsche, um dos críticos mais insistentes da religião cristã, seu aliado mais próximo em sua empresa de destacar a singularidade dos Evangelhos e da religião cristã. Assim, Girard dedicou vários artigos à obra de Nietzsche,[2] a quem considera o maior filósofo do século XIX.

Tal como Girard, Nietzsche não considera à religião cristã como *mais uma* entre muitas. Também ele parte de uma distinção entre a

---

[1] Nathan Garthels, "Ratzinger Is Right: Interview with René Girard". *The Huffington Post*, 12 de maio de 2005. Disponível em: http://www.huffingtonpost.com/theblog/archive/2005/05/ratzinger-is-right.html. Acesso em: 6 de junho de 2011.
[2] *The Girard Reader*, p. 243-61.

religião cristã e outras religiões, especialmente a dos antigos gregos. No pensamento de Nietzsche, a religião cristã sobressai por sua "moral de escravos" e seu *ressentiment*, ou seja, pela tendência do cristianismo a abraçar a compaixão, a misericórdia e a humildade, em oposição à "moralidade de senhores", que exalta os valores de domínio e de vitalidade. Como Girard, Nietzsche vê no cristianismo a religião das vítimas e dos oprimidos "ressentidos" que nunca abandonam sua simpatia pelas vítimas.

Ali onde os críticos humanistas da religião cristã insistem em que esta é a matriz da opressão, da perseguição e do abandono das vítimas, Nietzsche vê exatamente ao contrário: a religião cristã, caracterizada por uma moral de escravos, não faz mais que defender os fracos. A grande diferença entre Nietzsche e Girard, naturalmente, reside no fato de que o pensador alemão *desprezava* a singularidade do cristianismo, enquanto Girard a valoriza e vê nela a prova de sua origem divina.

Nietzsche sentia repulsa pelos valores de compaixão e de simpatia pelos fracos. Segundo o filósofo alemão, o verdadeiro espírito humano há de ser o que exalta os "senhores", ou seja, os fortes e dominadores. Nietzsche compreendia muito bem que o cristianismo é o principal obstáculo para esse espírito que privilegia o opressor em detrimento do oprimido, o forte em detrimento do fraco. Tão consciente estava disso Nietzsche, que abertamente defendeu uma volta à religião pagã oposta ao cristianismo.

Não por nada Dioniso se converteu na figura mitológica cujo espírito foi abraçado por Nietzsche. Girard vê nessa afinidade com o dionisíaco uma revelação da verdadeira natureza do pensamento nietzschiano. Como vimos no Capítulo II, para Girard, Dioniso é o Deus que melhor representa os temas sacrificiais. É o Deus do morrer e do renascer, e em *As Bacantes* é o encarregado de instituir festividades que não podem prescindir da violência. O espírito antissacrificial do cristianismo é em boa medida uma rejeição de todo o que Dioniso representa.

Se Nietzsche abraça a causa de Dioniso, é porque deseja a continuidade do mecanismo da vítima propiciatória. Para Nietzsche é odioso o fato de a religião na qual ele nasceu rejeitar os valores sacrificiais. Os fracos e as minorias devem dar passagem para as novas maiorias de homens fortes, e para isso se deve contar com a violência propiciatória, seja nos rituais sacrificiais arcaicos (como as festividades dionisíacas), seja nos genocídios modernos, com respeito aos quais, insiste Girard, não se pode livrar Nietzsche de responsabilidade, como alguns de seus defensores tentaram fazer.

Nietzsche se oporia, como Girard, ao relativismo do século XX. Para o filósofo alemão, o cristianismo *não* é uma religião como as outras; muito pelo contrário, é a religião dos fracos e dos ressentidos, e, precisamente por sua singularidade, Nietzsche ataca o cristianismo. O que Nietzsche vê como "ressentimento", Girard o vê como revelação. É precisamente graças à simpatia pelo fraco que compreendemos as origens culturais de nossa espécie e a verdadeira natureza do homem. Girard valoriza o cristianismo exatamente pelas mesmas razões por que Nietzsche o condena.

Mais ainda, Girard insiste em que a filosofia de Nietzsche funciona como um sistema religioso que é fundado por um assassinato coletivo. Se Deus morreu para Nietzsche, é porque, como ele mesmo proclama no aforismo 125 de *Gaia Ciência*, "nós o matamos". A partir de então, a filosofia poderá funcionar como um sistema que abandona a compaixão e enfatiza os valores de aniquilação e domínio. Nietzsche demonstra estar muito preocupado com o assassinato coletivo das vítimas propiciatórias, mas não para condená-lo, como faz o judaico-cristianismo, mas para defendê-lo. A nova etapa da filosofia se iniciará na medida em que se restaure o sistema sacrificial em que "nós matamos a Deus". Girard se lamenta de que seja um crítico do cristianismo como Nietzsche quem melhor compreendeu a singularidade do judeo-cristianismo. Os próprios cristãos parecem ter cedido à posição de que o cristianismo é apenas mais uma entre tantas outras religiões.³

*

Michel Treguer, um apresentador de rádio e televisão francês, manteve várias conversas radiofônicas com Girard, e suas transcrições goram publicadas como livro em 1994, sob o título *Quand Ces Choses Commenceront* [*Quando Começarem a Acontecer Essas Coisas*].⁴ O título é uma referência bíblica (Lucas 21,28), o que já é habitual na obra de Girard.

---

³ Raras vezes se comparou a obra de Nietzsche com a do historiador inglês do século XVIII Edward Gibbon. Seus estilos são muito diferentes; um escreveu em forma de aforismos e permanece obscuro em muitos aspectos, enquanto o outro escreveu em magnífica prosa e com grande clareza. Um se aproximou de um niilismo próprio dos tempos pós-modernos, enquanto o outro foi um ilustrado que compartilhava muitos valores e princípios de seus contemporâneos. Mas, para além dessas diferenças, os dois compartilham a mesma atitude com respeito ao cristianismo. Nos célebres capítulos XV e XVI de sua obra máxima, *Declínio e Queda do Império Romano* (São Paulo, Companhia de Bolso, 2005), Gibbon acusa o cristianismo de ter sido a principal causa da decadência romana. Segundo ele, o espírito pacifista da incipiente religião constituiu o ponto final de Roma, pois, debilitando seus exércitos, o Império não podia manter controle sobre os territórios conquistados (uma censura que, advirta-se, não é muito diferente da que Celso fazia aos cristãos no século II (citado por Orígenes, *Contra Celsum*, VIII, 68-69). Mais ainda, a nova religião atentou contra as formas tradicionais de solidariedade social, contribuindo ainda mias para a desintegração. Antecipando-se a Nietzsche, Gibbon é bastante explícito a atribuir aos cristãos o *ressentiment*: "Os laços de sangue e amizade se rompiam com frequência devido à diferença de fé religiosa, e os cristãos, que neste mundo eram oprimidos pelo poder dos pagãos, algumas vezes se deixavam seduzir pelo ressentimento e pelo orgulho espiritual e se alegravam com a perspectiva de seu triunfo no futuro" (p. 244). Girard não comentou Gibbon, mas é de supor que, tal como com Nietzsche, estaria de acordo com muitos de seus pontos de vista. Girard provavelmente aceitaria o papel que o cristianismo desempenhou na decadência romana. Pois Nietzsche, Gibbon e Girard enfatizam o caráter pacifista e não violento da religião cristã. Mas, enquanto Nietzsche e Gibbon (e Celso) desprezam esse caráter pacifista, Girard o considera a prova definitiva de sua superioridade. Girard também estaria de acordo com Gibbon em que o cristianismo pôs em perigo a solidariedade tradicional de Roma, contribuindo assim para sua desintegração. Longe porém de ver um espírito decadente no cristianismo, Girard considera que essa contribuição para a desintegração romana foi mais uma prova do caráter apocalíptico da revelação cristã, a qual, impossibilitando a continuação do mecanismo da vítima propiciatória, aniquila as formas tradicionais de solidariedade, e oferece uma nova solidariedade, baseada no amor. Para Girard, o poder da revelação cristã é capaz de derrubar impérios, tal como a experiência de Roma demonstrou.
⁴ Paris, Arlea, 1994. A tradução em português será publicada na Biblioteca René Girard.

O livro tem o formato de uma conversação entre os dois autores, na qual Girard expõe, em termos relativamente simples, os pilares fundamentais de sua obra. Recorde-se que o formato de diálogo foi o que Girard empregou na redação de *Coisas Ocultas desde a Fundação do Mundo*. Mas, em *Quando Começarem a Acontecer Essas Coisas*, há uma diferença: o interlocutor de Girard não é um de seus colaboradores cujas perguntas servem para legitimar os pontos de vista do autor; ao contrário, Treguer tem reservas iniciais com respeito à obra de Girard, como ele mesmo confessa: "Para ser franco, eu mesmo me perguntei se René Girard não era um discípulo dos terríveis inquisidores, dos missionários homogeneizadores, um destruidor de culturas".[5]

Girard recapitula sua produção intelectual com os mesmos exemplos, as mesmas referências e os mesmos pontos de vista que empregou no passado. Não temos necessidade de repetir nada disso. Não obstante, em *Quando Começarem a Acontecer Essas Coisas* aparecem alguns aspectos que vale a pena mencionar.

O livro foi publicado apenas três anos após a queda da União Soviética; de forma que, sem dúvida, era o acontecimento que mais atraía a opinião internacional do momento. Girard expressa certa surpresa diante dos acontecimentos, e reconhece em Gorbatchov um papel excepcional na queda do totalitarismo soviético. Mas, de uma perspectiva mais ampla, prefere abordar a queda da União Soviética nos termos de sua teoria: como todas as tiranias, a União Soviética era um gigantesco sistema sacrificial, cujo funcionamento repousava sobre a execução contínua de vítimas propiciatórias, de forma que suas mortes fortaleceram a ordem social. A época de Stalin foi a fase mais emblemática desta característica: milhões de vítimas foram presas e exiladas, muitas vezes com seu próprio consentimento e confissão, um traço que, como mencionamos dois capítulos atrás, é característico das perseguições.

---

[5] Idem, p. 8.

Os grandes sistemas sacrificiais funcionam muito bem em sociedades aonde a revelação cristã ainda não chegou. Mas, uma vez que chega a revelação e se adquire consciência do mecanismo de vitimação, este deixa de funcionar. A União Soviética, que nunca deixou de ser russa, conhecia a revelação cristã desde o início, de forma que o imenso sistema sacrificial sobre o qual repousava terminaria mais cedo ou mais tarde por entrar em colapso.[6] Pois os europeus do Leste, imbuídos do espírito cristão que defende vítimas, não suportariam mais suas atrocidades. Por mais que continuassem a perseguir vítimas, seus efeitos pacificadores não chegariam. O pensamento de Girard mantém sempre um tom apocalíptico: o cristianismo derruba impérios.

Desde a publicação de *Coisas Ocultas desde a Fundação do Mundo*, Girard veio desenvolvendo a ideia de que o cristianismo tem um efeito destrutivo: não porque seja em si mesmo violento, mas porque desestabiliza os meios comuns para conter a ordem. Por isso, é inevitável que o cristianismo destrua as culturas que encontra em sua passagem. Mas, para Girard, isso é um fato positivo.[7] Contrariamente às correntes intelectuais de nossa época, Girard se opõe ao multiculturalismo. Ele antepõe a Verdade à pluralidade: não só seria hipócrita, mas simplesmente inútil, opor-se ao desvelamento dos autoenganos sobre os quais repousa a manutenção da ordem nas culturas alheias ao cristianismo. Girard não vê a expansão do cristianismo como uma destruição lamentável das culturas locais, mas como o triunfo universal de uma revelação de grande envergadura.[8] Para Girard,

---

[6] Idem, p. 16 ss.
[7] Idem, p. 22.
[8] Para o multiculturalismo, movimento de grande alcance hoje em dia, os pontos de vista de Girard certamente parecerão reprováveis. Mais ainda o serão para aqueles que se opõem à globalização. Mas desde o 11 de setembro de 2001 se tornou cada vez mais evidente que o mundo se encontra na encruzilhada de duas civilizações que, precisamente por suas aspirações globais, se "chocam": o Ocidente cristão e o Islã. Fora dessas duas civilizações, não parece haver muitas opções: como na Guerra Fria, parece inevitável que as sociedades tenham de alinhar-se a um desses dois polos. Ambas as civilizações destroem

"a destruição da diversidade cultural é menos devida aos missionários e soldados do que à forte atração exercida pelo Ocidente moderno".[9] Para o Ocidente não é preciso impor suas instituições à força, pois o poder de sua mensagem desestabiliza por si só o funcionamento interno das culturas locais, o qual, segundo Girard, repousa sobre a violência.

as culturas locais que encontram em sua passagem, e a preocupação dos multiculturalistas, conquanto não necessariamente a compartilhemos, consideramo-la legítima. Mas, se no final, o enfrentamento entre o Islã e o Ocidente parece reduzir as opções, os multiculturalistas terão de decidir qual das duas civilizações é mais favorável à sua causa. Por mais destrutivo e homogeneizador que possa parecer, o Ocidente e o cristianismo favorecem muito mais o multiculturalismo que o Islã. Não se pode negar que, historicamente, o Islã incorporou muitos elementos estranhos à sua civilização. Graças a ele, nós, os ocidentais, podemos ler Aristóteles. Mas, embora o Islã tenha incorporado à sua civilização elementos das culturas locais que encontrou em seu caminho, também manteve uma tendência a varrer culturalmente as sociedades locais, arabizando-as. A experiência histórica do Ocidente é diferente: desde a queda do Império Romano pelas mãos das tribos germânicas, os invasores se incorporaram às culturas locais, assimilando-as e, por conseguinte, oferecendo mais espaço para o respeito ao diverso. Mais ainda, de um ponto de vista religioso, o cristianismo é muito mais aberto ao multiculturalismo que o Islã. Os muçulmanos creem que o Corão, a palavra literal de Deus, não foi criado, mas ditado em árabe (cf. Corão 12,2; 13,37; 10,113; 26,192-195; 39,28; 41,3; 42,7; 43,3). Traduzir o Corão para outras línguas não é ímpio, mas a verdadeira experiência religiosa se manifesta em árabe. Se, nas aspirações globais do Islã, a religião desempenha um papel fundamental, então será inevitável que a linguagem original dessa religião destrua as que encontrar em seu caminho. Na Bíblia, por seu lado, não se encontram ideais como esta. Embora o hebraico tenha sido por muitos séculos a língua litúrgica e ela tenha chegado a ser considerada sagrada, quase nunca foi considerado o idioma em que Deus se expressou (em grande parte porque, à diferença do dogma islâmico, para a maioria dos judeus e cristãos Deus inspirou a Bíblia, mas não a ditou). Mais ainda, embora, tal como o Islã, o cristianismo aspire a uma universalização de sua mensagem, também celebra a pluralidade das línguas (e isso se estende à pluralidade dos costumes locais, desde que, naturalmente, sejam alheios ao plano religioso), o que o Islã não faz. O evento de Pentecostes (Atos 2,1-13) é muito significativo entre os cristãos precisamente por isto: proclama-se uma mensagem universal, em línguas (e culturas) particulares. Diferentemente do Islã, o cristianismo demonstrou uma tendência a adaptar sua mensagem religiosa às culturas locais, e não o contrário. Ali onde os muçulmanos afirmam que seu livro sagrado só pode ser entendido em árabe, desvalorizando as línguas que encontrou em sua passagem, os hebreus traduziram seu livro sagrado ao grego, produzindo a *Septuaginta*. O mesmo fizeram os cristãos: traduziram-no ao latim, produzindo a *Vulgata*. E, finalmente, os reformadores do século XVI compreenderam a importância de empregar o vernáculo como uma maneira de abrir-se ao que hoje chamamos de "multiculturalismo".

[9] Op. cit., p. 97.

Girard também aproveita o exemplo da União Soviética para ilustrar uma tese que tinha apresentado em *O Bode Expiatório*: o espírito cristão de defesa das vítimas, inspirado nos Evangelhos, é uma das principais origens do pensamento científico. Uma sociedade que persegue bodes expiatórios se contenta com atribuir a suas vítimas a responsabilidade pelos fenômenos naturais. Deixando de perseguir bruxas, e na ausência de um bode expiatório a quem responsabilizar pelos fenômenos naturais, abre-se o espaço para a indagação científica.

A União Soviética pretendeu tomar a bandeira do progresso científico e, a princípio, aparentemente ao menos, o fez. Mas logo os homens no espaço se viram ofuscados por desastres nucleares, economias ineficientes e outros atrasos no progresso da ciência. Girard reafirma que, enquanto uma sociedade tiranizar e perseguir bodes expiatórios, a ciência não poderá progredir. Era inevitável que a União Soviética, estando mais preocupada com a perseguição e eliminação de várias parcelas da população, caísse num declive em seu progresso científico.

Em *O Bode Expiatório*, Girard dava a impressão de sugerir que, praticamente, a ciência nasceu com o judeo-cristianismo. Em *Quando Começarem a Acontecer Essas Coisas*, modera um pouco esse ponto de vista: adverte que outras civilizações antigas, especialmente os gregos, também contribuíram para a formação do pensamento científico. Contudo, na Grécia, os germes do pensamento científico estavam confinados a uma elite minúscula da população. Para que haja ciência, é preciso existir um desencantamento do mundo, deve-se proceder a uma dessacralização, de forma que se permita a indagação. O cristianismo, destruindo as bases tradicionais sobre as quais repousa o sagrado, é a religião que mais dessacraliza. Os indivíduos que na Grécia se emanciparam do sagrado e indagaram sobre os fenômenos naturais constituem mentes excepcionais, contrárias ao sistema social imperante. Para que a ciência funcione, o afastamento da concepção tradicional do sagrado deve ser de grande envergadura, e esta é precisamente a contribuição do cristianismo: dessacralizando o mundo, fornece amplo espaço para a investigação científica.

Para gerar efeitos, portanto, o pensamento científico deve ser respaldado por uma democracia, de forma que a indagação se propague. Atribui-se à Grécia o ser a origem da democracia, mas sua democracia era francamente limitada, excluindo de seu seio mulheres, bárbaros e escravos. Girard considera o cristianismo, com sua mensagem universal, muito mais democrático. Isso não quer dizer que Girard rejeite a influência grega no Ocidente: "Pedir à nossa cultura que abra espaço para os gregos é como pedir à cidade dos Anjos que abra espaço para os automóveis! Eu não aspiro a suprimir a influência grega, e falo muito sobre eles; mas por que não podemos, de vez em quando, falar um pouco de outra coisa?"[10] Essa outra coisa é, naturalmente, o judeo-cristianismo.

*

Em 1995, Girard se aposentou, deixando de lecionar na Universidade Stanford. Em 1996, James Williams editou em inglês uma seleção de seus escritos mais importantes com o título de *The Girard Reader*.[11] Ela serviu de meio de propagação da obra de Girard entre os leitores anglófonos.

De forma que Girard concebeu sua próxima obra, *Je Vois Satan Tomber Comme l'Éclair*,[12] publicada em 1999, como um texto que, em termos simples, introduzisse um público não especializado no programa de sua teoria mimética e de sua apologia cristã, ao mesmo tempo que acrescentava comentários concernentes à nova ordem mundial. Certamente, é a melhor obra sintética para adentrar na totalidade do pensamento de Girard, e também seu livro mais teológico.

---

[10] Op. cit. p. 89.
[11] Nova York, Crossroads, 1996.
[12] Paris, Grasset, 1999. Citaremos a versão em inglês: *I See Satan Fall Like Lightning* (Nova York, Orbis, 2001).

Uma das passagens mais interessantes de *Je Vois Satan Tomber Comme l'Éclair* é uma referência a Simone Weil, quando Girard menciona o seguinte: "Ela [Weil] defendeu que, antes de apresentar uma 'teoria sobre Deus', uma *teologia*, os Evangelhos oferecem uma 'teoria do homem', uma *antropologia*".[13]

Girard faz eco dessa ideia, e concede que é através do conhecimento do homem que se chega ao conhecimento de Deus. Na medida em que a Bíblia expõe a forma como funciona tanto o desejo mimético como o mecanismo da vítima propiciatória, revela-se a natureza humana. De acordo com Girard, a Bíblia revela duas grandes verdades antropológicas: a primeira, que o homem deseja em imitação dos demais, gerando conflitos; a segunda, que esses conflitos podem ser resolvidos através da própria imitação, fazendo convergir a violência numa só vítima. A grande revelação da Bíblia é o que Girard denomina "ciclo mimético": a mímesis é inicialmente destrutiva, mas essa mesma mímesis se transforma em reconciliadora para pôr fim à violência, à custa da execução de uma vítima.

Em função dessa antropologia pode-se construir uma teologia. Expondo a forma como opera a violência humana, a Bíblia revela a verdadeira natureza de Deus. O homem sabe como surgem e se resolvem os conflitos, e, por extensão, compreende que Deus é alheio tanto à violência originada pelo desejo mimético quanto à violência propiciatória.

Girard retoma as considerações que vinha elaborando desde *Coisas Ocultas desde a Fundação do Mundo*, e insiste em que é através do conceito de "escândalo" que melhor os Evangelhos revelam o funcionamento do desejo mimético. Cada vez que os Evangelhos se referem ao *skándalon*, alude-se a um obstáculo que faz tropeçar. Trata-se da situação mimética em que o sujeito se sente fascinado

---

[13] Op. cit., p. 44.

e, ao mesmo tempo, sente repulsa por outro sujeito, que lhe aparece como modelo de imitação.

O escândalo logo se transforma numa "ofensa". O sujeito deseja *ser* o modelo, mas se "ofende" na medida em que não realiza tal desejo, e é essa "ofensa" o que propicia o conflito entre os seres humanos. Os escândalos se reproduzem facilmente graças ao poder da mímesis. Se Jesus anuncia que o "escândalo vem" (Mateus 18,7), é porque conhece perfeitamente a natureza humana; sabe que as rivalidades miméticas proliferam, e adverte aos homens sobre os possíveis conflitos que se aproximam, se não se maneja adequadamente a mímesis do desejo. Ao mesmo tempo, se Paulo anuncia que a Cruz é o escândalo supremo, é porque, uma vez revelada a inocência das vítimas propiciatórias, o mecanismo do bode expiatório já não funcionará como antes e as rivalidades miméticas não poderão ser contidas.

O paradoxo reside em que Jesus mesmo é um modelo de imitação, mas aspira a deixar claro que não é sua intenção escandalizar ninguém. Girard tenta esclarecer alguns pontos de sua teoria que até então tinham permanecido confusos: o desejo mimético não é intrinsecamente prejudicial.[14] De fato, Jesus convida ao desejo mimético cada vez que propõe a seus discípulos que sigam seu exemplo. Mas a mímesis que Jesus propõe é diferente daquela a que os homens estão acostumados. Jesus não se oferece a si mesmo como um ídolo de adoração, cujo exemplo deve ser seguido por todos. Jesus propõe à humanidade que o imite, e ele por sua vez imita o Pai. Em outras palavras, a humanidade imita a imitação de Jesus; de forma que este nunca se transforma num escândalo para os que o seguem.

---

[14] Nesse aspecto, Girard aproveita para fazer um breve comentário sobre o budismo. Segundo o budismo, o desejo é motivo de sofrimento, e, por conseguinte, a via budista consiste na renúncia ao desejo. Em algumas entrevistas, Girard afirmou sua simpatia e respeito pelo budismo, mas vê nessa tradição religiosa uma postura demasiado drástica, em razão de ela promover a retirada do mundo e de conceber o desejo como intrinsecamente mau (*The Girard Reader*, p. 63). O desejo, mesmo o mimético, só é prejudicial se propicia rivalidades.

A imitação de Deus nunca gerará rivalidades nem conflitos. É por isso que a transcendência do judeo-cristianismo é tão importante para Girard. Deus é fonte de generosidade e amor, nunca de inveja e ciúmes. Aquele que verdadeiramente seguir a Deus como modelo de imitação não incorrerá em rivalidades: à diferença do ídolo, objeto de adoração, o Deus do cristianismo está numa posição suficientemente vertical para evitar escândalos.

A Bíblia sabe perfeitamente que seguir modelos não transcendentais é motivo suficiente para um conflito. O Decálogo, considera Girard, é outra mostra disso. A segunda metade dos mandamentos da Lei ordena não matar, não cometer adultério, não roubar, não mentir e, finalmente, não cobiçar os pertences do vizinho (Êxodo 20,17). Após nove mandamentos, Girard considera que o décimo vem a ser uma recapitulação de todos os demais: se se deixam de desejar as posses dos outros, ninguém matará, ninguém cometerá adultério, etc. A condenação do desejo mimético é a chave para viver em paz e harmonia, o que a Bíblia sabe muito bem.

De forma um tanto surpreendente, Girard modifica alguns dos pontos de vista expostos em *Coisas Ocultas desde a Fundação do Mundo*. Nessa obra, Girard via na Lei e, nas proibições em geral, fatos derivados do sistema sacrificial de prevenção da violência, os quais Jesus condenava. Em *Je Vois Satan Tomber Comme l'Éclair*, ao contrário, escreve: "Jesus nunca condena a Lei... Ele sabe perfeitamente que para evitar conflitos é necessário começar com as proibições".[15] Não são os judeus os únicos a impor restrições ao desejo mimético. Muitos povos ocidentais restringem os fenômenos miméticos, o que Girard vê como uma prevenção normal ante o problema da violência. De forma que, conquanto não o reconheça explicitamente, Girard se afasta um pouco de seus antigos pontos de vista, e deixa entrever que os povos não cristãos também têm um bom conhecimento do desejo mimético, na medida em que as proibições são dirigidas à sua prevenção.

---

[15] Op. cit., p. 14.

O décimo mandamento é uma prevenção contra os escândalos, e seu mérito é que não o faz de forma violenta. Mas a forma como opera o ciclo mimético conduz a que a resolução da violência seja violenta em si mesma. Uma vez mais, Girard considera que os Evangelhos oferecem um conhecimento detalhado desse processo, e sua melhor representação é a figura de Satanás.

Girard expande ainda mais o entendimento de Satanás que já vinha esboçando desde *Coisas Ocultas desde a Fundação do Mundo*: o diabo é, ao mesmo tempo, sedutor e acusador, porque representa a totalidade da mímesis. O diabo gera escândalos, convidando a que os homens se imitem entre si e desejem as mesmas coisas. Girard não hesita em afirmar que, nos Evangelhos, "os escândalos e Satanás são fundamentalmente a mesma coisa".[16] Mas, uma vez gerada a crise, Satanás a resolve com a mesma estratégia que lhe deu origem. Já não faz que todos se imitem no desejo de um mesmo objeto, senão que faz convergir, de forma mimética, a violência de toda a comunidade para uma só vítima. Satanás dá os benefícios da paz social, mas a mudança deve levar consigo uma vítima. Não por nada Girard recorda que em muitas tradições europeias aparece o tema do diabo que faz um pacto, oferecendo múltiplos benefícios, mas isso deve ser compensado com a entrega de uma alma – Girard não menciona explicitamente a história de Fausto, mas certamente é o exemplo mais célebre. Essas tradições refletem bem a natureza diabólica: trata-se do processo em que uma coisa é trocada pela outra: a paz e a ordem pela vítima propiciatória.

Mas por que os Evangelhos personificam o ciclo mimético numa figura, dando ensejo a tantas confusões quanto à existência ou inexistência do diabo? Girard dá duas respostas. Em primeiro lugar, os Evangelhos têm de recorrer à linguagem da época em que foram escritos. Por motivos retóricos, é muito mais eficaz personificar conceitos cuja compreensão pode ser difícil. Mas uma segunda

---

[16] Idem, p. 45.

razão, muito mais importante, é que Satanás (o ciclo mimético) é a própria origem dos falsos deuses. Através da sedução do desejo mimético, ele propicia que os homens se convertam em ídolos uns dos outros. Satanás é a falsa figura divina que faz que se preste culto a seres que realmente não são divinos. E, além disso, quando consegue reunir uma coletividade contra uma vítima, esta logo também se transforma em objeto de culto. Se os Evangelhos personificam Satanás, um falso Deus, com este processo mimético, é porque aspiram a esclarecer a falsa transcendência que o diabo institui.

Aqueles que, em seu início, combateram o cristianismo e defenderam o paganismo, desejavam uma volta à instituição da violência propiciatória, seja em cenários espontâneos, seja em rituais sacrificiais. Girard destaca o caso de Filóstrato, um dos defensores do paganismo grego no século III d.C. Em sua *Vida de Apolônio de Tiana*, narram-se acontecimentos que Girard examina à luz de suas considerações sobre Satanás e o "ciclo mimético".

Apolônio era famoso pelos milagres praticados, e sua fama de praticante de milagres competia com a de Cristo. Filóstrato narra que em certa ocasião, na cidade de Éfeso, surgiu uma peste. Os efésios não encontravam uma forma de erradicar a peste, razão por que solicitaram ajuda a Apolônio. Este levou a população para o teatro, onde se encontrava uma estátua de Hércules. Ali, Apolônio ordenou que se apedrejasse um mendigo que se fazia passar por cego. Os efésios ficaram surpresos com tal ordem, mas Apolônio insistiu. Quando os efésios atiraram suas pedras sobre o mendigo, este abriu os olhos, brotando deles fogo. Assim, deixou-se descobrir a falsidade de sua cegueira, e ele se revelou como um demônio. Acumuladas as pedras, Apolônio ordenou que as removessem, e eles viram que o mendigo tinha desparecido e, em seu lugar, estava um cão enorme, vertendo espuma pela boca. A estátua de Hércules repousa no lugar onde o demônio foi executado.

Não precisamos repetir o que Girard pensa sobre as pestes: basta recordar que, muito mais que crises bacterianas, as pestes representam crises sociais. No meio de uma crise, a coletividade tem de recorrer ao mecanismo vitimário e executar uma vítima. O mendigo que se faz passar por cego não é mais que um bode expiatório. Esses temas já foram tratados por Girard em seus livros anteriores, mas o que interessa a Girard particularmente é a forma como a vítima se transforma em demônio. A vítima tem algo de satânico, pois representa a culminação do ciclo mimético que acabou com a sua própria vida. A religião pagã é satânica no sentido de que provê seus milagres da mesma forma como o diabo: à custa de assassinatos.

Filóstrato participa da distorção da vítima ao fazer dela um demônio. Não a apresenta como uma vítima, e a despoja ainda mais de sua condição humana, fazendo dela um demônio de olhos de fogo[17] e um cão monstruoso após sua morte. Filóstrato representa uma sequência mimética que, para dizer a verdade, nem ele mesmo compreende: não consegue entender que a vítima se transforma em monstro precisamente porque, aos olhos da comunidade, não pode ser de outra maneira.

Seria preciso um texto com os mesmos temas para demonstrar que, diferentemente de um Filóstrato, a Bíblia, sim, conhece as sequências miméticas que representa. Girard o vê na célebre história da mulher adúltera, narrada em João 8,3-11. A mulher adúltera é perseguida pelos fariseus, que, tal como os efésios, se dispõem a apedrejá-la. Tal como a Apolônio, pedem conselho a Jesus, mas este, em vez de aprovar a execução, responde com as célebres palavras: "Quem estiver livre de pecado, que atire a primeira pedra".

Girard destaca que tanto Jesus quanto Apolônio sabem que a mímesis se encarregará de lançar a coletividade contra a vítima. Se Jesus

---

[17] Girard faz referência aos "olhos de fogo" do mendigo como a uma forma de convertê-lo numa figura demoníaca, uma vez mais tentando fazer distinção entre o paganismo, que distorce e saraniza as vítimas, e a Bíblia, que as reivindica. Não obstante, vale recordar que os "olhos de fogo" também constituem uma imagem para referir-se a Jesus no Novo Testamento (cf. Apocalipse 1,14).

condena a *primeira pedra*, é porque sabe que, uma vez lançada, todas as demais se seguirão. Basta prevenir a primeira pedra para que não haja apedrejamento. A violência propiciatória funciona *mimeticamente*: o primeiro golpe contra a vítima é imitado, e seguem-se mil outros. Quando Apolônio ordena o apedrejamento, encontra resistência. Mas ele sabe que, perseverando, triunfará. Basta que se atire a primeira pedra, possivelmente arremessada por ele mesmo, para que as demais se sigam.

O verdadeiro "milagre" é o de Jesus, não o de Apolônio. Jesus consegue empregar a mímesis *a favor* e não contra a vítima, como tantas vezes se havia feito. Fazendo que algum dos fariseus abandone a pedra, todas as demais cairão das mãos. Jesus conhece muito bem o ciclo mimético, mas o usa a favor de sua causa na condenação da continuidade do mecanismo vitimário.

Assim como emprega a mímesis para desarticular o mecanismo vitimário, assim também evita a mímesis para prolongar a violência. Quando é enfrentado pelos fariseus, Jesus evita dirigir-lhes o olhar, limitando-se a escrever na areia. Girard destaca que os olhares são volatilmente interpretados como gestos de provocação e dão ensejo à violência. Jesus deseja evitar a violência e, em sua estratégia para salvar a adúltera, limita-se a escrever. É o mesmo motivo pelo qual o mendigo de Efésios se faz passar por cego: inutilmente, não quer dirigir o olhar a seus perseguidores, para evitar que estes se enfureçam e atirem as pedras nele.

A ação de Apolônio é tanto mais "milagrosa" porque conta com a intervenção de Hércules. Foi em seu recinto sagrado que o demônio foi executado, razão por que a violência executada contra ele conta com o aval divino. Como afirmou Girard ao longo de sua obra, a divinização da violência dá lugar à divinização da própria vítima.

O processo de "transferência dupla" propicia a distorção da vítima, primeiro num demônio, acusado de ser a origem da crise, e depois num deus, a quem se atribui a resolução da mesma crise. As comunidades que executam suas vítimas terminam adorando-as, mas elas não são mais que figuras satânicas, falsos deuses que emergem através do ciclo mimético.

O mendigo executado é satanizado por seus perseguidores. Inicialmente um homem indefeso, transforma-se num demônio com aparência de cão. Girard reconhece que este relato não é propriamente um mito, na medida em que a vítima nunca é elevada ao estatuto de divina; permanece sempre como um demônio. Mas aparece Hércules como substituto da dimensão divina da vítima. No lugar em que foi assassinado o mendigo, está a estátua do deus grego. Hércules é a outra metade que completa o binômio deus-demônio caracterizador das teofanias. Girard repete diversas vezes que, se os Evangelhos personificam o conceito de "ciclo mimético" na figura de Satanás, é porque este também é identificado nos falsos deuses como Hércules; falsos no sentido de que não são mais que vítimas adoradas por seus próprios executores.

Girard considera que um texto como o de Filóstrato serve de "enlace" entre os mitos e os textos de perseguição, cuja relação já havia estudado em *O Bode Expiatório*. Nos mitos, os personagens aparecem em dimensões duplas: atribuem-se-lhe tanto poderes malignos quanto poderes benéficos. Nos textos de perseguição medievais, as vítimas são objeto de distorção, mas de forma um tanto diferente de como o são nos mitos: apesar de as acusações contra elas continuarem a ser irracionais, prescinde-se de elementos sobrenaturais, de modo que, à primeira vista, as vítimas já não conservam a qualidade demoníaca, nem, muito menos, são objeto de culto. Um nível intermediário entre os mitos e os textos de perseguição seria a história do "milagre" de Apolônio: a vítima ainda é um demônio, mas já não se presta culto a ela.

Tal como nos textos de perseguição, Girard insiste em que a descrição feita por Filóstrato é bastante realista. Evidentemente, não podemos levar a sério o fato de a vítima ser um demônio que, após ser apedrejado, se converte num cão monstruoso. Mas não há dúvida alguma de que, efetivamente, o apedrejamento aconteceu. Uma vez mais, Girard considera que, se havemos de crer na violência narrada pelos textos de perseguição, por que não havemos de crer na violência narrada nos mitos, se afinal de contas apresentam a mesma estrutura? Girard mantém seu trabalho de desmistificação dos dois mitos: estes não têm nada para nos ensinar; muito pelo contrário, são histórias distorcidas que, dando uma aparência de sublimidade e beleza, ocultam as origens e a natureza da violência propiciatória.

O tema do apedrejamento aparece não só nos mitos, mas também nos ritos da Grécia antiga. Recorde-se que Girard faz eco da escola de antropólogos ritualistas, para os quais as primeiras instituições foram as rituais, sendo os mitos um desenvolvimento posterior. No rito sacrificial, argumenta Girard, a violência propiciatória ainda é representada de forma bastante explícita, enquanto nos mitos já se assiste a um processo de ocultamento e distorção. Um "milagre" como o de Apolônio já era formalmente ritualizado nos *pharmakós*, as ocasiões sacrificiais dos gregos, em que se executavam prisioneiros e animais expiatórios, às vezes por apedrejamento, às vezes por dilaceração da carne enquanto a vítima ainda estava viva.

Alguns críticos de Girard destacaram que a antiga religião grega não é um corpo homogêneo de práticas e crenças, e que em vários cenários religiosos houve uma condenação do sacrifício. Em *A Violência e o Sagrado,* o próprio Girard reconhecia que os pré-socráticos já faziam uma crítica às práticas sacrificiais. Lucien Scubla também assinalou que, seis séculos antes de Cristo, a religião órfica condenava toda forma de sacrifício sangrento.[18] Girard aproveita esta ocasião para recordar a seus críticos que, ainda seis séculos depois de Sócrates e Platão, o "milagre" de Apolônio é evidência

---

[18] Lucien Scubla, "The Christianity of René Girard and the Nature of Religion". In: *Violence and Truth*. Paul Dumouchel (org.). Stanford, Stanford University Press, 1988, p. 160-78.

suficiente de que a consciência religiosa grega estava muito próxima dos apedrejamentos, dos *pharmakós* e dos mitos sacrificiais. Para Girard, a religião pagã é inseparável da instituição do sacrifício e da violência propiciatória.

Um acontecimento como o narrado por Filóstrato é suficiente para resolver a crise que açoitava Éfeso, ao mesmo tempo que dá origem a instituições rituais como o *pharmakós* e a posteriores mitos que apresentam temas análogos. O mecanismo do bode expiatório sustenta o religioso, e, enquanto o homem continuar a recorrer ao mecanismo vitimário, a religião continuará a ser o fundamento da vida cultural. A religião forneceu o espaço que permite aos humanos viver sem a esmagadora ameaça da violência, permitindo assim o auge dos traços definitórios de nossa espécie.

Girard denuncia a atitude que, desde o iluminismo, não viu na religião mais que "superstição". Um pensador como Voltaire nunca poderia explicar como as instituições religiosas estão longe de desparecer mesmo em nosso mundo aparentemente secularizado. A origem da cultura é religiosa e violenta. Girard critica continuamente a ideia de que a cultura possa ter tido a origem que lhe atribuem os teóricos do contrato social e seus herdeiros, ou seja, os humanos, prevendo os benefícios das instituições culturais, decidiram estabelecê-las por consenso racional. Para Girard, essa ideia é inverossímil. A cultura não surge de um esforço racional ou da atividade intelectual dos primeiros humanos; muito pelo contrário, surge de forma espontânea e não racionalizada através dos efeitos pacificadores do mecanismo vitimário. As sociedades mais antigas carecem das instituições que os ilustrados atribuíam às primeiras comunidades humanas; em seu lugar, existem ritos sacrificiais que confirmam a origem da Cultura no mecanismo vitimário. Girard não hesita, portanto, em afirmar: "A humanidade, do meu ponto de vista, é filha da religião".[19]

---

[19] Op. cit., p. 93.

As instituições culturais são as que tornam possível a vida do homem. Preservam a ordem, dão poder ao homem para dominar a natureza e fundamentam os princípios da vida social. De acordo com Girard, o que os Evangelhos e São Paulo chamam de "poderes e principados" são uma referência às instituições derivadas do mecanismo vitimário.[20]

Não por nada os Evangelhos dão a entender que esses poderes e principados, alheios ao Reino de Deus, estão associados a Satanás. Se se mantém a identidade do diabo com o ciclo mimético, então se facilita a compreensão da referência dos Evangelhos.

Todos aqueles que detêm qualquer tipo de poder obtiveram sua autoridade graças ao mecanismo vitimário. Recorde-se a origem das monarquias segundo Girard: os reis não são mais que vítimas à espera de sua execução, ou então devem fornecer vítimas propiciatórias para evitar que eles mesmos a sejam. Vimos que é isso o que faz Herodes ao entregar João, e o mesmo se pode dizer de Pilatos, que, para evitar uma revolta e manter-se no poder, tem de executar Jesus. Pedro, citando o segundo Salmo, declara:

> Porque esta arrogância entre as nações
> e estes vãos projetos entre os povos?
> Os reis da terra apresentaram-se
> E os governantes se coligaram de comum acordo
> Contra o Senhor, e contra o seu Ungido.
> (Atos 4,25-26)[21]

A declaração de Pedro, para Girard, sugere que os poderes se conformam graças ao mecanismo vitimário; sua força política emerge

---

[20] No entanto, nem todas as referências de São Paulo aos poderes e principados referem-se a instituições mundanas. Efésios 1,21 e Colossenses 1,16, por exemplo, fazem menção aos poderes *sobrenaturais*, ou seja, os que não são deste mundo.

[21] A referência de Girard é imperfeita, pois não é propriamente Pedro quem pronuncia essas palavras, mas a assembleia de cristãos após escutar Pedro e João.

na medida em que se *unem contra o Senhor*, o representante de todas as vítimas propiciatórias.

Não obstante, São Paulo afirma que não devemos rejeitar esses poderes, ainda que tenham vinculação com Satanás. Para evitar problemas, o apóstolo recomenda não enfrentá-los enquanto não interfiram na fé cristã. Como bom pensador conservador, Girard ecoa São Paulo. As autoridades (fundadas, naturalmente, na hierarquia) devem ser respeitadas; só assim se preservará a ordem. Não seremos nós, argumenta Girard, mas os Evangelhos, os encarregados de desequilibrar os poderes e principados.

Satanás funcionou bem por demasiado tempo. Deixou aos homens uma revelação que fundamenta os poderes e principados. Essa revelação é falsa, mas conseguiu convencer as comunidades: Satanás faz crer que o bode expiatório é o responsável pela geração tanto da desordem como da ordem nas sociedades, e que por isso é preciso dar continuidade ao mecanismo da vítima propiciatória. Os Evangelhos, por seu lado, põem a descoberto a falsidade dessa revelação, contrapondo a ela uma revelação de maior alcance: as vítimas propiciatórias não são responsáveis nem pela desordem nem pela ordem, mas o é o comportamento mimético dos homens.

Só a religião judaico-cristã pode chegar a essa revelação. Não podemos cair na chantagem, insiste Girard, de conceder que todas as religiões vêm a ser fundamentalmente a mesma coisa. Goste-se ou não, a religião judaico-cristã estabelece uma distinção com respeito ao restante das religiões, o que é necessário reconhecer. Num tom escandalosamente sarcástico, Girard denuncia o relativismo de seus contemporâneos: "Eles louvam todas as religiões com o mesmo espírito com que nós elogiamos as 'pinturas' dos meninos do pré-escolar, as quais são todas obras-primas. A implicação dessa atitude é que nos sentimos livres para comprar o que nos aprouver no supermercado das religiões".[22]

---

[22] Op. cit., p. 103.

Desde *Coisas Ocultas desde a Fundação do Mundo*, Girard havia defendido a singularidade da Bíblia com relação às mitologias do resto do mundo. Mas ainda sentia que os acadêmicos, e, o que é pior ainda, os próprios cristãos, aceitavam as múltiplas aparentes similitudes entre as mitologias de deuses que morrem e renascem e os Evangelhos; em todo o caso, dizem os críticos do cristianismo, é o Antigo Testamento, e não o Novo, o que estabelece uma maior distinção de temas. Na Bíblia hebraica não há espaço para a morte, ressurreição e divindade das vítimas.

Uma vez mais, Girard se entrega a um trabalho de comparação para demonstrar que, para além das aparentes similitudes, existem diferenças cruciais entre o texto bíblico e as mitologias. Se os mitos e a Bíblia apresentam temas comuns, é porque ambos são estruturados pelo mesmo mecanismo vitimário. Mas, enquanto os mitos são incapazes de compreender o funcionamento do mecanismo vitimário em que estão presos, os textos bíblicos conseguem escapar dele, revelando o verdadeiro funcionamento da alternância entre a ordem e a desordem.

Para articular este esforço comparativo, Girard, com seu característico ímpeto espiral, retoma o interesse pela história de Édipo, e a compara com a de José, o que já fizera sumariamente em *Coisas Ocultas desde a Fundação do Mundo*. As duas histórias compartilham uma pluralidade de temas. Tanto José quanto Édipo são meninos no início da história, e ambos são expulsos de seus lares, o primeiro por seus irmãos, o segundo por seus próprios pais. Inicialmente, ambos estavam destinados a morrer; mas conseguiram escapar. Édipo tem talento para a interpretação, e resolve o enigma da Esfinge, o que o converte em rei de Tebas. José também tem esse talento, e interpreta os sonhos do Faraó, que o promove a primeiro-ministro.

Aparentemente, a história de José é mais um mito, como o de Édipo. Mas Girard ressalta as diferenças cruciais entre um texto e outro. São essas diferenças as características decisivas que estabelecem a distinção entre a Bíblia e os mitos. Parecendo-se tanto em aparência, a Bíblia se separa dos mitos no crucial, o que acentua ainda mais o contraste.

Na infância, José e Édipo são expulsos. O mito legitima e, por extensão, participa dessa expulsão: Laio tinha não só direito mas necessidade de expulsar o filho porque o oráculo tinha anunciado que um dia morreria pelas mãos dele. Na Bíblia, a expulsão de José nunca é legitimada; muito pelo contrário, o texto censura os irmãos.

Anos depois, como Édipo, José é acusado de um comportamento sexual inadequado. A esposa de Potifar acusa José de tentar violá-la. Potifar, o senhor de José, o trata como se fosse seu próprio filho, razão por que Girard julga plausível considerar a acusação da esposa de Potifar quase como uma acusação de incesto (ela está perto de ser sua mãe), a qual, como é sabido, é a que é feita a Édipo. Para o mito grego, não há dúvida de que Édipo é culpado, o que tem por consequência sua expulsão de Tebas. E, denuncia Girard, a psicanálise deu continuação à crença mitológica na culpa de Édipo, estendida agora aos desejos incestuosos que supostamente todos os seres humanos têm.[23] Não obstante, Girard, como é seu costume, estabelece um contraste entre a Bíblia e os mitos, o que nem sempre está de acordo com a evidência. Assim como no mito de Édipo, e, por extensão, na psicanálise, se admite a acusação de que o herói grego é incestuoso, no Novo Testamento tampouco falta o caso de uma comunidade que acusa um homem de conviver com a madrasta, acusação incestuosa que São Paulo aceita (I Coríntios 5,1), recomendando um castigo (I Coríntios 5,5) de expulsão e exclusão (o mesmo que de que foi vítima Édipo) para o suposto

---

[23] Em *Je Vois Satan Tomber Comme l'Éclair*, Girard dá a impressão de rejeitar a tese freudiana segundo a qual todos somos culpados de incesto, ao menos no plano do desejo. É óbvio que Girard a rejeita, entre outros motivos porque a considera uma extensão do pensamento mitológico grego que distorce e acusa suas vítimas. Recorde-se, porém, que em *A Violência e o Sagrado* Girard não tinha maiores dificuldades para aceitar que, efetivamente, todos participamos do desejo incestuoso, conquanto por motivos diferentes dos dados pela teoria freudiana.

culpado. Seria interessante conhecer a análise de Girard acerca de passagens desse tipo, pois elas potencialmente desestabilizam seu contraste entre a Bíblia e o mito de Édipo.[24]

Na história de José, prossegue Girard, a acusação da esposa de Potifar é rejeitada; não se trata senão de rumores absurdos. Mas a Bíblia não se limita a condenar a violência que recai sobre algumas vítimas em particular. No caso da história de José, o texto bíblico condena qualquer tentativa de retribuição por parte da vítima. José é vendido como escravo por seus irmãos, em boa parte porque é invejado. Tal como no caso de Jó, José se transforma no modelo invejado e no bode expiatório cuja expulsão porá fim à rivalidade mimética gerada pela inveja. Anos depois de ser promovido a primeiro-ministro, José encontra-se diante de seus irmãos sem que estes o reconheçam. Deliberadamente ele esconde na bolsa de Benjamim, seu irmão mais novo, uma taça valiosa, e o acusa de ser ladrão. Os irmãos estão dispostos a abandonar uma vez mais um deles, dessa vez Benjamim. Contudo, Judá se entrega para evitar tal desgraça. José aproveita esse momento para revelar sua identidade e reconciliar-se com os irmãos. A história bíblica celebra esta reconciliação pacífica, sem a presença de bodes expiatórios e, mais importante ainda, sem que se recorra à vingança. Como Cristo, José perdoa aos irmãos, pondo fim, assim, ao ciclo mimético que prolonga a violência.

---

[24] Mais ainda, a história de José e da esposa de Potifar é, ao que parece, de tradição iaveísta (segundo a "hipótese documental", uma das quatro fontes da redação do Pentateuco, e que se destaca por chamar a divindade "Iahweh"). A fonte iaveísta pode ter sido ou um indivíduo, ou uma escola de autores que compartilhavam as mesmas concepções religiosas e os mesmos interesses. E a mesma fonte iaveísta narra que um dos irmãos de José, Rubem, cometeu o mesmo tipo de incesto de que era acusado José: deitar-se com a esposa/concubina do pai (Gênesis 5,21-22), pelo qual é censurado por Jacó em seu leito de morte (Gênesis 49,3-4), algo bastante próximo de um duro castigo no contexto bíblico. De forma que não só a Bíblia aceita como certa uma acusação de incesto (inclusive contra um irmão de José) ao mesmo tempo que desmente outra, mas tanto a confirmação de uma quanto a rejeição de outra provêm de uma mesma fonte na escrita da Bíblia. Uma vez mais, seria interessante conhecer a reação de Girard a esse tipo de passagem, que caminha em direção contrária a suas interpretações.

Se, de início, a história de José e Édipo apresentam muitas semelhanças, é porque o texto bíblico, ressaltando-as, depois torna mais acentuada sua distância. Podemos pensar perfeitamente que a história de José é uma estratégia muito similar às "paródias" que Girard vê em Shakespeare. Segue de perto uma estrutura narrativa particular, mas, num momento decisivo, estabelece uma diferença crucial que acentua a distância. Os judeus provavelmente conheciam histórias de expulsão como as de Édipo; seguem seus mesmos temas, mas aproveitam a ocasião para expor suas distorções e parodiar as expressões mitológicas. Nas palavras de Girard: "as múltiplas similitudes garantem o significativo da única, mas decisiva, diferença".[25]

Para Girard, um mito como o de Édipo é *falso*, ao passo que uma história como a de José é *verdadeira*. Uma vez mais, Girard denuncia nos críticos e antropólogos contemporâneos a supervalorização e a defesa dos mitos. Ele prefere manter o significado que a palavra "mito" tradicionalmente teve, ou seja, o de falso testemunho. Mas o mito não é falso no sentido de improbabilidade histórica do narrado; muito pelo contrário, vimos que para Girard existem altas probabilidades de que a violência narrada nos mitos seja real, e que um personagem como Édipo efetivamente tenha existido. O mito é falso no sentido de que oferece uma interpretação distorcida dos fatos; não compreende o mecanismo do qual participa, e, na medida em que não consegue revelá-lo, permanece na falsidade. Uma história como a de José, ao contrário, é verdadeira. As histórias bíblicas são verdadeiras, não devido à probabilidade histórica do narrado, mas à forma como se suscita a narração: ela revela o verdadeiro funcionamento da violência propiciatória e da natureza humana. "A verdade essencial da história de José reside não na possibilidade de correspondência com fatos fora do texto, mas em sua crítica das expulsões míticas".[26] Acrescentemos este exemplo: uma obra de Dostoiévski é mais "verdadeira" que uma notícia de um

---

[25] Op. cit., p. 112.
[26] Idem, p. 113.

jornal sensacionalista, apesar de a primeira ser fictícia e a segunda provavelmente se referir a acontecimentos reais. No entanto, Girard esclarece: "isso não significa que, para mim, a história de José seja imaginária ou fictícia. Simplesmente digo que, mesmo que o fosse, ainda seria mais *verdadeira* que o mito de Édipo".[27]

O significativo do Antigo Testamento é que, de forma gradual e com várias exceções, prepara o caminho para a total vindicação das vítimas no Novo Testamento. Os Salmos são outro bom exemplo. Certamente aos Salmos se pode censurar a exibição de uma violência atroz; suas palavras escandalizam a muitos. Mas Girard esclarece que esta é precisamente sua singularidade. Enquanto os mitos dissimulam a violência, os Salmos a demonstram tal como é. Ali onde um personagem mitológico não tem oportunidade de defender-se diante de seus perseguidores, e sua voz é silenciada, os Salmos constituem o levantar das vozes das vítimas em desespero diante de seus perseguidores.

Se os Salmos escandalizam, é porque mostram o mecanismo vitimário com toda a sua crueza, o que os mitos tentam dissimular. Girard convida a pensar nos autores dos Salmos "como alguém que tem a intrigante ideia de usar uma magnífica pele ao revés; em vez de exibir luxo, elegância e sensualidade, a aparência desta é o contrário: temos a evidência de um animal esfolado ainda vivo".[28] A "beleza" do mito não é mais que a mistificação da violência, e os Salmos são uma desmistificação da mesma violência.[29]

---

[27] Idem, p. 113. Nota 3 do capítulo 9.
[28] Idem, p. 116.
[29] Em 2004, exibiu-se nos cinemas *A Paixão de Cristo*, de Mel Gibson. O filme suscitou muitas críticas por causa da excessiva violência representada. Girard escreveu um comentário crítico defendendo Gibson ("On Mel Gibson's *The Passion of the Christ*". Disponível em: http://www.anthropoetics.ucla.edu/ap1001/RGGibson.htm. Acesso em: 6 de junho de 2011). De acordo com Girard, censura-se *A Paixão de Cristo* pelas mesmas razões por que nos escandalizam os Salmos. O filme de Gibson aspira a provocar em nós repulsa porque quer aproximar-nos do sofrimento de Jesus. Hollywood representa a violência, mas o faz num plano mitológico: mistifica-a. Gibson, ao contrário, condena-a e, como os Salmos, expõe seu lado repugnante, erguendo a voz da vítima. Não obstante, Girard parece não

Outra grande diferença entre as histórias bíblicas como a de José e os Salmos e as histórias mitológicas como as de Édipo é a natureza de seus personagens. Os heróis mitológicos costumam ser adorados por suas comunidades, porque, uma vez mortos, se lhes atribui a origem da paz social. Édipo nunca é adorado propriamente, mas recorde-se que, em *Édipo em Colona*, seu cadáver é disputado como uma espécie de talismã. Nem José nem nenhum personagem bíblico são adorados.

Girard está longe de ser o primeiro a perceber a condenação judaica à idolatria. Já vimos que, para Girard, uma das principais implicações do monoteísmo, e do monoteísmo hebraico em particular, é o permitir um espaço de transcendência que previne a idolatria e, por extensão, a mediação interna e os conflitos. Mas, além disso, Girard considera que a transcendência que Iahweh mantém na Bíblia hebraica lhe permite afastar-se da adoração das vítimas, de forma que se revela o funcionamento do mecanismo vitimário em sua totalidade. Já não será possível atribuir às vítimas a origem da desordem, nem, muito menos, da ordem, na medida em que o único ser divino é Iahweh, uma realidade demasiado transcendental para ser uma vítima.

Compreensivelmente, os temas da Paixão de Cristo podem ser vistos como um afastamento do monoteísmo hebraico e uma volta às tendências mitológicas do mundo pagão: uma vítima morre pelas mãos da coletividade, ressuscita, e, além disso, é divina. Mas, tal como com a história de Édipo e com a de José, Girard adverte que, para além da similitude de temas, existe uma diferença crucial e decisiva.

Os mitos representam as vítimas como os responsáveis tanto pela desordem quanto pela ordem, tanto pela crise quanto por sua resolução. Por isso, as vítimas são primeiro demonizadas e depois

---

mencionar que, ao longo da carreira de Gibson, a violência foi continuamente mistificada. A melhor mostra disso é *Coração Valente* (*Braveheart*), um filme pertencente ao gênero épico que Girard vincula às instituições sacrificiais.

adoradas. Diferentemente dos personagens mitológicos, Jesus não é demonizado antes de ser divino. Igualmente, "os cristãos não atribuem a Jesus nenhuma culpa",[30] o que não acontece com as vítimas dos mitos. De forma que, embora Jesus morra e ressuscite como os deuses pagãos, há uma diferença crucial: a inocência da vítima.

Acrescente-se uma breve objeção ao argumento de Girard. Se retomarmos as teses de *O Bode Expiatório*, veremos que, segundo o próprio Girard, os mitos mais elaborados dissimulam a culpa das vítimas, às vezes ocultando completamente sua dimensão demoníaca. Por que havemos de excluir os Evangelhos desta possibilidade? Como é sabido, os Evangelhos foram escritos várias décadas depois dos acontecimentos narrados, tempo suficiente para permitir uma alteração e dissimular a culpa de uma vítima que, originalmente, pode perfeitamente ter sido demonizada. De fato, a reação imediata de seus seguidores ante os milagres realizados por Jesus é muito numinosa, e eles chegam a crer que ele manipula forças malignas.

Em todo o caso, Girard sustenta que existem outras diferenças entre a ressurreição de Jesus e os deuses pagãos. Jesus não ressuscita *imediatamente* depois de morrer, como acontece com os deuses cuja morte restaura a ordem imediatamente. A ressurreição de Jesus sucede três dias depois de sua morte. Isso é importante para sua interpretação, pois supõe que sua morte não gera os efeitos imediatos da paz social. O fato de que ressuscite ao terceiro dia, e não imediatamente depois de morrer, supõe que seja divino, não porque sua morte contribua para a paz social, mas porque sua ressurreição vence os poderes sustentados no mecanismo da vítima propiciatória. Jesus é divino não porque sua morte propicia paz social, mas pelo contrário: porque sua morte *coloca a descoberto* o funcionamento dos mecanismos de vitimização.

---

[30] Op. cit., p. 123.

Mais ainda, é a minoria de perseguidos, e não a maioria de perseguidores, que crê na ressurreição da vítima. Jesus ressuscita não para os que o executaram, mas para os que sofreram com ele, enquanto nos mitos pagãos a vítima assassinada, na medida em que reconcilia a comunidade de linchadores, ressuscita para eles.

Girard censura aqueles que, desde Marcião, tentaram separar o Antigo Testamento do Novo Testamento. Os temas dos Evangelhos só podem ser compreendidos se lidos à luz do processo de vindicação de vítimas e revelação iniciado na Bíblia hebraica. A ressurreição e a divindade de Jesus são a culminação desse processo. Ao longo do Antigo Testamento, Deus defende as vítimas e simpatiza com elas. No Novo Testamento, Deus já não se limitará a defendê-las; agora Ele mesmo será uma vítima, encarnando em Jesus, para vindicar de uma vez por todas as demais vítimas propiciatórias. É assim que Girard interpreta o dogma da encarnação.

Jesus é o Deus ressuscitado das vítimas, enquanto as divindades pagãs são os deuses ressuscitados dos vitimários. Os cristãos creem na ressurreição de seu Deus na medida em que este revela o funcionamento do mecanismo vitimário, ao passo que os pagãos creem na ressurreição de seus deuses na medida em que atribuem a eles a resolução das crises. Se Lucas proclama que, depois da morte de Jesus, Herodes e Pilatos se tornaram amigos (23,12), é porque quer deixar claro que não é a vítima o responsável por essa reconciliação, mas o próprio processo de vitimação. Os Evangelhos fornecem detalhes minuciosos do ciclo mimético que conduz à execução das vítimas, o suficiente para que os homens compreendam esse processo e não o atribuam a suas vítimas, às quais depois costumam prestar culto. É a ressurreição de Cristo o que lança luz sobre as falsas ressurreições dos deuses pagãos e põe a descoberto seu funcionamento.

Os próprios Evangelhos, argumenta Girard, esclarecem a distinção entre a falsa e verdadeira ressurreição. Mateus e Marcos relatam que, após executar a João, Herodes crê que este ressuscitou. Para os evangelistas, não há dúvida de que essa ressurreição é falsa. O próprio Herodes diz: "É João, que eu mandei decapitar, que ressuscitou!" (Marcos 6,16). Herodes crê em João ressuscitado porque ele mesmo participou de sua execução; sua crença se situa no mesmo plano dos mitos que, escritos pela comunidade, idolatram suas próprias vítimas. A falsa crença de Herodes é contrastada com a dos apóstolos, que, embora tenham abandonado a Cristo, não participam de sua execução. Jesus aparece aos que o acompanharam como vítimas e não como vitimários.

Os seguidores de Girard o qualificaram de "racionalista bíblico".[31] Girard tenta elaborar uma apologia cristã com base na razão, e para ele as imagens sobrenaturais dos Evangelhos não têm por que constituir um obstáculo para os cristãos contemporâneos. A hermenêutica de Girard foi um coerente esforço para dar sentido e valor aos fatos que a razão tradicional não aceita. Este tipo de hermenêutica foi muito comum na chamada escola de "teologia liberal" (que remonta a Orígenes, com sua interpretação alegórica das Escrituras, apesar de este aceitar a historicidade da maioria dos eventos, incluindo a Ressurreição), a qual, em certa medida, exerceu influência sobre Girard. Segundo esta escola, não se deve aceitar como verdades históricas e literais os fatos narrados nas Escrituras; mas nem por isso esses fatos deixam de ter importância para o crente.

Pois bem, de todas as imagens sobrenaturais das Escrituras, a ressurreição de Cristo é a mais aceita como fato histórico e literal, inclusive pelos teólogos liberais. Em sua obra, Girard nunca se preocupou com a historicidade da ressurreição; seu programa é claramente hermenêutico: interpretar o significado da vítima que ressuscita, independentemente de isso ser uma realidade histórica ou não. Como cristão, ele se inclina a pensar que a ressurreição foi um fato histórico; como racionalista e homem do século XX, não

---

[31] Anthony Bartlett, *Cross Purposes: The Violent Grammar of Christian Atonement*. Harrisburg, Trinity Press International, 2001, p. 14.

parece estar muito certo disso. Em outro lugar, Girard comentou que, para ele, "a ressurreição é um fato objetivo. Apesar de ser visível ou compreensível apenas para aqueles que se converteram ou estão em processo de conversão, como Tomé, isso não significa (...) que não seja um fato objetivo".[32] Não nos cabe discutir se "objetivo" e "histórico" são idênticos. Basta assinalar que, ao que parece, de acordo com Girard, o são, e que, por conseguinte, a ressurreição foi literal.

Em todo o caso, a ressurreição constitui uma vitória para as vítimas, e uma derrota para Satanás. Jesus pode ter sido vencido como vítima, mas só a curto prazo. A longo prazo, a Cruz revela as origens culturais e as representa adequadamente, impossibilitando a continuidade da distorção mitológica; os poderes e principados foram finalmente vencidos pela vindicação da vítima propiciatória.

De início, efetivamente, os poderes e principados fizeram Jesus dobrar-se como vítima. Mais ainda, os poderes aparentemente se fortaleceram, pois Herodes e Pilatos se tornaram amigos. Mas São Paulo advertiu: "Nenhum dos príncipes deste mundo a conheceu [a sabedoria de Deus], pois, se a tivessem conhecido, não teriam crucificado o Senhor da glória" (I Coríntios 2,8). Os poderes não suspeitavam que, longe de fortalecê-los, crucificar Cristo traria sua própria destruição.

É verdade que Cristo morre e é vencido pelos poderes. Mas, sustentando a inocência da vítima, o conhecimento que se depreende da Cruz revela o funcionamento e a origem desses poderes, desarmando-os, tal como proclamado por São Paulo em Colossenses 2,14-15. Cristo será a última vítima que os poderes poderão executar sem dificuldades. A partir da Cruz, eles já não poderão continuar a fazer como antes. Uma vez mais, se os poderes tivessem sabido disso, nunca teriam crucificado Cristo.

---

[32] *The Girard Reader*, p. 280.

Uma vez conhecida a verdade sobre as vítimas, é impossível retornar ao mecanismo vitimário. O poder da Cruz se difunde facilmente, desarmando todos os poderes que encontra em seu caminho. Satanás já não tem o mesmo poder de convocatória como antes; cada vez que se tente executar coletivamente uma vítima, surgirão divisões entre os executores, debatendo-se eles entre a legitimidade e a ilegitimidade da execução coletiva.

Se a Cruz triunfa desarmando os poderes, argumenta Girard, devemos esperar um período de violência e desordem. As comunidades que recorrerem ao mecanismo vitimário verão que este já não funciona como antes. Mas Girard afirma que não podemos cometer o erro da Cleópatra de Shakespeare, culpando o mensageiro pelas más notícias. Os Evangelhos não são os responsáveis por dar a conhecer ao mundo a atroz notícia de que não são as qualidades demoníacas e divinas das vítimas, mas a crua violência propiciatória, as responsáveis por gerar ordem.

Satanás e seus poderes já governaram o mundo por tempo suficiente. Deus decidiu que chegou a hora de pôr a descoberto a violência propiciatória, entregando-se Ele mesmo para sua revelação. Aos olhos de Girard, a revelação das origens culturais e do mecanismo vitimário faz parte de um plano divino para a História: depois de muito tempo empregando a violência propiciatória, a humanidade há de descobrir sua própria natureza e origens, e é por meio desta descoberta que Deus termina por dar-se a conhecer aos homens.

Orígenes e outros Padres gregos da Igreja elaboraram imaginários em que a Cruz "engana" Satanás da mesma forma como um pescador coloca isca em seu anzol para enganar e capturar sua presa. Girard se lamenta de que à Cristandade Ocidental as imagens de enfrentamento entre a Cruz e Satanás lhe pareçam demasiado "mitológicas", demasiado escatológicas.[33] Para Girard, o imaginário

---

[33] Não por nada um cristão ocidental como Miguel de Unamuno escreveu: "O cristianismo oriental ou grego é predominantemente escatológico" (*Del Sentimiento Trágico de la Vida*. Buenos Aires, Espasa Calpe, 1943, p. 65).

dos pais gregos é uma muito boa representação do que lhe concerne: participando uma vez mais do mecanismo vitimário, Satanás crê ter triunfado. Mas deu-se conta tarde demais de que desta vez não é como as outras. Agora, os seguidores de Jesus foram iluminados por um conhecimento e por uma capacidade de representar os acontecimentos *da perspectiva da vítima*, evitando assim cair no contágio mimético que os conduziria a apresentar a visão distorcida dos perseguidores. Satanás é assim vencido, razão por que Jesus o vê "cair do céu como um relâmpago" (Lucas 10,18). Daí o título do livro de Girard.

O impacto que a revelação da Cruz teve sobre o mundo foi contundente. Girard argumenta que, se as religiões arcaicas e as instituições sacrificiais dependem da ignorância e incompreensão do mecanismo vitimário, o poder de revelação da Cruz inevitavelmente conduz a seu fim. Uma vez conhecida a Verdade, é impossível ficarmos cegos a ela. Neste aspecto, Girard poderia parecer ingênuo, pois, para ele, a superioridade da mensagem cristã foi suficiente para suprimir as tradições religiosas que encontrou em seu caminho. Contudo, não se deve esquecer o papel preponderante que, em muitos cenários, a espada desempenhou na conversão dos pagãos ao cristianismo.

Em todo o caso, Girard insiste em que a mensagem dos Evangelhos é tão poderosa, que se difundiu em escala quase planetária. O Ocidente foi a civilização que mais de perto viveu a revelação dos Evangelhos. A nossa, argumenta Girard, é a civilização que mais se preocupou com a defesa das vítimas. É verdade que o Ocidente tem muito de que se arrepender: séculos de colonialismo são testemunho disso. Mas em nenhuma outra sociedade apareceu tal preocupação como entre os ocidentais.

Os "relativistas" responsabilizam o Ocidente pelo maior número de vítimas ao longo da História, mas foi o Ocidente mesmo quem promulgou a defesa das vítimas. Estamos tão sujeitos ao espírito cristão, que consideramos um fato que todas as sociedades se preocupam com a compaixão e com a defesa das vítimas, salvo a nossa. Girard protesta contra essa ideia repetidas vezes: o relativismo é uma perigosa corrente que faz injustiça à verdade das sociedades. Os "relativistas" terminam caindo presa do etnocentrismo que eles mesmos denunciam: projetam sobre outros povos a defesa das vítimas cuja origem é exclusiva da Bíblia e das sociedades influenciadas por este texto.

Todos sabemos que o Ocidente se universaliza. Esse processo é chamado por muitos "globalização", ou seja, o auge de uma consciência planetária. Os críticos denunciam que tal "globalização" é na verdade uma ocidentalização. Girard estaria de acordo com esses críticos. Mas, se o planeta se ocidentaliza, argumenta Girard, é porque hoje em dia a compaixão e a defesa das vítimas deixaram de ser um traço exclusivo do Ocidente. Muito mais que um fenômeno econômico, para Girard a globalização é o inevitável triunfo da revelação cristã em todos os confins do planeta. Cada vez menos há lugares onde se possa impune e unanimemente recorrer à violência propiciatória. Grupos anteriormente isolados podem intervir uns nos assuntos dos outros se se trata de defesa das vítimas.[34]

Hoje em dia todos se dizem defensores das vítimas. Ninguém se atreve a apresentar-se deliberadamente como vitimários. Mas Girard mostra que isso nem sempre foi assim. No século XX, o nazismo foi o movimento que, de forma mais aterrorizadora, pretendeu suprimir a simpatia pelas vítimas e a defesa delas e tentou instituir uma consciência de vitimários, tornando-se deliberadamente anticristão.

Tal consciência foi inspirada, insiste Girard, por Nietzsche. O filósofo alemão via no cristianismo uma religião do ressentimento, distinta do paganismo grego, que defende os valores autenticamente huma-

---

[34] Para um comentário mais extenso sobre este tema, e que emprega alguns dos princípios esboçados por Girard, ver Gabriel Andrade, "Manifiesto sobre la Globalización". *Revista de Filosofía*, n. 50, maio-agosto de 2005. La Universidad del Zulia.

nos. O grande delírio de Nietzsche, argumenta Girard, é não reconhecer que esse suposto "ressentimento" não é mais que a desarticulação da distorção dos perseguidores.

Como já mencionamos, a intenção sacrificial da filosofia de Nietzsche se evidencia de várias maneiras. No plano religioso, é bastante explícita ao tomar como figura emblemática Dioniso. Mesmo, porém, deixando de lado a religião, Nietzsche advoga pela continuidade das instituições sacrificiais. Não nos altares ou nos ritos sacrificiais, mas na necessidade de que os fracos sejam eliminados para dar lugar aos fortes. Nietzsche desprezava o cristianismo porque reconhecia que era a origem da simpatia pelas vítimas e da defesa delas.

Os nazistas encontraram em Nietzsche o pensador que daria a inspiração filosófica para erradicar a defesa das vítimas. Girard reconhece que ao próprio Nietzsche provavelmente lhe teria escandalizado o holocausto, mas sua intenção sacrificial e vitimária foi levada a um extremo grotesco por seus seguidores nacional-socialistas.

Para Girard, o nazismo foi a última tentativa desesperada de Satanás de erradicar o Paráclito, o espírito de defesa das vítimas. Os milhões de vítimas do Holocausto mortas em vão: o nazismo fracassou porque, uma vez adquirida a consciência da compaixão pelas vítimas, é impossível desfazer-se dela. Uma tentativa deliberada, como o de Nietzsche, de retornar à consciência vitimária desemboca em loucura.

Girard considera que a herança do nazismo e sua inspiração nietzschiana trouxeram resultados contraditórios. Por um lado, o mundo já não se atreve a advogar por uma explícita volta à consciência vitimária, e, diante do horror do Holocausto, despertou ainda mais a compaixão e a simpatia pelas vítimas: o mundo já não fica calado diante das atrocidades que se possam cometer, sem importar a distância do cenário onde aconteçam. Mas, por outro lado, este espírito de defesa se corrompeu.

Recordemos a aversão que Girard sempre sentiu pelo pensamento politicamente correto e pela ação afirmativa. Hoje em dia, todos anelam a posição da vítima, e tentam aproveitar-se dela. Todos os argumentos são construídos em função da posição da vítima; todos sabem que, bradando o estatuto de vítimas, haverá mais possibilidades de sucesso. Girard destaca o aborto como o melhor exemplo: tanto as mães como os fetos são defendidos como *vítimas* de algo; as primeiras como vítimas da violência de um sistema sexista, os segundos como vítimas da insensibilidade humana.

Aos olhos de Girard, o abuso do espírito de defesa das vítimas não é mais que uma estratégia do próprio diabo para tentar fazer voltar atrás sua derrota para a Cruz. Abusar da defesa das vítimas é uma maneira de reinstituir a consciência vitimária. Se a coisa continuar assim, dizer-se vítima permitirá cometer atrocidades. Assim, Girard advoga por uma retificação do espírito cristão da defesa das vítimas, de forma que a impedir que se transforme em mais uma estratégia para um retorno à consciência vitimária.

*

Em idade avançada, Girard se transformou num escritor ainda mais prolífero. Talvez graças ao ócio de seu retiro, escreve com muita mais frequência que em seus anos de vida universitária. Mas, paradoxalmente, sua inovação decaiu. Isso não se deve a um debilitamento de seu rigor intelectual, mas ao fato de as bases de seu sistema teórico já terem sido expostas desde a publicação de *Coisas Ocultas desde a Fundação do Mundo*. Nesse livro, ele completava seu sistema tripartite que abarcava a mímesis, a violência e o cristianismo. Para dizer a verdade, Girard trouxe muito pouco de significativamente novo nos últimos vinte anos. Mas isso não implica que seus livros mais recentes sejam destituídos de interesse. Sempre atento a seus críticos e à evidência que surge em novos estudos, Girard se dedicou a refinar e ampliar as bases de seu sistema teórico, bem como a responder às críticas que se fizeram à sua obra. Mais ainda, dado que seu público leitor cresceu e se tornou um corpo heterogêneo, Girard se viu na necessidade de variar seus estilos retóricos para que sua obra, muitas vezes complexa, tivesse maior alcance entre públicos não necessariamente especializados.

Apenas dois anos após a publicação de *Je Vois Satan Tomber Comme l'Éclair*, Girard publicou *Celui par Qui le Scandale Arrive* [*Aquele por Quem o Escândalo Vem*],[35] uma coleção de ensaios e entrevistas nos quais, sem inovar demasiadamente, esclarecia vários de seus pontos de vista, respondia a seus críticos, e entabulava conversa com a obra de outros autores, algo que Girard faz com muita frequência, pois sua procedência da crítica literária o propicia. Até então, quatro livros de Girard tinham por título alguma citação bíblica. Com este, seriam cinco (cf. Mateus 18,7). Desta vez, o título vinha por sugestão de Maria Stella Barberi, uma colaboradora de Girard. Começava a tornar-se evidente que os títulos das obras de Girard tinham uma finalidade retórica específica: o reconhecimento de que as teorias de Girard não são mais que uma exposição formal e moderna de princípios que já se encontram na Bíblia.

No mesmo ano em que apareceu *Aquele por Quem o Escândalo Vem*, o Ocidente e o mundo inteiro se viram sacudidos por um fato de violência cruel, algo inesperado para boa parte do planeta, fato que mudaria o rumo das relações internacionais: em 11 de setembro, o World Trade Center, em Nova York, foi destruído por ataques terroristas comandados pela rede Al-Qaeda. A partir de então, boa parte do mundo acadêmico compreendeu que devia voltar a atenção para um tema que, embora nunca tivesse ficado à margem, tampouco era especialmente importante: o terrorismo. A maioria dos artigos e livros publicados em reação aos acontecimentos de 11 de setembro abordavam o problema terrorista de um ângulo particularista: discutia-se a natureza do Islã, o impacto do imperialismo, o choque entre civilizações, etc.

---

[35] Paris, Desclée de Brouwer, 2001. Este livro será publicado na Biblioteca René Girard.

Poucos se aproximaram aos acontecimentos de 11 de setembro com um enfoque generalizado. O terrorismo é, afinal de contas, uma vertente da violência. Por isso, seria de esperar que um autor que dedicara a maior parte de sua obra ao problema da violência abordasse o terrorismo nos termos de sua própria teoria. Girard deve ter terminado o manuscrito de *Aquele por Quem o Escândalo Vem* um pouco antes dos atentados. Mesmo antes, porém, que a opinião pública internacional se debruçasse sobre este tema, Girard tinha compreendido a necessidade de comentar essa nova ameaça nos termos de sua teoria mimética. É assim que começa *Aquele por Quem o Escândalo Vem*.

Como é característico de seu estilo, Girard prefere ocupar-se da generalidade do fenômeno terrorista, sem menosprezar os enfoques particularistas do terrorismo islâmico, nacionalista, etc. Considera até que, dado ser o terrorismo uma vertente geral da violência, se poderá compreender melhor o terrorismo entendendo as dinâmicas dela. Girard aspira a lançar luz não só sobre o terrorismo, mas sobre a ampla gama de fenômenos violentos que o século XXI está vivendo.

Girard não considera que o terrorismo e a violência em gera, possam ser explicados em termos da biologia. Isso o colocaria contra autores destacados como Konrad Lorenz ou, mais recentemente, contra a sociobiologia de Edward Wilson, mas Girard prefere dirigir sua crítica a um de seus alvos favoritos: Freud. O homem não é violento porque se deixe levar por pulsões específicas, mas porque, seu encontro com os demais torna as relações turbulentas.

O mundo moderno é particularmente violento porque é o mais competitivo de todos. Embora Girard agrade aos conservadores no plano político, não é seu aliado incondicional: muito provavelmente, o liberalismo econômico lhe pareceria uma doutrina perigosa, pois sua competitividade alimenta a violência. Esta disputa, destaca Girard, não se dá somente no plano econômico; em tudo se compete: na academia, no exército, na ciência, na política. De onde vem tal competitividade? Não deve ser muito difícil adivinhar a resposta: da mímesis.

Uma vez mais, Girard mostra que o mundo moderno, herdeiro da revolução, aproxima os homens. Mas tal espírito democrático tem um custo: na medida em que os homens se parecem cada vez mais e se aproximam e se imitam entre si, também lutam pelas mesmas coisas, buscando aniquilar-se mutuamente. A aproximação entre os homens é pautada por uma categoria muito importante no pensamento antropológico: a reciprocidade. As relações humanas são definíveis em termos da reciprocidade: todos tentamos responder com gestos similares que nos são dados. Se as relações humanas são essencialmente recíprocas, então há de ser pelo fato de a imitação desempenhar um papel muito importante nelas. Pois a reciprocidade de um gesto não é mais que a imitação do gesto recebido.

Essa reciprocidade é o fundamento do fortalecimento das relações sociais e da amizade. Os antropólogos conhecem muito bem a importância da reciprocidade nos laços sociais. Malinowski e Mauss, ambos referidos por Girard, documentaram a forma como as trocas de objetos servem de meio de relação e aproximação entre diferentes grupos sociais. Como bem dizia Mauss, nas trocas de dádivas e presentes, está-se na tripla obrigação de dar, receber e voltar a entregar. Girard interpreta esta tripla obrigação em termos miméticos: o fundamento das ótimas relações sociais é a imitação dos gestos de amizade, a fim de que estes se prolonguem.

Mas o que poucos antropólogos assinalaram, e que Girard mostra muito decididamente, é que tal reciprocidade não é exclusivamente positiva. A violência também é recíproca, pois, tal como as ótimas relações sociais, também se funda na mímesis. Assim como um presente ou um favor são retribuídos com outro presente ou favor, um gesto violento é retribuído com outro gesto violento. Dessa forma, não é de estranhar que as trocas de presentes tenham uma dimensão violenta: Girard assinala que, "em muitas línguas, a palavra que significa 'dádiva' ou 'presente' também significa veneno".³⁶ Tem-se certa consciência de que a reciprocidade, embora fundamente as relações amistosas, também pode levar a situações violentas.

A violência imita a violência, fazendo que esta se propague. Em geral, quando se recebe uma dádiva ou presente, em gratidão, obsequia-se em retribuição uma dádiva de maior valor. Algo similar acontece com a violência: nunca se devolve o soco com a mesma intensidade; a resposta é sempre maior. Trata-se do que Girard, em várias conferências, chamou de "violência com juros".³⁷ Assim, um gesto tão insignificante como recusar-se a apertar a mão pode provocar uma reação violenta muito maior do "ofendido", e esta, por sua vez, do novo "ofendido", fazendo transbordar a violência.

A violência é, assim, um ciclo de reciprocidades. A reciprocidade é cíclica, pois nunca tem fim: ninguém está disposto a renunciar. Em termos de reciprocidade positiva, isso é evidente nas práticas rituais em que se entregam presentes: fazem-se anéis (o célebre *kula ring* descrito por Malinowski entre os trobriandeses) ao redor dos quais circulam reciprocamente os bens. Mas este ciclo também pode ser violento. Girard destaca que, atrás de conceitos cíclicos em culturas como a hindu, se encontra uma representação da violência.

As culturas, portanto, embora considerem a reciprocidade, também lhe têm muito temor. As culturas que procedem a trocas rituais de objetos se esforçam pelo minucioso cumprimento delas, pois sabem que o mínimo desequilíbrio pode fazer mudar a natureza da reciprocidade e torná-la violenta. No mundo moderno, evitamos muito usar expressões que possam fomentar a ira dos demais, pois isso pode provocar uma cadeia violenta.

---

³⁶ *Celui par Qui le Scandale Arrive*, p. 31.
³⁷ René Girard. *Violence, Victims and Christianity. The Darcy Lecture* (videoconferência), 1997. Disponível em: http://theol.uibk.ac.at/cover/girard_oxford_video.html. Acesso em: 7 de junho de 2011.

Nenhum terrorista afirma ter atacado primeiro. Todos se consideram imitadores de algum gesto violento prévio de suas vítimas. As vítimas do terrorismo, em sentido geral, terminam imitando a violência de seus vitimários, julgando-se no "legítimo direito de defender-se". Girard mostra que responder à violência com mais violência é uma maneira ineficaz de lutar contra o terrorismo. Pois, respondendo com o nosso "legítimo direito", se fomentará o "legítimo direito" dos terroristas, prolongando-se assim a cadeia violenta. Girard pretende lançar sérias dúvidas sobre o "legítimo direito de defesa", ao deixar entrever que este termina sendo uma imitação da violência dos terroristas. Mas, de forma bastante imprecisa e pouco consistente com seus pontos de vista, Girard afirma que não é um pacifista incondicional, e que, às vezes, a resposta se justifica – sem, contudo, esclarecer em que casos.[38]

Qual é a melhor maneira de combater o terrorismo e a violência em geral? Girard encontra a resposta no Sermão da Montanha: dar a outra face é interromper o ciclo recíproco que prolonga a violência; é negar-se a continuar o jogo mimético da violência. Isto não tem nada de utópico ou masoquista, insiste Girard. Se um princípio tão básico como esse fosse empregado, a violência cessaria, pois, interrompendo-se o jogo mimético, o terrorista já não teria nenhuma violência para imitar. Abstendo-nos de atacá-los, nós deixaremos de dar-lhe motivos para "legitimar" suas violências, e eles se verão em maior dificuldade para voltar a nos atacar.

Com frequência, a Girard foi associada a ala conservadora da política. Mas, defendendo com firmeza o princípio cristão de dar a outra face, Girard certamente não agradará aos conservadores que se propõem a responder com firmeza militar aos terroristas. Não sabemos se Girard apoia ou não a intervenção militar americana no Iraque ou no Afeganistão (não fez comentários públicos

---

[38] Op. cit., p. 40.

a respeito), mas é de supor que admiraria muito mais o espírito cristão de não retribuição do governo da Espanha ao retirar suas tropas do Iraque após ser vítima de ataques terroristas em março de 2004.

A argumentação de Girard, no entanto, não deixa de apresentar alguns inconvenientes no plano do terrorismo islâmico, que, na atualidade, é o que mais concerne à comunidade internacional. Para os fundamentalistas islâmicos, o mero fato da existência de uma civilização não islâmica é interpretado como um gesto de agressão. Pois os fundamentalistas islâmicos se sentem na obrigação de combater para estender ao mundo inteiro o *Dar-Al-Islam*, a casa do Islã: ser não muçulmano é agredir a soberania de Deus no mundo, apesar de, historicamente, o Islã ter sido uma civilização relativamente tolerante com relação aos cristãos e judeus, ainda que os submetesse a condição inferior. Os governos ocidentais, como o espanhol após os acontecimentos de 11 de março de 2004, podem continuar oferecendo a outra face com a esperança de interromper o ciclo recíproco de violência mimética. A curto prazo isso pode funcionar (de fato, funcionou para a Espanha, após retirar a suas tropas de Iraque), mas, a longo prazo, não aceitar o islamismo como religião continuará sendo uma ofensa, pois atenta contra as aspirações globais dessa religião. Uma questão que Girard não menciona é a dificuldade de definir "violência": para os fundamentalistas islâmicos, a presença de cassinos ou até de missionários cristãos (cuja atividade Girard certamente apoiaria) em terras islâmicas é um ato violento que legitima a resposta terrorista. Sendo assim, dar a outra face e abster-se de empregar o que nós consideramos "violência" não é garantia de que se interromperão as atividades terroristas.

Outro tema sensível que Girard aborda em *Aquele por Quem o Escândalo Vem* é, novamente, o do relativismo. Desde muitos anos atrás, de seus escritos se havia depreendido um desagrado com o "politicamente correto", mas ele sentia necessidade de formalizar estes pontos de vista neste novo livro, num ensaio que, conquanto breve, causou bastante agitação entre seus leitores, "O Bom Selvagem e os Outros".[39]

Girard se queixa da maneira como os movimentos multiculturalistas idealizam as sociedades primitivas, especialmente no concernente à violência: criou-se a ilusão de que nessas sociedades a violência é quase inexistente. Não sem razão, Girard denuncia que a maior parte dos antropólogos contemporâneos participa de tal atitude. Embora o critique em muitos aspectos, Girard reconhece em James Frazer uma atitude contrária ao relativismo etnológico contemporâneo: ele documentava realidades grotescas entre os povos primitivos, e demonstrava seu repúdio a elas.

Segundo Girard, tal relativismo tem origens na atitude autocrítica que prosperou no Ocidente, e que, paradoxalmente, é praticamente inexistente em outras culturas. Os relativistas responsabilizam o Ocidente por seus muitos crimes e etnocentrismos, mas raras vezes param para considerar que, fora do Ocidente, essa atitude autocrítica é inconcebível.

À medida que o espírito autocrítico crescia no Ocidente, foi-se forjando o mito do "bom selvagem" como um meio retórico para a autocrítica. Enaltecendo os outros, os ocidentais podiam assinalar seus vícios através desse contraste. Girard assinala que tal atitude se inicia com Montaigne e seu célebre "Ensaio sobre os Canibais", ainda que, a bem da verdade, seja muito mais antiga do que Girard pensa: Tácito já mostrava o mesmo tipo de atitude em sua descrição dos bárbaros nos *Costumes dos Germanos*.[40]

---

[39] Idem, p. 45-62.
[40] *Costumbres de los Germanos*. In: Tácito. *Obras Completas*. Buenos Aires, El Ateneo, 1952. Um aspecto que vale a pena destacar, e que Girard não menciona, mas de alguma forma apoia sua apologia cristã, é que tal atitude autocrítica já se encontra entre os profetas bíblicos. Tal como os posteriores forjadores do mito do bom selvagem, os profetas denunciaram com amargo fervor os vícios da sociedade em que viviam. Mas, diferentemente dos posteriores relativistas, os profetas nunca enalteceram os vizinhos como forma de contraste com os vícios hebreus. Muito pelo contrário, embora considerassem Israel

Montaigne descreve as práticas canibais dos tupinambás do Brasil, chegando a desculpá-los, se se comparam com os vícios dos franceses. Mas um fato muito importante destacado por Girard é que Montaigne não oferece uma descrição detalhada dos canibais, e nem sequer especifica seu lugar de origem. Assim, torna-se bastante evidente que a Montaigne não interessam os costumes dos tupinambás propriamente, senão que ele os utiliza como instrumento retórico para suas sátiras. De forma que as descrições que Montaigne faz dos tupinambás não podem ser levadas a sério, ao menos do ponto de vista da etnologia. Girard prefere dar crédito às pesquisas etnológicas de Alfred Métraux sobre os tupinambás, apresentando suas práticas sem pretender escusá-las, práticas nas quais Girard se baseou extensamente para a escrita de *A Violência e o Sagrado*.

A partir de então, recorda Girard, o mito do bom selvagem cresceu cada vez mais: Voltaire, Montesquieu, Swift e, naturalmente, Rousseau deram grandes contribuições. À medida que o Ocidente crescia em sua capacidade autocrítica, o contraste com os não ocidentais crescia como meio de retórica autocrítica. De forma que, hoje, o mito do bom selvagem tem maior alcance que nunca.

Girard se lamenta de que, ao que parece, só haja dois extremos na caracterização do Ocidente e de suas relações com os não ocidentais: por um lado, estão os rígidos positivistas e herdeiros do colonialismo, como Frazer, os quais sentem desprezo por tudo aquilo que não seja ocidental, por estar mais próximo da barbárie. Por outro lado, estão os multiculturalistas de hoje, que não veem nos povos não ocidentais senão paraísos terrestres. Girard recusa ambos os extremos, e afirma sua posição intermediaria.

Os povos primitivos são tão violentos quanto nós, os ocidentais modernos. Girard reconhece que os povos não ocidentais não têm

uma nação viciosa, consideravam ainda mais viciosos os vizinhos. Para se autocriticarem, os profetas nunca idealizaram os babilônios.

a mesma capacidade tecnológica de destruição que nós. Mas nem por isso deixam de ser violentos. Boa parte da obra de Girard se ocupou de estudar as dinâmicas dessa violência arcaica. Mas, adverte Girard, não podemos cometer o erro inverso, o de Frazer, que supõe a violência confinada exclusivamente aos povos não ocidentais. Frazer documentou extensamente os rituais do "bode expiatório", e os considerou exclusivos das culturas primitivas, pois a sociedade ocidental moderna não tem ritos como esse. Girard critica a Frazer o fato de ele entender a expressão "bode expiatório" somente em sentido ritual, quando, na verdade, o mecanismo do bode expiatório costuma acontecer de forma espontânea, ou seja, fora do marco ritual. E o Ocidente não está isento desse mecanismo, pois ele se dá em quase todos os aspectos de nossa vida: continuamente os conflitos se resolvem na medida em que os partidos em litígio se unem contra um terceiro, pondo continuamente em alguém a culpa de algo em que não tem responsabilidade. De forma que, contra os herdeiros do etnocentrismo e do colonialismo, Girard mostra que todos os povos, tanto os ocidentais como os não ocidentais, abrigam em seu seio à violência. Mas, contrariamente aos multiculturalistas, Girard se apressa a esclarecer que só no Ocidente surgiu o espírito autocrítico de que se alimentam os próprios multiculturalistas, e que foi no Ocidente que se deu o evento que transformou a violência, quer para aumentá-la, quer para preveni-la: a revelação cristã.

Em *Aquele por Quem o Escândalo Vem*, Girard não se esforça tanto por convencer seus leitores da superioridade do cristianismo, mas por tentar convencer os cristãos de que o cristianismo é uma religião alheia ao sacrifício, ao menos no sentido tradicional do termo. Para isso, Girard recapitula as teses de *Coisas Ocultas desde a Fundação do Mundo*, as quais não temos necessidade de recapitular senão muito brevemente: embora na Bíblia se faça alusão ao "sacrifício de Cristo", este não é feito no mesmo sentido dos sacrifícios documentados pela etnologia. Como a boa mulher na história do Julgamento de Salomão, Cristo se entrega pacificamente para evitar maior violência, sendo uma solução não violenta para a violência, ao passo que, na instituição sacrificial no sentido etnológico, o sacrifício é executado como uma solução violenta para a violência.

Em *Coisas Ocultas desde a Fundação do Mundo*, Girard tinha assinalado que a Epístola aos Hebreus tinha certa responsabilidade na interpretação da morte de Jesus como um sacrifício tradicional, desejado por um Deus violento. Com o passar dos anos, alguns colaboradores de Girard tentaram demonstrar que a Epístola aos Hebreus é realmente alheia aos conceitos tradicionais do sacrifício.[41]

Em *Aquele por Quem o Escândalo Vem*, Girard modifica alguns de seus juízos sobre São Paulo e a Epístola aos Hebreus.[42] Em primeiro lugar, em continuidade com boa parte da crítica bíblica, manifesta dúvidas com respeito à autoria;[43] de forma que, conquanto neste texto se delineiem conceitos sacrificiais tradicionais, São Paulo seria destituído deles. Em segundo lugar, Girard já não considera que a Epístola aos Hebreus seja sacrificial no sentido tradicional do termo. Pois, embora interprete a morte de Jesus como um sacrifício exigido por Deus, a Epístola dá ênfase a que se trata do sacrifício que porá fim aos sacrifícios. Depois do que foi feito por Jesus, já não se poderá seguir sacrificando. Em Hebreus 10,6-7, atribui-se a Cristo a seguinte paráfrase do Salmo 40: "Tu não quisiste nem oferendas nem sacrifícios (...) não te agradaram os holocaustos nem os sacrifícios pelo pecado". Com isso, considera Girard, São Paulo e a Epístola aos Hebreus perdem qualquer responsabilidade pela interpretação sacrificial da morte de Cristo.

---

[41] Michael Hardin, "Sacrificial Language in Hebrews: Reappraising René Girard". In: Williard M. Swartley, (ed.), *Violence Renounced*. Pennsylvania, Pandora Press, 2000, p. 103-19.
[42] *Celui par Qui le Scandale Arrive*, p. 115 ss.
[43] Estas dúvidas são muito anteriores ao desenvolvimento da crítica bíblica moderna, pois Clemente de Alexandria (século II), Orígenes (séculos II-III) e Tertuliano (séculos II-III) já questionavam a autoria paulina da Epístola aos Hebruos. Cf: J. W. Rogerson, *Una Introducción a la Biblia*. Barcelona, Paidós, 2000, p. 164.

Contudo, podemos pensar em outras passages que parecem continuar a interpretação de Girard. Certamente Hebreus 10:6-7 é uma rejeição do sacrifício no sentido tradicional, mas isso permite que se ignorem as outras passagens da mesma Epístola aos Hebreus em que a morte de Cristo é apresentada em termos sacrificiais? Mais ainda, Girard fala da Epístola aos Hebreus como se fosse o único texto paulino a apresentar a morte de Cristo em termos sacrificiais. Contudo, há muitas passagens em outras Epístolas em que São Paulo claramente apresenta a morte de Cristo em termos sacrificiais. I Coríntios 15,3 nos diz que "Cristo morreu por nossos pecados", um conceito tradicional de expiação, muito comum nas práticas sacrificiais. Esta passagem é uma paráfrase do papel expiatório do Servidor de Iahweh no Segundo Isaías, um texto que em *Coisas Ocultas desde a Fundação do Mundo*, Girard considerava ainda tingido de tons sacrificiais. Em Romanos 3,25, diz-se que "Deus o expôs [Cristo] como instrumento de propiciação, por seu próprio sangue, mediante a fé": além da expiação manifesta, Deus mesmo deseja a morte de seu próprio Filho. Igualmente, em Romanos 4,25, diz-se que Cristo "foi entregue pelas nossas falhas", insistindo, ainda, em seu papel expiatório. Segundo Gálatas 3,13, "Cristo nos resgatou da maldição da Lei tornando-se maldição por nós", deixando entrever seu papel substituto para nos salvar. Recorde-se que o próprio Girard assinalou a importância da concepção de substituição no sacrifício. Embora se anuncie a inocência de Cristo, II Coríntios 5,21 menciona que "Aquele que não conhecera o pecado, Deus o fez pecado por causa de nós", novamente fazendo alusão a seu papel expiatório, substituto e sacrificial. Romanos 8,3 diz que "Deus, enviando o seu próprio Filho em carne semelhante à do pecado e em vista do pecado, condenou o pecado na carne": Deus condena a carne de seu próprio Filho.

Outro aspecto interessante de *Aquele por Quem o Escândalo Vem* é a opinião que Girard expressa acerca da Igreja Católica.[44]

---

[44] Op. cit., p. 118 ss.

Girard é um defensor do cristianismo, mas parece nunca ter sido um defensor entusiástico do cristianismo institucionalizado. Girard está disposto a assinalar a divindade de Cristo e a inspiração dos Evangelhos, mas até então nunca havia demonstrado demasiada proximidade com o clero católico. Embora ele seja um católico praticante, sua obra adquiriu tons protestantes: sua preocupação é exclusivamente o texto bíblico (*Solo Scriptura*); o restante é decoro.

Apesar disso, Girard apresenta uma visão favorável da Igreja Católica. Em primeiro lugar, considera-a um dos grandes bodes expiatórios de nosso tempo: põe-se nela a culpa de todos os males contemporâneos, como se a Igreja tivesse o mesmo poder que tinha há mil anos. Não podemos deixar de expressar nosso acordo com Girard neste aspecto: hoje se considera a Igreja Católica, e grupos conservadores como *Opus Dei*, como uma espécie de conspiradores guardiães de segredos subversivos, a planejar a opressão do mundo inteiro. Embora a Igreja Católica contemporânea não esteja de modo algum isenta de vícios, as acusações contra ela já beiram o absurdo, um fato típico nos processos de vitimização. Assim como na Alemanha nazista proliferou uma banal literatura propagandista antissemita, hoje estamos diante de um *boom* da banal literatura propagandista anticatólica, cujo romance emblemático é *O Código Da Vinci*, de Dan Brown.

Girard sustenta que, embora possamos acusar a Igreja de muitas faltas, o fazemos em nome dos valores cristãos que a mesma Igreja se encarregou de propagar. Mais ainda, instituições abomináveis como a Inquisição são a origem de muitos de nossos valores modernos: Girard vê na Inquisição uma das origens do princípio de jurisprudência e da institucionalização dos processos legais, em oposição aos linchamentos espontâneos.

Mais ainda, Girard mostra que as faltas da Igreja devem ser entendidas em termos históricos: "julgamos a História como se nossos ancestrais fossem culpados de não pensar como *Le Monde* ou o *New York Times* no século XIII".[45] Com sua prevenção contra os anacronismos, Girard pretende relativizar os vícios da Igreja em função da época. Isso é admirável, mas não é o próprio Girard que se opõe ao relativismo? Se atendêssemos a Girard, então também deveríamos relativizar a duvidosa moralidade de Caifás, de Herodes, de Pilatos e de tantos outros; e todos os tipos de atrocidades, cristãs ou não, seriam escusáveis em função de sua localização histórica, impossibilitando-se assim afirmar a superioridade moral de uma cultura sobre a outra, algo contra o qual estaria o próprio Girard.

*

Em outubro de 2003, Girard deu três conferências no auditório da Biblioteca Nacional da França, algo honroso para qualquer intelectual francês, conferências publicadas num pequeno livro intitulado *Le Sacrifice* [*O Sacrifício*].[46] Embora o livro conste de apenas setenta páginas de conteúdo, é de suma importância, pois, pela primeira vez em sua carreira, Girard se dispõe a entabular um diálogo com algum sistema religioso alheio à tradição judaico-cristã: aqui, com o hinduísmo.

Em *O Sacrifício*, Girard se propõe a analisar a maneira como a tradição hindu entende a dinâmica do mecanismo sacrificial, e até que ponto põe a descoberto seu funcionamento e faz uma crítica dele. Tudo isso, como se há de esperar, com a tradição bíblica como pano fundo: a intenção de Girard é elaborar um esquema comparativo, ressaltando pontos de coincidência, mas também de divergência, entre o entendimento bíblico e o hindu do sacrifício.

Girard confessa não ser um especialista na religião hindu, nem conhecer o sânscrito. Por isso, da vasta literatura que esta tradição

---

[45] Idem, p. 121.
[46] Bibliothèque Nationale de France, 2003. [A tradução em português será publicada na Biblioteca René Girard.]

religiosa produziu, Girard se limita a estudar os *Brahmanas*, textos védicos grandemente desconhecidos no Ocidente. Girard constrói seu estudo através da tradução e comentário do indianista francês do século XIX Sylvian Lévi, a quem presta homenagem. Segundo o parecer de Girard, os *Brahmanas* são grandemente desconhecidos no Ocidente por duas razões: primeiro, porque foram obnubilados pela maior popularidade de outro corpo de literatura védica, o *Rig Veda*; e, segundo, porque, desde o século XIX os grandes indianistas não viram naqueles textos nada muito transcendente. Só Sylvian Lévi tentou reivindicar a importância dos *Brahmanas*, e Girard o segue neste aspecto: vê neles uma importante revelação do mecanismo vitimário e sacrificial.

O estudo de Girard começa com uma consideração dos personagens que conformam boa parte dos *Brahmanas*: os deuses, chamados "devas"; e os demônios, chamados "asuras". Tais personagens estão em contínua rivalidade, não muito diferente do tipo que Girard estudou ao longo de sua carreira. Em vários relatos narra-se o conflito surgido entre eles quando ambos os lados disputam a mesma coisa. Num dos relatos, eles disputam a Terra, que é movida pelo vento entre os dois lados. Em outro relato, disputam a Lua. Em todos esses relatos, argumenta Girard, impera a rivalidade mimética: os dois lados imitam mutuamente o desejo de um objeto em particular, e não estão dispostos a compartilhá-lo. E, quando o deus supremo, Prajapati, para o caso da lua, propõe um acordo com a partição dela e a correspondente distribuição, os deuses e demônios se opõem. Repete-se assim o tema da indiferenciação, que Girard tanto estudou: os devas e os asuras se confundem em violência recíproca. Tanto assim, que às vezes são apresentados como gêmeos derivados do mesmo deus Prajapati, confirmando-se dessa maneira as relações que Girard esboçou entre a violência, a indiferenciação e os gêmeos.

Os conflitos chegam à sua resolução com o sacrifício. Os deuses sempre oferecem um sacrifício, e é este gesto ritual o que lhes permite sair vitoriosos da contenda. Ao final, conseguem apoderar-se da Terra, da Lua e de todos os demais objetos disputados. Girard considera que, sendo um texto sacrificial, os *Brahmanas* privilegiam o lado que traga a solução violenta (sacrifício) para o problema da violência. É enquanto sacrificadores que os deuses conseguem sair vitoriosos de todas as querelas. A solução pacífica é uma opção não considerada pelo texto védico, que prefere respaldar a solução violenta do mecanismo vitimário e sua comemoração sacrificial. Mais ainda, foi do sacrifício primordial do deus Prajapati que veio a criar-se o mundo. Tão importante é o sacrifício para a consciência védica, que o próprio Prajapati, deus sacrificado, se transforma na representação da própria instituição sacrificial. Segundo Girard, isso representa um avanço na compreensão das dinâmicas que se encontram atrás do sacrifício. Ao passo que na maioria dos sistemas sacrificiais se atribui à vítima o poder de devolver a paz à comunidade (razão por que se torna sagrada, transformando-se num deus), nos *Brahmanas* não é a vítima, mas o sacrifício em si, o que resolve as querelas internas da comunidade. A vítima é assim parcialmente desmistificada, e o mecanismo parcialmente descoberto.

Igualmente, tal como apresentado pelo texto védico, o sacrifício é só temporariamente eficiente, pois as rivalidades voltam repetidas vezes. A que se deve a volta das rivalidades? A resposta de Girard é simples: deve-se ao fato de a rivalidade, obedecendo à mímesis do desejo, poder ser ativada por qualquer objeto disputado, sem importar sua aparente insignificância. Os rivais porão todas as suas energias na obtenção dos objetos em questão. Em face das contínuas rivalidades, os *Brahmanas* depositam sua esperança na efetividade resolutória do sacrifício, que detalham, prescrevendo seu devido seguimento ritual.

Embora os *Brahmanas* se destaquem por voltar a atenção menos para a vítima que para o sacrifício propriamente, Girard considera que isso constitui apenas uma exceção no grosso da literatura védica. O *Rig Veda*, mais antigo e mais conhecido que os *Brahmanas*, mantém a estrutura típica dos demais sistemas sacrificiais: não presta demasiada atenção ao mecanismo vitimário em si, e atribui à vítima um poder extraordinário, de forma que, com sua morte, ela pacifica. Tal como em outros corpos literários védicos, no *Rig Veda* aparece um linchamento como cena central. Trata-se de Purusha, que, embora seja um gigante, não se deve deixar de pensar nele como um ser humano. O último livro do *Rig Veda* apresenta um hino a Purusha, no qual se narra seu esquartejamento, em razão do qual surgiram todos os elementos primordiais do mundo, bem como a divisão do mundo em castas. Girard recorda as analogias entre o esquartejamento de Purusha e o ritual grego do *diasparagmos*, associado aos cultos a Dioniso.

Em concordância com a teoria do mito que esboçou ao longo de sua carreira, Girard considera que, por trás da figura mitológica de Purusha, deve ter existido uma vítima humana real, linchada por uma comunidade, e cuja morte é comemorada com o mito e o rito sacrificial. Como boa vítima propiciatória, provavelmente foi acusada de cometer alguma falta, para que se justificasse seu linchamento. Girard reconhece que nos mitos referentes a Purusha não existe esta acusação e atribuição de culpa. Mas recorde-se que, em concordância com o estruturalismo, desde *Coisas Ocultas desde a Fundação do Mundo* e, sobretudo, *O Bode Expiatório* Girard esboça a ideia de que a mitologia é um jogo de transformações que progressivamente dissimula a culpa e o assassinato da vítima – recorde-se também a crítica que fizemos a esse aspecto de sua teoria no Capítulo III. Dado que a vítima logicamente passa de demônio a deus, sua culpa é apagada. Assim, Girard suspeita que, embora no mito de Purusha não haja sinais de acusação ou representação de culpa, em mitos próximos ao de Purusha esta culpa deve ser manifesta.

Girard assegura que a encontra nos *Brahmanas*. Recorde-se que, segundo Girard, os dois crimes mais comuns nas acusações feitas contra as vítimas propiciatórias são os dois crimes de Édipo: incesto e parricídio. O caso de Prajapati não é exceção. Como Purusha, Prajapati é sacrificado. E, sendo pai de todas as criaturas, deve terminar por cometer incesto com alguma delas. Ele o faz com Aurora, sua própria filha. Um aspecto que poderíamos acrescentar a favor dos argumentos de Girard é que, no Gênesis, o escolho lógico do incesto também aparece: se toda a humanidade provém de Adão e Eva, tem de ter havido um incesto primordial para que a espécie continuasse. Mas a Bíblia, em vez de comprazer-se em acusar algum dos personagens para justificar seu linchamento, guarda silêncio, evitando a legitimação de uma possível execução.

Concretizado o incesto de Purusha, todas as criaturas o condenam e o lincham. Mas, imediatamente depois de ele ter sido executado, todas as criaturas lhe perdoam a culpa, dissimulando-a. Mais ainda, ele ressuscita após seu linchamento. Isto, segundo Girard, é suficiente para confirmar suas teses: à vítima se atribui uma transferência dupla; antes de morrer, é um monstro incestuoso, mas, dado que sua morte traz a paz social, não só se dissimula sua culpa, mas também se lhe atribuem poderes extraordinários, o que é representado por sua volta à vida.

Um aspecto que Girard destaca nas discussões dos *Brahmanas* sobre o sacrifício é o papel da *soma*, uma bebida ritual. A *soma* tem um conteúdo narcótico, e é usada nas execuções sacrificiais. O papel da *soma* no rito sacrificial patenteia sua natureza e função: o narcótico aumenta o frenesi entre os participantes, de forma que, quando a violência incentivada chegue ao paroxismo, desemboque no assinalamento da vítima e em sua execução. Esse frenesi, uma vez confluído na vítima, redundará em coesão da comunidade, conformando assim uma efervescência social.

Todos esses são traços característicos de instituições sacrificiais estudadas por Girard ao longo de sua carreira. Girard ratifica a singularidade do texto bíblico por não se deixar levar pelo mecanismo vitimário, e por pôr a descoberto seu conteúdo. Mas, contrariamente ao que esboçava nos livros anteriores, Girard está disposto a reconhecer certas tendências antissacrificiais em outras religiões. No âmbito das religiões orientais, Girard admite que, na tradição mística hindu, a redação dos Upanishads e a reforma budista são importantes avanços na revelação do mecanismo vitimário.

Na própria tradição védica, aparece um sério questionamento do sacrifício, conquanto ainda tênue, ao menos se comparado com o desvelamento definitivo da Bíblia. Em alguns textos védicos, aparecem histórias satíricas nas quais se expõe a corrupção dos sacerdotes sacrificiais, que simulam oferecer sacrifícios para obter benefícios dos sacrificadores. O texto apresenta, assim, a banalidade do sacrifício, algo não muito distante, recorda Girard, da crítica antirritualista dos Profetas bíblicos. Mas, à diferença da tradição hindu, no judeo-cristianismo esta crítica é muito mais consistente, conduzindo, desse modo, à total revelação do mecanismo vitimário.

*

Em 2004, Mark Anspach editou uma série de escritos que, ao longo de mais de trinta anos, Girard dedicou ao mito de Édipo.[47] Sem dúvida, este é um dos grandes temas de sua obra, e, como tentamos demonstrar neste retrato intelectual, Girard volta constantemente a ele. O mito de Édipo serviu a Girard em dois aspectos importantes: sua oposição à psicanálise, e sua convicção de que a Bíblia é o inverso da mitologia. Em boa parte devido à influência da psicanálise, a literatura sobre o mito de Édipo atrai muitos leitores. Assim, esta nova coletânea de ensaios de Girard foi lida com muito entusiasmo.

Também em 2004, dois colaboradores de Girard, Pierpaolo Antonello e João Cezar de Castro Rocha, fizeram com Girard uma série de entrevistas, que foram publicadas com o título de *Les Origines de la Culture*[48] (título que, diga-se de passagem, repete o de uma obra

---

[47] René Girard, *Oedipus Unbound: Selected Writings on Mimesis and Desire*. Stanford, Stanford University Press, 2004.
[48] Paris, Desclée de Brouwer, 2004. [A tradução em português será publicada na Biblioteca René Girard.]

clássica do etnólogo E. B. Tylor).[49] Tal como *Quando Começarem a Acontecer Essas Coisas* e *Aquele por Quem o Escândalo Vem*, o livro em questão é uma recapitulação e reiteração, em forma de entrevista, dos mesmos temas, pontos de vista e exemplos que Girard trabalhou ao longo de sua carreira, os quais não repetiremos. *Les Origines de la Culture* tem caráter próprio, pois em várias ocasiões aparece nele um tom autobiográfico (do qual recolhemos vários dados dos que expusemos ao longo desta biografia intelectual), mas não de forma constante e sistemática.

Não obstante, *Les Origines de la Culture* apresenta algumas inovações que é preciso assinalar. Um dos aspectos mais importantes do livro é a maneira como Girard presta homenagem a Darwin, de quem se considera um seguidor crítico. Mais ainda, as epígrafes de cada um dos capítulos do livro em questão são tomadas da autobiografia de Darwin.

Nas últimas décadas, Girard se havia delineado como um grande defensor do cristianismo, e talvez daí decorra o fato de sua obra ter tido boa acolhida entre os círculos de cristãos conservadores da Europa e especialmente dos EUA. Mas o cristianismo norte-americano, com suas fortes tonalidades conservadoras, teve dificuldade de reconciliar os ensinos bíblicos com a teoria darwinista da evolução, tanto assim, que em 2005, ressurgiu a polêmica sobre o ensino da teoria evolucionista nas escolas públicas norte-americanas, em razão da proposta do ensino concomitante da corrente defensora da noção de "*intelligent design*".

Desde a publicação de *Coisas Ocultas desde a Fundação do Mundo*, já se tornara evidente que Girard não era nenhum criacionista: recorde-se que Girard teorizara sobre a forma como o mecanismo vitimário tinha delineado a conformação cultural e fisiológica da

---

[49] *The Origins of Culture*. Nova York, Harper & Brothers Publishers, 1958.

espécie humana, excluindo implicitamente a possibilidade de uma leitura literal do Gênesis. Mas, ao longo de sua carreira, Girard poucas vezes tinha mencionado a obra de Darwin. Em *Les Origines de la Culture,* Girard compara sua própria obra com a do grande biólogo inglês.

Para Girard, sua teoria sobre a origem e funcionamento da sociedade é próxima da teoria naturalista de Darwin: a natureza funciona como um sistema sacrificial e vitimário, no qual as espécies dominantes eliminam as mais fracas. Como Darwin, Girard busca as origens, e propõe uma teoria de alcance universalista. A obra de Darwin foi a grande inspiração dos sociobiólogos e etólogos que, como Edward Wilson e Konrad Lorenz, assinalaram a continuidade comportamental entre o homem e as espécies animais. Girard comunga com o darwinismo, pois está de acordo em que tanto o desejo mimético quanto o mecanismo vitimário têm claros antecedentes nas espécies animais. Mas Girard aspira a afastar-se do darwinismo no que se refere à capacidade *simbólica e representacional* do homem, e nesse aspecto se aproxima mais dos estruturalistas. Com estes últimos, Girard compartilha a noção de que existe uma ruptura entre os animais e o homem, e esta ruptura é constituída pela aptidão para a representação. Recorde-se que para Girard esta aptidão para a representação é um derivado do mecanismo vitimário e do rito, o qual, ao comemorar a cena original do linchamento, emprega a *substituição,* fundamento de todo e qualquer sistema de representação. Embora o mecanismo vitimário tenha antecedentes no mundo animal, só se desenvolve plenamente na espécie humana, o que abre caminho para a capacidade da linguagem.

Até a publicação de *Les Origines de la Culture*, muito poucas vezes Girard tinha entrado em aberto debate ou polêmica com qualquer outro autor contemporâneo. Quando respondia a seus críticos, fazia-o de forma geral, sem necessidade de se debruçar sobre algum em particular. Mas, em 2003, Régis Debray, um pensador de tradição marxista, publicou *Le Feu Sacré*

[O Fogo Sagrado],[50] um livro cujo último capítulo era uma crítica a Girard. Debray descreve a maneira como atualmente se dá um "retorno do religioso", no qual a intolerância de épocas anteriores volta a fazer-se presente, e assinala Girard como uma mostra desse fanatismo que abraça incondicionalmente a fé cristã, e rejeita todas as demais.

Girard decidiu responder Debray no último capítulo de *Les Origines de la Culture*, pois "Regis Debray fez do ataque a mim a conclusão de seu livro".[51]

Girard simplesmente considera falsa a hipótese de Debray: longe de estarmos diante de um "retorno do religioso", assistimos a uma acelerada secularização que o próprio cristianismo promoveu. A Debray preocupa o retorno do religioso porque ele deu ensejo às mais atrozes violências. Mas, contra Debray, Girard mostra que não é propriamente a religião a causadora das violências no mundo contemporâneo, mas antes a tentativa de exterminar o religioso.

A Debray preocupa o problema da violência, e Girard reconhece nele o mérito de apresentar um problema como este. Segundo Girard, Debray soube ver a persistência da violência nas religiões arcaicas, e não sucumbiu ao relativismo que quer romantizar essas culturas. Mas Girard reprova a Debray o não levar em conta o mecanismo vitimário, tal como explicado por Girard, como hipótese para explicar as violências do mundo religioso.

Da mesma forma, opondo a religião à secularização, Debray se compraz em ver um enfrentamento entre a ciência e o cristianismo. Girard recorda que a origem da mesma ciência está no cristianismo. Igualmente, Debray acusou Girard de favorecer o cristianismo por meio de um ato de fé; Girard enfatiza uma vez mais

---

[50] Paris, Fayard, 2003.
[51] René Girard, *Les Origines de la Culture*, p. 249.

que sua apologética cristã se fundamenta muito mais na razão do que na fé. É por isso, afirma Girard, contrariamente ao que pensa Debray, que sua obra *não foi* religiosa, mantendo sempre um tom secular. Mais ainda, Girard recorda a Debray que, precisamente por isto, alguns cristãos rejeitam sua própria obra: porque a consideram demasiado próxima da razão, e demasiado afastada da fé. Até o momento, a polêmica entre os dois autores não teve desdobramentos, pois Debray não respondeu às considerações de Girard.

conclusão

Se, após finalizar esta apresentação da vida intelectual de Girard, tivéssemos de situá-lo em alguma disciplina acadêmica específica, certamente nos veríamos em dificuldades. De uma ou de outra maneira, referimo-nos a temas concernentes à crítica literária, à psicologia, à sociologia, à antropologia social e cultural, à antropologia forense, à paleontologia, à etologia, à primatologia, à filosofia da religião, à filosofia da História, aos estudos bíblicos e à teologia. Não por nada, em *Coisas Ocultas desde a Fundação do Mundo*, Girard advertia sobre o risco de o acusarem de tentar ser um Pico della Mirandola, o homem do Renascimento, ilustrado em todas as áreas do saber.[1]

Girard foi um eterno peregrino. Sempre esteve entre dois lugares, França e Estados Unidos, como locais de residência. Mas também é um peregrino no plano acadêmico: recorre uma quantidade de disciplinas sem a menor preocupação em manter os limites que a academia especializada costuma exigir.

Isso lhe custou um preço. Não sendo nem daqui nem dali, Girard encontrou um relativo isolamento. Sua apologia cristã não agrada a seus colegas do mundo acadêmico, os quais exigem certo

---

[1] *Things Hidden since the Foundation of the World*, p. 141.

secularismo. Sua erudição e tecnicismo acadêmico dificultam que os cristãos comuns o entendam. Mas esse isolamento não parece incomodar muito a Girard. Após muitos anos, Girard perseverou. Sua heterodoxia conseguiu reunir seus próprios seguidores, que crescem em número com o passar do tempo.

Girard se transformou num dos verdadeiros pensadores que se aproximam do humano em sua *totalidade*. Seria excessiva especulação indagar até que ponto Marcel Mauss, o defensor da aproximação total ao humano, se teria comprazido com a leitura de Girard. Mas podemos estar certos de que Girard rejeitou o isolamento disciplinar, conseguindo aproximar diferentes disciplinas num esforço por articular um entendimento sobre o humano.

O holismo que Girard sempre demonstrou ao longo de seus escritos corresponde perfeitamente ao conteúdo e natureza de suas obras. Girard fez carreira acadêmica nos Estados Unidos, o país que já Alexis de Tocqueville acreditava ser o campeão do individualismo. O cristianismo que Girard defende é de resistência. A singularidade do texto bíblico foi a resistência com que ele enfrentou as pressões das coletividades para que se unisse a elas e participasse das perseguições e distorções das vítimas.

Girard não cessou de oferecer resistência ao mundo acadêmico, ainda que fosse uma resistência muito diferente da dos jovens do maio francês. Girard resistiu ao espírito individualista que deu a pauta da vida cultural e acadêmica na América do Norte. Através de sua teoria do desejo, revelou a imensa dívida que o Mesmo mantém com o *Outro*, e, fazendo eco a Dostoiévski, advertiu sobre os perigos que se derivam da ilusão de nos julgarmos indivíduos autônomos.

Assim como o humano deve ser entendido com base na totalidade, a teoria do desejo propicia um entendimento do indivíduo *somente* em sua relação com os demais. A teoria do desejo de Girard é uma bofetada numa das mais fortes convicções de Ocidente: a pretensa autonomia do "eu" e da escolha dos desejos.

O século XX foi talvez o mais destrutivo de todos. A obra de Girard nos serve de lembrança de que apenas na relação com o *Outro* se poderá entender a violência. As análises miméticas de Girard permitem descartar a legitimidade de uma e de outra causa; as partes em conflito são todas filhas da violência.

Talvez seja por isso que muitos chamam Girard de "pensador apocalíptico". Não por nada, desde os primeiros escritos, ele manteve interesse por Dostoiévski, o romancista apocalíptico. O perfil que tomou sua obra é uma reafirmação do Jesus que não vem trazer a paz, mas a espada. À maneira de um Hobbes, insistiu na condição violenta do homem, e em sua capacidade de se autodestruir. Certamente muitos autores já haviam apresentado uma visão desconsoladora do homem, esse ser violento que não tem solução, condenado a viver sob repressão para se manter em paz. É a visão de um Freud ou de um Marcuse.

Girard é apocalíptico, mas atrás da postura fatalista se encontra uma esperança, um Reino de Deus. É meritório que, numa época de niilismo e de "desconstrução", Girard antes advogue pela "reconstrução". É verdade que o homem é violento; mas não necessariamente ele está condenado a viver em seu próprio apocalipse. O que distingue Girard de um Freud ou um Hobbes é sua visão de que, embora o homem seja violento, *não o é naturalmente*.

O homem é violento porque não sabe conviver com os demais. Mas isso não significa que não possa aprender. Precisamente, foi esta a missão de Jesus. Uma missão, naturalmente, paradoxal, pois no início despertou ainda mais violência. Mas Girard tem a firme convicção de que a humanidade entrou numa etapa de maturidade, e de que, quanto mais nos aproximamos do apocalipse, mais perto estamos do Reino.

Para Girard, os Evangelhos são uma espécie de "vírus" cujo poder revelador e desmistificador se dissemina a uma velocidade extraordinária pelo mundo, e tudo o que toca fica para sempre transformado:

uma vez que uma sociedade reconhece a seus próprios bodes expiatórios, já não poderá seguir executando-os como antes. Girard não tem medo de ser chamado de "triunfalista" do cristianismo: para ele, a Cruz venceu os poderes e principados.

Escandaliza um pouco que, em pleno século XX, um autor (ademais, muito moderno) ainda empregue termos como "poderes e principados" e Satanás. Mas o faz porque quer deixar consignado que nosso mundo moderno é o mundo da Bíblia, e que é graças a ela que temos as vantagens de um sistema judicial balanceado, do computador ou dos hospitais. Aonde quer que vá a Bíblia, ali permanece.

Foi o Ocidente, naturalmente, a civilização que se encarregou da expansão da Bíblia. De forma que, para além do colonialismo, da exploração ou do patriarcado, Girard aprecia na expansão do Ocidente o triunfo da revelação cristã. Não se trata do Ocidente antecedido pelos gregos, mas do Ocidente bíblico. Mais ainda, um Ocidente neopagão que reivindique a religião grega, como no universo nietzschiano e, por extensão, no nazismo, está condenado ao fracasso.

Nesse aspecto, os etnógrafos têm uma vantagem sobre os historiadores, e Girard está mais próximo dos segundos que dos primeiros. Cada vez mais, os etnógrafos reconhecem que talvez uma coisa como "Ocidente" não seja mais que uma abstração demasiado generalizada. Seria mais conveniente falar de vários Ocidentes. Girard é muito fiel ao espírito de historiadores como Oswald Spengler e, mais recentemente, Samuel Huntington, os quais, obcecados com a "civilização" e com o essencialismo das culturas, dividem a humanidade em civilizações como se se tratasse de camadas tectônicas claramente delimitadas.

Os etnógrafos destacaram os sincretismos que passaram despercebidos pelos historiadores. O Ocidente é uma pluralidade de culturas cada vez mais opostas entre si. O triunfo do Ocidente não é tão terrível como Girard supõe. Certamente a Bíblia se difunde a uma velocidade extraordinária, mas, longe de ser aceita incondicionalmente, é assimilada aos imaginários locais, muitos deles nutridos de concepções sacrificiais arcaicas que não dão mostra de se desvanecer tão facilmente. Mais ainda, o espírito supostamente antissacrificial e moderno da Bíblia permaneceu confinado ao Ocidente: alguns cristianismos antigos não ocidentais permaneceram notavelmente sacrificiais e pré-modernos, como é o caso da Armênia e da Etiópia; e também certos imaginários locais, que, com um verniz cristão, continuaram a mistificar a violência, como foi o caso da cristandade germânica.

O triunfalismo cristão de Girard também é comprometido pela extraordinária expansão atual do Islã. Naturalmente, boa parte dessa expansão é condicionada muito mais por variáveis demográficas que pelo conteúdo da religião. Contudo, talvez Girard devesse estar atento à demografia, pois seu programa interdisciplinar o exigiria.

Talvez um dos aspectos mais impactantes, e mais meritórios, da obra de Girard seja um a que ele só dedicou atenção secundária: a aproximação entre razão e fé, ciência e religião. Desde Santo Tomás de Aquino, tanto cientistas como religiosos sustentaram que, embora a fé e a razão possam apoiar-se mutuamente, elas percorrem caminhos separados. Mesmo aqueles que, como Teilhard de Chardin, tentaram aproximá-las significativamente mantiveram a convicção de que são esferas diferentes. Já vimos que, especialmente desde a redação de *O Bode Expiatório*, Girard defendeu que a origem da ciência está nos Evangelhos, mesmo que estes textos sejam povoados de imagens e eventos sobrenaturais, muitas vezes com uma clara intenção de propaganda religiosa.[2]

Dizer que a origem da ciência está nos Evangelhos é um tipo de afirmação que impacta a muitos. Mas Girard foi suficientemente

---

[2] Para uma exposição mais detalhada deste tema, ver Gabriel Andrade, "Los Orígenes de la Ciencia según René Girard". *Alpha. Revista de Artes, Letras y Filosofía*, n. 23, dezembro de 2006.

ousado para fazê-la, mesmo sabendo de seus riscos. Talvez essa falta de moderação, esse parco senso do "politicamente correto", lhe tenha granjeado muitos detratores. Tanto à ciência como à religião cumpre manter-se mutuamente afastadas. Os homens excepcionais que tentaram uma aproximação ou uma síntese receberam muito mau tratamento. Não só nas salas de tortura da Inquisição, mas também nos laboratórios. Pois, vale perguntar, por acaso não foi a ciência, em muitas ocasiões, tão intransigente como a religião? Em virtude disso, Girard colocou a si mesmo numa encruzilhada: aos muito religiosos lhes parece um ímpio, pois, tentando aproximar ciência e religião, despoja a fé de seu império; enquanto aos racionalistas nunca lhes compraz um homem que fale em termos teológicos.

Essa encruzilhada se torna ainda mais complexa quando se considera o tratamento que Girard faz da Bíblia. Vimos que Girard submete a Bíblia a análises críticas e comparativas como se fosse um livro comum e corrente. Mas, no processo, seu exercício racional e crítico o conduz à convicção de que ela *não* é um livro como os outros: é divinamente inspirada.

Isso não deixou de trazer-lhe inconvenientes. Um crítico bíblico escreveu: "Tratar a Bíblia como qualquer outro livro (*ainda que para descobrir que não é como os outros livros*) foi condenado pelos crentes como uma atitude pouco corajosa e ímpia".[3] Os leitores que são crentes tradicionais certamente duvidarão da religiosidade de Girard, pois, sendo ele um crítico, não se baseia na fé, mas na razão; e, como dizem, isso já não é religião. Mas, desde que a tradição racionalista da Grécia deparou-se com o monoteísmo hebraico, fé e religião se foram aproximando. Embora muitos pensadores religiosos continuassem mantendo a supremacia da fé, incorporaram exercícios racionais como complemento de sua fé. É o caso, por exemplo, de Santo Tomás de Aquino e de suas provas

---

[3] Frederick Fyvie Bruce, "Biblical Literature and Its Critical Interpretation". In: *The New Encylopedia Britannica*, vol 14. Chicago, 1993, p. 997. Grifo nosso.

racionais da existência de Deus, de cuja epistemologia Girard se declara seguidor: "ainda opero no quadro de uma epistemologia tomista, que considera reais as coisas, e vê a Deus como guardião dessa realidade".[4]

Por sua vez, os críticos contemporâneos não podem aceitar que um autor, recorrendo a princípios críticos e racionais, termine por aceitar que a Bíblia é inspirada por Deus, conceito claramente alheio ao espírito da crítica no sentido kantiano de confinar a razão aos limites do tempo e do espaço. Confessamos pertencer a este grupo. Os escritos de Girard nos fizeram reconhecer que, à diferença do que pensava um Frazer, a Bíblia é diferente dos demais textos. Mas isso não nos parece suficiente para sugerir que provém de uma inteligência superior à humana, se é que tal coisa existe. Nossa opinião é que, conquanto o feito pela Bíblia e por Jesus ser verdadeiramente excepcional, tal não é evidência racional, nem, muito menos, empírica, de sua origem divina. Atribuir uma origem divina a fatos excepcionais é refugiar-se na fé diante dos desafios que se apresentam à razão. Houve muitíssimos outros fatos excepcionais na História, e nem por isso temos de considerá-los de inspiração divina. Em todo o caso, mesmo sem necessidade de aceitar o compromisso religioso de Girard, devemos reconhecer nele o mérito de destacar as contribuições que a Bíblia fez para o desenvolvimento da ciência. Precisamente devido à insistência em separar ciência e religião, o Ocidente tendeu a isolar suas duas civilizações matrizes em campos separados: os gregos na razão, os hebreus na fé. Embora este fosse apenas um aspecto secundário em sua obra, Girard fez um coerente esforço por demonstrar que Israel também deu uma considerável contribuição para a gênese de nossa mentalidade moderna. À emblemática pergunta de Tertuliano: "que tem que ver Atenas com Jerusalém?",[5] Girard provavelmente oporia a reconciliação greco-judaica-cristã de um Clemente de Alexandria.

---

[4] René Girad, *Les Origines de la Culture*, p. 200.
[5] Tertuliano, *De Praescriptione*, 7.

Contudo, sua grande dificuldade foi que, apesar de seu imenso labor, este foi, por assim dizer, "insuficiente" em comparação com suas pretensões. Girard aspira a comparar a mitologia e a Bíblia, dois corpos literários gigantescos. É praticamente impossível fazer uma comparação exaustiva da Bíblia e dos mitos; certamente Girard está longe de tê-lo feito. Diante de tal impossibilidade, os estudos comparativos que avançam teses generalizadoras são suscetíveis de deparar com contraexemplos. Como tentamos demonstrar, nas teses de Girard existem vários contraexemplos que ele ignorou.

Nossa principal crítica a toda a obra de Girard é precisamente a forma como ele exagerou o contraste entre o judeo-cristianismo e as demais religiões. O pensamento que exagera os contrastes entre realidades descende do dualismo, uma forma religiosa de que, conquanto tenha terminado por desvanecer-se, ainda hoje escutamos ecos. Um desses dualistas, o gnóstico Marcião, foi célebre por sua teologia segundo a qual o Deus do Antigo Testamento é absolutamente mau e violento, e o Deus do Novo é absolutamente bom, misericordioso e afastado da violência. Pode-se pensar na teologia de Girard como numa tentativa de criticar Marcião: à diferença do que pensava o gnóstico do século II, Girard defende a continuidade entre o Deus do Novo Testamento e o Deus do Antigo Testamento, o qual está longe de ser a divindade absolutamente violenta que Marcião tinha em mente. Efetivamente, Girard tem razão ao assegurar que o Deus do Antigo Testamento dá início a um afastamento da violência.

Mas opinamos que Girard ainda permanece fiel a Marcião quando considera que o Deus do Novo Testamento está absolutamente afastado da violência, pois isso não parece de todo verdadeiro. Podemos apresentar uma lista de várias passagens do Novo Testamento em que o conceito divino é assimilado a categorias violentas, tais como vingança (I Tessalonicenses 4,6; II Tessalonicenses 1, 6-8), castigos aterradores (Hebreus 10,29-30; Mateus 25,34: 25,41; 25,46; a maior parte do livro do Apocalipse), sacrifício (todos as citações paulinas a que já fizemos referência no capítulo anterior), parábolas que apresentam um Deus violento (o senhor que, encolerizado, entrega aos verdugos o Servo em Mateus 18,34-35; o rei que, enfurecido pela recusa ao convite para o banquete nupcial, ateia fogo à cidade e ordena que se amarrem as mãos e os pés do homem sem traje de festa em Mateus 22,7-13), referências à iminente realidade da ira do dia de Iahweh, *ira Dei* (Mateus 3,7; Lucas 3,7; Romanos 1,18 ss; 3,5; 5,9; Efésios 5,6), para só mencionar algumas. Muito mais prudente que Girard é o teólogo italiano Giuseppe Barbaglio, quem, mesmo mantendo firmemente seu compromisso cristão, reconhece que "o nazareno não só manteve o estereótipo do juízo de Deus, mas situou a si mesmo dentro dele, como mediador de tal acontecimento. Por conseguinte, a face violenta de Deus que expressa isso tem correspondência com a face violenta de Jesus, o evangelista do reino".[6]

Em todo o caso, Girard sempre demonstrou aversão ao relativismo, e, independentemente de estarmos de acordo ou não com ele, são meritórias suas convicções, sempre contra a corrente de pós-colonialistas que censuram todo e qualquer triunfalismo ocidental como "etnocêntrico". Girard é um dos poucos pensadores do século XX que não sentem vergonha em dizer "eu sou ocidental", não deixando de advertir sobre os muitos aspectos de que nossa civilização tem de se arrepender. Não por nada suas teorias sobre a mímesis, a violência e o cristianismo foram formulados através de imenso percurso por esse mesmo Ocidente: percurso que vai da Bíblia e dos trágicos a Shakespeare e Dostoiévski.

---

[6] Giuseppe Barbaglio, *Dios ¿Violento?*, p. 203.

referências bibliográficas

ANDRADE, Gabriel. "Un Entendimiento Girardiano de la Hégira". *Revista de Filosofía*, n. 40, abril de 2002, p. 87-114.
_____. "A Girardian Reading of the Quranic Denial of the Crucifixion". *Opción*. Maracaibo: La Universidad del Zulia, ano 19, n. 40, 2003.
_____. "The Transformation of Kinship in the New Testament". *Anthropoetics 11*, n. 1, primavera/verão, 2005. No *site*: http://www.anthropoetics.ucla.edu/ap1101/andrade.htm. Última visita: 01/11/2006.
_____. "A Girardian Reading of the Myth of Maria Lionza". In: *Anthrobase*. No *site*: http://www.anthrobase.com/Browse/Aut/index.html. Última visita: 20/08/2005.
_____. "Los Orígenes de la Ciencia según René Girard". No prelo. *Revista Alpha*. Chile: Universidad de los Lagos.
_____. "Manifiesto sobre la Globalización". *Revista de Filosofía*. La Universidad del Zulia, n. 50, maio-agosto de 2005.
ARISTOTELES. *Poética*. Caracas: Monteávila, 1997.
_____. *Ética a Nicómaco*. No *site*: http://etext.library.adelaide.edu.au/mirror/classics.mit.edu/Aristotle/poetics.html. Última visita: 01/11/2006.
ARMSTRONG, Karen. *A History of God: The 4000-Year Quest of Judaism, Christianity and Islam*. Nova York: Ballantine Books, 1993.
BAINTON, Roland. *Christian Attitudes Toward War and Peace*. Nashville: Abingdon Press, 1960.
BALZAC, Honoré de. *Comedia Humana*, vol. I México: Colección Málaga, 1950.

BARBAGLIO, Giussepe. *Dios ¿Violento?*. Pamplona: Verbo Divino, 1992.
BARTLETT, Anthony. *Cross Purposes: The Violent Grammar of Christian Atonement*. Harrisburg: Trinity Press International, 2001.
BECKER, Ernest. *The Denial of Death*. Nova York: Free Press, 1977.
BENDIX, Reinhard. *Max Weber: An Intellectual Portrait*. Berkley: University of California Press, 1960.
BRUCE, Frederick Fyvie. "Biblical Literature and Its Critical Interpretation". In: *The New Encylopedia Britannica*, vol. 14. Chicago, 1993.
BULTMANN, Rudolf. *New Testament & Mythology and Other Basic Writings*. Ed. Schubert M. Ogden. Philadelphia: Fortress Press, 1989.
BURKERTT, Walter. *Homo Necans*. Berkley, 1983
BUTLER, Judith. *Antigone's Claim*. Nova York: Columbia University Press, 2000.
CARDIN, Alberto. *Dialéctica y Canibalismo*. Barcelona: Anagrama, 1994.
CARRASCO, David. *Quetzalcoatl and the Irony of Empire*. Chicago: University of Chicago Press, 1982.
CHILDE, V. Gordon. *Los Orígenes de la Civilización*. México: Fondo de Cultura Económica, 2004.
DEBRAY, Regis. *Le Feu Sacré*. Paris: Fayard, 2003.
DELEUZE, Gilles; GUATARRI, Felix. *L'Anti-Oedipe*. Paris: Minuit, 1972.
DERRIDA, Jacques. *Dissemination*. Londres: Anthlone Press, 1981.
DIAMOND, Jared. *Collapse: How Societies Choose to Fail or Succeed*. Viking Adult, 2004.
DOUGLAS, Mary. *Pureza y Peligro*. Madri: Siglo XXI, 1973.
DUMEZIL, Georges. *Mito y Epopeya*. México: Fondo de Cultura Económica, 1992.
DUMONT, Louis. *Homo Hierarchicus*. Paris: Gallimard, 1966.
ELIADE, Mircea. *La Búsqueda*. Barcelona: Kairós, 1998.
EVANS-PRITCHARD, E. E. *La Religión Nuer*. Madri: Taurus, 1980.
_____. *Las Teorías de la Religión Primitiva*. Madri: Siglo XXI, 1992.
_____. *Los Nuer*. Barcelona: Anagrama, 1992.
FINKELSTEIN, Israel; SILBERMAN, Neil Asher. *La Biblia Desenterrada*. Madri: Siglo XXI.
FOUCAULT, Michel. *La Arqueología del Saber*. Madri: Siglo XXI, 1997.
_____. *Vigilar y Castigar*. Madri: Siglo XXI, 2002.

FRAZER, James. *La Rama Dorada*. México: Fondo de Cultura Económica, 1992.

FREUD, Sigmund. *Obras Completas*. Madri: Biblioteca Nueva, 1981.

FRIEDMAN, Richard Elliot. *Who Wrote the Bible?* São Francisco: Harper, 1997.

FRYE, Northrop. *El Gran Código*. Barcelona: Gedisa, 2001.

GANS, Eric. *The Origin of Language*. Berkley: University of California Press, 1980.

GARTHELS, Nathan. "Ratzinger Is Right: Interview with René Girard". *The Huffington Post*, 12 de maio de 2005. No *site*: http://www.huffingtonpost.com/theblog/archive/2005/05/ratzinger-is-right.html. Última visita: 22/05/2005.

GAUDEFROY-DEMOMBYNES, Maurice. *Mahoma*. México: Uteha, 1960.

GEERTZ, Clifford. *La Interpretación de las Culturas*. Barcelona: Gedisa, 1987.

_____. *El Antropólogo como Autor*. Barcelona: Paidós, 1997.

GELLNER, Ernest. *Plough, Sword and Book*. Chicago: The University of Chicago Press, 1988.

GIBBON, Edward. *Historia de la Decadencia y Caída del Imperio Romano*. Edição abreviada de Dero A. Saunders. Barcelona: De Bolsillo, 2003.

GIRARD, René. *Proust: A Collection of Critical Essays*. Nova York: Pentrice-Hall, 1962.

_____. "Tiresias y la Crítica". In: *Los Lenguajes Críticos y las Ciencias del Hombre*. Eds. Richard Macksey e Eugenio Donato. Barcelona: Barral, 1972.

_____. *La Violencia y lo Sagrado*. Barcelona: Anagrama, 1985.

_____. *Mentira Romántica y Verdad Novelesca*. Barcelona: Anagrama, 1985.

_____. *The Scapegoat*. Baltimore: The Johns Hopkins University Press, 1986.

_____. *Things Hidden since the Foundation of the World*. Stanford: Stanford University Press, 1987.

_____. *Job: The Victim of His People*. Stanford: Stanford University Press, 1987.

_____. *Quand Ces Choses Commenceront...* Paris: Arlea, 1994.

_____. *Shakespeare: Los Fuegos de la Envidia*. Barcelona: Anagrama, 1995.

_____. *The Scapegoat: Interviews with David Cayley*. Toronto: CBC Radio Series, 1995.

_____. *The Girard Reader*. Ed. James G. Williams. Nova York: Crossroads, 1996.

_____. *Literatura, Mimesis y Antropología*. Barcelona: Gedisa, 1997.

_____. *Violence, Victims and Christianity. The Darcy Lecture* (videoconferência), 1997. No *site*: http://theol.uibk.ac.at/cover/girard_oxford_video.html. Última visita: 11/06/2006.

_____. *Resurrection from the Underground: Feodor Dostoyevski*. Nova York: Crossroads, 1997.

_____. *Celui par Qui le Scandale Arrive*. Paris: Desclée de Brouwer, 2001.

_____. *I See Satan Fall Like Lightning*. Nova York: Orbis, 2001.

_____. "The Fundamentals of Mimetic Theory" (conferência). In: *The Colloquium on Violence and Religión Conference*. Purdue University, 2002.

_____. *Le Sacrifice*. Biblioteque Nationale de France, 2003.

_____. "On Mel Gibson's *The Passion of the Christ*". No *site*: http://www.anthropoetics.ucla.edu/ap1001/RGGibson.htm. Última visita: 22/12/2004.

_____. *Les Origines de la Culture*. Paris: Desclée de Brower, 2004.

_____. *Oedipus Unbound: Selected Writings on Mimesis and Desire*. Stanford: Stanford University Press, 2004.

GLUCKMAN, Max. *Custom and Conflict in Africa*. Londres: Blackwell, 1965.

GODELIER, Maurice. *The Making of Great Men*. Cambridge: Cambridge University Press, 1986.

GOLSAN, Richard. *René Girard and Myth: An Introduction*. Nova York: Routledge, 2002.

GONZÁLEZ, Yólt. *El Sacrificio Humano entre los Mexicas*. México, Fondo de Cultura Económica, 1985.

GOODALL, Jane. *In the Shadow of Man*. Mariner Books, 2000.

GOODHART, Sandor. "'Oedipus and Liaus' Many Murderers". *Diacritics*, março de 1978, p. 55-71.

GOODY, Jack. *The Development of the Family and Marriage in Europe*. Cambridge: Cambridge University Press, 1983.

GUTHRIE, Douglas; RHODES, Philip. "Medicine" In: *The New Encyclopedia Britannica*, vol. 22. Chicago, 1993, p. 778.

HARDIN, Michael. "Sacrificial Language in Hebrews: Reapprising René Girard". In: SWARTLEY, Williard M. (ed.),

Violence Renounced. Pennsylvania: Pandora Press, 2000, p. 103-19.

HESCHEL, Abraham Joshua. *The Prophets*. Nova York: Perennial Classics, 2001.

HUBERT, Henri; MAUSS, Marcel. *Sacrifice: Its Nature and Function*. Londres: Cohen and West, 1964.

IBN-WARRAQ. *Por Qué No Soy Musulmán*. Barcelona: Planeta, 2003.

KUPER, Adam. *Cultura*. Barcelona: Paidós, 2001.

LA BERRE, Weston. *The Human Animal*. Chicago: University of Chicago Press, 1967.

LEACH, Edmund. "Levi-Strauss in the Garden of Eden: An Examination of Some Recent Developments in the Analysis of Myth". In: *Claude Levi-Strauss: The Anthropologist as Hero*. Eds. Nelson Hayes e Tanya Hayes. Cambridge: MIT Press, 1970, p. 47-60.

LEAKEY, Richard; LEWIN, Roger. *Nuestros Orígenes: En Busca de lo Que Nos Hace Humanos*. Barcelona: Crítica, 1999.

LÉVI-STRAUSS, Claude. *Les Structures Élémentaires de la Parenté*. Presses Universitaires de France, 1967.

_____. *Totemism*. Boston: Beacon Press, 1968.

_____. *Mitológicas*. México: Fondo de Cultura Económica, 2002.

MACKSEY, Richard; DONATO, Eugenio (eds.). *Los Lenguajes Críticos y las Ciencias del Hombre*. Barcelona: Barral, 1972.

MALINOWSKI, Bronislaw. *Sex and Repression in Savage Society*. Nova York: Routledge, 2001.

MERTON, Robert K. *On Theoretical Sociology*. Nova York: Free Press, 1967.

ORÍGENES. *Contra Celsum*. No *site*: http://www.earlychristianwritings.com/text/origen161.html. Última visita: 01/11/2006.

OUGHOURLIAN, Jean Michel. *The Puppet of Desire: The Psychology of Hysteria, Possession, and Hypnosis*. Stanford: Stanford University Press, 1991.

REED, Evelyn. *Woman's Evolution*. Nova York: Pathfinder Books, 1975.

REICHHOLF, Josef. *La Aparición del Hombre*. Barcelona: Crítica, 1991.

ROBIOU LAMARCHE, Sebastián. *Taínos y Caribes: Las Culturas Aborígenes Antillanas*. San Juan de Puerto Rico: Punto y Coma, 2003.

RODINSON, Maxime. *Mahoma*. Barcelona: Península, 2002.

ROGERSON, J. W. *Una Introducción a la Biblia*. Barcelona: Paidós, 2000.

Rosaldo, Renato. "Anthropological Commentary". In: Hamerton-Kelly, Robert (ed.). *Violent Origins*. Stanford: Stanford University Press, 1987.

Rougemont, Denis de. *El Amor y Occidente*. Barcelona: Kairós, 1978.

Sahlins, Marshall. *Usos y Abusos de la Biología*. Madri: Siglo XXI, 1990.

Said, Edward. *Orientalismo*. Madri, Debate, 1992.

Sanday, Peggy Reeves. *Divine Hunger: Cannibalism as a Cultural System*. Cambridge: Cambridge University Press, 1986.

Schneider, David. *American Kinship*. Chicago: University of Chicago, 1980.

_____. *A Critique of the Study of Kinship*. Ann Arbor: The University of Michigan Press, 1984.

Scubla, Lucien. "The Christianity of René Girard and the Nature of Religion" In: *Violence and Truth*. Ed. Paul Dumouchel. Stanford: Stanford University Press, 1988, p. 160-78.

Serres, Michel. *Rome: The Book of Foundations*. Stanford: Stanford University Press, 1991.

Simon, Heinrich. *Ibn Khaldun's Science of Human Culture*. New Anarkali: Sh. Muhammad Ashraf, 1978.

Smith, Robertson. *Lectures on the Religion of the Semites*. Edimburgo: Black, 1889.

Sófocles. "Édipo en Colono". In: *Obras Completas*. Buenos Aires: Aguilar, 1957.

Sorman, Guy. *Los Verdaderos Pensadores de Nuestro Tiempo*. Barcelona: Seix Berral, 1991.

Stone, Lawrence. *Family, Sex and Marriage in England 1500-1800*. Londres: Perennial, 1979.

Tácito. *Obras Completas*. Buenos Aires: El Ateneo, 1952.

Tertuliano. *De Praescriptione*. No site: http://www.thelatinlibrary.com/tertullian/tertullian.praescrip.shtml. Última visita: 01/11/2006.

Todorov, Tzvetan. *The Conquest of America*. University of Oklahoma Press, 1999.

Turner, Victor. *El Proceso Ritual*. Madri: Taurus, 1988.

Tylor, E. B. *Primitive Culture*. Nova York: Harper, 1958.

_____. *The Origins of Culture*. Nova York: Harper & Brothers Publishers, 1958.

Unamuno, Miguel de. *Del Sentimiento Trágico de la Vida*. Buenos Aires: Espasa Calpe, 1943.

Valverde, José Maria. "Introducción". In: Shakespeare, William. *Hamlet. Macbeth*. Madri: Planeta, 1999, p. 5-21.

Veblen, Thorstein. *The Theory of the Leisure Class*. Nova York: Modern Library, 1934.

VERNANT, Jean Pierre. *Los Orígenes del Pensamiento Griego*. Barcelona: Paidós, 1992.
VIDAL, César. *El Legado del Cristianismo en la Cultura Occidental*. Madri: Espasa, 2006.
WEBER, Max. *Economía y Sociedad*. México: Fondo de Cultura Económica, 1987.
WHEELER, Brannon. *Prophets in the Quran*. Londres: Continuum, 2002.
WILDE, Oscar. *Salome*. No *site*: http://etext.lib.virginia.edu/etcbin/toccer-salome?id=WilSalo&tag=public&images=images/modeng&data=/web/data/subjects/salome&part=0. Última visita: 20/12/2004.
ZEUNER, F. E. *A History of Domesticated Animals*. Harper & Row, 1963.

breve explicação

Arnaldo Momigliano inspira nossa tarefa, já que a alquimia dos antiquários jamais se realizou: nenhum catálogo esgota a pluralidade do mundo e muito menos a dificuldade de uma questão complexa como a teoria mimética.

O cartógrafo borgeano conheceu constrangimento semelhante, como Jorge Luis Borges revelou no poema "La Luna". Como se sabe, o cartógrafo não pretendia muito, seu projeto era modesto: "cifrar el universo / En un libro". Ao terminá-lo, levantou os olhos "con ímpetu infinito", provavelmente surpreso com o poder de palavras e compassos. No entanto, logo percebeu que redigir catálogos, como produzir livros, é uma tarefa infinita:

> Gracias iba a rendir a la fortuna
> Cuando al alzar los ojos vio un bruñido
> Disco en el aire y comprendió aturdido
> Que se había olvidado de la luna.

Nem antiquários, tampouco cartógrafos: portanto, estamos livres para apresentar ao público brasileiro uma cronologia que não se pretende exaustiva da vida e da obra de René Girard.

Com o mesmo propósito, compilamos uma bibliografia sintética do pensador francês, privilegiando os livros publicados. Por isso, não mencionamos a grande quantidade de ensaios e capítulos de livros que escreveu, assim como de entrevistas que concedeu. Para o leitor interessado numa relação completa de sua vasta produção, recomendamos o banco de dados organizado pela Universidade de Innsbruck: http://www.uibk.ac.at/rgkw/mimdok/suche/index.html.en.

De igual forma, selecionamos livros e ensaios dedicados, direta ou indiretamente, à obra de René Girard, incluindo os títulos que sairão na Biblioteca René Girard. Nosso objetivo é estimular o convívio reflexivo com a teoria mimética. Ao mesmo tempo, desejamos propor uma coleção cujo aparato crítico estimule novas pesquisas.

Em outras palavras, o projeto da Biblioteca René Girard é também um convite para que o leitor venha a escrever seus próprios livros acerca da teoria mimética.

cronologia de René Girard

René Girard nasce em Avignon (França) no dia 25 de dezembro de 1923; o segundo de cinco filhos. Seu pai trabalha como curador do Museu da Cidade e do famoso "Castelo dos Papas". Girard estuda no liceu local e recebe seu *baccalauréat* em 1940.

De 1943 a 1947 estuda na École des Chartes, em Paris, especializando-se em história medieval e paleografia. Defende a tese *La Vie Privée à Avignon dans la Seconde Moitié du XVme Siècle*.

Em 1947 René Girard deixa a França e começa um doutorado em História na Universidade de Indiana, Bloomington, ensinando Literatura Francesa na mesma universidade. Conclui o doutorado em 1950 com a tese *American Opinion on France, 1940-1943*.

No dia 18 de junho de 1951, Girard casa-se com Martha McCullough. O casal tem três filhos: Martin, Daniel e Mary.

Em 1954 começa a ensinar na Universidade Duke e, até 1957, no Bryn Mawr College.

Em 1957 torna-se professor assistente de Francês na Universidade Johns Hopkins, em Baltimore.

Em 1961 publica seu primeiro livro, *Mensonge Romantique et Vérité Romanesque*, expondo os princípios da teoria do desejo mimético.

Em 1962 torna-se professor associado na Universidade Johns Hopkins.

Organiza em 1962 *Proust: A Collection of Critical Essays*, e, em 1963, publica *Dostoïevski, du Double à l'Unité*.

Em outubro de 1966, em colaboração com Richard Macksey e Eugenio Donato, organiza o colóquio internacional "The Languages of Criticism and the Sciences of Man". Nesse colóquio participam Lucien Goldmann, Roland Barthes, Jacques Derrida, Jacques Lacan, entre outros. Esse encontro é visto como a introdução do estruturalismo nos Estados Unidos. Nesse período, Girard desenvolve a noção do assassinato fundador.

Em 1968 tranfere-se para a Universidade do Estado de Nova York, em Buffalo, e ocupa a direção do Departamento de Inglês. Principia sua colaboração e amizade com Michel Serres. Começa a interessar-se mais seriamente pela obra de Shakespeare.

Em 1972 publica *La Violence et le Sacré*, apresentando o mecanismo do bode expiatório. No ano seguinte, a revista *Esprit* dedica um número especial à obra de René Girard.

Em 1975 retorna à Universidade Johns Hopkins.

Em 1978, com a colaboração de Jean-Michel Oughourlian e Guy Lefort, dois psiquiatras franceses, publica seu terceiro livro, *Des Choses Cachées depuis la Fondation du Monde*. Trata-se de um longo e sistemático diálogo sobre a teoria mimética compreendida em sua totalidade.

Em 1980, na Universidade Stanford, recebe a "Cátedra Andrew B. Hammond" em Língua, Literatura e Civilização Francesa. Com a colaboração de Jean-Pierre Dupuy, cria e dirige o "Program for Interdisciplinary Research", responsável pela realização de importantes colóquios internacionais.

Em 1982 publica *Le Bouc Émissaire* e, em 1985, *La Route Antique des Hommes Pervers*. Nesses livros, Girard principia a desenvolver uma abordagem hermenêutica para uma leitura dos textos bíblicos com base na teoria mimética.

Em junho de 1983, no Centre Culturel International de Cerisy-la-Salle, Jean-Pierre Dupuy e Paul Dumouchel organizam o colóquio "Violence et Vérité. Autour de René Girard". Os "Colóquios de Cerisy" representam uma referência fundamental na recente história intelectual francesa.

Em 1985 recebe, da Frije Universiteit de Amsterdã, o primeiro de muitos doutorados *honoris causa*. Nos anos seguintes, recebe a mesma distinção da Universidade de Innsbruck, Áustria (1988); da Universidade de Antuérpia, Bélgica (1995); da Universidade de Pádua, Itália (2001); da Universidade de Montreal, Canadá (2004); da University College

London, Inglaterra (2006); da Universidade de St Andrews, Escócia (2008).

Em 1990 é criado o Colloquium on Violence and Religion (COV&R). Trata-se de uma associação internacional de pesquisadores dedicada ao desenvolvimento e à crítica da teoria mimética, especialmente no tocante às relações entre violência e religião nos primórdios da cultura. O Colloquium on Violence and Religion organiza colóquios anuais e publica a revista *Contagion*. Girard é o presidente honorário da instituição. Consulte-se a página: http://www.uibk.ac.at/theol/cover/.

Em 1990 visita o Brasil pela primeira vez: encontro com representantes da Teologia da Libertação, realizado em Piracicaba, São Paulo.

Em 1991 Girard publica seu primeiro livro escrito em inglês: *A Theatre of Envy: William Shakespeare* (Oxford University Press). O livro recebe o "Prix Médicis", na França.

Em 1995 aposenta-se na Universidade Stanford.

Em 1999 publica *Je Vois Satan Tomber comme l'Éclair*. Desenvolve a leitura antropológica dos textos bíblicos com os próximos dois livros: *Celui par qui le Scandale Arrive* (2001) e *Le Sacrifice* (2003).

Em 2000 visita o Brasil pela segunda vez: lançamento de *Um Longo Argumento do Princípio ao Fim. Diálogos com João Cezar de Castro Rocha e Pierpaolo Antonello*.

Em 2004 recebe o "Prix Aujourd'hui" pelo livro *Les Origines de la Culture. Entretiens avec Pierpaolo Antonello et João Cezar de Castro Rocha*.

Em 17 de março de 2005 René Girard é eleito para a Académie Française. O "Discurso de Recepção" foi feito por Michel Serres em 15 de dezembro. No mesmo ano, cria-se em Paris a Association pour les Recherches Mimétiques (ARM).

Em 2006 René Girard e Gianni Vattimo dialogam sobre cristianismo e modernidade: *Verità o Fede Debole? Dialogo su Cristianesimo e Relativismo*.

Em 2007 publica *Achever Clausewitz*, um diálogo com Benoît Chantre. Nessa ocasião, desenvolve uma abordagem apocalíptica da história.

Em outubro de 2007, em Paris, é criada a "Imitatio. Integrating the Human Sciences", (http://www.imitatio.org/), com apoio da Thiel Foundation. Seu objetivo é ampliar e promover as consequências da teoria girardiana sobre o comportamento humano e a cultura.

Além disso, pretende apoiar o estudo interdisciplinar da teoria mimética. O primeiro encontro da Imitatio realiza-se em Stanford, em abril de 2008.

Em 2008 René Girard recebe a mais importante distinção da Modern Language Association (MLA): "Lifetime Achievement Award".

bibliografia de René Girard

Mensonge Romantique et Vérité Romanesque. Paris: Grasset, 1961. [*Mentira Romântica e Verdade Romanesca*. Trad. Lília Ledon da Silva. São Paulo: Editora É, 2009.]
Proust: A Collection of Critical Essays. Englewood Cliffs: Prentice Hall, 1962.
Dostoïevski, du Double à l'Unité. Paris: Plon, 1963. (Este livro será publicado na Biblioteca René Girard)
La Violence et le Sacré. Paris: Grasset, 1972.
Critique dans un Souterrain. Lausanne: L'Age d'Homme, 1976.
To Double Business Bound: Essays on Literature, Mimesis, and Anthropology. Baltimore: Johns Hopkins University Press, 1978. (Este livro será publicado na Biblioteca René Girard)
Des Choses Cachées depuis la Fondation du Monde. Pesquisas com Jean-Michel Oughourlian e Guy Lefort. Paris: Grasset, 1978.
Le Bouc Émissaire. Paris: Grasset, 1982.
La Route Antique des Hommes Pervers. Paris: Grasset, 1985.
Violent Origins: Walter Burkert, René Girard, and Jonathan Z. Smith on Ritual Killing and Cultural Formation. Org. Robert Hamerton-Kelly. Stanford: Stanford University Press, 1988. (Este livro será publicado na Biblioteca René Girard)
A Theatre of Envy: William Shakespeare. Nova York: Oxford University Press, 1991. [*Shakespeare: Teatro da Inveja*. Trad. Pedro Sette-Câmara. São Paulo: Editora É, 2010.]

Quand ces Choses Commenceront... Entretiens avec Michel Treguer. Paris: Arléa, 1994. (Este livro será publicado na Biblioteca René Girard)

The Girard Reader. Org. James G. Williams. Nova York: Crossroad, 1996.

Je Vois Satan Tomber comme l'Éclair. Paris: Grasset, 1999.

Um Longo Argumento do Princípio ao Fim. Diálogos com João Cezar de Castro Rocha e Pierpaolo Antonello. Rio de Janeiro: Topbooks, 2000. Este livro, escrito em inglês, foi publicado, com algumas modificações, em italiano, espanhol, polonês, japonês, coreano, tcheco e francês. Na França, em 2004, recebeu o "Prix Aujourd'hui".

Celui par Qui le Scandale Arrive: Entretiens avec Maria Stella Barberi. Paris: Desclée de Brouwer, 2001. (Este livro será publicado na Biblioteca René Girard)

La Voix Méconnue du Réel: Une Théorie des Mythes Archaïques et Modernes. Paris: Grasset, 2002. (Este livro será publicado na Biblioteca René Girard)

Il Caso Nietzsche. La Ribellione Fallita dell'Anticristo. Com colaboração e edição de Giuseppe Fornari. Gênova: Marietti, 2002.

Le Sacrifice. Paris: Bibliothèque Nationale de France, 2003. (Este livro será publicado na Biblioteca René Girard)

Oedipus Unbound: Selected Writings on Rivalry and Desire. Org. Mark R. Anspach. Stanford: Stanford University Press, 2004.

Miti d'Origine. Massa: Transeuropa Edizioni, 2005. (Este livro será publicado na Biblioteca René Girard)

Verità o Fede Debole. Dialogo su Cristianesimo e Relativismo. Com Gianni Vattimo. Org. Pierpaolo Antonello. Massa: Transeuropa Edizioni, 2006.

Achever Clausewitz (Entretiens avec Benoît Chantre). Paris: Carnets Nord, 2007. (Este livro será publicado na Biblioteca René Girard)

Le Tragique et la Pitié: Discours de Réception de René Girard à l'Académie Française et Réponse de Michel Serres. Paris: Editions le Pommier, 2007. (Este livro será publicado na Biblioteca René Girard)

De la Violence à la Divinité. Paris: Grasset, 2007. Reunião dos principais livros de Girard publicados pela Editora Grasset, acompanhada de uma nova introdução para todos os títulos. O volume inclui *Mensonge Romantique et Vérité Romanesque, La Violence et le Sacré, Des Choses Cachées depuis la Fondation du Monde* e *Le Bouc Émissaire*.

Dieu, une Invention?. Com André Gounelle e Alain Houziaux. Paris: Editions de l'Atelier, 2007. (Este livro será publicado na Biblioteca René Girard)

Evolution and Conversion. Dialogues on the Origins of Culture. Com Pierpaolo Antonello e João Cezar de Castro Rocha. Londres: The Continuum, 2008. (Este livro será publicado na Biblioteca René Girard)

Anorexie et Désir Mimétique. Paris: L'Herne, 2008. (Este livro será publicado na Biblioteca René Girard)

Mimesis and Theory: Essays on Literature and Criticism, 1953-2005. Org. Robert Doran. Stanford: Stanford University Press, 2008.

La Conversion de l'Art. Paris: Carnets Nord, 2008. Este livro é acompanhado por um DVD, *Le Sens de l'Histoire*, que reproduz um diálogo com Benoît Chantre. (Este livro será publicado na Biblioteca René Girard)

Gewalt und Religion: Gespräche mit Wolfgang Palaver. Berlim: Matthes & Seitz Verlag, 2010.

Géométries du Désir. Prefácio de Mark Anspach. Paris: Ed. de L'Herne, 2011.

bibliografia selecionada sobre René Girard[1]

BANDERA, Cesáreo. *Mimesis Conflictiva: Ficción Literaria y Violencia en Cervantes y Calderón*. (Biblioteca Románica Hispánica – Estudios y Ensayos 221). Prefácio de René Girard. Madri: Editorial Gredos, 1975.

SCHWAGER, Raymund. *Brauchen Wir einen Sündenbock? Gewalt und Erläsung in den Biblischen Schriften*. Munique: Kasel, 1978.

DUPUY, Jean-Pierre e DUMOUCHEL, Paul. *L'Enfer des Choses: René Girard et la Logique de l'Économie*. Posfácio de René Girard. Paris: Le Seuil, 1979.

CHIRPAZ, François. *Enjeux de la Violence: Essais sur René Girard*. Paris: Cerf, 1980.

GANS, Eric. *The Origin of Language: A Formal Theory of Representation*. Berkeley: University of California Press, 1981.

AGLIETTA, M. e ORLÉAN, A. *La Violence de la Monnaie*. Paris: PUF, 1982.

OUGHOURLIAN, Jean-Michel. *Un Mime Nomme Desir: Hysterie, Transe, Possession, Adorcisme*. Paris: Éditions Grasset et Fasquelle, 1982. (Este livro será publicado na Biblioteca René Girard)

DUPUY, Jean-Pierre e DEGUY, Michel (orgs.). *René Girard et le Problème du Mal*. Paris: Grasset, 1982.

---

[1] Agradecemos a colaboração de Pierpaolo Antonello, do St John's College (Universidade de Cambridge). Nesta bibliografia, adotamos a ordem cronológica em lugar da alfabética a fim de evidenciar a recepção crescente da obra girardiana nas últimas décadas.

Dupuy, Jean-Pierre. *Ordres et Désordres*. Paris: Le Seuil, 1982.

Fages, Jean-Baptiste. *Comprendre René Girard*. Toulouse: Privat, 1982.

McKenna, Andrew J. (org.). *René Girard and Biblical Studies* (*Semeia* 33). Decatur, GA: Scholars Press, 1985.

Carrara, Alberto. *Violenza, Sacro, Rivelazione Biblica: Il Pensiero di René Girard*. Milão: Vita e Pensiero, 1985.

Dumouchel, Paul (org.). *Violence et Vérité – Actes du Colloque de Cerisy*. Paris: Grasset, 1985. Tradução para o inglês: *Violence and Truth: On the Work of René Girard*. Stanford: Stanford University Press, 1988.

Orsini, Christine. *La Pensée de René Girard*. Paris: Retz, 1986.

To Honor René Girard. Presented on the Occasion of his Sixtieth Birthday by Colleagues, Students, Friends. Stanford French and Italian Studies 34. Saratoga, CA: Anma Libri, 1986.

Lermen, Hans-Jürgen. *Raymund Schwagers Versuch einer Neuinterpretation der Erläsungstheologie im Anschluss an René Girard*. Mainz: Unveräffentlichte Diplomarbeit, 1987.

Lascaris, André. *Advocaat van de Zondebok: Het Werk van René Girard en het Evangelie van Jezus*. Hilversum: Gooi & Sticht, 1987.

Beek, Wouter van (org.). *Mimese en Geweld: Beschouwingen over het Werk van René Girard*. Kampen: Kok Agora, 1988.

Hamerton-Kelly, Robert G. (org.). *Violent Origins: Walter Burkert, Rene Girard, and Jonathan Z. Smith on Ritual Killing and Cultural Formation*. Stanford: Stanford University Press, 1988. (Este livro será publicado na Biblioteca René Girard)

Gans, Eric. *Science and Faith: The Anthropology of Revelation*. Savage, MD: Rowman & Littlefield, 1990.

Assmann, Hugo (org.). *René Girard com Teólogos da Libertação: Um Diálogo sobre Ídolos e Sacrifícios*. Petrópolis: Vozes, 1991. Tradução para o alemão: *Gätzenbilder und Opfer: René Girard im Gespräch mit der Befreiungstheologie*. (Beiträge zur mimetischen Theorie 2). Thaur, Münster: Druck u. Verlagshaus Thaur, LIT-Verlag, 1996. Tradução para o espanhol: *Sobre Ídolos y Sacrificios: René Girard con Teólogos de la Liberación*. (Colección Economía-Teología). San José, Costa Rica: Editorial Departamento Ecuménico de Investigaciones, 1991.

ALISON, James. *A Theology of the Holy Trinity in the Light of the Thought of René Girard*. Oxford: Blackfriars, 1991.

RÉGIS, J. P. (org.). *Table Ronde Autour de René Girard*. (Publications des Groupes de Recherches Anglo-américaines 8). Tours: Université François Rabelais de Tours, 1991.

WILLIAMS, James G. *The Bible, Violence, and the Sacred*: *Liberation from the Myth of Sanctionated Violence*. Prefácio de René Girard. San Francisco: Harper, 1991.

LUNDAGER JENSEN, Hans Jürgen. *René Girard*. (Profil-Serien 1). Frederiksberg: Forlaget Anis, 1991.

HAMERTON-KELLY, Robert G. *Sacred Violence: Paul's Hermeneutic of the Cross*. Minneapolis: Augsburg Fortress, 1992. (Este livro será publicado na Biblioteca René Girard)

MCKENNA, Andrew J. (org.). *Violence and Difference: Girard, Derrida, and Deconstruction*. Chicago: University of Illinois Press, 1992.

LIVINGSTON, Paisley. *Models of Desire: René Girard and the Psychology of Mimesis*. Baltimore: The Johns Hopkins University Press, 1992.

LASCARIS, André e WEIGAND, Hans (orgs.). *Nabootsing*: *In Discussie over René Girard*. Kampen: Kok Agora, 1992.

GOLSAN, Richard J. *René Girard and Myth: An Introduction*. Nova York e Londres: Garland, 1993 (Nova York: Routledge, 2002). (Este livro será publicado na Biblioteca René Girard)

GANS, Eric. *Originary Thinking: Elements of Generative Anthropology*. Stanford: Stanford University Press, 1993.

HAMERTON-KELLY, Robert G. *The Gospel and the Sacred*: *Poetics of Violence in Mark*. Prefácio de René Girard. Minneapolis: Fortress Press, 1994.

BINABURO, J. A. Bakeaz (org.). *Pensando en la Violencia*: *Desde Walter Benjamin, Hannah Arendt, René Girard y Paul Ricoeur*. Centro de Documentación y Estudios para la Paz. Madri: Libros de la Catarata, 1994.

MCCRACKEN, David. *The Scandal of the Gospels: Jesus, Story, and Offense*. Oxford: Oxford University Press, 1994.

WALLACE, Mark I. e SMITH, Theophus H. *Curing Violence: Essays on René Girard*. Sonoma, CA: Polebridge Press, 1994.

BANDERA, Cesáreo. *The Sacred Game: The Role of the Sacred in the Genesis of Modern Literary Fiction*. University Park: Pennsylvania State University Press, 1994. (Este livro será publicado na Biblioteca René Girard)

Alison, James. *The Joy of Being Wrong: An Essay in the Theology of Original Sin in the Light of the Mimetic Theory of René Girard*. Santiago de Chile: Instituto Pedro de Córdoba, 1994. (Este livro será publicado na Biblioteca René Girard)

Lagarde, François. *René Girard ou la Christianisation des Sciences Humaines*. Nova York: Peter Lang, 1994.

Teixeira, Alfredo. *A Pedra Rejeitada: O Eterno Retorno da Violência e a Singularidade da Revelação Evangélica na Obra de René Girard*. Porto: Universidade Católica Portuguesa, 1995.

Bailie, Gil. *Violence Unveiled: Humanity at the Crossroads*. Nova York: Crossroad, 1995.

Tomelleri, Stefano. *René Girard. La Matrice Sociale della Violenza*. Milão: F. Angeli, 1996.

Goodhart, Sandor. *Sacrificing Commentary: Reading the End of Literature*. Baltimore: Johns Hopkins University Press, 1996.

Pelckmans, Paul e Vanheeswijck, Guido. *René Girard, het Labyrint van het Verlangen: Zes Opstellen*. Kampen/Kapellen: Kok Agora/Pelcckmans, 1996.

Gans, Eric. *Signs of Paradox: Irony, Resentment, and Other Mimetic Structures*. Stanford: Stanford University Press, 1997.

Santos, Laura Ferreira dos. *Pensar o Desejo: Freud, Girard, Deleuze*. Braga: Universidade do Minho, 1997.

Grote, Jim e McGeeney, John R. *Clever as Serpents: Business Ethics and Office Politics*. Minnesota: Liturgical Press, 1997. (Este livro será publicado na Biblioteca René Girard)

Federschmidt, Karl H.; Atkins, Ulrike; Temme, Klaus (orgs.). *Violence and Sacrifice: Cultural Anthropological and Theological Aspects Taken from Five Continents*. Intercultural Pastoral Care and Counseling 4. Düsseldorf: SIPCC, 1998.

Swartley, William M. (org.). *Violence Renounced: René Girard, Biblical Studies and Peacemaking*. Telford: Pandora Press, 2000.

Fleming, Chris. *René Girard: Violence and Mimesis*. Cambridge: Polity, 2000.

Alison, James. *Faith Beyond Resentment: Fragments Catholic and Gay*. Londres: Darton, Longman & Todd, 2001. Tradução para o português: *Fé Além do Ressentimento: Fragmentos Católicos em Voz Gay*. São Paulo: Editora É, 2010.

ANSPACH, Mark Rogin. *A Charge de Revanche: Figures Élémentaires de la Réciprocité*. Paris: Editions du Seuil, 2002. (Este livro será publicado na Biblioteca René Girard)

GOLSAN, Richard J. *René Girard and Myth*. Nova York: Routledge, 2002. (Este livro será publicado na Biblioteca René Girard)

DUPUY, Jean-Pierre. *Pour un Catastrophisme Éclairé. Quand l'Impossible est Certain*. Paris: Editions du Seuil, 2002. (Este livro será publicado na Biblioteca René Girard)

JOHNSEN, William A. *Violence and Modernism: Ibsen, Joyce, and Woolf*. Gainesville, FL: University Press of Florida, 2003. (Este livro será publicado na Biblioteca René Girard)

KIRWAN, Michael. *Discovering Girard*. Londres: Darton, Longman & Todd, 2004. (Este livro será publicado na Biblioteca René Girard)

BANDERA, Cesáreo. *Monda y Desnuda: La Humilde Historia de Don Quijote. Reflexiones sobre el Origen de la Novela Moderna*. Madri: Iberoamericana, 2005. (Este livro será publicado na Biblioteca René Girard)

VINOLO, Stéphane. *René Girard: Du Mimétisme à l'Hominisation, la Violence Différante*. Paris: L'Harmattan, 2005. (Este livro será publicado na Biblioteca René Girard)

INCHAUSTI, Robert. *Subversive Orthodoxy: Outlaws, Revolutionaries, and Other Christians in Disguise*. Grand Rapids, MI: Brazos Press, 2005. (Este livro será publicado na Biblioteca René Girard)

FORNARI, Giuseppe. *Fra Dioniso e Cristo. Conoscenza e Sacrificio nel Mondo Greco e nella Civiltà Occidentale*. Gênova-Milão: Marietti, 2006. (Este livro será publicado na Biblioteca René Girard)

ANDRADE, Gabriel. *La Crítica Literaria de René Girard*. Mérida: Universidad del Zulia, 2007.

HAMERTON-KELLY, Robert G. (org.). *Politics & Apocalypse*. East Lansing, MI: Michigan State University Press, 2007. (Este livro será publicado na Biblioteca René Girard)

LANCE, Daniel. *Vous Avez Dit Elèves Difficiles? Education, Autorité et Dialogue*. Paris, L'Harmattan, 2007. (Este livro será publicado na Biblioteca René Girard)

VINOLO, Stéphane. *René Girard: Épistémologie du Sacré*. Paris: L'Harmattan, 2007. (Este livro será publicado na Biblioteca René Girard)

OUGHOURLIAN, Jean-Michel. *Genèse du Désir*. Paris: Carnets Nord, 2007. (Este livro será publicado na Biblioteca René Girard)

ALBERG, Jeremiah. *A Reinterpretation of Rousseau: A Religious System.* Nova York: Palgrave Macmillan, 2007. (Este livro será publicado na Biblioteca René Girard)

DUPUY, Jean-Pierre. *Dans l'Oeil du Cyclone – Colloque de Cerisy.* Paris: Carnets Nord, 2008. (Este livro será publicado na Biblioteca René Girard)

DUPUY, Jean-Pierre. *La Marque du Sacré.* Paris: Carnets Nord, 2008. (Este livro será publicado na Biblioteca René Girard)

ANSPACH, Mark Rogin (org.). *René Girard.* Les Cahiers de l'Herne n. 89. Paris: L'Herne, 2008. (Este livro será publicado na Biblioteca René Girard)

DEPOORTERE, Frederiek. *Christ in Postmodern Philosophy: Gianni Vattimo, Rene Girard, and Slavoj Zizek.* Londres: Continuum, 2008.

PALAVER, Wolfgang. *René Girards Mimetische Theorie. Im Kontext Kulturtheoretischer und Gesellschaftspolitischer Fragen.* 3. Auflage. Münster: LIT, 2008.

BARBERI, Maria Stella (org.). *Catastrofi Generative - Mito, Storia, Letteratura.* Massa: Transeuropa Edizioni, 2009. (Este livro será publicado na Biblioteca René Girard)

ANTONELLO, Pierpaolo e BUJATTI, Eleonora (orgs.). *La Violenza Allo Specchio. Passione e Sacrificio nel Cinema Contemporaneo.* Massa: Transeuropa Edizioni, 2009. (Este livro será publicado na Biblioteca René Girard)

RANIERI, John J. *Disturbing Revelation – Leo Strauss, Eric Voegelin, and the Bible.* Columbia, MO: University of Missouri Press, 2009. (Este livro será publicado na Biblioteca René Girard)

GOODHART, Sandor; JORGENSEN, J.; RYBA, T.; WILLIAMS, J. G. (orgs.). *For René Girard. Essays in Friendship and in Truth.* East Lansing, MI: Michigan State University Press, 2009.

ANSPACH, Mark Rogin. *Oedipe Mimétique.* Paris: Éditions de L'Herne, 2010. (Este livro será publicado na Biblioteca René Girard)

MENDOZA-ÁLVAREZ, Carlos. *El Dios Escondido de la Posmodernidad. Deseo, Memoria e Imaginación Escatológica. Ensayo de Teología Fundamental Posmoderna.* Guadalajara: ITESO, 2010. (Este livro será publicado na Biblioteca René Girard)

ANDRADE, Gabriel. *René Girard: Un Retrato Intelectual.* 2010. (Este livro será publicado na Biblioteca René Girard)

índice analítico

Alienação, 47, 75, 83, 97, 98, 112
Alucinação
  compreensão mimética da, 285
Ambivalência divina, 235
Amizade, 478
  em Shakespeare, 391, 398, 435
Amor
  cortês, 80
  jogo mimético do, 391, 394, 397, 399, 405, 411
Antissemitismo, 261, 328, 423, 425, 487
Antropologia
  retórica da, 202
Apocalipse, 15, 16, 75, 264, 272, 501
  contemporâneo, 21, 282
  cristão, 282
  dostoievskiano, 76, 144, 172, 267
  joanino, 22, 269
  origem humana do, 272
Apologia cristã, 288, 303, 304, 306, 308, 439, 449, 469, 483, 494, 499
Apologia cristã e racionalismo, 469, 497

Apologia do cristianismo, 309
Arquétipo, 299
Ascetismo, 65
Assassinato fundador, 160, 181, 187, 235, 244, 256, 262, 335, 340-41
Ateísmo militante, 267
Atomismo, 294
Bipedalismo, 226
Bipolaridade, 286
Bode expiatório, 16-17, 161, 233, 242-43, 251, 271, 312-13, 315, 322, 326, 342, 348, 352, 354, 368-69, 371-72, 376, 385, 417, 421, 432, 454
  ambivalência do, 327
  Jesus como, 344
  mecanismo do, 16, 23, 328
  ritual do, 484
  sacrifício do, 17
Bovarismo, 59
Budismo, 297, 302, 450
Caça, 238
Canibalismo, 192-93, 206, 483
Catarse, 165, 191
Ciclo mimético, 449, 452, 455, 469

e Satanás, 453, 459
  fim do, 464
Cidade
  celestial, 269
  terrena, 269
Ciência
  e cristianismo, 496
  e desencantamento do mundo, 447
  origem da, 496, 503
Ciúme, 55, 93, 124, 135, 224, 231, 263, 358, 404, 430-31, 436, 451
Civilização
  origem da, 183
Civilizações
  choque entre, 477
Classicismo, 361
Colonialismo, 203, 242, 333, 473, 484, 502
Complexo de Édipo, 178, 180, 183, 208, 322
  triangularidade do, 292
Confucionismo, 302
Conspiração, 417, 421
Contrato social, 207, 458
Conversão, 13-15, 84-85, 209, 388, 436, 470
  cristã, 16
  ética, 15
  religiosa, 15, 84, 89, 112

romanesca, 82-83, 89, 91, 105, 111, 436
Coqueteria, 64, 293, 406
Crime de indiferenciação, 247
Crise
  de indiferenciação, 162, 165, 174, 415, 420, 427
  mimética, 247
  sacrificial, 138, 141, 145, 162-163, 173, 187-188, 190, 257
Cristianismo, 13, 30-31, 91, 101, 111, 209, 267, 273, 277, 288, 297, 301-02, 309, 361, 440, 442-43, 446, 453, 461, 474
  apologia do, 297
  como religião das vítimas, 441
  e a moral de escravos, 441
  e democracia, 448
  e dessacralização, 447
  e espírito antissacrificial, 441
  e Ocidente, 473
  e origem do pensamento científico, 447
  histórico, 281, 361
  primitivo, 24, 26, 280
  resistência ao, 500
  singularidade do, 440
Crítica romântica, 49, 51
Cultura
  origem da, 13, 196
  origem religiosa da, 458
  origem violenta da, 458, 470
Darwinismo, 204, 206, 495
Desconstrução, 113
Desejo, 42, 44, 103, 104, 171

ambivalência do, 402
concepção romântica do, 85
edipiano, 176-77
imitação do, 229
metafísico, 59, 64, 65, 69, 72, 75-79, 82-87, 89, 90-91, 95-96, 99, 100-02, 106-07, 110, 113, 114, 173, 284-85, 287, 431
romanesco, 44
triangular, 172
triangularidade do, 45, 47, 51, 53, 62, 82, 87, 93, 105, 172, 212, 389, 395, 400, 409, 411, 434
Desejo mimético, 11, 13, 42, 172, 175, 213-14, 222, 227, 230, 263, 284, 300, 308, 312, 346, 359, 394, 409
  condenação do, 451
  consciência do, 15
  contradição do, 172
  e etologia, 495
  em Shakespeare, 388, 399, 432
  e paranoia, 431, 435
  funcionamento do, 400, 413, 434, 449
  resistência da psicanálise ao, 284
  superação do, 436
  teoria do, 178, 388
  vítima do, 285, 289, 370
Desejo-satélite, 43
Determinismo, 299
Dialética do senhor-escravo, 223
Diasparagmos, 169, 191, 491
  rito do, 161
Difusionismo, 117
Dioniso e sacrifício, 441

Domesticação dos animais, 236
Dualismo, 506
Dupla mediação, 70, 76, 172
Duplo, 69, 145, 147, 174, 189, 214, 222, 285, 424
  mimético, 255-56, 284, 290, 296, 393, 414, 419, 427, 435
  vínculo, 173, 178-79, 285, 392-93, 417, 434
  vínculo mimético, 285
École des Chartes, 30
Emulação, 44, 49, 406, 409, 420
Encarnação, 468
Endogamia
  regras da, 195
Epopeia, 374
  e violência, 374, 377
Escalada
  da violência, 17, 130, 133, 136
  mimética, 409, 415, 419, 452, 479, 492
Escândalo, 261, 264, 268, 272, 294, 295, 358, 360, 383, 434, 450, 452, 465
  caráter inevitável do, 296
Escatologia, 16, 472
Escrituras
  leitura antropológica das, 344
Esnobe proustiano, 60-61, 77
Esnobismo, 61, 84
Estados mentais e desejo mimético, 288
Estrangeiro, 320, 322-23
Estruturalismo, 41, 129, 140, 186, 216, 232, 241, 491, 495
Etnocentrismo, 308, 440, 473, 482, 484, 507
  crítica ao, 333

Evangelhos
　mensagem antissacrificial dos, 281
Evangelização, 473
Evolução
　teoria darwinista da, 206
Evolucionismo, 204
Existência autêntica, 47
Existencialismo, 39, 41
Exogamia
　regras da, 194, 207, 231
Fundamentalismo, 26, 481
　islâmico, 481
Gênio romanesco, 45, 48, 53-54, 82, 85-87, 92, 94, 96-97, 218, 387, 437
　e autobiografia, 437
Genocídio, 362, 442
Globalização, 473
Grande narrativa, 13
Guerra
　Fria, 129, 282, 430
　napoleônica, 23
　total, 24
Hamartia, 339
Herói
　assassinato do, 312
Herói fundador, 244
Herói mitológico, 324
　ambivalência do, 326
Herói romanesco, 43, 51, 57, 59, 62, 65-66, 75, 77, 79-80, 83, 86-87, 104, 107, 139, 145, 173, 436
Herói romântico, 51, 86, 98
Herói trágico, 192
　ambivalência do, 192
Heterossexualidade e desejo mimético, 291
Hinduísmo, 488
Hipocrisia, 66
Hipocrisia stendhaliana, 172

História do desejo mimético, 70, 72
Historiografia mimética, 16
Holismo, 294, 500
Holocausto, 251, 313, 383, 475
Homem
　do subsolo, 62, 69, 75-76 79, 88, 97, 98, 285, 287, 392
　natureza mimética do, 274
Hominização
　dimensão cultural da, 237
　processo de, 195, 221, 225, 227
Homossexualidade e desejo mimético, 290
Honra, 284
Hostilidade endêmica, 225
Humanismo, 114
Humano
　caráter mimético do, 297
Humildade, 86-87, 88, 94, 98, 417
Idealismo, 94-95
Identificação, 176
Idolatria, 33
Igreja Católica como bode expiatório, 487
Igualdade, 286, 415
　revolucionária, 111
Iluminismo, 207, 233, 304, 458
Ilusão romântica, 47, 57, 62, 100
Imaginação apocalíptica, 11
Imitação, 43-44, 47, 49, 52, 55-58, 61, 64, 66, 71, 103, 145, 172, 178, 214, 220, 230, 284, 292, 332, 354, 391, 396, 401, 409

ambivalência da, 221
modelo de, 173
Imitatio Christi, 297, 450
Impureza, 132-33, 136, 138-39, 141-42, 148, 151, 153-54, 160, 162, 167, 185, 188, 190, 196, 229, 265, 331
Indiferenciação, 138-39, 141-44, 148, 155, 190, 214, 232, 242, 246, 318, 348, 398
　caráter contagioso da, 167
　crimes de, 319, 323-24
　crise de, 156
　mimética, 257
Individualismo, 45, 74, 137
Inquisição, 250, 488, 504
Interdividualidade, 284, 287-88
Interpretação figural, 277
Inveja, 55, 74, 83, 91, 263, 271, 286, 303, 358, 389, 393, 416, 418, 422, 430-31, 451, 463
　e rivalidade mimética, 464
Islamismo, 302, 446, 482
Jainismo, 302
Judaísmo, 257-58, 288, 301, 461
Katharma, 191
Leitura
　antissacrificial, 493
　sacrificial, 266, 270, 276-77, 364, 485
Liminaridade, 190
Linguagem
　concepção estruturalista da, 241
　origem da, 240
Linhagens segmentares, 187
Logos
　heraclíteo, 275
　joanino, 275

Mal
  conceito metafísico do, 368, 380
  ontológico, 58, 62, 67, 70, 80
Mártir
  cristão, 303
  islâmico, 303
Masoquismo, 65, 77-78, 80, 94, 96, 99-100, 273, 280, 289, 397, 410, 412, 434, 481
Mecanismo
  sacrificial, 232
  vitimário, 151, 153-55, 159-60, 164, 170-71, 183, 187, 189, 191, 194, 196, 202, 207-209, 213, 219, 225, 231, 235, 237-43, 245, 248, 250-53, 255-57, 259, 261-64, 267, 270-72, 276, 283, 294-97, 299-300, 305, 308, 310-11, 313, 332, 338, 343, 349, 353-54, 356, 376, 379, 385, 415, 423, 424, 454-55, 458-59, 460-61, 465-66, 468, 471-72, 489-91, 493, 495-96
  vitimário e etologia, 495
  vitimário e literatura hindu, 490
  vitimário e poder político, 460
Mediação, 44
  do desejo, 45
  dupla, 69
  endogâmica, 56
  exogâmica, 56
  externa, 48, 49, 51, 70, 451
  interna, 48, 51-52, 54-55, 70, 73, 111, 139, 173, 180, 389
  era da, 283, 478
  interna e conflitos, 466
Mediador, 44, 53, 54, 58, 61, 69, 80, 113, 290, 391
  da violência, 418
  do desejo, 418
  externo, 50
  interno, 67, 69
Mediador-rival, 56, 75
Mensagem apocalíptica de Jesus, 269
Mentira romântica, 45
Método estruturalista, 337
Mímesis, 31, 214
  ambivalência da, 416-17, 449
  caráter contagioso da, 403, 406-07, 419, 472
  caráter paradoxal da, 371, 403
  e pecado original, 435
  funcionamento da, 437
  negativa, 371
  positiva, 371
Mimetismo, 12
Mito, 115, 145, 155, 164, 170, 174, 196, 208, 216, 218, 312, 323, 325, 330, 373, 374, 456
  cosmogônico, 158, 254, 329
  de Édipo, 310, 322, 324, 377, 462, 465, 493
  estrutura do, 244, 248
  sentido tradicional do, 464
  teoria do, 241
Mitologia, 337, 412, 461, 491, 493
  fundamento da, 339
Modelo, 55, 178, 284, 346, 393, 401, 428, 450
Modelo-obstáculo, 284, 287
Modelo-rival, 72, 91, 97, 101, 104, 295, 346, 371, 401, 435
Monoteísmo, 91, 304, 466
  hebraico, 466, 504
Morte
  ambivalência da, 188
  culto à, 239
Movimento
  antissacrificial, 333
Multiculturalismo, 445, 482, 484
Narcisismo, 293, 406, 408, 413
  e teoria mimética, 293
  freudiano, 64
  jogo do, 407
Nazismo, 362, 474, 487, 502
Neopaganismo, 502
Neotenia, 225, 226, 228
Niilismo, 113-14, 443, 501
Obstáculo, 56, 67, 78, 91, 176, 416, 431
Ódio, 55
Orfismo, 458
Orgulho, 84, 87-88, 98-99
Padrões de dominância, 223
Paganismo, 453-54
Paixão, 220, 264, 266, 303, 342, 345, 348, 351, 467
Paradoxo, 19
Paranoia, 62
Parricídio, 492
Patriarcado, 333, 405, 502
Pensamento
  apocalíptico, 501
  religioso, 240
Pequeno apocalipse de Marcos, 268
Pharmakós, 161-62, 191, 314, 327, 457
Plágio, 51
Pluralismo, 298
Plutarco, 341
Politeísmo, 304
Pós-estruturalismo, 112
Positivismo, 484

índice analítico   535

Pós-modernismo, 112, 443
Prazer
  desaparecimento do, 63
Prestígio, 284
Proibição, 229-30, 259, 272, 283
  alimentícia, 230
  sexual, 230
Pseudonarcisismo, 406-07, 413, 416
  de Jesus, 417
  totalitário, 413
Psicanálise, 41, 104, 183, 284, 291, 311, 406, 462, 493
  e platonismo, 291
Psicologia interdividual, 284-85
Psicose
  compreensão mimética da, 287
Pulsão, 292
  de morte, 178
Realidade
  perda de contato com a, 287
Realismo, 73, 105
Reciprocidade, 24, 140, 478
  ambivalência da, 479
  negativa, 479
  positiva, 479
  violenta, 424, 428
Reconciliação, 464
Redenção, 84, 89, 92, 102
Regicídio, 154
Reino, 283, 501
Relação
  interdividual, 291, 293, 295
Relações miméticas
  ambivalência das, 403, 416, 431
  e duplo vínculo, 434
Relativismo, 13, 333, 442, 461, 473, 482, 488, 507
  cultural, 440
  ditadura do, 440

Religião
  ambivalência da, 188
  arcaica, 503
  arcaica e violência, 496
  como origem das instituições, 233
  fenomenologia da, 242
  pagã, 441, 454
  pagã e sistema sacrificial, 458
  sentido da, 233
Religião asteca
  fundamento da, 332
Religioso arcaico, 128
Ressentimento, 62, 64, 67-69, 83-85, 87, 91, 95, 97, 98, 100, 102, 287, 424, 436, 441-43, 474
Ressurreição, 89, 102, 274, 282, 297, 349, 353, 436, 469
Retorno do religioso, 496
Revelação, 270, 274, 282, 308, 359-60, 365, 442, 468, 485
  caráter apocalíptico da, 443
  cristã, 23, 445
  processo de, 253
Revolução, 15-16
  burguesa, 74
  Francesa, 16, 73, 478
Rito, 155, 174, 194, 196, 205, 231
  animal, 227
  canibal, 192
  de iniciação, 190
  de possessão, 175
  função preventiva do, 159
  funerário, 239-240
  janela para o passado, 157
  sacrificial, 117-18, 123, 170, 200, 205, 212, 233, 241, 314, 348, 375, 418, 457, 492

  sacrificial asteca, 332
Ritos de cortejo, 224
Ritual sacrificial na Bíblia, 278
Rival, 52-55, 80, 93, 411
  ausência de, 402
Rivalidade, 52, 54, 55-56, 66, 72-74, 111, 121, 124, 137, 141, 184, 352, 391, 397, 409, 427
  endogâmica, 57
  metafísica, 346
  mimética, 25-26, 230, 348, 413, 415
  mimética e literatura hindu, 489
Roma e o assassinato fundador, 420
Romance europeu, 29
Romancistas, 40
Romanesco, 39, 45, 47, 82, 96
Romântico, 39, 40, 45, 51, 56, 82, 92, 96
Romantismo, 41, 87
Sacrifício, 17, 117, 123-24, 126, 129, 131-33, 138-39, 142, 146, 156, 171, 194, 197, 199
  ambivalência do, 418
  censura ao, 259
  condenação do, 279
  conjuração ao, 276
  humano, 161-62, 375
  humano asteca, 161
  ineficácia do, 165
Sadismo, 80, 135, 289
Sagrado, 17, 125, 128, 131, 136, 152, 191, 199, 228, 233, 373
  ambivalência do, 189, 327, 338-39
  matriz do, 123
Satanás, 15-16
  como acusador, 360, 365, 381

como princípio
  mimético, 263, 270,
  295, 297, 352, 358,
  366, 452, 453
Secularismo, 14-15, 17,
  19, 68, 111, 216, 267,
  273, 440, 458, 500
  acadêmico, 297
Sentido da história, 298
Sequência sacrificial, 244,
  260, 264, 299, 317, 390,
  454
Sexualidade
  e desejo mimético, 289
  e interdividualidade,
    291
Simbolismo cristão, 89
Simpatia, 229
  com as vítimas, 253,
    255-56, 259, 300,
    343, 360, 441-42, 474
  com as vítimas e
    Shakespeare, 422
Sistema
  de representação, 241
  Girard, 31, 33
  judicial, 129-30, 132,
    136, 502
  mimético, 298, 312, 365
  sacrificial, 236, 247,
    283, 442, 485
  sacrificial e hinduísmo,
    489
Skándalon, 294-95, 303,
  416, 449-50
Solipsismo, 46
Sugestão mimética, 394
Tabu, 133-35
  da menstruação, 134,
    140, 229
  do incesto, 141-42, 148,
    153-54, 164, 176,
    180, 184-85, 229,
    231, 235, 239, 247,
    257, 269, 321, 339,
    378, 462-63, 492
Teatro elisabetano, 425

Tema apocalíptico, 267
Tempo linear, 272
Teodiceia, 383
Teofania, 456
Teologia da libertação, 363
Teoria mimética, 11, 13,
  16, 19, 214, 449
  e cristianismo, 14
  e paradoxo, 18
  e secularismo, 14-15
  e século XXI, 19
  e Shakespeare, 414
  e terrorismo, 477
Terrorismo, 477
  islâmico, 477, 481
  superação do, 481
Texto de perseguição,
  250, 316-18, 320, 322-
  23, 325-26, 330, 342,
  357, 370, 373-74, 383,
  424, 456
  maniqueísmo do, 425
Totalitarismo, 251, 317,
  379, 413
Totalitarismo soviético
  como sistema
    sacrificial, 444
  queda do, 444
Tragédia, 170, 192, 208,
  212, 216, 252, 374, 420
  e violência
    propiciatória, 426
  e vítima sacrificial, 427
  grega, 29, 162, 164,
    282, 387
  grega e assassinato
    fundador, 423
  origem da, 423
Transcendência, 451, 466
  desviada, 90
  vertical, 91, 112
Transferência dupla, 235,
  326, 329, 338, 349, 422,
  456, 492
Universalismo, 13
Vaidade, 59-60, 71-74, 84,
  124, 352, 397

stendhaliana, 60, 71
Verdade romanesca, 51-52
Vingança, 125, 131, 138,
  142, 193, 200, 234, 255,
  271, 320, 424, 426, 428,
  429
  ética da, 429-30
  sátira da, 426, 429
  superação da, 464
  violência da, 128
Violência, 31, 76, 111,
  113, 116, 141-42, 185
  ambivalência da, 189-
    90
  apocalíptica, 267
  arcaica, 484
  assimétrica, 149
  caráter mimético da,
    144, 169
  centralidade da, 16-17
  como matriz do
    sagrado, 232
  e cristianismo, 14
  e reciprocidade, 480
  indiferenciada, 148
  jogo mimético da, 481
  mimética e
    reciprocidade, 481
  orgias de, 430
  participação divina na,
    219
  planetária, 116
  profana, 257, 357, 418,
    424
  sacrificial, 128, 142
  sagrada, 257, 357, 418,
    424
  simetria da, 150-51
  sublime, 374
  transferência da, 160
Violência fundadora, 157-
  58, 232, 258, 341, 420
  funcionamento da, 422
  natureza da, 422
Violência propiciatória,
  164, 171, 186, 199, 207,
  213, 225, 227, 253, 282,

311, 334, 337, 375, 383, 449
  arbitrariedade da, 268
  caráter mimético da, 331
  e vingança, 426
  fim da, 359
  funcionamento da, 465
  origem da, 457
  superação planetária da, 473
Violência recíproca, 164, 166, 169, 172, 186, 188, 192, 225, 257, 268, 272, 282
  origem mimética da, 172
Vítima, 17, 118, 143, 148, 234
  ambivalência da, 188, 234, 247, 337, 422, 467
  defesa da, 16, 361, 363-64, 384, 445, 447, 454, 468, 470, 473
  divinização da, 155
  do terrorismo, 480
  estereótipo da, 320, 321-22, 324, 331, 333, 421
  inocência da, 257, 260, 271, 278, 345, 450, 467, 469
  marginalidade da, 126, 128, 160
  sacralização da, 248
  sacrificial, 119, 125, 132, 418, 426
  sagrada, 197
  substituta, 118-19, 121-22, 160, 199, 236, 279, 356
  verdade sobre a, 471
Vítima propiciatória, 148-50, 154-55, 156, 162, 169, 173, 182, 187, 192, 240, 246, 249, 260, 265, 348, 403
  ambivalência da, 193
  mecanismo da, 294
Vitimização
  sinais de, 248, 421, 425
Voyeurismo, 410, 412
Xamanismo, 190, 354, 376

índice onomástico

Alison, James, 27
Allen, Woody, 60
Alt, Albrecht, 258
Anaxágoras, 226
Anspach, Mark, 493
Antonello, Pierpaolo, 494, 526
Apolônio, 453-58
Aristóteles, 192, 214, 220, 268, 305, 339, 374, 446
Armstrong, Karen, 255
Bacon, Francis, 362
Balzac, Honoré de, 73-74
Barbaglio, Giuseppe, 258, 507
Barberi, Maria Stella, 477
Bartlett, Anthony, 469
Bateson, Gregory, 285
Batista, João, 25, 345-47
Becker, Ernest, 239
Bendix, Reinhard, 32
Bento XVI, 440
Bernanos, Georges, 17
Bloch, Maurice, 61, 182
Boas, Franz, 204
Borges, Jorge Luis, 517
Bruce, Frederick Fyvie, 504
Bultmann, Rudolf, 359, 360, 366
Burkert, Walter, 135, 238
Butler, Judith, 147
Caifás, 343, 345, 488
Campbell, Joseph, 115, 248, 310
Camus, Albert, 42, 88, 89
Carrasco, David, 333
Castro Rocha, João Cezar de, 2, 27, 494
Celso, 443
Cervantes, Miguel de, 13, 39, 44, 47-48, 52-54, 82-83, 85, 106, 388
Chagnon, Napoleon, 171
Chantre, Benoît, 21-22, 543
Chardin, Teilhard de, 503
Childe, V. Gordon, 204, 205
Clausewitz, Carl von, 12, 14, 17, 21-24
Clemente de Alexandria, 485, 505
Dante Alighieri, 47, 271
Darwin, Charles, 13, 494-95
Debray, Régis, 496-97
Deleuze, Gilles, 103, 180, 388
Derrida, Jacques, 112-13, 136, 162, 165, 186
Diamond, Jared, 224
Dickens, Charles, 280
Dostoiévski, Fiódor, 13, 39, 48, 51, 53-54, 56, 62, 68, 75-76, 80-81, 83, 85, 87-89, 92-102, 172, 174, 285, 290, 388, 398, 465, 500-01, 507
Douglas, Mary, 138, 141, 185, 218, 363, 513
Dumézil, Georges, 217, 310, 334
Dumont, Louis, 137
Dupuy, Jean-Pierre, 309
Durkheim, Émile, 76, 137, 152, 194, 198-200, 373
Eliade, Mircea, 189, 272, 310
Elizabeth, rainha, 327
Eurípides, 110, 136, 141, 162, 164, 166, 169-70, 182, 280, 338
Evans-Pritchard, E. E., 117, 121, 125, 130, 142, 153, 181, 187, 198, 200, 201, 206, 228, 241, 329
Filóstrato, 453-54, 456-58
Finkelstein, Israel, 258
Firth, Raymond, 245-46
Flaubert, Gustave, 13, 39, 43, 48, 50, 59, 62, 71, 85, 388

Foucault, Michel, 130-31, 228
Frazer, James George, 117, 134, 154, 197, 202, 203, 205, 211, 218-19, 229, 234, 265, 300, 326, 482, 484, 505
Freud, Sigmund, 57, 103, 104-05, 107, 110, 112, 116, 134, 176, 177-84, 191, 195-96, 208, 239, 291-94, 299, 310, 341, 388, 406, 478, 501
Frye, Northrop, 103, 164, 211, 218, 301
Gans, Eric, 208
García Márquez, Gabriel, 106, 141
Geertz, Clifford, 201-02, 239
Gellner, Ernest, 363-64
Gibbon, Edward, 304, 443
Gide, André, 68
Gluckman, Max, 232
Godelier, Maurice, 171
González, Yólotl, 305, 333
Goodall, Jane, 239
Goodhart, Sandor, 311
Goody, Jack, 346
Grimm, irmãos, 417
Guattari, Félix, 103, 180, 388
Guthrie, Douglas, 363
Hallaj, Al, 303
Hamerton-Kelly, Robert, 207, 238, 248, 313
Hardin, Michael, 485
Harris, Marvin, 161
Hegel, Georg Wilhelm Friedrich, 132, 147, 299
Heidegger, Martin, 47
Herodes, 165, 271, 343, 345-49, 351, 459, 469, 470, 488
Heschel, Abraham Joshua, 289
Hipócrates, 362-63

Hobbes, Thomas, 37, 116, 224, 501
Hubert, Henri, 123, 198
Huntington, Samuel, 502
Jatir, Ibn, 368
Jesus Cristo, 22, 24-26, 261-73, 275-77, 280, 295-97, 343-45, 349-60, 364-65, 376, 384, 417, 450-51, 454-55, 459, 466-70, 472, 485-86, 501, 505, 507
Josefo, Flávio, 346
Jung, C. G., 115, 299, 310
Khaldun, Ibn, 195, 514
Kierkegaard, Søren, 297
Kuper, Adam, 158
La Berre, Weston, 226, 513
Lacan, Jacques, 103-04, 112, 388
Lamarche, Sebastián Robiou, 192
Leach, Edmund, 218
Leakey, Richard, 226
Lefort, Guy, 16, 215-16, 221, 283, 287-88
Lévi-Strauss, Claude, 112, 127, 140, 146, 181, 185-86, 207, 217, 232, 235, 239, 242, 244-45, 269, 299, 310, 336
Lévi, Sylvian, 112, 127, 140, 146, 181, 185-86, 207, 217, 232, 235, 239, 242, 244-45, 269, 299, 310, 336, 489
Lévy-Brühl, Lucien, 203
Lewin, Roger, 226
Liendhardt, Godfrey, 121
Lorenz, Konrad, 116-18, 165, 478, 495
Luís XVI, 199
Machaut, Guillaume de, 315-16, 423
Maistre, Joseph de, 112-13, 209

Malinowski, Bronislaw, 129, 139, 141, 181, 201, 203, 479-80
Marcião, 468, 506
Marcuse, Herbert, 501
Maria Antonieta, 321
Marx, Karl, 60, 299
Mauss, Marcel, 123, 198, 202, 207, 479, 500
Merton, Robert K., 285
Métraux, Alfred, 483
Mirandola, Pico della, 499
Molière, 388
Montaigne, Michel de, 483
Montesquieu, Charles de, 483
Müller, Max, 310
Napoleão Bonaparte, 44, 50, 55, 61
Nietzsche, Friedrich, 286, 287, 439-43, 474-75
Noth, Martin, 258
Oppenheimer, J. Robert, 362
Orígenes, 205, 217, 226, 443, 469, 472, 485, 503, 509-10, 513, 515
Oughourlian, Jean-Michel, 16, 215-16, 224, 283, 287-88
Pascal, Blaise, 297
Picasso, Pablo, 30
Pilatos, Pôncio, 165, 271, 343, 459, 469-70, 488
Platão, 113, 214-16, 229, 230, 305, 338, 351-52, 414, 458
Plutarco, 341, 421
Proust, 13
Proust, Marcel, 13, 15, 37, 39, 41-42, 46, 48, 50-51, 56-58, 60, 62, 68, 71, 77, 83, 85-87, 89-90, 92, 102, 290, 388, 511
Racine, Jean, 388

Radcliffe-Brown, Alfred, 117
Reed, Evelyn, 231
Reichholf, Josef H., 238, 239, 241
Rhodes, Philip, 363
Ricoeur, Paul, 337
Rivers, W. H., 195
Robbes, Thomas, 37
Rodinson, Maxime, 289
Rogerson, J. W., 485
Rosa, Guimarães, 17
Rosaldo, Renato, 207
Rousseau, Jean-Jacques, 94
Sahlins, Marshall, 161, 186
Sahún, Bernardino de, 329
Said, Edward, 203
Sanday, Peggy Reeves, 193
São Lucas, 22, 261, 263-64, 268-69, 271, 275, 296, 344, 355, 444, 469, 472, 507
São Marcos, 22, 265-66, 268, 345-50, 353, 357, 417, 469
São Mateus, 22, 25, 261-63, 266, 268, 275, 295-96, 352, 358, 360, 417, 450, 469, 506-07
São Paulo, 2, 13-14, 16-17, 19, 22, 32, 38, 45, 48, 61, 91, 213, 259, 268-69, 341, 365, 389, 443, 450, 459-60, 463, 471, 485-86
Santo Tomás de Aquino, 503-04
Saramago, José, 26
Sartre, Jean-Paul, 31, 435
Scheler, Max, 67, 76
Schiller, Friedrich, 56, 94
Schlegel, August Wilhelm, 43
Schneider, David, 186, 205
Schwager, Raymund, 219, 220, 268, 353
Schweitzer, Albert, 25
Scubla, Lucien, 458
Serres, Michel, 311-12, 342, 420
Shakespeare, William, 137, 264, 352, 387-401, 403-08, 411-12, 414-37, 439, 464, 471, 507, 512
Silberman, Neil Asher, 258
Smith, Jonathan Z., 117, 163, 198-99, 238
Smith, William Robertson, 158
Sócrates, 215, 351-52, 360, 458
Sófocles, 110, 114-15, 142, 146-47, 149, 151, 166, 170, 179, 183, 311, 318, 378
Solarte, Mario Roberto, 27
Sorman, Guy, 29, 308
Spengler, Oswald, 502
Stendhal, 13, 39, 48, 50, 51, 54-56, 59, 65-66, 71-74, 83, 90, 102, 111, 388, 415
Stone, Lawrence, 405
Sucre, Guillermo, 34
Swartley, William M., 485
Swift, Taylor, 483
Tell, William, 56, 62
Tertuliano, 280, 485, 505
Tindale, William, 314
Tocqueville, Alexis de, 74-76, 137, 283, 500
Todorov, Tzvetan, 112, 305
Treguer, Michel, 443-44
Tucídides, 318
Turner, Victor, 137, 139, 140, 190
Tylor, Edward Burnett, 117, 157, 197-98, 202-04, 494
Unamuno, Miguel de, 472
Uys, Jaime, 184
Valverde, José Maria, 430
Veblen, Thorstein, 59-60, 74
Vernant, Jean-Pierre, 112, 162, 217
Vernet, Juan, 303
Victor Hugo, 84
Vidal, César, 362
Voltaire, 304, 458, 483
Wagner, Richard, 286-87
Weber, Max, 32, 97, 132, 252-53, 267, 274, 363, 510
Weil, Simone, 449
Wheeler, Brannon, 368
Whitehead, Alfred North, 362
Wilde, Oscar, 348-49
Williams, James, 90, 249, 448, 512
Wilson, Edward, 478, 495
Wittgenstein, Ludwig, 294
Zeuner, F. E., 237

biblioteca René Girard*
coordenação João Cezar de Castro Rocha

Dostoiévski: do duplo à unidade
René Girard

Anorexia e desejo mimético
René Girard

A conversão da arte
René Girard

René Girard: um retrato intelectual
Gabriel Andrade

Rematar Clausewitz: além *Da Guerra*
René Girard e Benoît Chantre

Evolução e conversão
René Girard, Pierpaolo Antonello e João Cezar de Castro Rocha

O tempo das catástrofes
Jean-Pierre Dupuy

"Despojada e despida": a humilde história de Dom Quixote
Cesáreo Bandera

Descobrindo Girard
Michael Kirwan

Violência e modernismo: Ibsen, Joyce e Woolf
William A. Johnsen

Quando começarem a acontecer essas coisas
René Girard e Michel Treguer

Espertos como serpentes
Jim Grote e John McGeeney

O pecado original à luz da ressurreição
James Alison

Violência sagrada
Robert Hamerton-Kelly

Aquele por quem o escândalo vem
René Girard

O Deus escondido da pós-modernidade
Carlos Mendoza-Álvarez

Deus: uma invenção?
René Girard, André Gounelle e Alain Houziaux

Teoria mimética: a obra de René Girard (6 aulas)
João Cezar de Castro Rocha

René Girard: do mimetismo à hominização
Stéphane Vinolo

O sacrifício
René Girard

O trágico e a piedade
René Girard e Michel Serres

---

* A Biblioteca reunirá cerca de 60 livros e os títulos acima serão os primeiros publicados.

Dados Internacionais de Catalogação na Publicação (CIP)
(Câmara Brasileira do Livro, SP, Brasil)

Andrade, Gabriel
  René Girard: um retrato intelectual / Gabriel Andrade; tradução Carlos Nougué. –
São Paulo: É Realizações, 2011.

  Título original: René Girard: un retrato intelectual
  ISBN 978-85-8033-034-2

  1. Filósofos franceses 2. Girard, René, 1923 – Crítica e interpretação I. Título.

11-07465   CDD-194

Índices para catálogo sistemático:
1. Filósofos franceses: Apreciação crítica   194

Este livro foi impresso pela Prol Editora Gráfica para É Realizações, em agosto de 2011.
Os tipos usados são da família Rotis Serif Std e Rotis Semi Sans Std. O papel do miolo é
pólem bold 90g, e o da capa, cartão supremo 300g.